游憩生态学

〔美〕William E. Hammitt David N. Cole 著
吴承照 张 娜 译

（原书第二版）

科学出版社
北 京

图号：01-2011-4860 号

内 容 简 介

本书深入探讨、总结了原野地游憩冲击的发生机理、变化规律、冲击测量方法以及监测管理技术途径、国际研究动态等，是 20 世纪 50 年代以来国际游憩生态研究成果的集成，也是北美国家公园保护管理技术的集成，代表了国际同领域的先进水平。本书基于实验与监测的科学研究方法，深入分析了游憩与自然要素的互动关系、游憩冲击的时空变化规律以及环境承载力与游客使用的动态关系，为自然生态系统管理和游憩活动及设施规划设计提供了科学依据。

本书适宜作为风景园林学、生态学、地理学、林学、环境保护、旅游管理等相关专业的研究生、本科生的专业教材或研究参考书，也是政府相关部门以及风景名胜区、森林公园、地质公园、自然保护区、城市公园等相关实际管理部门必备学习用书。

图书在版编目（CIP）数据

游憩生态学/（美）哈米特（Hammitt，W. E.），（美）科尔（Cole，D. N.）著；吴承照，张娜译. —北京：科学出版社，2011
ISBN 978-7-03-032703-1
Ⅰ.①游… Ⅱ.①哈…②科…③吴…④张… Ⅲ.①旅游地-生态管理
Ⅳ.①F590.3
中国版本图书馆 CIP 数据核字（2011）第 226547 号

责任编辑：韦 沁 朱海燕/责任校对：郑金红
责任印制：徐晓晨/封面设计：王 浩

科 学 出 版 社出版
北京东黄城根北街 16 号
邮政编码：100717
http://www.sciencep.com
北京捷迅佳彩印刷有限公司印刷
科学出版社发行 各地新华书店经销
*
2011 年 11 月第 一 版 开本：787×1092 1/16
2021 年 1 月第五次印刷 印张：19 1/2
字数：439 000

定价：138.00 元
（如有印装质量问题，我社负责调换）

人与自然和谐发展的生态机制与管理
——译者前言

20多年来中国旅游业发展对目的地生态环境的影响日渐显露，很多喀斯特溶洞生态系统衰退，溶洞景观变异；多数自然目的地游径侵蚀严重，地表裸露、土壤板结、植被退化、水质污染、动物逃离，科学认识这些现象发生、发展的机理对自然目的地生态保护与可持续发展具有重要意义，这也是翻译本书的根本目的。

这本书原名是《原野地游憩：生态学与管理》，是对20世纪50年代以来美国国家公园体系原野地游憩生态影响机理与管理研究成果的系统总结。

1. 游憩生态学的起源与任务

游憩生态学是研究户外游憩对原野地或半原野地生态影响及其管理的一门学科，这个学科在20世纪60年代中期才得到广泛的认同。最早起源于1759年斯提林福里特（Stillingfleet）关于英格兰被践踏游径上的植物生存状况的差异性的研究，1922年迈内克（Meinecke's）对加利福尼亚州红木国家公园游憩影响的研究；基于尼尔巴菲尔德（Neil Bayfield）在英国的多年研究工作，利德勒（Liddle）赞扬他是研究游憩生态学的第一人。许多对践踏影响的研究都集中在欧洲，如对乡村远足和郊游的影响研究。大卫科尔（David Cole）在过去的25年里在美国一直引领游憩生态学方面的研究。在澳大利亚，利德勒关于热带地区的沙丘生态群落、生物学特性、抵抗战略及影响理论的研究已经广为关注，他的贡献在于将影响理论和游憩生态应用领域完美结合。科尔1987年写的《游憩生态学》一书详细介绍了游憩生态学的发展历程。

早期的游憩生态学研究主要集中在对被践踏植物形态和生理特性所产生的影响以及各种物种、植被类型和环境对践踏破坏的抵抗力和恢复能力上。如今，游憩生态学研究主要涉及游憩对原野地所有资源的影响以及包含践踏在内的其他方面的游憩干扰、管理策略与措施，成为国家公园体系可持续管理的重要理论基础与政策法规制定依据。

2. 户外游憩对原野地的冲击机理

(1) 对自然要素的冲击

① 对位置固定性自然要素如土壤、植被等的冲击行为主要是践踏、露营等，伴随践踏的是土壤压实、板结、大孔隙丧失和雨水渗透率的降低，水土流失增加，地表有机物质的流失，土壤支持植物生命的能力下降，多数情况下土壤条件的巨大改变为新物种的入侵提供了机会，而这会对场地原生长的植被产生不利影响。严重的践踏会致使植物直接死亡，植物活力和再生能力也会由于土壤特性的变化而降低。

② 对移动性自然要素如水、动物等的冲击行为主要是污染、干扰、捕杀等以及因土壤、植被的冲击而连带发生的冲击，直接影响与间接影响都比较明显。

人类干扰会导致野生动物在生理、行为、繁殖、数量水平、种群构成和多样性方面发生变化。研究结果表明影响野生动物反应的游憩干扰至少有六个因素：游憩活动的类型、游憩者的行为、可预测性的影响、影响的频率和强度以及时间、地点。游憩者对野生动物的主要影响是无意的干扰，这是由于个人缺乏这方面知识并在无意识情况下对野生动物所生存的环境产生压力而造成的。生理上和心理上的压力会产生极其严重的影响，特别是在冬天。野生动物和人类相互影响的时间和地点是控制扰动影响的关键因素。

大型动物更容易受直接因素的影响，小型动物则更容易受到栖息地改变而造成的间接影响。在游憩地中，人类食物的供给导致了很多动物改变了自然捕食的习性。一个区域内的游憩活动会导致总体物种多样性降低。野生动物的物种组成和结构的改变是人类与野生动物相互影响的最终结果。

大多数游憩活动对鱼类的影响是来自游憩活动对水质和生态系统的间接影响。水体富营养化、污染和船只摇摆对水生植物的机械扰动，这些都是对鱼群不同程度干扰的潜在因素。游船增加了水的浑浊程度，需要处理的人类废弃垃圾以及汽油和机油的混合物漂浮在水面上。汽油和机油的混合物的聚集在水面上，导致了某些鱼类不能呼吸到足够的氧气，并且鱼肉产生异味。

与水相关的影响比较特殊，因为它们比土壤、植物和野生动物影响与人类健康更加直接相关。很多研究都不能够说明是游憩使用导致大肠杆菌数量明显增加。在很多情况中，野生动物是饮用水资源受到细菌污染源的一个主导因素。对于游憩者而言，悬浮物质和浑浊度是水体质量最重要的因素信号。悬浮固体的增加大大降低了水的清澈度同时也降低了公众对于亲水的期望。

(2) 对生态系统的冲击

考虑到土壤、植被、动物及水体它们之间的相互关系，生态系统这个概念是非常重要的。人类的活动对生态系统的几个关键属性产生影响。首先，它们会影响到生态系统的功能与能力——能源的固定和循环、营养物质的存储和循环以及为一系列栖息地物质所提供的适宜家园；其次，影响到生态系统的结构——无论是热带的大草原、牧场、均龄树、非均龄树以及其他的类别；再次，影响到生态系统的种群结构和组成、物种数量和它们的相对丰富度以及密度，同时还包括个体物种分布的年龄和规模等级；最后，人类活动会改变一个特定场地的基本的演替模式或者说轨迹及特性。

动物中的很大一部分对土壤和植被有着重要的影响，因为它们是整个生态系统中物质和能量循环的分解者和消费者。一方面，年龄结构、空间布局和数量甚至行为意愿的改变都会对土壤、植被和水体产生影响，游憩使用引发的水土流失进而可导致水资源再生能力的下降；另一方面，土壤和植被的影响也加速了侵蚀，水体污染对很多资源都会产生影响，如它会使得水中的溶解氧减少、水生植物及动物的生长和生存发生改变。

3. 户外游憩冲击的空间格局及其演变特征

（1）典型营地的空间格局

户外游憩对资源环境的冲击不会在原野地随意出现，而是呈一个集中和可预见的空间格局，很多冲击局限于游径及目的地区域。营地区冲击格局一般分为：①冲击区，②过渡区，③缓冲区。每个冲击区都具有截然不同的冲击种类、水平以及相应的管理措施。大多数对于植被和土壤的冲击随时间推移呈现出一条渐近关系而非直线函数关系。在场地被使用的最初几年，植被的干扰和土壤压实增长迅速，但之后增加速率变慢。然而，某些冲击会随着时间持续增加，诸如场地的扩张。长期的趋势研究表明，新营地的衍生影响比已经建成的场地的扩大影响更大。因此，管理更多需要关注的是随时间推移区域的扩张和系统的衍生影响变化而不是已建成的场地影响。

（2）空间格局的动态性与稳定性

空间格局对固定性要素如植物、土壤以及其他稳定的生态系统比较显著，同时也是最重要的；而对流动性要素如动物、水体以及移动性物体时就难以确定。小动物受到的最主要冲击就是生境改变对它们造成的影响，体型大一点的动物，可能受到的影响来自更大的区域范围。尽管游憩使用是高度地区化和集中化，但是大灰熊或者秃鹰的种群数量可能受到整个区域范围影响。

对于许多生活在水上或水中的动物而言，如果游憩使用和冲击发生在离水一段距离之处，则可能对它们不会造成影响；如果它们所有栖息地遭受到游憩使用干扰，那它们就很可能会受到高度影响。如果鸟的巢穴受到干扰，即使在冬季不再发生游憩使用时，场地内鸟的数量受到干扰的影响依然非常明显。

对于水的影响也会在离污染发生点很远的地方出现。水流会减弱冲击的严重性，但却增加了冲击的影响区域。野生动物及与水相关的冲击能越过干扰发生地传播到很远的地方，因此对这些冲击的管理提出了挑战，而对植被和土壤冲击的管理则不会遇到这样的情况。大多数对于植被和土壤的冲击随时间推移呈现出一条渐近关系而非直线函数关系。在场地被使用的最初几年，植被的干扰和土壤压实增长迅速，但之后增加速率变慢。然而，某些冲击会随着时间持续而增加，诸如场地的扩张。科尔（Cole）用 12～16 年的时间对三个荒原区的扩散和营地状况进行了调查。结果发现，在三个区域中营地最主要的影响就是营地数量有显著增长的趋势。这并不表明没有对一些营地进行改善，而是新建立的营地转移了原有营地的使用压力。长期以来，系统的延展、营地生态单元的激增以及与它们相关联的冲击要比单个场地随时间的增加而退化更重要。

4. 户外游憩冲击程度的影响因素

（1）主体与客体

游憩冲击程度是由游客的使用情况和资源场地的承受能力共同决定。例如，冲击力随着团体的规模（大团体或小团体）、使用者的类型（过夜露营者或白天远足者）、使用者的行为（用木材取火点火或用露营地的炉子取火）以及旅行的方式（骑马使用者或远足者）的变化而改变。潜在的冲击也因使用者的目的地不同而异。各种不同的使用者特征会对他们的行为产生影响，诸如对低冲击技术的了解、游憩的动机、经验水平以及社会团体和结构。个人受教育水平和对某个活动的过去经验也会对原野地资源冲击量产生影响，如果游憩以适当的方式进行则对资源冲击可以达到最小化。

环境类型、游客类型和数量都会对资源冲击程度产生影响。在游憩使用区域，不同类型的植被和土壤对破坏的抵抗能力是不同的，抵抗力和恢复力根据气候条件和植物的生长阶段而有季节性地变化着。

环境状况和游客行为的相互作用形成了资源冲击的稳定模式。冲击模式、冲击随时间的变化、环境的忍耐力和游客的使用特征必须在管理措施执行前就应该了解。

（2）使用量与冲击量

使用量与冲击量没有直接关系，使用量随着环境、活动、影响参数以及正在调查的使用水平范围的变化而改变。冲击也根据是否关注资源改变的速度、强度或区域范围而不同。

不同的原野地游憩方式会产生不同类型和不同程度的影响。驾驶越野车的人会比远足者到达的地方更远，并且在短时间内对区域产生巨大的冲击。雪地车会极大地将雪压实，并且对下面的野生动物或土壤环境产生一定的干扰。已经有证据显示马道和营地的冲击量是仅有远足者场地冲击量的十倍。

可接受的冲击是生态意义的改变和资源价值观两者达成一致的结果。生态意义的改变是对冲击的严重程度和持久性的度量，可能与非专业人士所感知的非自然化程度相差甚远。从生态意义角度来说，人类对自然生态系统最为重大的干扰其变化表现并不一定最明显。使用者对自然的认知可能对生态系统造成严重而永久的影响。管理者和使用者都需要开阔视野，只有这样他们才能区分出哪些生态冲击是表象的，哪些生态冲击是本质的。

不同环境下的冲击会因其周围环境的承受力的不同而有着巨大的差异性。冲击因使用类型和交通方式而异，并且它们之间的差异性可能会很大。冲击的种类和数量都随着使用类型的变化而变化。

（3）直接影响与间接影响

由游憩使用造成的直接或间接影响是相互关联的，且往往这些影响之间是相互作用的，或者一种影响对另一种影响有补偿作用。有些影响甚至对于非专业人士也是显而易见，例如，影响初期树木和被践踏的植被就是很好的例子。其他的影响则需要显微镜才能够看得见，而有些影响甚至到目前还没有被发现或研究。那些许多不引人注目的影响可能是会有着重大的意义。

对这些影响的剧烈程度和它们之间的相互关系、它们的空间分布以及如何随着时间变化而变化的了解也是非常重要的。大多数的影响是高度集中的，自然冲击的剧烈程度是随着游憩活动的类别而变化的，使用和影响之间的关系却很少是直接的线性相关。

5. 户外游憩冲击的生态管理

（1）管理者、游憩者与生态学家

管理者、游憩者和生态学家关注的兴趣点是不同的。生态学家大多数关注的是冲击对生态系统功能的损害或者其独特性的毁坏，例如，把那些枯死的残枝烂叶堆在一起燃烧或者一个不显眼濒危植物的消失，这两者都会引起生态学家的关注；但是大多数的游憩者却不可能注意到它们其中的任何一个。生态学家也可能去评估这种变化的重要性及其需要多长时间才能够发生恢复。根据这个标准，侵蚀就是非常严重的了，因为它需要几百年的时间来更新被侵蚀的土壤。在处理游憩冲击时，管理者必须平衡生态学家、游憩者、其他使用者以及法律规章制度的限制和机构政策之间的关系，并对他们的管理区域内的特殊情况进行特殊对待。

（2）游客管理

对游客实施管理是许多原野地场地最重要和最有效的管理手段，尤其是对于公共政策禁止大范围资源控制的指定荒原地。在任何地方，提供给游客恰当的且冲击最小的行为方法对限制资源恶化是非常必要的。

游客管理主要包括使用限制、停留时间控制、使用分散、使用集中、使用类型限制、团体规模限制、低冲击教育、低冲击技术、有效交流、使用季节限制、营火方案、游客信息等，在低冲击技术推广中《软途径》和“不留痕迹”影响最大，《软途径》是世界上第一本完整介绍低冲击技术的畅销书；“不留痕迹”（Leave No Trace，LNT）是一项联邦政府土地管理机构、非营利教育组织以及游憩产业间的合作产物，它的任务是“发展一项全国性公认的冲击最小化的教育系统，通过训练、刊物、电视和网络对联邦土地管理者和普通群众进行教育”。

通过 LNT 项目，低冲击教育系统开始形成一致性。这种一致性明显体现在 LNT

核心项目的原则上：①提前计划和准备；②在耐用的地表露营和旅游；③打包带进来，打包带出去；④适当处理那些你不能打包带走的东西。

LNT 项目认识到教育的程序需要根据不同的地点和使用群体进行调整。某些行为，可能在一个场地是恰当，而对另一场地而言可能是灾难性的。LNT 项目为美国七种不同生态区域和六种特定游憩活动（漂流、骑马、攀岩、雪地露营、岩洞探险和海上皮划艇）发行了相关的户外技能小册子。拓展资讯和国家户外领导学校把 LNT 准则整合到国际项目之中，当然这项技术需要进一步的修正。

（3）场地管理

在游憩资源管理中，环境的耐久力、场地资源的抵抗力以及生态的恢复力是三个关键指标。如果将游憩使用场地安排在冲击抵抗力高同时恢复力也高的场地是最为理想的。选择耐久力强的场地并且通过对场地因素的操控是控制游憩冲击的主要手段。环境的耐久力是使得游憩冲击最小化的一个关键因素，它同时也是十分复杂的因素，许多游客使用的特征可以通过管理将冲击降至最低。

① 政策框架——可接受改变的极限（LAC）：

管理的首要任务就是制定可接受改变的极限。确定何种程度的冲击已经成为问题并需要采取相应的管理措施。由于冲击因使用量、使用类型以及所在的环境状况而异，所以采取管理策略去控制冲击时会存在很多的变数，考虑到任何所采取的管理措施对系统中的其他部分可能产生的结果是非常重要的，如游客的体验和资源状况等。

管理可以通过对冲击因素的控制从而将冲击控制在可接受的极限内——它们的自然性、重要性和地理分布。变化是自然环境的正常规律，所以通常管理寻求的不是阻止变化，而是设法阻止消极的变化和由于人类的游憩使用造成场地的加速变化。

原野地场地资源管理的第一个任务就是确定哪些是不期望发生的变化，并限制可接受的变化的种类和数量目标。一旦管理声明了它将会提供的状况（在哪里，有多少影响），那么就有必要清查所有环境状况，并将其与目标中声明的状况进行比对。如果清查的结果与目标声明不符合，那么管理部门就必须采取行动改善现有的状况。

② 场地控制：

场地控制是通过控制使用活动的发生和操控场地本身从而将冲击降至最低。如果使用活动是发生在相对承受力较高的场地则其所产生的冲击要小于承受力低的场地，通过对场地的设计和处理也可以将冲击控制在可接受的限度内。场地管理技术包括定位使用具有抵抗力的场地、永久性关闭、暂时性关闭、影响游客使用的方式、场地硬化和屏蔽、关闭场地的修复等。影响游客使用的方式主要有三种：控制易于访问的地方、在特定的地方开发设置设施以及设计集中使用的场地（包括交通流线在内的设计）。

③ 动态监控：

已经具有了大部分资源冲击的监控技术，但在很多原野地游憩区域尚缺少监控项目和系统地实施。在未来，必须一致努力于对主要资源冲击的开发和执行详细监控程序。科尔和马里恩建议的监控步骤：①评估系统的需求和限制；②检查和选择监控方法以及冲击评估的草案；③测试和完善这些草案；④记录草案并对评估人员进行培训；⑤形成实地收集程序；⑥指定数据分析和报告程序。

（4）公共政策

社会和公共政策已经使得这些区域可以作为游憩使用，我们必须接受原野地资源作为游憩目的使用的适宜性。人类作为游憩者也是这些原野地生态系统的一部分，因为人类是所有生态系统的一部分。原野地的管理是维持自然性场所环境的一种努力，使得这些场所在被游憩使用时其所受到的人类干扰和影响也尽可能降至最低。我们必须接受一个真理——当原野地有游憩使用时，无论这个使用有多小，它都会产生一些类别的冲击。一般来说，管理者的职能不是去阻止改变的发生，而是控制环境改变在可接受的范围之内。

作为管理判定的标准，可接受的变化极限是从不可接受和可接受的冲击中划分出来的。管理层必须确定这根线画在哪里，然后通过管理计划执行这个标准，管理者在设定可接受的资源变化极限时必须要权衡政策、经济和公共使用之间的关系。

平衡公众对原野地的游憩期望同时维护原野地的自然环境是对游憩资源管理者很大的挑战。我们必须将游憩管理和自然保护限制在可接受的水平之内。

6. 结语

这本书关于践踏、露营等游憩活动对自然生态要素的冲击与生态管理策略研究比较深入，但对生态系统冲击研究相对比较薄弱以及自然生态环境对游憩体验质量影响研究明显不够，游憩与环境活动关系研究深度不够，有待深入拓展。本书对我国科学保护与管理自然生态资源、风景遗产资源具有重要启发意义和指导意义。

人类户外运动在不断地创新发展之中，本书仅是一个历史时段研究成果的总结，还有很多类型与新事物有待研究，在微观研究的同时还须加强宏观生态系统的冲击研究，还有广阔的发展空间。

本书是同济大学景观学系《景观游憩学》课程的重要教学参考书，本书翻译得到加拿大滑铁卢大学资源环境专业教授 Nepal K. Sanjay 博士的特别推介，美国得克萨斯 A & M 大学景观学系黄常山博士、李明翰博士给予了鼎力支持，在此表示衷心感谢。

本书作者威廉・哈米特（William E. Hammitt）是南卡罗来纳州克莱姆森大学森林资源系与公园游憩旅游系教授，大卫・科尔（David N. Cole）是蒙大拿州米苏拉美国农业部森林局落基山山地研究站、奥尔多利奥波德（Aldo Leopold）原野研究所的生物学家。

译者

2011 年 11 月

前　　言

本书是《原野地游憩：生态和管理》的第二版，它是关于在原野地游憩使用中所发生的生态资源问题及面对这些问题如何进行管理的一本书。我们认为那些最初分散的游憩使用自然区域可以称之为原野地的游憩区域，同时它还包括早期在荒原地和原野地河流开发的营地和越野区域。

本书可以作为林学、自然资源游憩、户外游憩、公园管理、地理学和环境保护等学科的教科书，也可以作为这些领域游憩资源管理者的参考书。此外，本书意在使生态学家、林学家、野生动物管理者以及生命科学专业中尚缺乏游憩资源管理方面知识的人员对资源冲击的生态管理产生浓厚的兴趣。

虽然本书关注的重点在于游憩对原野地所产生的冲击，但是我们没有因此而忽视管理这些冲击所涉及的社会和经济因素。公共政策使得这些区域可以作为游憩使用地，而管理者一方面要提供这些公共服务，另一方面还要在提供这些服务的时候要保护好区域内的资源。本书共分为六个部分进行介绍，第一部分界定了原野地游憩和资源冲击的概念，阐述了游憩生态冲击的观点，同时考虑了生态冲击对原野地游憩管理的重要性；第二部分涉及原野地游憩区域的土壤、植被、野生动物和水体等资源的生态知识及所发生的冲击；第三部分是关于这些冲击的空间、时间格局及这些冲击是如何随着时间推移而演变的；第四部分论述了环境的耐久性、游客的使用规律和使用者的特点在决定自然和游憩影响等级方面的重要性；第五部分探索了原野地游憩区域的监控、游客管理和原野地游憩区域场地状况管理的战略和方法，包括在国际原野地游憩区域发生的影响；第六部分概述了本书的内容以及生态冲击管理的重要性和所面临的挑战。

即使不通览全书而只是阅读本书的部分章节也是非常有用的，第一部分和第六部分概述了游憩的冲击；第五部分对管理者寻求合适的管理办法非常有用；第二部分则可以帮助人们更好地了解由于游憩使用而导致的生态冲击；第三部分对于想知道空间冲击是如何发生变化的及其随时间是如何演变的人们非常具有吸引力。

本书是继最初 1987 年出版之后的第二版。从第一版到如今已有十年，这十年间原野地的游憩区域的数量、使用和管理技术都有所增加。虽然本书是对第一版的更新和回顾，但是新的信息对比其他的书在一些主题上也要更加丰富。例如，本版增加了两章新的内容（第 7 章“原野地游憩使用和冲击趋势”和第 14 章“国际冲击研究和管理”），其中还包含一些重要的修订，如有关于原野地游憩冲击和生态系统管理、冲击的监控和冲击管理的战略、技术等新的资料。

我们其中的一些同行为准备本书作出了贡献，在此表示感谢。我们要特别感激乔·罗格伯克（Joe Roggenbuck）、理查德·斯特兰奇（Richard Strange）和布鲁斯·黑斯廷斯（Bruce Hastings）对第一版的部分阅读；对杰夫·马里恩（Jeff Marion）、于辉亮（Yu-Fai Leung）撰写第 14 章和使用他们的个人实验室进行游憩冲击研究表示感谢；对美国林务局提供的一部分重要的照片也表示感谢。在此，还要感谢公园管理部门及游憩和旅游管理部门、南卡罗来纳州克莱姆森大学森林资源部门、蒙大拿州米苏拉落基山山地研究站在休假期间对草稿进行的校订。特别感谢塞拉·雷（Sheila Ray，第一版）和卡林·埃蒙斯（Karin Emmons，第二版）对最后的编辑和手稿的录入所作出的贡献。最后，对萨莉（Sally）和森林公园处的哈米特（Hammitt）致以最诚挚的谢意，感谢他（她）在编写和校订本书所承受的无数个日日夜夜的孤独时光。

威廉·哈米特（William E. Hammitt）南卡罗来纳州，克莱姆森

大卫·科尔（David N. Cole）蒙大拿州，米苏拉

目　　录

第四部分 冲击的影响因素

第五部分 管理措施

第六部分 结 论

第一部分
引　论

第 1 章　原野地游憩和资源冲击

最近十年来，原野地的游憩使用增加迅速，随之而来的是人类的干扰和原野地自然生境的退化。本书基于这个问题对原野地的自然状况、所受到的干扰程度以及管理方法进行研究。首先，我们需要界定原野地游憩及游憩资源冲击的概念；然后，我们必须考虑到游憩生态冲击的重要性和原野地游憩管理者在平衡原野地开发和保护中的职责。

什么是原野地游憩?

虽然大多数类型的游憩都是娱乐性的、不以工作为导向的，但是它们的目的和益处却是不同的。将游憩理解为积极的、值得做的和有恢复健康作用的活动，至少与将其定义为娱乐性活动同等重要（Brockman and Merriam，1973）。我们认为游憩可以界定为与工作无关同时有着积极的、能够使人恢复健康和愉悦作用的活动。

这个广义的定义为活动的极其多样性提供了空间。在此，我们针对原野地的户外游憩活动进行了限定，指定它是基于原野地自然资源的一种游憩活动（图 1.1）。在原野地游憩中，活动环境或者周边背景的重要性要远远大于已经开发的游憩环境。此外，这些原野地的环境大多是自然的，同时管理方面也在努力维持这种自然的面貌，因此设施的发展在范围上和功能上都会受到限制。在原野地，设施都要求规模较小，如果有需要也只是为了尽可能地加强游客安全和资源保护，而不是为了游客的舒适和方便

图 1.1　原野地游憩活动大多数依赖于这些区域的自然资源
（摄影：国家公园管理局）

图 1.2 原野地的游憩设施在范围和功能上都受到限制，更多的是加强游客的安全和资源保护，而不是为了方便游客（摄影：W. E. Hammitt）

（图 1.2）。原野地游憩区域远离城市，因此并不是很容易就能够到达。目前，通往原野地的道路等级较低、车次较少，而且在那些无人踏足过的区域未来是否建设游径也还是未知数。最后，由于原野地游憩使用趋于分散化，这就为小组交流创造了一种社会环境。而这种环境不注重某种类型的社会互动，也不提倡社会团体的活动。

原野地游憩大多数都是发生在公共土地之上，诸如林务局、国家公园管理局、其他联邦机构或者州公园部门所管辖的土地。这些土地可能是特别指定为游憩使用的，也可能不是。例如，国家公园管理局下属领域内的游径、营地和其他游客使用的区域被指定为游客游玩并对其进行专门的管理，而邻近的和介于两者其间的林务局的土地虽然允许游憩使用，但是它更强调的是其他类型的使用，诸如木材生产。同样，游憩使用也可能发生在某些私人领地，而这些领地并不是专门指定的游憩区域。然而，大部分的原野地游憩是在公共土地上进行的，同时多数的管理责任是由公共机构负责。

本书涉及的主要是公共所有和公共机构管理的游憩使用地。虽然原野地的游憩有多种不同的活动，但是这些活动一般都是分散在大面积的区域之内，使用的密度较低。由于使用和干扰大面积的区域，管理工作变得很困难；再者，因维持这些区域自然化和自然式面貌的环境非常重要，所以还要对使用者和资源进行大量的管理，避免资源遭到过度破坏。

什么是游憩资源冲击？

游憩使用对自然区域所造成的干扰被典型定义为资源冲击或者生态冲击。正如卢卡斯（Lucas，1979）指出的，冲击这个术语是中性的，当它与生态相联系时，就是有关游憩使用对环境冲击的一个客观描述。客观地来说，冲击造成的变化可能是积极的也可能是消极的。在原野地游憩中对于冲击已经形成了一个价值判断，其用来指示导致环境条件的不良改变。游憩管理者关注的是因游憩使用而造成资源的不良改变，这包括改变的类型、数量、速率和持续的时间。我们将不良改变可以界定为原野地区域土壤、植被、野生动物和水资源的均值下降。

游憩资源管理者可以理解为是与生态冲击有关的人员，因为他们中的很多人有责任维护游憩资源的质量。尤其是在原野地的游憩区域，这些区域大多数是国家公园或者被指定的荒原区域，他们主要的任务就是保护自然环境。（当使用荒原这个术语时候，我们表示的区域是由美国国会特别指定的荒原区域；而偏远荒僻的地区是那些没有交通设施的区域。）为了有效处理游憩和自然区域之间的环境干扰问题，资源管理者需要对游憩的冲击进行充分细致地了解，这样他们才能够判断出发生了多少改变、正在发生哪些种类的改变以及能够接受哪些改变（Cole and Schreiner，1981）。

原野地游憩的生态冲击

所有的原野地游憩都会对自然环境产生干扰，虽然每项活动的具体冲击会存在一定的差异，但是它们都可能对土壤、植被、野生动物和水体等资源产生冲击，这些冲击以及它们之间的相互关系如图 1.3 所示。某些活动可能对基本的地质和大气产生冲击，但是这些冲击不是游憩活动直接作用产生的，而是来自于原野地毗连的区域，如图 1.3 所示。本节对主要的资源冲击进行了概述，而随后的章节将对这些冲击详细探讨。我们尤其想强调的是这些不同类别冲击之间的相互联系，本书涉及的一个主题是这些冲击不会单独发生，往往一项活动会产生多种冲击，而且每种冲击都会恶化或抵消其他变化，这对我们的管理而言特别重要。冲击问题的管理解决方案必须认识到一种情况，即针对某种冲击问题的解决方案可能引发其他的冲击问题。

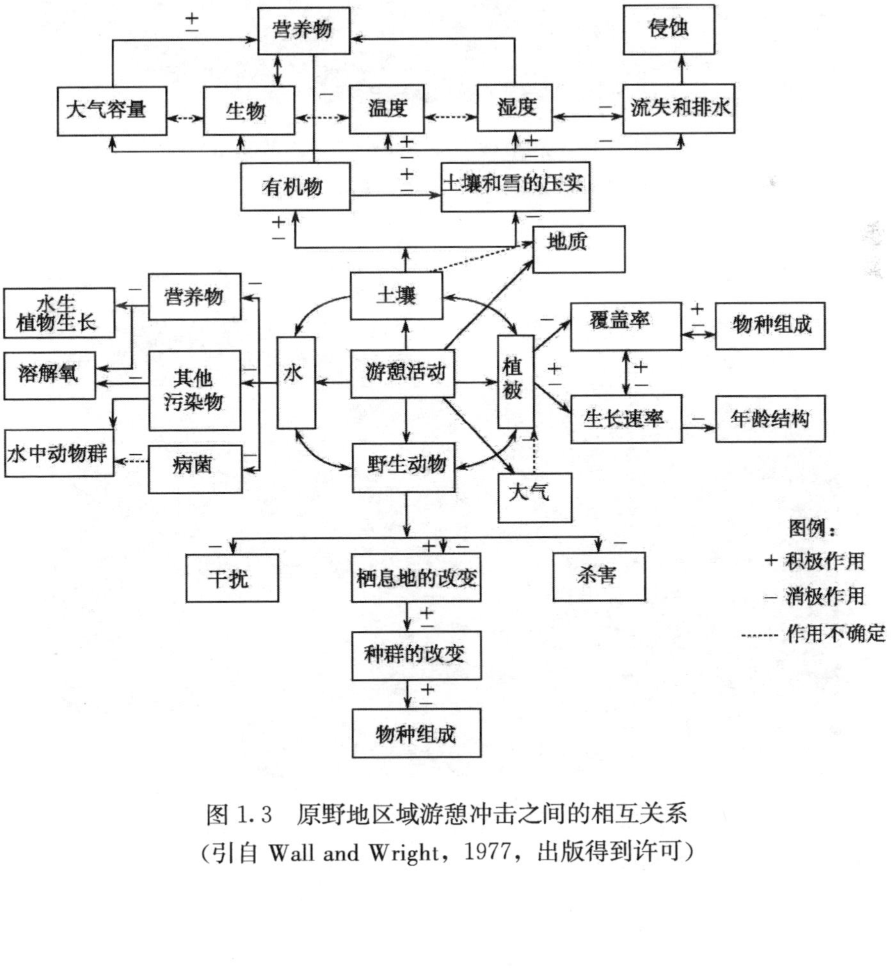

图 1.3 原野地区域游憩冲击之间的相互关系
（引自 Wall and Wright，1977，出版得到许可）

土壤的冲击始于地表有机质的破坏和土壤或者雪的压实。每一种变化都会改变土壤的基本特性，诸如通风、温度、湿度、营养和生存于土壤中的生物。这些变化在裸露地和营地被压实的土壤中表现得更加明显，而且这种改变严重影响了土壤对植物的培育（图 1.4）。土壤压实导致雨水渗透率降低、水土流失增加，从而引发土壤侵蚀。侵蚀的影响在游径和越野区域表现得更加严重（图 1.5）。

图 1.4 土壤压实和植被丧失是原野露营地的典型特征，是游憩重冲击地带（摄影：W. E. Hammitt）

图 1.5 降水量比较大的远足游径，由于坡度较陡海拔较高很容易发生侵蚀（摄影：W. E. Hammitt）

大多数情况下土壤条件的巨大改变抑制了新植物物种的入侵，而这会对场地原生长的植被产生相反的影响。除此之外，人和马蹄的践踏、雪橇和越野车的磨损都会直接破坏甚至杀死植物。地被覆盖、生长速率和繁殖能力也都会随之下降，尤其是对于树木而言，它会改变种群的年龄结构。例如，在很多营地，树群完全由中龄树木和老龄树木组成，因此总体缺乏繁殖的能力，即使是这些老龄树也经常受到斧头、灯火及钉子的威胁(图 1.6)。林下植被对游憩冲击的忍受能力也发生了很大的变化，因此，更耐践踏的物

图 1.6 具有一定年代的营地上的树木被汽油灯燃烧而留下疤痕，
这棵树有 13 处灯笼疤痕（摄影：W. E. Hammitt）

种比较易于在游憩地生存，物种迅速向着更耐践踏改变。近地生长也是一种生存技巧，这可以部分地解释为什么游憩场所的大多数植被的高度都普遍降低了。

虽然土地冲击对植被的间接影响非常明显，但是植被冲击对土壤的间接影响却非如此。植被覆盖的丧失更使得某些影响恶化，诸如有机物质的丧失和侵蚀的增加。同时它也与野生动物的影响相关，尤其是由于栖息地的改变而产生对野生动物的干扰作用。对于体形较大的动物，游憩地对野生动物的大多数严重冲击是直接发生的，不论是彻底地杀死还是无意识的干扰。干扰使得繁殖能力下降，例如受到干扰的鸟儿会离开巢穴迁至更偏远的地区；或者导致一些动物适应这种变化，例如熊依赖垃圾废物为食。体形较小的动物由于栖息地的改变更容易受到干扰。例如，土壤影响，上层的有机质丧失使得赖以生存的昆虫失去了家园；植被影响，如砍断的树枝可能就是鸟的巢穴。这些动物中的很大一部分对土壤和植被也有着重要的影响，因为它们是整个生态系统中物质和能量循环的分解者和消费者。因此，年龄结构组成、空间布局和数量甚至行为意愿的改变都会对土壤、植被和水体产生影响。

水体质量由于富营养化和其他污染而下降，这其中包括由冲蚀增加的沉淀以及病原体造成的污染。病原体污染可能是因为人类废弃物处置不当而导致的；但更多的是由于野生动物携带着的病变生物体所造成的。营养物质和污染物质作为游憩使用后的废弃物被直接排放进入水体，从而对水体造成污染，如汽艇大量使用后，其倾泻进入水体的石油和汽油薄膜将会污染湖面。但是更多的是对间接资源产生潜在的影响，如游憩使用引发的水土流失进而导致水资源再生能力下降。此外土壤和植被的影响也加速了这种侵蚀。如多种来源的水体污染会使得水中的溶解氧减少、水生植物及动物的生长及生存改变。

考虑到土壤、植被、动物及水体之间的相互关系，生态系统这个概念是非常重要的。一个生态系统包含了这个区域内所有的生物体、它们的生存环境以及它们之间的相互联系。生态系统的规模变化性较大，从一个非常小的生态系统（例如你的胃）到最大的荒原地都存在。根据富兰克林（Franklin，1990）的观点，人类活动对生态系统的几个关键属性产生影响。首先，它们会影响到生态系统的功能，即执行行动的能力——能源的形成和循环、营养物质的存储和循环以及为一系列栖息物种所提供的适宜家园；其次，它们会对生态系统结构或者是各部分空间组织产生影响——无论是热带的大草原、牧场、均龄或者非均龄的树林以及其他的类别；再次，它们会影响到生态系统的种群结构和组成，包括物种数量和它们的相对丰富度以及密度，同时还包括个体物种分布的年龄和规模等级；最后，人类活动会改变一个特定场地的基本演替模式或者说轨迹及特性。

游憩生态学

原野地游憩资源冲击及管理学有属于自己的专属学术领域，即游憩生态学。游憩生态学是研究基于自然或半自然环境下的原野地户外游憩影响。虽然这个学科领域在20世纪60年代中期才得到了广泛的认识，但是早在1759年斯提林福里特（Stillingfleet）

就对英格兰践踏游径上的植物生存状况的差异性做过报道（Stillingfleet，1759；Liddle，1991）。科尔（Cole，1987）认为我们今天所知的这个领域是源于65年前迈内克（Meinecke's）对加利福尼亚州红木国家公园游憩影响的研究。早期的游憩生态学研究主要集中在对被践踏植物形态和生理特性所产生的影响以及各物种、植被类型和环境对践踏破坏的抵抗力和恢复能力（Bayfield，1971；Liddle，1988，1989；Cole，1995）。如今，游憩生态学研究涉及游憩对原野地所有资源（不仅是植物）的影响和包含践踏在内的其他方面的游憩干扰。

基于尼尔·巴菲尔德（Bayfield，1971）在英国的多年研究工作，利德勒（Liddle）赞扬他是研究游憩生态学的第一人。许多关于践踏影响的研究都集中在欧洲，如对乡村远足和郊游的影响研究。大卫·科尔（David Cole），也就是这本书的合著者，在过去的25年里一直在美国带领着游憩生态学的研究者们从事游憩生态学方面的研究。在澳大利亚，利德勒关于热带地区的沙丘生态群落、生物学特性和抵抗策略及影响理论已经广为认知。他的贡献在于将影响理论和类似游憩生态这样的运用领域完美结合。有兴趣的读者建议你去阅览科尔1987年写的《游憩生态学》，这本书详细介绍了游憩生态学的发展历程。

生态冲击的重要性

当上述所提到的生态冲击发生时，我们该怎么办呢？我们可以走出去，对这些冲击中的大部分进行调查，进而测定环境改变的程度。尽管这是一项很不同寻常的工作，但是评估其冲击却是非常重要的或者说是有着重大意义的。我们对于游憩的使用而导致森林营地地面95%的蜘蛛消失匿迹这一观念可能表示一致赞同，但对于这种变化到底有多重要却不能形成统一意见。我们也不可能就这种变化是正面的还是负面的达成一致。在游憩背景下，冲击究竟是有利的还是有害的、是重要的还是没有任何意义的，这只有当人类对其进行价值判定之后才能得出结论。这些判定主要是由一个区域提供的游憩类型、各类使者群体的目的及资源管理的客观对象所共同决定的。

不同的区域提供不同的游憩活动，这一事实被称之为游憩机会谱（ROS），它是基于所提供的游憩机会类型而进行的土地分类，对此在第11章将会有详细的论述。游憩机会谱可以区分不同的游憩机会，例如一个荒原区域能够提供原始游憩活动，而一个城市公园能够提供球类活动。在某些地方这两种情况可能都会遇到，如肯塔基州的原始植被正在转变成绿色的草坪，对于荒原区域而言这是一个典型的问题。荒原地自然环境的消失不是人们乐意接受的，这种变化的严重性与冲击面积、稀有植被消失有关。同时对城市公园的保护是非常重要且非常有益的，因为它极大地改善了打球等活动的环境质量。如果我们把游憩机会谱从已经开发的城市区域转移到原野地，则同样的冲击就可能变得非常不利而且更为严重。

即使对于同一地域，人们就其冲击也会有不同的见解，不同的游憩者有着不同的想法。远足者面对摩托车造成山体侵蚀的时候就可能比骑摩托车的人表现得更为消极。这些对生态冲击不同思想观点的碰撞多数是发生在使用机动车和没有使用机动车游憩者之间，而不管这些游憩活动是在土地上、在水中或者是在雪地上进行的。相似的争论和不同的观点也会发生在远足者和马车、驮畜使用者之间。

对比生态学家、游憩者和管理者他们之间的观点也是非常有趣的。大多数生态学家关注的是这种冲击对生态系统功能的损害或者对其特征的毁坏。例如，把那些残枝烂叶堆在一起燃烧或者一个不显眼的濒危植物消失，这两者都会引起生态学家的关注，但是大多数的游憩者却不可能注意到它们中的任何一个。生态学家也可能会去评估这种变化的重要性以及需要多长时间才能够恢复，根据这个标准侵蚀就是非常严重的了，因为它需要几百年的时间来替换被侵蚀的土壤。

生态学家对冲击的空间尺度也非常感兴趣。如今，已经有些学科特别对大空间范围内的冲击感兴趣，如景观学。有些生态学家对游憩冲击的重要性发生质疑，因为他们往往局限于冲击的集中点和节点。因此，某些冲击可能在其场地是非常剧烈的，但是从景观的角度出发却是可以忽略不计的。我们认为有两个方面的游憩冲击需要相关的生态学家必须考虑到：一是场所尺度冲击相对于景观而言，其自我内在的重要性并不能忽略，虽然它们的影响不是很普遍，但是比景观冲击更为强烈；二是某些游憩活动也会对景观造成影响，例如，引入外来鱼种和可以供狩猎的物种来提高钓鱼和狩猎的机会，但本土鱼类将最终被取代或者消除，这已经被大烟山国家公园证实，那里由于引进虹鳟鱼使得本地的溪红点鲑被排挤，只能生存在海拔较高小溪支流中。游憩对景观的其他冲击包括对野生动物的无意干扰和过度放牧（Cole，1990）。

科尔和兰迪尔斯（Cole and Landres，1996）认为最为严重的生态冲击是那些对大面积区域持续而高强度的冲击，或者是对稀有生态系统所造成的冲击。在评估某些游憩影响的重要性时，评估者都需要熟悉被影响者的特性和干扰的自身特点，同时必须要考虑到其稀有性和不可替代性。另外，评估者还需要了解这种冲击对生态系统的功能、结构、组成、动态的干扰程度，以及这种冲击是暂时性的还是永久性的。

游憩者作为一个整体似乎更为关心场所使用性能的下降或者其他团体游憩之后留下的“非自然”的物品，如约塞米蒂国家公园，其偏远荒僻区域营地建立的基础设施（如卫生间、桌子等）和游憩之后遗留下的垃圾比起其他影响更受到游憩者的关注（Lee，1975）。对于生态学家而言，此类冲击可能并不是非常重要，因为它们都是可逆的而且对自然系统功能的损害也不是非常严重。很多的游憩者甚至根本就没有意识到这样的生态冲击（Martin and McCool，1989）。克努森和柯里（Knudson and Curry，1981）在三个印第安纳州国家公园的营地询问露营者对植被覆盖状况的意见。然后将这些评价与实地的真实状况做了对比（如表 1.1 所示）。大多数的露营者感觉环境令他们非常满意，或者说在植被几乎没有遭到破坏的场所感觉良好；即使在土耳其鲁恩州立公园 99%的场所都被剥蚀超过了 75%，大多数的露营者还是认为环境很舒适或者比较好；尽管面对几乎所有的树都遭到毁坏的事实，还是有三分之二以上的露营者号称并没有破坏行为。

虽然大多数的游憩者对冲击特点缺乏认识和关注，但也存在例外情况，如在荒原地区域，毫无疑问会有游客被这些冲击困扰着。研究者对四个荒原地进行访问，他们发现垃圾和人类对营地树木的破坏也是众多影响荒原地游憩体验质量的原因之一，这四个荒

表 1.1　营地植被覆盖状况和游客意见

植被状况	凡尔赛		土耳其鲁恩
	新营地	老营地	
露营者评估的	露营者百分比/%		
非常差	2	3	14
差	11	20	29
满意	53	39	47
好	30	37	8
极好	4	1	2
实际的	场地百分比/%		
裸露和干扰≥75%	6	23	99

注：引自 Knudson and Curry，1981，转载得到美国林务者协会的许可。

原地中的三个是在美国东南部，另一个在蒙大拿州（Roggenbuck *et al.*，1993）。欣德勒和谢尔比（Shindler and Shelby，1992）将不同的利益团体和荒原地的管理者对营地的生态环境标准进行了对比，他们提出了各种受众群体对野外露营地利用摄影幻灯片技术测量营地环境可接受或者能够容忍的程度。作者认为虽然一般情况下游客对资源环境的敏感性与管理者相似，但是当对冲击进行细化时分歧就变得非常明显了。事实上，对于游客而言他们更能够接受少量的冲击而不是一点都没有冲击，例如，小直径火环（直径小于 16in[①]）、小面积的裸地（少于 156ft[②] 的小区域）相对于没有火环和一点裸地都不存在的区域更易被人们所接受（Shelby *et al.*，1988）。然而，研究游客对荒原地冲击观点的其他学科表明游客的满意度和冲击量大小之间并不存在什么关系（Lucas，1979）。许多游客并没有注意到生态的变化；即使他们认识到了这些生态的变化，很多人还是不能理解这种变化为什么是“破坏”或者是“不良的变化”。大多数的游客即使面对令他们感到讨厌的冲击，他们依然不会改变他们的行为，而且这也丝毫不会降低他们的舒适体验。例如，即使是不喜欢鲍伯马歇尔荒原地马车过度使用的痕迹，但是他们可能还会在同一地方继续露营，并且沿着相同的轨迹旅行，总而言之就是享受这种体验。与之形成巨大反差的是，场所冲击是管理者关注的首要问题（Godin and Leonard，1979）。作为管理者，他们很清楚这些冲击，并且要对这些冲击负责，同时能够有效地处理这些问题。

对于原野地的管理者而言，维护原野地的自然环境或者自然面貌是非常重要的。因为提供游憩机会和游憩总是会对区域的自然状态产生干扰。管理者会关注那些关系到游客娱乐导致的冲击，特别对那些损害场所功能性和可取性的冲击会特别关注。立法机构的任务和指导方针为提供额外的限制，例如，荒原地的指定，其场所性质是与可以容忍的冲击类型和程度相对应的，不同的机构观念也不同；即使是在指定的荒原地，可能面对相同的任务每个管理机构可能会采取不同的措施。例如，美国渔业和野生生物管理局

① 英寸，1in=2.54cm。

② 平方英尺，$1ft^2=9.290304\times10^{-2}m^2$；英尺，$1ft=3.048\times10^{-1}m$。

就是特别强调对野生动物的关注；国家公园部门相比于林务局可能为了避免对资源产生冲击，就会对游憩活动进行更多的限制（Washburne and Cole，1983）。总之，在处理游憩冲击时，管理者必须要平衡生态学家、游憩者、其他使用者以及法律规章制度的限制和机构政策之间的关系，并对他们管理区域内的特殊情况进行特殊处理。

管理者的职责

当考虑到原野地游憩冲击的重要性时，容易使人对这个区域产生偏见。但是如果这个游憩区域没有发生游憩使用，环境会更好吗？这是不切实际的情况，也不是本书研究的内容。

社会和公共政策已经使得这些区域可以作为游憩使用，我们必须接受原野地资源作为游憩目的而被使用。人类，作为游憩者也是这些原野地生态系统的一部分，因为人类是整个生态系统的一部分。原野地的管理是维持自然场所环境的一种努力，使得这些场所在被游憩使用时所受到的人类干扰和冲击尽可能地减少到最低程度。我们必须接受一个真理，那就是当原野地有游憩使用时，无论这个使用有多小，它都会产生某些种类的冲击。一般来说，管理者的职能不是去阻止改变的发生，而是控制环境改变在可接受的范围之内。

可接受的冲击是生态意义的改变和人的观点这两者达成统一的结果。生态意义的改变是对冲击的严重程度和持续性的度量，可能与非专业人士（门外汉）所感知的非自然化程度相差甚远。从生态意义角度来说，人类对自然生态系统的重大改变往往不是直接看见的，当自然系统已经发生不可逆转改变的时候访问者又才察觉到。管理者和使用者都需要开阔视野，只有这样他们才能区分出哪些生态冲击是表象的；哪些是本质的。

游憩承载力

游憩承载力是生态系统冲击管理的主要工具之一，其与游客使用和可以接受的资源冲击变化程度相关，随管理目标的发展而变化。这是本节要重点讲解的主题，更多细节将在第 10 章论述。

大量增加的游憩使用使得资源干扰急剧上升，管理者和游憩学研究者为了解决这个问题反复求证于承载力这个概念。承载力这个概念是从牧场和野生动物管理学科借鉴过来的。在这些领域，承载力是在不破坏资源的基础上，一个既定土地单元内能持续支持的最多的动物数量。游憩区域的管理希望能够明确最多使用者人数，一旦使用者数量多于这个数值，游憩质量就不能持续保持下去。国家公园管理处和林务局实际上已授权使用游憩承载力这个评价方法，用来测量合适的使用水平或者公园和荒原地的承载能力。

由于一系列的原因，使得承载力的评价操作既复杂也不是特别的实用。首先，对游憩使用和相关影响的管理与对牛和其他的动物的管理之间是存在相当大的差异；其次，除了要考虑资源可持续利用的客观能力之外，使用者的游憩体验质量也是同等重要的（Wagar，1974；Graefe *et al.*，1984；Shelby and Heberlein，1986；Hendee *et al.*，

1990)。社会承载力涉及游客体验方面，生态承载力涉及资源方面，这两者是交织在一起的。正如弗里斯瑟尔和斯坦基（Frissell and Stankey，1972）所记录的：

场所的过度使用导致土壤压实和植被的死亡，这不仅对生态学家来说意义重大，对于社会科学家来说也同样具有重大意义，因为美学质量的下降可能比土壤孔隙度的减少更为重要。

相比与游憩承载力的复杂性，如何在某个领域（如牧场管理）使用承载力则更为重要。为牧场设置承载力已经成为一种普遍的实践，只存在一种例外，那就是当私人使用者被允许在公共土地上放牧，而管理者因为时间的关系没有对其进行监督，同时也没有对场地的变化进行监控。承载力的设置是一种保护措施，因此把这个门槛设得低点，即使经多年使用之后牧草的产量会下降但也不会对公共土地造成很严重的破坏。事实上，牧场在非丰产年会遭遇到过度放牧的破坏，而在丰产年又会因承载力的限额使得牧草被浪费，因为在丰产年它可以容纳更多的动物。在私人土地，有经验的牧场主不会设置承载力，他们监测这场地的变化——例如降水或者牧草生长状况，以此来随时调整动物的数量，从而达到他们合理放牧的目的。

有必要为游憩确定一个承载力，但是通过游憩自身来确定这个承载力可能是非常不合理的。我们将在随后的章节中看到使用量和冲击量两者之间并没有直接联系。冲击量是由使用时间、使用类型、使用分布和使用发生时的环境状况及所采取的缓解行动共同决定的。正如沃什伯恩（Washburne，1982）指出的：

牧场在春季和夏季所能够容纳的马的数量是不同的，一些露营者会使用先前已经建好的营地，另一些露营者随身便携炉具而不是在营地搭建篝火，一个聒噪和轻率的露营者可能沿着其他人的足迹……

我们将探讨这些对冲击量有作用的变量的重要性。在这里，我们想要表达的是在合理游憩机会下将承载力的临界点设置得低点，这样就可以允许对冲击量有作用的其他所有因素有一定的变动——或者说它们只是管理计划的一部分。这些因素并不是管理的关键要素，因为有些因素正在被求证。管理的关键在于明确管理对象和监测性状的变化，如对草地游憩和野生动物的管理。

管理的关键要素将在第10章全面地探讨。接下来的四章将阐述游憩的生态作用。一旦对这些冲击了解了，那么管理的首要任务就是设定冲击的上限目标。根据弗里斯瑟尔和斯坦基（Frissell and Stankey，1972），斯坦基、科尔、卢卡斯、彼得森和弗里斯瑟尔（Stankey *et al.*，1985）等的术语，即管理者必须设置“可接受的变化极限”（图1.7）。自然界的变化遵循一定的准则，按照这个准则自然变化的速率及特征的改变是可以接受的，除非它们对安全构成隐患，或者在非荒原地区域所期望的游憩机会被大大地破坏（如虫灾）；当变化超出准则时就构成了所谓的人类造成的变化和影响。即使是在荒原地，当影响达到一定数量时也必须考虑到其是否能够被接受。作为管理判定的标准，可接受的变化极限是从不可接受和可接受的影响中划分出来的。管理层必须确定这根准则线画在哪里，然后通过管理计划执行这个标准（Stankey *et al.*，1984）。

尽管如此，我们必须认识到将线画在哪里的决定并不是完全按照生态标准作出的。管理者在设定可接受的资源变化极限时必须要权衡政策、经济和公共使用之间的关系。

尤其是在对原野地标准的界定上，不是仅根据美国国会定义的荒原地，因为那是在一个更广泛的范围社会和经济背景下进行的管理。管理方案可以是基于生态标准，但仅仅是在其他更为广泛因素的保护伞之下进行的设置。

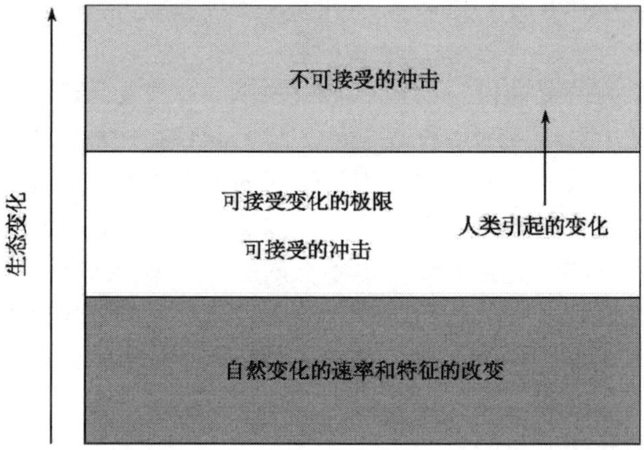

图 1.7　原野地可接受的生态变化模型（引自 Frissell and Stankey，1972）

本书主题

本章介绍原野地游憩和资源冲击。将通过每个主题的界定，来阐述它们对原野地区域管理的重要性。以下是对这本书四个主要部分的简介：第一部分是涉及原野地区域资源四个主要组成部分的生态冲击；第二部分是有关冲击的时空分布和变化趋势；第三部分描述的是作用于资源冲击的一些关键因素；最后一部分是关于对游憩资源冲击的管理。通过这些章节组成文中的主题，并对主题反复论述。这些主题形成了本书的基础材料，为指导读者阅读概述如下：

1. 由游憩使用造成的直接或者间接影响是相互关联的，且往往这些影响之间是相互作用，或者一种影响对另一种影响有补偿作用。有些影响甚至对于非专业人士也是显而易见的，例如，新栽树木和被践踏的植被就是很好的例子。其他的影响则需要显微镜才能够看得见，而有些影响甚至到目前还没有被发现或研究。那些许多不引人注意的影响可能是会有着重大的意义。例如，游憩对土壤有机物的冲击是非常难以了解的，但它的影响无疑是巨大的。再者，土壤有机物对生态系统的能量和物质循环尤其重要，因此这些土壤有机物被破坏后所导致的影响毫无疑问也是非常严重的。这其中有些影响目前还几乎没有办法鉴定出来，如对体形较大的野生动物物种的干扰，我们没有办法知道它们被干扰后的分布和行为；而且还有其他很多方面的因素对动物的行为存在着一定的影响。

游憩会直接产生许多较为明显的影响，也就是说能够被观察到的变化是游憩使用的直接作用结果。如植被减少就是践踏之后的直接结果的例子。植被的破坏也会反应在那些被游憩使用后的压实土壤上，植被的长势和繁殖能力下降，这是土壤压实的间接影响。间接影响说明诸多影响之间是相互关联的。影响之间的相互作用也是存在的。如土壤有机物的减少使得土壤更易被侵蚀，而土壤的侵蚀更加剧了有机物的流失。然而，有些影响之间也存在相互补偿的作用。例如，本土植被覆盖的减少降低了物种之间的竞争，从而增加了植被的覆盖；水的渗透率降低使得土壤含水量降低，但是同时土壤的蓄水能力上升了，但这种影响结果对土壤含水量变化的作用是非常小的。

2. 除了要知道会发生什么冲击——对这些冲击的剧烈程度和它们之间的相互关系，以及它们的空间分布和如何随着时间变化而变化的了解也是非常重要的。大多数的影响是高度集中的。例如，麦克尤恩和托赫尔（McEwen and Tocher，1976）曾经提出的：可能北美的风景区没有加拿大国家公园的冲击那么严重，至少山脉两侧都还有少数面积的森林没有遭到干扰。在这本书中我们将特别关注那些集中使用的区域——如主要的营地、野餐地，同时包含与水相关的游憩区域、越野区域及风景区，另外还有线性路线、游径和道路。在这些情况下，可能在距离这些地方不远处仍会存在着一些没有被干扰的土地。

这些区域和路线随着时间推移在数量上和规模上都会增加。相比空间格局的变化，大多数冲击经过初期的稳定，在残留物经过一段时间的积累之后，其剧烈程度迅速增加。因而，各种不同类型的冲击也在随着时间的推移而改变。

3. 自然和冲击剧烈程度都是随着游憩活动的类别而变化的。我们最开始可能关注的是野餐、露营、远足、滑雪或者骑马、划船等游憩活动，这些活动中的冲击结果都是不同的，如它们的空间分布以及它们是如何随时间的变化而变化的。例如，划船对水的污染最为严重，游径的水土流失最为严重，露营和野餐对植被的破坏最大。

4. 虽然使用越多造成的冲击越多，但是使用和冲击之间的关系却很少是直接的线性关系。通常，少量的使用会导致大量的冲击，而额外的使用却很少造成额外的冲击。这种关系的自然属性在不同冲击类别中的变化范畴也是很大的。考虑到使用量的限制，那么管理就要对冲击负责，因此了解不同程度的使用对每一种类别的冲击是非常重要的。

5. 即使在这些活动中（例如露营），群体造成的潜在影响也有很大的变化。这种变化的部分原因是使用量和冲击量两者之间不是直接相关的。群体的旅行方式——徒步、骑马或者使用机动车——这些都对冲击的数量、类别和空间的分布有很大的影响。其他一些使用者较为重要的特征是团体的类型、规模和个体的行为表现。不同团体之间的知识水平和低冲击处理技术的差距是非常大的，因此他们所造成的冲击也存在很大的差异性。

6. 其他对冲击有作用的因素是不同环境抵抗改变的能力。例如，在游憩使用区域，不同类型的植被和土壤对破坏的抵抗能力是不同的。抵抗能力和恢复能力都是非常重要的，抵抗能力是指承受使用而没有被干扰的能力；恢复能力是指被干扰之后又恢复到未干扰时状态的能力。具有抵抗力的场地可能同时具有恢复力也可能不具有。让我们来对比一块荒芜岩石地和一块植被生长茂盛场地所具有的抵抗能力和恢复能力的状况。岩石地具有较高的抵抗力，它可能在受到炸药的作用下才会被干扰，但是一旦被炸毁，这种疤痕就会长久存在；茂盛的植被不具有什么抵抗力，被踩上几脚就很容易遭到干扰，然而，即使它受到很严重的干扰也会在很短的时间内恢复过来。抵抗力也因活动类型而异，荒芜的岩石地可能显示不出践踏的影响，但是营地将会留下持久的痕迹。很显然，游憩地最好是选择那些既具有抵抗力又具有很强恢复力的场地，而要避免选择两者能力都不具备的场地。同样，对具有抵抗力而没有恢复力场所的管理与具有恢复力而没有抵抗力场所的管理是存在很大差异性的。抵抗力和恢复力根据气候条件和植物的生长阶段而具有季节性的变化。

7. 冲击管理，在作出可接受的变化极限之前，先了解场地的自然属性和时空格局是至关重要的。因此，要让管理者具备有关使用类型和使用数量造成的冲击程度以及环境状况方面的知识，这样就可以有效地控制这些变化，从而可以将冲击降低到最少。

8. 在管理游憩影响时还需要考虑到原野地游憩是原野地一项适宜的使用。尽管如此，这些区域的游憩使用也只有在管理存在的前提下是适宜的，因为它们很容易受到影响。平衡公众对原野地的游憩期望同时维护原野地的自然环境是对游憩资源管理者很大的挑战。我们必须将游憩管理和自然保护限制在可接受的水平之内。

9. 最后涉及的主题是资源冲击的国际性。原野地的游憩冲击并不仅限于对美国温带环境地区，而是整个地球原野地游憩区域。无论哪个国家在何时何地发生原野地游憩活动，它们都会对自然环境产生干扰。如果在这些区域进行游憩和生态旅游使用，那么即使是规划和设立国际公园、荒原地及保护地也都不足以为未来子孙保留生态的完整性。在规划和保护之外，还需要对人类的使用以及国际区域的自然环境进行管理。

参考文献

Bayfield, N. G. 1971. Some Effects of Walking and Skiing on Vegetation at Cairngorm. In E. Duffey and S. A. Watt, eds. *The Scientific Management of Animal and Plant Communities for Conservation*. Oxford: Blackwell Scientific Publications. pp. 469—485.

Brockman, C. F., and L. C. Merrian. 1973. *Recreational Use of Wildlands*. 3d. ed. New York: McGraw-Hill.

Cole, D. N. 1987. Research on Soil and Vegetation in Wilderness: A State-of-Knowledge Review. In R. C. Lucas, comp. *Proceedings—National Wilderness Research Conference: Issues, State-of-Knowledge, Future Directions*. USDA Forest Service General Technical Report INT-220, Ogden, UT. pp. 135—177.

Cole, D. N. 1990. Ecological Impacts of Wilderness Recreation and Their Management. In J. C. Hendee, G. H. Stankey, and R. C. Lucas, *Wilderness Management*, 2d ed. Golden, CO: North American Press. pp. 425—466.

Cole, D. N. 1995. Experimental Trampling of Vegetation, Ⅱ. Predictors of Resistance and Resilience. *Journal of Applied Ecology* 32: 215—224.

Cole, D. N., and P. B. Landres. 1996. Threats to Wilderness Ecosystems: Impacts and Research Needs. *Ecological Applications* 6: 168—184.

Cole, D. N., and E. G. S. Schreiner. 1981. Impacts of Backcountry Recreation: Site Management and Rehabilitation—An Annotated Bibliography. USDA Forest Service General Technical Report INT-122.

Franklin, J. F. 1987. Scientific Use of Wilderness. In R. C. Lucas, comp. *Proceedings—National Wilderness Research Conference: Issues, State-of-Knowledge, Future Directions*. USDA Forest Service General Technical Report INT-220, Ogden, UT. pp. 42—46.

Franklin, J. F. 1990. Wilderness Ecosystems. In J. C. Hendee, G. H. Stankey, and R. C. Lucas, *Wilderness Management*, 2d ed. Golden, CO: North American Press. pp. 241—261.

Frissell, S. S., and G. H. Stankey. 1972. Wilderness Environmental Quality: Search for Social and Ecological Harmony. In *Proceedings, Society of American Foresters Annual Meeting*. Hot Springs, AK, pp. 170—183.

Godin, V. B., and R. E. Leonard. 1979. Management Problems in Designated Wilderness Areas. *Journal of Soil and Water Conservation* 34：141—143.

Graefe, A., J. Vaske, and F. Kuss. 1984. Social Carrying Capacity: An Integration and Synthesis of Twenty Years of Research. *Leisure Sciences* 6：395—433.

Hendee, J. C., G. H. Stankey, and R. C. Lucas. 1990. *Wilderness Management*. 2d ed. Golden, CO: North American Press. 546 pp.

Knudson, D. M., and E. B. Curry. 1981. Campers' Perceptions of Site Deterioration and Crowding. *Journal of Forestry* 79：92—94.

Lee, R. G. 1975. The Management of Human Components in the Yosemite National Park Ecosystem. Yosemite National Park, CA: Yosemite Institute. 134 pp.

Liddle, M. J. 1988. Recreation and the Environment: The Ecology of Recreation Impacts. Section 2, Vegetation and Wear (AES Working Paper 1/89), Australian Environmental Studies, Griffith University, Brisbane, Australia.

Liddle, M. J. 1989. Recreation and the Environment: The Ecology of Recreation Impacts. Section 3, Soils and Wear (AES Working Paper 1/89), Australian Environmental Studies, Griffith University, Brisbane, Australia.

Liddle, M. J. 1991. Recreation Ecology: Effects of Trampling on Plants and Corals. *Tree* 6 (1)：13—17.

Lucas, R. C. 1979. Perceptions of Non-Motorized Recreational Impacts: A Review of Research Findings. In R. Ittner, D. R. Potter, J. Agee, and S. Anschell, eds. *Recreational Impacts on Wildlands*. USDA Forest Service Conference Proceedings, No. R-6-001-1979.

Martin, S. R., and S. F. McCool. 1989. Wilderness Campsite Impacts: Do Managers and Visitors See Them the Same? *Environmental Management* 13 (5)：623—629.

McEwen, D., and S. R. Tocher. 1976. Zone Management: Key to Controlling Recreational Impact in Developed Campsites. *Journal of Forestry* 74：90—93.

Meinecke, E. P. 1928. The Effect of Excessive Tourist Travel on the California Redwood Parks, California, Department of National Resources. Division of Parks. Sacramento, CA.

Roggenbuck, J. W., D. R. Williams, and A. E. Watson. 1993. Defining Acceptable Conditions in Wilderness. *Environmental Management* 17 (2)：187—197.

Shelby, B., and T. A. Heberlein. 1986. *Carrying Capacity in Recreation Settings*. Corvallis, OR: Oregon State University Press. 164 pp.

Shelby, B., J. J. Vaske, and R. Harris. 1988. User Standards for Ecological Impacts at Wilderness Campsites. *Journal of Leisure Research* 20 (3)：245—256.

Shindler, B., and B. Shelby. 1992. Regulating Wilderness Use: An Investigation of User Group Support. *Journal of Forestry* 91 (2)：41—44.

Stankey, G. H., S. F. McCool, and G. L. Stokes. 1984. Limits of Acceptable Change: A New Framework for Managing the Bob Marshall Wilderness Complex. *Western Wildlands* (fall). 5 pp.

Stankey, G. H., D. N. Cole, R. C. Lucas, M. E. Petersen, and S. S. Frissell. 1985. The Limits of Acceptable Change (LAC) System for Wilderness Planning. USDA Forest Service General Technical Report INT-176.

Stillingfleet, B. 1759. *Observations on Grasses in Miscellaneous Tracts Relating to Natural History*. London: Husbandry and Physick.

Wagar, J. A. 1974. Recreational Carrying Capacity Reconsidered. *Journal of Forestry* 72：274—278.

Wall, G., and C. Wright. 1977. The Environmental Impact of Outdoor Recreation. Department of Geology Publication Series 11, University of Waterloo, Waterloo, Ontario. 69 pp.

Washburne, R. F. 1982. Wilderness Recreational Carrying Capacity: Are Numbers Necessary? *Journal of Forestry* 80：726—728.

Washburne, R. F., and D. N. Cole. 1983. Problems and Practices in Wilderness Management: A Survey of Managers. USDA Forest Service Research Paper INT-304. 56 pp.

第二部分

资源要素的冲击

第 2 章　土　　壤

除了地面植被改变之外，户外游憩活动中最经常提到的就是对土壤的影响。对于生态影响的了解意味着读者已经对土壤科学概念和学科有着全面的认识。这就构建了土壤特性和影响性质之间的桥梁，从而也就能够更好地了解和重视户外游憩对土壤的重大影响。这些特性中最为主要的有土壤的质地、结构、孔隙空间、容重以及土壤裂隙。有关土壤的其他信息建议参考以下几人的文献：怀尔德（Wilde，1958）、弗斯（Foth，1978）和布雷迪（Brady，1990）。

土壤基本生态

什么是土壤?

作为所有陆地生物的基础，土壤通常被误解为是无生命的泥土，实际上土壤是有生命的——它通过岩石、大气、水、阳光和生物体之间的相互作用进行生产和维持(Dasmann,1972)。土壤由四大基本元素组成：矿物质和有机体构成了土壤的一部分；另一部分为土壤溶液、水和溶解物质以及存在于土壤固体孔隙中的空气。虽然所有的土壤都包含这些元素，但是它们密切结合在一起，分离它们是相当困难的，其相对丰度和分布的变化也是非常大的。土壤之间的这些差异对土壤支撑生命系统的能力和对游憩使用的反应都有影响。

土壤质地和结构

土壤矿物粒级是基于颗粒的大小等级划分的。土壤颗粒直径为 0.02～2.0mm 是砂粒；颗粒直径为 0.002～0.02mm 是粉砂粒；颗粒直径＜0.002mm是黏粒；颗粒直径＞2.0mm的颗粒称为粗粒。质地描述了这些不同大小的土壤颗粒在土壤中所占的比例。砂土含有大量（大约 70%）相对较大的砂粒；黏土含有至少 35%～40%的亚微观黏土颗粒。当土壤同时含有砂粒、黏土和粉粒时就称之为肥土。很多中间等级还可以再细划分（如粉砂质黏壤土）。

砂土类土壤质地粗糙。土壤颗粒较大，没有紧紧地包裹在一起，孔隙度比较大。除砂粒在潮湿情况外，水分只占其中非常小的一部分，这部分水是被土壤颗粒吸收而持有的；空气占据了砂粒的大部分空间。因此，砂粒比孔隙较小的土壤含有的空气多但含有的水量要少（图 2.1），这样的土质容易发生水土流失，且极易沙漠化。

黏土和黏壤土拥有较好的质地，它们比砂粒的持水能力强，同时所含有的空气也比较少。黏土可以长时间影响植物生长的通风条件。此外，它们虽然含有大量的水分，但大部分水分之间通过土壤颗粒紧密相连，因此可能不能够供给植物利用。土壤含有相等

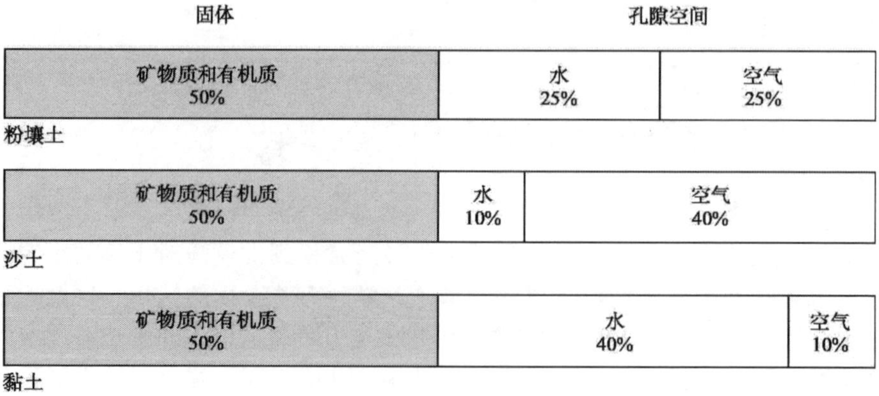

图 2.1　粉砂粒、黏土和砂粒之间不同的固体、水分以及空气的比例

量的砂粒、粉砂粒和黏土时，一般就能够很好地平衡供水、排水和通风条件，诸如肥土和粉砂质壤土。

结构涉及的是不同大小的土壤颗粒之间如何结合形成一个团体。特别是黏土颗粒和有机质，它们能够促使很多单个土壤颗粒形成不同形状和不同大小的聚集团体。因此，质地较好的土壤可能呈现粗糙状，而且很多功能也都是以粗粒土壤的方式实现的，原因是细颗粒凝聚成较大颗粒时会使得它们之间形成更大的孔隙（Spurr and Barnes，1980）。土壤结构对于细质地土壤特别重要，因为它可能存在通风问题。尽管单体颗粒周围存在相对较小的孔隙，但是提供水分运动和通风的通道却是团体周围较大的孔隙。有机质可以改善不同质地土壤的结构。在粗糙质地土壤中，有机质可以提高土壤的持水能力，因为它既具有吸收水分的能力又具有持水的能力。

森林条件下形成的结构良好的土壤可能会由于森林植被的砍伐和直接将土壤表面暴露于降雨环境下而被破坏。降雨造成的直接影响是将土壤颗粒从团体中分离开来，而分离的颗粒充斥了团体之间的孔隙，形成坚硬的外表面，最终阻碍了水分运动。土壤水分渗透的降低意味着更多的水分是从表面流失的，这样就会加剧土壤的侵蚀。游憩践踏会对土壤结构产生更为严重的影响结果。践踏使得落叶不能够进入土壤表层，从而降低了土壤有机质的含量，而有机质对于形成良好的土壤结构却又非常重要。后面将对此和土壤压实的严重后果进行详细阐述。

孔隙空间

正如前面所提到的，孔隙空间大部分是由土壤的质地和结构共同决定的，以大颗粒为主的土壤（例如砂粒），或者是结构紧凑的土壤，它们的总孔隙度较小；质地中等、有机质含量较高并且没有被压实的土壤的总孔隙度较高。土壤孔隙被划分为两个等级——大孔隙和微孔隙。较大的大孔隙可以作为空气流通和水分运动的通道却不能够持水；相反，小孔隙可以持水却阻碍了空气流通和水分运动。虽然砂土总孔隙度小，但是其大孔隙所占的比例较高，因此空气流通和水分运动的速率也就非常得快（Brady，1990）。

尽管细质地土壤存在着很大的孔隙空间，但是其空气和水分运动相对还是很慢的。因为当微孔隙主导着孔隙度的时候，其内部经常充满水，孔隙之间就没有空气流通的空间。除此之外，毛细微孔中的水被黏土颗粒的张力紧紧地掌控着，从而使得水分运动较为缓慢。这其中重要的一点是单个孔隙空间的大小（大孔隙或微孔隙）对空气和水的运动比总孔隙度更重要。

容重

容重是对土壤重量的度量，其被定义为单位体积土壤的质量。土壤容重主要是由特定体积土壤的孔隙空间数量决定的，它与孔隙度密切相关。土壤的密度、组成，特别是它的质地和有机质对容重都有一定的影响。松散且多孔的土壤其单元体积重量容重较小，如果它们被压实则容重值会很高。细质地材料和高有机体的土壤容重要低于那些含沙量丰富而有机质含量较低的土壤。黏土、黏壤土以及砂壤土的容重一般都是在1.0～1.6g/cm^3，而砂土和砂质壤土的容重是1.2～1.8g/cm^3（Brady，1990）。这些容重的差异都是在环境没有受到干扰的前提下测定的，所以当使用容重来测量压实的状况时要谨记这个前提条件。

土壤的质地、压实和容重之间的变化关系如图2.2所示。在细质地土壤中，压实更容易导致容重增加。如果没有压实作用，细质地土壤的容重则比较低，但是其被压实之后土壤的容重值会增加，原因是它的土壤颗粒可以被聚集成团而比大颗粒土壤压得更为紧密。因此，压实之后细质地土壤的密度要大于粗质地土壤。

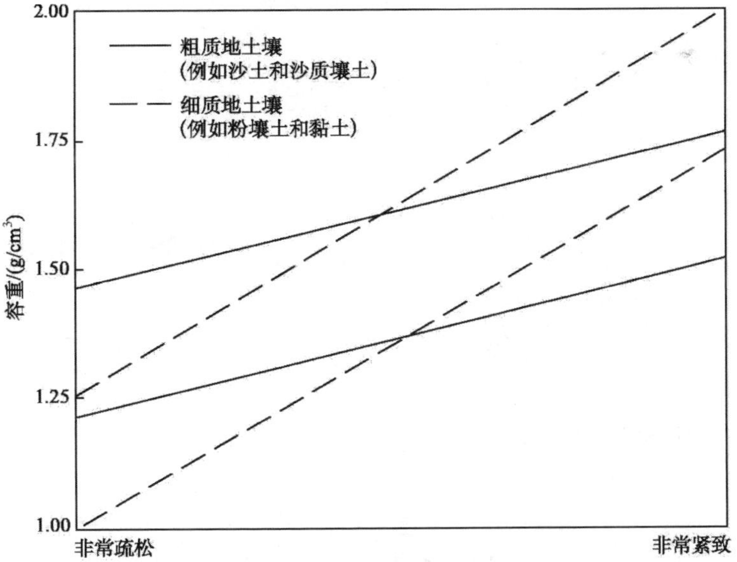

图2.2　在普遍的砂土和那些细质地土壤中压实和容重之间关系的总体规律（引自Brady，1990）

除此之外，容重一般是随着剖面深度的增加而增加。这个结论显然是从低有机体、低聚合度以及根系下扎和上覆压力造成的压实土壤中得出的。土壤底土的压实可能使得容重值高于 2.0g/cm^3（Brady，1990）。营地从外围边缘区到场地的中心容重也会呈现递增趋势（Stohlgren and Parsons，1986）。

尽管容重在检测土壤是否被压实时是普遍使用的计量单位，但土壤的渗透抵抗力在游憩学领域也被广泛地使用。土壤的渗透抵抗力需要用一定的力度推动一个已知长度的触探棒进入地面之下进行数据记录，这个记录的仪器称为透度计。荒原地区域营地的透度计数值为 70%～300%。

土壤剖面

对于深度相同的土壤而言，其质地和结构并不总是一致的。土壤样本的垂直剖面清晰地显示出土层的颜色、组成及其他特性在水平层次上都是不同的。这个段落讲述的就是土壤剖面。一个典型的土壤里面由四个最基本的水平层面或者界限组成（图 2.3）。这些最基本的土层，即 O、A、B、C 四层，还可以将它们再细分，但是在有些土层中这些亚层可能存在也可能不存在。

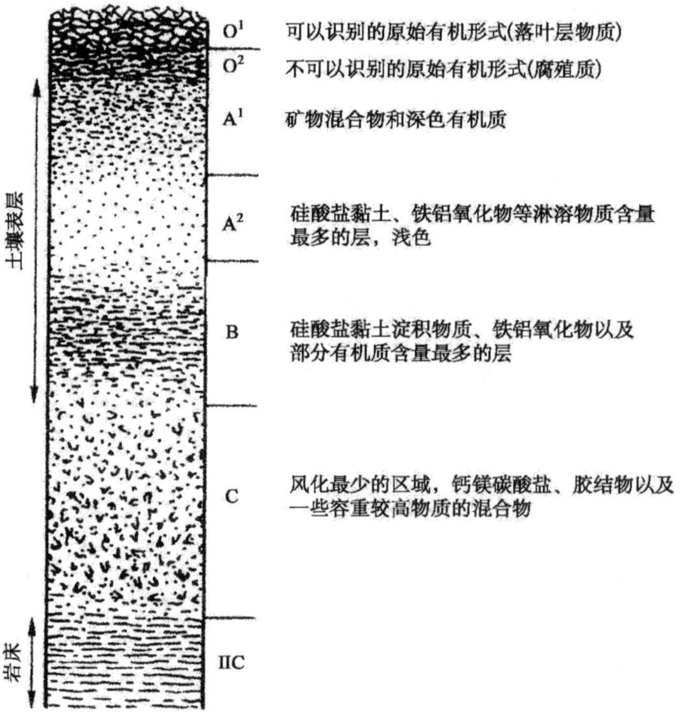

图 2.3　矿物土壤概念性剖面所显示的主要四层
（引自 Buckman and Brady，1969，出版得到许可）

O 层，或者说有机层，是在土壤矿物体之上形成的，一般由 O^1 和 O^2 层组成。O^1 是由枯落物组成——落叶、枝条、果实以及植物、动物腐烂的部分。当这些废物腐烂至辨别不清它们的状态时，就被称之为腐殖质，这同时也是 O^2 层最主要的组成部分。表面的有机层对于土壤的健康性非常重要。它们可以缓冲降雨和其他侵蚀作用的影响，包括在底层矿物层上游憩使用所产生的影响。有机层是生物体最为重要的活动层，并且有助于水分的吸收。作为腐殖质的来源，它们可以进入到土壤中，有机层的贡献就是在于维护了土壤的结构健康、水分运动和通风。同时有机层也是营养物的重要来源，对维持土壤肥力至关重要。然而不幸的是，O 层经常由于场地区域的集中化游憩使用而被碾碎、流失。

A 层是矿物质土壤最上面的一层。它的特征就是环境潮湿，这是由于它通过水分运动和酸化作用滤取营养物质所致。A 层可再细分为上面的 A^1 层和下面的 A^2 层；A^1 的有机质一般是通过枯落层物质的腐烂和土壤生物体的融合被添加到矿物质土壤中；下面的 A^2 层是滤取区域。生物体的活动大多数是集中在 A^1 层中。

A 层下面是 B 层。它的特征也是高温潮湿的环境，这是因为它们也都是从上面的 A 层滤取分离出来的。因此，B 层通常比 A 层或最初的本源材料的质地都更加细腻，颜色也比较深（黑），当然干旱地区除外，因为它积累了盐分颜色会比较浅点。

C 层是在所有层堆积物区域的最下面。它很少受到生物体活动的影响，主要由被粉碎的本源材料组成，类似于从 A 层和 B 层分离出来的。

土壤冲击

在原野游憩地，践踏是对土壤的最主要冲击。践踏和机动车的使用致使土壤被压实，密度和渗透抵抗力增加，土壤的结构和稳定性被改变，并且上面的枯落层物质和腐殖质流失，导致渗透率降低，侵蚀更为严重（Cole and Schreiner，1981；Marion and Cole，1996）。除了土壤这些物理性质被改变之外，践踏还可能导致土壤的生物学和化学性质的改变。栖息地的宏观环境、微观环境以及枯落层物质的改变致使土壤中的微生物和动物的物种组成也发生了巨大的变化（Duffey，1975）。

远足者、背包客、牲畜以及越野车辆对地表施加的直接重量对游憩区域内的动植物产生相当巨大的压力（Kuss *et al.*，1990）。数据显示，一群体重均值在 150 lb (67.5kg) 成年远足群体（其中包括 4.5kg 衣服鞋帽的重量）一只脚站在地面上将对地表施加 11.7 lb/in^2（相当于 0.82kg/cm^2）的压强，当然这只是每一步所产生的影响（Holmes and Dobson，1976）。如果每个远足者都是大踏步地前进，则这大致相当于每英里对地表施加 132～180 吨的重量。通过对比，鲁奥（Lull）报道马对地表施加的压强高达 40 lb/in^2（等同于 2.77kg/cm^2）。

曼宁（Manning，1979）提出了有关游憩践踏对土壤冲击的七步骤循环概念图（图 2.4）。正如图 2.4 所呈现的，循环中的第一步是落叶和腐殖质层（即 O 层）的减少或移除。践踏、表层的流失以及一些地方处于美学或者防火安全原因致使场地表层覆盖的枯落物丧失。第二步，进入土壤矿物质中的有机质减少，这仅发生在一些地方而不是所有的地方。土壤表面枯落物被移除同时切断了有机物体的来源，这表明存于土壤中的有机质分解的来源也随之减少，因此土壤中的有机质也会减少。的确，在一些地方会发生这种情况，但是也存在另一种情况，即有些地方虽然表面有机质已经被粉碎，但它们通过水的渗透可以被运输到土壤中（Monti and Mackintosh，1979）。在这种情况下，土壤中的有机质实际上可能会由于游憩的使用而增加。

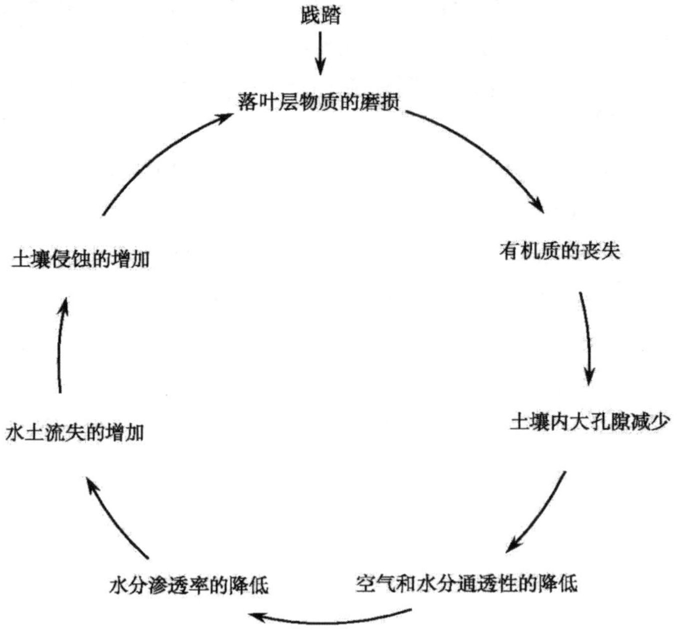

图 2.4　人类践踏造成土壤冲击循环图
（引自 Manning，1979，出版得到美国水资源协会的许可）

不论前两步会发生什么，第三步——压实总是会发生的。踩踏或者机动车碾压都会使得土壤被压实，这种压实会导致土壤丧失有机质，使区域更容易受到影响。只是这土壤有机质可能是土壤表层的，也可能是土壤内部的，尽管如此，这在任何情况下都会发生。通过压实，土壤颗粒更加紧密地包裹在一起，消除了它们之间的很多孔隙。土壤结构作为一个整体被瓦解，呈现破碎化并且被迫团聚在一起。结果使得总的孔隙度和大孔隙减少，而小孔隙体积并没有受到很大的影响。

大孔隙的减少引发了一系列事件，同时也开启了循环体的第六步，即对土地“健康”而言具有深刻的含义。因为大孔隙是空气和水分自由运动的主要通道，它们的减少严重阻碍了土壤的通风和水分的渗透。水分渗透率降低使得通过土壤的水分减少，进入土壤的水分也就会随之减少。这会导致土壤含水量降低，从而对植物的生长和生存产生压力，虽然这种影响只是在特定的时间特定的地方才会出现。较为普遍的影响是土壤表层的流失，这是降水和土壤渗透率降低导致的不可避免的结果。这也极大增加了侵蚀爆发的潜在可能性，尤其是在坡比较陡和土壤物质易发生侵蚀的地方，这就是概念图中的第七步。剧烈的侵蚀会截断土壤的剖面，冲走更多的表面有机质。因此，曼宁认为影响的过程是一个没有终点的循环体。现在，让我们来看看在各种不同的游憩环境下，这些严重的冲击是如何发生的。

有机质

有机质的丧失程度是随使用量、相关游憩活动和环境状况的变化而变化的。例如，在沙漠地区，有机质层非常薄而且不完整，在上面进行任何种类的使用都会使有机质很快消失。正因为有机质是非常稀少的，这种丧失的影响就显得更加严重。在森林环境下，从落叶阔叶林到常绿林的影响结果都是不同的。落叶阔叶林在主要使用季节过后会积累大量的枯落层物质，这些枯落层物质可以促进其在越冬时更快地恢复。游径和道路上的枯落层物质特别易于快速丧失。原因是游径和道路承受着高度集中的践踏，通常坡度也比较陡；并且它们还可能是流水的通道，其路面上大部分枯落层物质都会被冲蚀带走。在英格兰森林有一条新开辟的自然游径，仅仅一周之内，当有8000人从上面走过时，枯落层物质的量就减少了50%（Burden and Randerson，1972）。

莱格和施奈德（Legg and Schneider，1977）发现两个季节的露营使得密西根森林营地的枯落层物质只剩下一年的落叶量，而且腐殖质层（O^2 层）已经完全破坏。露营季节开始之后，在数月之内每年的落叶被迅速地转移，即使在使用比较低的地区也是如此（图2.5）。大多数情况下，在主要的使用季节硬木枯落物会很快地被消除，但是在越冬之后它的恢复也最为迅速。轻度使用和重度使用场地的枯落层物质在前三年还存在一定的差别，但是在四年之后它们之间的差别就消失了。蒙蒂和麦克金特斯（Monti and Mackintosh，1979）也曾报道西北部安大略公园大部分落叶层的有机质已经丧失了，包括轻度使用的地方。

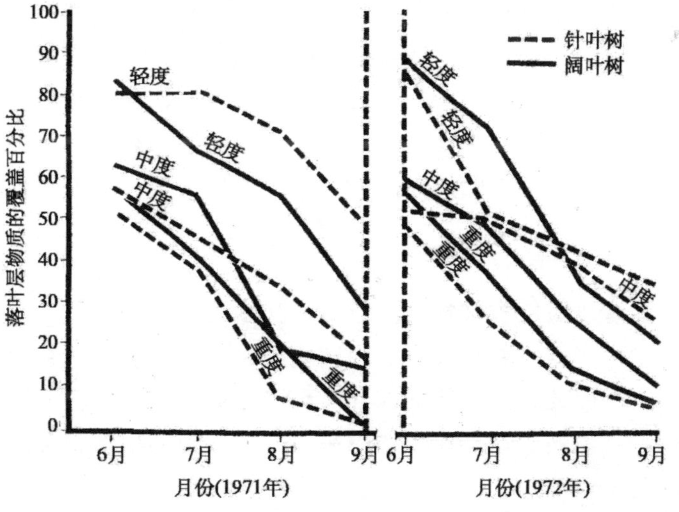

图2.5　所建立的营地在经过来访两年以上的使用之后其单元上覆盖的枯落层物质的平均百分比，同时记录了从1971年9月至1972年6月这非使用季节恢复的百分比（引自 Legg and Schneider，1977，引用得到出版者许可）

如果原野营地的使用频率比较低，则区域内枯落层物质的丧失就会很少被提到。营地的落叶层和腐殖质层的平均厚度比没有干扰的地方减少了65%（Frissell and Duncan，1965）。在俄勒冈州伊格尔卡普荒原地，营地的有机质层大约被移除了一半（Cole and Fichtler，1983）。此外，甚至在一些地方所有的有机质都已被移除。伊格尔卡普荒原地土壤矿物层下层物质（A层）大约有30%都裸露在地表。在使用率最低的地方，枯落层物质却几乎没有减少。如果每年仅使用有限的几次，那么被使用地域的有机层厚度减少最多不会超过3%。对比每年使用10个至20个晚上和使用超过25个晚上的两个营地，研究者们发现它们的有机质分别减少了21%和68%。在使用十年之后，低使用地和高使用地的有机质数量差别非常大（Cole and Hall，1992）。

游径和营地由于频繁使用导致枯落层物质变得很少，尤其是那些与道路相连且被使用数年之后的游径和营地。在很多偏远区域的营地，如果使用频率较低的地方有机质比较厚，那么枯落层物质也可能丧失得比较少。这与某些即使使用非常少而有大量压实干扰发生的地方的状况存在很大的差别。在枯落层物质覆盖比较薄的地方，即使是轻度的游憩使用也会使得所有的枯落层物质消失殆尽，例如沙漠地区。

有关土壤表层的有机质被粉碎之后会发生什么情况还存在一些争论。当然，大部分都被侵蚀带走。然而有少数的学者认为被粉碎的有机质还会有一部分积累在最上面的A层之中。例如，在伊格尔卡普荒原地矿质土壤最上面的5cm，有机质数量比控制区高20%。而其他的研究者却持相反的观点。赛特尔恩和科尔（Settergren and Cole，1970）认为控制区的有机质通过表层被混合，而在营地的土壤中却不存在这种情况。

土壤有机质丧失所产生的后果是非常严重的，因为它使得土壤更容易产生以下几个方面的影响（Marion and Merriam，1985）。它易降低雨水的渗透和营养物质的循环，同时表面侵蚀加剧、剖面被截断、土壤被压实，当有机质被移走这些状况都会加剧。表层落叶层和腐殖质层的消失大大降低了土壤获取水分、累积和补充土壤生物体和营养以及支持矿物质土壤对抗压实影响的能力。

剖面截断

具有保护作用的有机质层被破坏之后导致风和水的侵蚀加剧，从而使得大部分裸露在外的土壤表层粒度适中的颗粒被移走。除此之外，失去保护的矿物质土壤更容易受到践踏的影响而被压实。因此在有机质的破坏、风和表面侵蚀、压实的共同作用下造成土壤剖面深度减少或者被截断。这样产生的后果就是使得树的根部都裸露在外，从而使其遭受机械式破坏（图2.6）。

在密苏里欧扎克（the Missouri Ozarks），重度使用营地的土壤深度比附近控制区的深度平均浅了7.62cm（Settergren and Cole，1970）。一个被严重滥用的营地显示出：在过度游憩使用之后土壤表层至少消失了22.86cm。经过对密西根一个偏远营地的研究，发现在经过四个季度的使用之后，中度使用和重度使用的地方A^1层已经完全被侵蚀了；与之形成对比的是控制区的A^1层平均都有5cm深（Legg and Schneider，1977）。因而可以看出在过去的四年里，这些非控制区域土壤剖面深度丧失了5cm。

图 2.6 由于土壤侵蚀和压实致使树的根部裸露在外（摄影：D. N. Cole）

土壤压实

无论是践踏、机动车还是其他压力造成的压实，一般都是游憩使用所产生的结果。用来证明土壤压实的主要指标及工具（Speight，1973）：

透度计：记录迫使一个已知长度的棒进入地面所需要的力度；

容重：直接衡量土壤的密度（重量与体积之比）；

渗透率：用于测量水渗透到土壤中的速率；

电导率：基于电力或者伽马射线测量土壤密度的导电率。

虽然这些测量方法具有不同的特征，但是它们都证明了压实的增加是使得单个土壤颗粒之间更加紧密相连的动力，从而降低孔隙所占的空间了（Manning，1979）。游憩使用导致的土壤压实可以反映出容重值、渗透的抵抗力和电导率的增加以及渗透能力的下降。

对比不同区域的压实程度是非常困难的，因为场地的环境和测量技术都会存在一定的差异。在不同的土壤类型中，容重值的变化也是非常大的；而且某些土壤其固有的密度就比较大（例如砂土），因此在没有压实的情况下其容重也比游憩区域严重压实的土壤要高。伊格尔卡普荒原地非控制区域土壤的容重增加了 0.1g/cm^3（Cole and Fichtler，1983）、特拉华峡谷国家游憩区域土壤容重增加了 0.2g/cm^3（Marion and Cole，1996）、罗德岛开发的营地和野餐地土壤容重增加了 0.4g/cm^3（Brown *et al.*，1977），并且小路和游径的土壤容重增加了 0.2～0.4g/cm^3（Liddle，1975）。杜兹恩科、帕普米科斯和罗迈恩（Dotzenko *et al.*，1967）曾报道落基山国家公园内一个被大量使用的营地其容重高达 1.6g/cm^3，越野区域场地的表层容重超过了 2.0g/cm^3（Wilshire *et al.*，1978）。韦弗和戴尔（Weaver and Dale，1978）分别测量了场地在经过远足者、马和摩托车践踏 1000 次之后的土壤容重变化，发现远足践踏之后容重增加了 $0.2g/cm^3$，而马和摩托车碾压之后土壤的容重值增加了 $0.3g/cm^3$。

土壤透度仪显示出渗透抵抗力的增加值也存在巨大的变化。以下是几个典型案例，如在鲍伯马歇尔荒原地土壤渗透抵抗力增加了 71%、在拉特尔斯内克增加了 89% 、在米申山增加了 139%以及在边界水域独木舟荒原区（the Boundary Waters Canoe Area）增加了 220%（Cole，1983）。在鲍伯马歇尔荒原地，骑马游客团体使用的营地渗透抵抗力是 $4.0kg/cm^2$，而背包族场地的渗透抵抗力仅有 $2.6kg/cm^2$。如此高的渗透抵抗力值更大的增加值说明需要借助一定的外界动力水分才能渗透到土壤内，这也是压实增加的结果。虽然土壤透度仪使得渗透抵抗力的测量比容重更加容易，而且可以获得更多的测量结果，但是这些是随着水中的物质和土壤的其他特征变化而变化的。因此，不同场地之间的比较或者同一场地不同时间段的比较都需要慎重对待。

在所有的土壤类型中，矿质土壤的上层所受到的压实是最多的；有机质层一般不容易受到压实。除非在使用越野车的区域，游憩场地的压实深度可达表层下 12.7～15.24cm（LaPage，1967）。户外游憩来访（ORV）区域的压实深度很显然已经超过了 0.9144m（Wilshire *et al.*，1978）。然而不幸的是，土壤表层的压实对水和空气的运动、植被的根部区域以及土壤中生物栖息地的改变具有决定性作用。

土壤的压实程度在很多土壤特征因子中都能够得到反应，包括有机质、土壤水分以及土壤质地和结构。一般情况下，颗粒大小非常不均衡、有机质含量比较低并且在践踏时容易变得泥泞的土壤更容易被压实（例如肥土）。对于干燥的土壤，尤其是砂质土壤，压实反而对它们更有利。虽然总孔隙度还是非常高（这是因为砂土的颗粒很难挤压在一起），但是一些大的孔隙被压实成小的孔隙，这就使得土壤可以保持更多的水分，从而有利于植物的生长。

压实程度也是因季节而异的。温带地区土壤压实的恢复是发生在冬季期间，原因是严寒天气使得活动和使用减少，同时也可能是由于树木在风的作用下摇摆使得土壤的压实程度有所缓解。如果所有的使用都停止，游憩场地在十年之内还是有希望恢复到正常的状态。但如果继续使用，那么任何冬季的恢复都是短暂的。在下一个使用季节开始的时候，恢复将会停止，同时早春新的压实将会消除冬季期间所恢复减少的那部分（Legg and Schneider，1977），图 2.7 对此做了很好的说明。

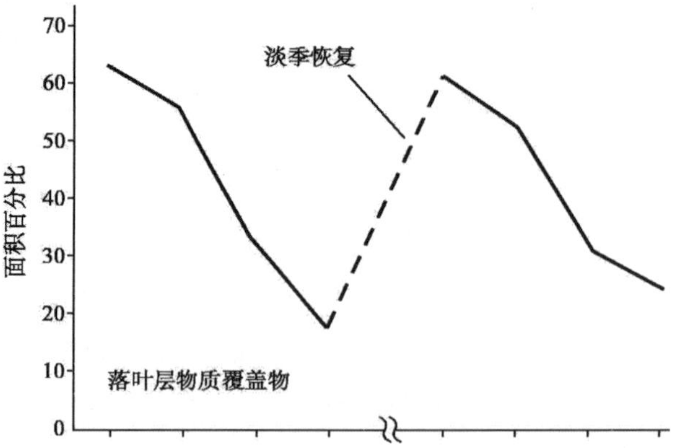

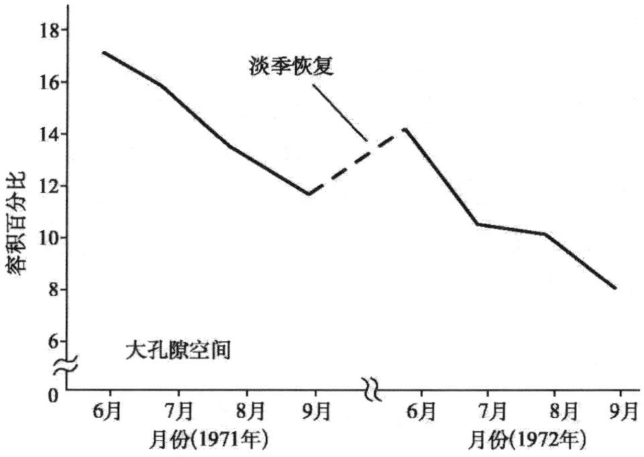

图 2.7 由于在露营开始的季节营地继续被使用因此非使用季节影响的恢复也是短暂的（引自 Legg and Schneider，1977，引用得到出版者许可）

对压实本身的重要性进行评价是非常困难的。当然，压实的结果对水和空气运动会产生很多严重的问题。然而在有些情况下，压实对于密度较大的土壤是有利的，干燥的砂土就是一个很好的例子。压实也会产生一些负面的作用，而且这都与植物有关：一是，它会阻碍植物根部的生长；二是，导致适宜的再生场地缺乏。图 2.8 说明压实的结

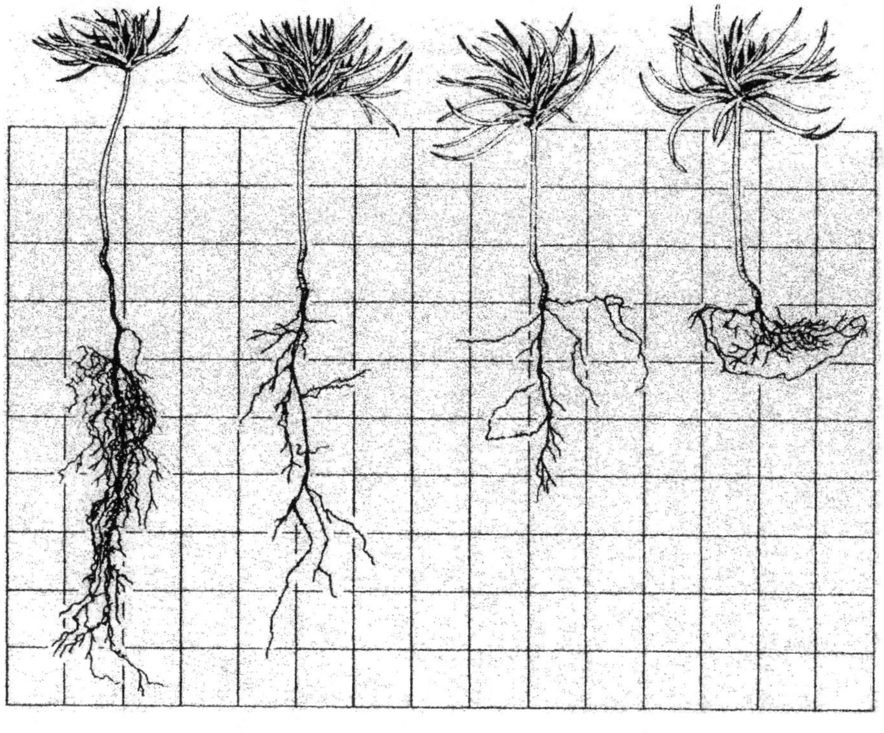

图 2.8 奥地利松树幼苗在沙质土壤土壤容重分别为 1.2g/cm^3、1.4g/cm^3、1.6g/cm^3 和 1.8g/cm^3 时其生长结果（每格 2cm）（引自 Zisa *et al.*，1980）

果对刚出芽幼苗根部穿透土壤能力的影响。压实对根部阻力产生的严重影响大多发生在低密度且质地较细的黏壤土；对于比较粗糙的土壤，很难将土壤压实至根系无法穿过孔隙的水平。如果根部系统不发达就会降低植物的成活几率，而且对于已经成长的植物而言，其活力和长势都会下降。压实使得种子存在的场地变得平坦，降低了其发芽成长的几率。不同物种种子的发芽对栖息地微环境的要求也是多样化的。种子在粗糙的表面更容易发芽，因为它可以提供混杂的栖息地环境。压实产生的都是同性质的、光滑平坦的表层，而这种表层却会抑制种子发芽。

大孔隙和渗透率

蒙蒂和麦克金特斯（Monti and Mackintosh，1979）发现已建成营地的中央核心处大孔隙度从土壤容积的 25% 降至 2%～3%。斯托尔恩和帕森斯（Stohlgren and Parsons，1986）发现营地核心区域土壤压实程度和孔隙度比外围区增加了 2～3 倍。这种变化在细质地土壤中表现得更为明显，因为它原有的大孔隙空间就比较低，而颗粒较小的土壤更容易受到压实的影响。尽管如此，即使是沙丘土壤大孔隙度的丧失也不会严重到产生厌氧环境（Liddle and Greig-Smith，1975）。土壤孔隙度变小就会减少土壤中大量空气的流动和扩散，同时会截断营养的供给。土壤中的微生物会因此受到严重影响，有机质的分解也随之变慢。

莱格和施奈德（Legg and Schneider，1977）对新建立营地的大孔隙空间进行观察，发现在四年之后大孔明显减少。针叶林地大孔隙空间两年之内从 31.6%（控制措施）降至 17.1%，四年之后降至 8.6%。大孔隙度的减少速率会随着时间的推移而减弱，大约在四年之后会稳定地维持在一个较低的水平内。不论是在两年使用之后还是四年使用之后，重度使用场地的大孔比中度和轻度使用场地的大孔减少得更多。然而，即使在轻度使用的场地，大孔在四年之后也消失了三分之二。

雨水渗透率的下降可能是土壤压实导致的最为严重的环境后果。在康涅狄格州内的野餐地，卢茨（Lutz，1945）发现砂土的雨水渗透率下降了 80%，砂质壤土的渗透率下降了 95%。在砂质壤土区域，野餐场地渗透 1L 水需要平均时间为 86min，而在没有受到干扰的地方只需要 4min——20 倍的差距。质地粗糙的沙质土壤大孔隙度的丧失并不比沙质壤土严重，在野餐地的雨水渗透率是沙质壤土的 4 倍，1L 水只需要 20min 就可以完全渗透到土壤之中。

詹姆斯、史密斯、麦金托什、霍夫曼和蒙蒂（James *et al.*，1979）也曾报道过安大略湖一个已建成营地的雨水渗透率类似地降低了 20 倍。在荒原地区域，重度使用的营地其使用的次数越少，渗透率的降低也就越轻。例如，在鲍伯马歇尔荒原地，科尔（Cole，1993）分别测量了渗透的瞬时速率（最先 1cm 的水进入土壤所需要的时间）和浸透饱和率（最先 5cm 水进入土壤所需要的时间）。营地的瞬时速率比控制区的慢了三分之一，而浸透饱和率只是控制区的六分之一。

越野区域的雨水渗透率下降得更为严重。在加利福尼亚的一个地方，摩托车道上的雨水渗透率比邻近未干扰区域慢了 40 倍（Wilshire *et al.*，1978）。有机质的组成、土壤的质地和结构不仅对雨水的渗透率都有很大的影响，而且雨水渗透率降低的剧烈程度也有影响。

压实影响在轻度使用的场地也会快速显现出来。即使在荒原地，使用率较低的场地也会像高频率使用的场地一样遭到压实。在边界水域独木舟荒原区，每年使用少于12晚的营地其增加的容重值只是每年使用60晚以上营地的三分之二（Marion and Merriam，1985）。在伊格尔卡普荒原地、米申山以及拉特尔斯内克荒原地，被经常使用的营地其渗透抵抗力的增加和渗透速率的下降比每年使用少于5晚的营地要严重许多（Cole and Fichtler，1983）；即使在使用率较低的场地，大孔隙的减少也非常严重。压实导致的相关影响和使用数量这两者之间的关系是高度曲线化的——少量的使用会引发大量的影响（Marion and Cole，1996）。这与枯落层物质丧失的情况不同，因为在大量枯落层物质丧失之前，它一般至少经历了中等程度的使用（Cole and Hall，1992）。

土壤含水量

土壤含水量一般随着压实的增加而降低，原因是压实降低了水体的渗透率，减少了能够进入土壤之中的水量。尽管如此，压实也会增加毛细管的孔隙空间，同时增加土壤的持水能力。这种情况可以用下面的事实来解释：当土壤被压实时，非毛细管的孔隙可能会减小到能够持水的尺度，而它们原来因为太大以至于不能抵抗水的重力作用而持水。卢茨（Lutz，1945）发现沙质壤土被践踏地方的场地能力可能比控制区高8.9%。所谓的场地能力即任何加入土壤的水分在向地下排放之后土壤所能够持有的水量。场地这方面能力的增加是以牺牲空气运动为代价的，同时具有讽刺意味的是水分渗透速率也会随之降低。

赛特尔恩和科尔（Settergren and Cole，1970）在密苏里欧扎克营地对土壤含水量进行了一个更为详细的研究。研究包含了两个方面：一个是场地的能力；另一个是永久的枯萎点（在植物被移走之后它们所持的水分含量）营地土壤含水量会降低多少。对营地和控制区的土壤含水量最有意义的测量就是它们可供植物所利用的水分。任何时候，在深至30.48cm时，水分都不能被植物利用，尽管营地在降水之后的补给和水分损耗的速率都比较慢（图2.9）。记录显示在干燥的7月水分丧失比较快，而在8月下旬之后增加也比较快。虽然在30.48cm处有充足的水分供使用，但在8月下旬的时候表层可利用的水分已经降至0。这种情况相当得普遍，尤其对于那些严重枯萎和具有顶端优势的树木而言。结合压实的作用，土壤表层水分的季节性限制造成了树根部近表层的恶劣生长环境。浅根的缺失就限制了夏季树木利用表层补给水的能力。

土壤被压实之后其表层不能够吸收水分，这就限制了土壤内水分的补给，而表层的补给水对于干旱季节草本植物的生存特别的重要。在初夏的期间，屈从于表层水分的严格限制，游憩区域地面的覆盖植被大多数是一年生的草本植物。

游憩使用对土壤含水量的影响是复杂而多变的，并与其他因素相关，如土壤的压实、质地、有机质成分、森林覆盖密度以及土壤暴露在光照和风下的程度。反过来，土壤含水量对压实的速率和其他相关的影响也有影响。当土壤中含有较高的水分时，压实密度和渗透抵抗力之间的关系可以被逆转（Quinn *et al.*，1980）。实验室的实验显示：在沙质壤土区域，随着施加于场地的践踏强度的增加，土壤渗透抵抗力出现下降趋势，

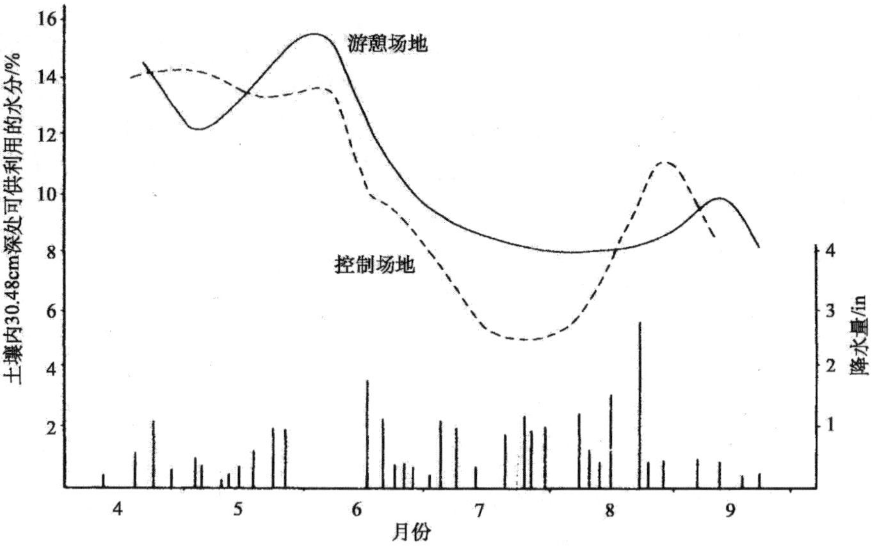

图 2.9　密苏里欧扎克 1973 年的降水和可利用的水分（引自 Settergren and Cole，1970）

水分含量接近场地能力（45%）。这个结果已经被惠特克、库斯和詹金斯（Whittaker，1978；Kuss and Jenkins，1985）证实，他们报道在大烟山国家公园和怀特芒廷国家林地（这地方土壤含水量较高且土壤细质）场地条件下，当远足的压力程度由轻度至中度时，土壤表层的渗透仪显示结果是下降的。通常情况下，对土壤含水量的影响可能没有先前已经讨论过的其他影响重要。但对于那些本身就是非常干旱的地方，在没有干扰的情况下，土壤中可利用水分的降低可能具有最重大的意义。

土壤侵蚀

土壤侵蚀是永久性的，因而也是对土壤最为严重的冲击。土壤压实、有机质的丧失和其他一些冲击在停止使用一段时间后都可以恢复到一定的程度，而侵蚀一旦开始，无论是继续使用还是停止使用都将持续下去。特别是溪谷游径的侵蚀，即使不使用也可能不停地被侵蚀。绝大部分的侵蚀不是由践踏或者露营引起的。大部分土壤侵蚀是由风和水导致的，游憩活动只不过是提供了侵蚀的环境并加快了其发生的速度，但很少是引发侵蚀的实际原动力。

虽然水是土壤侵蚀最为重要的原动力，但是对于泥炭土和砂质土而言，风却是一个最为重要的侵蚀因素。沙丘风侵蚀是由游憩活动引发的大规模侵蚀最好的证明（Speight，1973）。在这些地方的游憩摧毁了能够固定沙丘的植被，从而使得沙子被风任意地带走。一个场地被侵蚀的面积可能会高达数十公顷，由于沙丘的侵蚀最为明显，因而它作为游憩影响的结果之一在英国经常被提到。在美国，风对沙丘生态系统的侵蚀可能是国家公园管理局的国家海滨公园、大湖区的滨湖公园以及使用越野车的沙漠地区最为重要的问题。面对这些问题，管理者只能通过引导游客使用木板、禁止露营和交通车辆的使用来限制对植被的干扰和预防由此引发的风侵蚀。

游憩区域由水造成的侵蚀主要有两种形式：岩床和沟壑。营地、野餐地以及其他类似水平的游憩场地，当水流淹没一片广阔的地面并且将其占据并提供它运动的材料时就会发生岩床侵蚀，这种影响最早是在“剖面截断”章节讨论过。沟壑侵蚀相对于岩床侵蚀是游憩管理中更为严重的问题，主要发生在水流集中的渠道，它会增加侵蚀的动力。沟壑侵蚀是道路、游径共同面临的问题，有时河流的堤坝也会遇到这样的问题。凯彻莱德尔和伦纳德（Ketchledge and Leonard，1970）曾测量过阿迪朗达克山脉的游径侵蚀状况，每年游径宽度和深度的侵蚀量加起来总计为 2.54cm。而沿着大峡谷科罗拉多河，其附近营地的步道表层侵蚀高达 0.6cm；0.3cm 的减少量是非常普遍的（Dolan *et al.*，1974）。在一个线性距离的基础上，游径的土壤侵蚀超过了 2.54cm，平均侵蚀为 72.8m/km；在大烟山国家公园抽样调查的游径中发现土壤的侵蚀累计总量达 14.6km（4.5%）（Marion，1994）。

路径经过马和自行车的使用为沟壑侵蚀的加剧创造了条件。马车造成底层土壤层被严重压实，导致水的渗透力降低，增加了表层的流失。除此之外，马蹄可能会掘翻和刺穿土壤。松散不结实的土壤比压实的土壤更容易发生侵蚀，马道土壤侵蚀增加的可能性比远足者使用的游径更大些。对比远足者、马、越野车以及摩托车的侵蚀影响，结果显示马道上的堆积物比其他几个使用类型都多（Seney and Wilson，1991）。四个轮子的机动车和自行车道在坡度比较陡、湿度比较大的南阿巴拉契亚山脉行驶，它们会使得游径侵蚀深至 1.8～2.4cm（图 2.10）。在加利福尼亚州一个越野区域，每年的侵蚀量估计达到 11500t/km^2。这比美国垦务局所认为的严重侵蚀高了 30 倍（Wilshire *et al.*，1978）。通过对一个河道的研究，汉森（Hansen，1975）认为独木舟的使用与河流堤坝的侵蚀没有关系。很多侵蚀都是自然性的，有一些可能会与人们钓鱼、野餐或者仅仅是观看漂流有关联。

图 2.10 田纳西州切诺基国家森林越野车对游径的过度侵蚀（摄影：W. E. Hammitt）

游憩场地的侵蚀程度由很多因素决定，其中坡度、排水和气候都是重要的影响因素（Jubenville and O'Sullivan，1987；Marion，1994）。在坡度比较陡、降雨不频繁但降雨强度却很大的地方侵蚀可能会比较剧烈，坡度陡峭可能会导致雨水从上而下形成渠道冲刷而产生更为严重的侵蚀，植被覆盖稀少和缺乏有机层的场地也容易发生侵蚀。最易被侵蚀的土壤是那些质地特性相同的土壤，尤其是那些淤泥含量较高或者细沙和有机质含量低的土壤，浅层土壤很可能会被冲蚀进河床里。

其他土壤冲击

其他土壤冲击包括温度、生物体和化学性质，但是针对这些冲击的调查研究较少也不够详细。植被和表面有机层的丧失使得隔热层缺乏，这导致土壤温度的变化范围很大。夏季和白天的温度较高，而冬季和晚上的温度较低。在冬季期间，观察到践踏区域的土壤地下 3～4cm 处的温度为零度以下，而生长较高的植被极少能够利用这个区域，因此土壤温度仍然在零度以上（Chappell *et al.*，1971）。

要特别提出的是雪橇对土壤温度的影响。雪被压实之后的隔绝性能就降低了。韦恩克（Wanek，1971）发现雪橇压过的游径的枯落物层（O 层）温度比雪没有被干扰处的温度低了 11℃。被压实的雪下面的 A^1 土层结冰早了近一个月，而春天的融化解冻却要晚 2～3 个星期。生长季节的缩短对开花植物的生命循环是非常不利的，尤其是对于那些高山生态系统。正如韦恩克（Wanek，1974）指出的：

> 如果温度较冷则会阻碍早春开花植物的生长和开花，同时降低这些种子的繁殖能力和生存能力。此外，拥有庞大地下根茎的多年生草本植物由于细胞内冰晶产生的细胞溶解、脱水，或者大量的细胞外冰破坏组织而遭到破坏（p. 50）。

土壤温度的改变、有机质和空气孔隙空间的减少都会对土壤中的生物体产生影响。雪橇滑道下的低温使得土壤细菌减少了数百倍，真菌减少了 2～10 倍，但目前这只是假定的影响因素（Wanek，1971）。斯佩特（Speight，1973）概述了践踏对林地土壤内细菌的影响，他发现正是由于践踏的作用，细菌的数量减少了一半。其他研究也显示了践踏对土壤内的动物和微生物会产生类似的影响。地面植被群落在被践踏前，它们（其中包含一个复杂的动物群体）生长于腐烂的物质之中，以死去的植物或真菌、藻类和苔藓植物为食，但是在践踏之后这些动物数量大大减少。例如，研究者用粉笔给一个草原生态系统做好标记，研究其在践踏前后土壤中的生物体变化情况，结果发现其被践踏之后，节肢动物、蚯蚓、软体动物和蜗牛数量严重减少（Chappell *et al.*，1971）。虽然目前的研究对菌根真菌认识不足，尤其对其不利影响关注得不多（Cole，1990），但是菌根真菌可以提高植物对养分的摄取和水分的吸收，因此往往是被干扰区域植被生长的一个限制因素（Reeves *et al.*，1979）。里夫斯（Reeves）曾报道在科罗拉多州没有受到干扰区域的 99%北美艾灌丛植被都含有根菌真菌，但在受干扰严重的区域根菌真菌的含量还达不到 1%。

土壤的压实和孔隙空间的减少导致土壤含氧量降低，可能会产生更多的厌氧微环境和以此为生的细菌。斯佩特（Speipht，1973）发现，硝化细菌在被践踏土壤中无法生存，因为它需要丰富的氧气，而厌氧细菌含量是其他类型土壤中的两倍。由于土壤细菌涉及的硝化作用（即 NH_4 转化成 NO_3）必须在需氧条件下进行，因而土壤被严重压实的地方会因为土壤结构和通气性能的改变而严重影响到它对植物的硝酸供应。在硝化还原和氧化这两个过程中，氮的缺失可能会发生在受影响的土壤环境中，如在营地和野餐区。库斯、格雷费和瓦斯克（Kuss *et al.*，1990）指出，“可以得出一个普遍结论：由枯落层物质和空气空间的减少造成的微生物栖息环境的变化比对仅仅单个生物体的破坏更严重。”

有关游憩场地土壤化学性质的部分变化也有记录。一些研究发现露营地的土壤 pH 有所升高；游憩使用导致酸度降低。各种营养物质浓度变化结果也已经明显表现出不一致性。表 2.1 显示了在沙质壤土中氮、磷以及其他元素与容重、土壤含水量和有机质之间的关系。这些是将遭严重压实的核心区域（核心区）、压实的缓冲区域（缓冲区）和外围几乎没有受到干扰的区域（边缘区）进行对比得出的结果。重度影响区比周边区域氮的总含量下降了 62%，磷显示只下降了 15%，而 K、Ma 和 Ca 从营地的核心区到边缘区下降显著；NO_3 含量基本没有变化，这表明可以通过降低 pH 和控制其他未知因素来抑制氨的矿化（Stohlgren and Parsons，1986）。以上所有的变化都伴随着容重增加 171%。科尔和菲希特勒（Cole and Fichtler，1983）发现伊格尔卡普荒原地的营地内 Mg 和 Ca 浓度增加了一倍，并且 Na 增加也非常明显。作者认为 pH 和营养物质的增加可能是由于物种的扩散造成的，如篝火灰烬，过量的食物和肥皂，还有较低渗透率导致的淋溶作用的减少。查普尔、安斯沃思、卡梅伦和雷德芬（Chappell *et al.*，1971）发现伊格尔卡普荒原地的营地的硝酸盐和磷酸盐化合物没有受到使用的影响。可能在土壤的很多影响中，特别是有机质的减少、通风的降低以及土壤生物种群贫乏化等作用下会导致某些土壤养分浓度的降低；然而，这种趋势是以场地的污染和淋溶作用的减少作为代价的。这些大部分变化都是影响中的一小部分，但它们的重要性还没有被很好地了解。

表 2.1 使用水平对植被覆盖和所选定的土壤特性的各种影响

事项	核心区	缓冲区	边缘区	从边缘区到核心区变化百分比/%
植被覆盖/%	1.1	15.3	24.8	−96
土壤容重/（g/cm^3）	1.3	0.7	0.5	+171
大量营养元素/ppm①				
N（总量）	28.6	40.4	74.8	−62
NH_4	24.8	36.5	70.6	−10
NO_3	3.8	3.9	4.2	−10
P	47.9	28.1	56.4	−15
K	50.3	65.2	107.2	−53
Mg	7.2	11.4	37.6	−81
Ca	108.8	181.0	967.3	−89
pH	3.7	3.6	3.5	+5
土壤含水量/%	17.0	39.8	51.6	−67

注：① $1ppm=1mg/kg=1mg/L=1\times10^{-6}$；

资料来源：Stohlgren and Parsons，1986。

与营火相关的冲击

收集和燃烧篝火用的木材对土壤造成的影响不同于在营地和步道上其他活动造成的影响。在这里我们对它进行单独讨论。一些禁止营火的拥护者认为把木柴搬迁走并不会造成严重的问题，养分在木材聚集区供应不会被严重消耗。树对土壤的营养供应大部分是载于树叶、针叶和小树之中而不是乔木大的枝干和小的树干，而这些通常可以用来做篝火的木材（Weetman and Webber，1972）。而且木柴搬迁也不会导致土壤有机质出现大幅度减少的现象。再者，大多数添加到系统中的有机物来自树叶和树枝，很少收集树的各个组成部分用做木柴。树叶和小枝落叶层的践踏可能比木材的聚集在 CO_2 的循环方面更有影响（Bratton *et al.*，1982）。

木材收集的最严重后果就是对那些直径超过 7.62cm 的落下木材的收集（Cole and Dalle-Molle，1982）。因为这种规模的腐朽木材在环境中有着重要的作用，这结论也是最近才被发现的。此外，它的作用也是生态系统中任何其他组成部分都不能够取代的。腐烂的木材有非常高的持水能力，这对缺水的干旱土地特别重要。同时它也是积累氮、磷物质的主要来源，有时还会积累钙和镁元素。因此，使用这种木材可能导致土壤营养贫瘠化。腐烂的木材是某些植物物种的首选发育场所，同时也是一些微生物喜欢的生长媒介。外生菌根的真菌经常集中在腐烂的木头中，它能与许多植物的根发展成为共生的关系，提高从贫瘠的土壤中提取水和养分的能力。因此，移走这些大块的木材会损害土壤的生产力。

通常情况下，移除木材对这个区域的影响比较小而且这种影响也只是集中在局部地区。然而，这种活动会大大增加对营地周围区域的干扰。在大烟山国家公园，收集木材所干扰的区域比营地没有植物生长的区域的规模大了九倍（Bratton *et al.*，1978）。

虽然篝火干扰的平均面积比较小，但是它产生的影响却相当严重。芬恩、格谷和伯奇（Fenn *et al.*，1976）研究了燃烧 140lb① 木材对土壤所造成的影响，这比大多数营火一次燃烧的量都要大。大火改变了土壤层深至 10.16cm 的有机质，并且销毁土壤表面百分之九十的有机质。同时大火也使得土壤化学性质发生显著变化。据报道，火对土壤产生的影响众多，其中包括：氮、硫和磷的损失、pH 和很多阳离子的增加、持水能力的下降、渗透率的降低以及土壤的菌根真菌种群的减少。总之，这些变化是构成土壤不能够再生产的因素，很容易致使土地不能再为植被生长提供良好的环境，同时也可能需要 15 年的时间才能够恢复，尤其是场地在已经使用一段时间之后（Cole and Dalle-Molle，1982）。不幸的是，篝火影响的其他信息必须从森林火灾和残火的研究中推断。而在这些火灾中，大部分有机质、氮、硫、磷的丧失以及土壤持水能力和渗透率的下降是一个普遍现象（Tarrant，1956）。由于营火的影响是如此显著，许多管理者尝试把它们集中在一个地方，以避免造成过度破坏。

---

① 磅，1lb=0.453592kg。

小结

1. 游憩使用导致表面有机层减少和矿质土壤被压实，而压实又致使大孔隙丧失和水渗透率下降。同时也降低了土壤中空气和水的运动，改变了土壤有机体群的特征，并且损害了植物的活力和长势。土壤表层流失的增加导致侵蚀的加剧，从而引发了剖面截断和沟壑侵蚀。

2. 不论是在哪里发生，侵蚀都是这些冲击中最为严重的一个事件，因为它本质上是不可逆的。场地的恢复速率变化比较大，尤其是在生物活动数量、生长季节长度以及温度和水分这些波动因素的作用下。侵蚀所丧失的物质可能需要数个世纪才能够恢复，而其他大部分的影响一般情况下十年就可以恢复，并且通过人类的干预很多影响都可以加速恢复。

3. 与压实相关的影响，尤其是大孔隙和渗透率的降低，即使使用次数较少，影响也会非常迅速的发生。开始时的低程度使用能够产生大量的改变，而进一步的使用却只产生少之又少的额外影响。如果土壤的表层很厚，则只有在使用水平为中至高等时，枯落层物质的丧失才会表现明显但不是非常迅速。侵蚀量与场地因素更为相关，而不是在于其被使用的数量，因为侵蚀的主要原动力是水和风而不是践踏。

4. 所涉及的活动和使用类别对产生什么样的响应及其严重程度存在一定的影响。露营和野餐促使这些影响变得严重，因为这些区域的使用高度集中化；尽管如此，侵蚀并不是很明显，因为使用的区域一般都是比较平坦的地方。在步道上由于坡度较陡和水的沟渠化使得侵蚀成为最为严重的问题。当有马或者其他机动车使用时，侵蚀问题就会恶化，因为它们经常会导致土壤疏松而不是压实。这使得它更容易被水（即侵蚀的主要动力）卷走。

5. 冲击的敏感性随着土壤和场地因素的变化而变化。压实是细质土壤受到的最显著的冲击，因为它的土壤颗粒大小不一，同时有机质的含量也比较低。侵蚀最容易发生在质地相同的土壤中，尤其是那些淤泥和细沙含量较高而有机质含量较低的土壤。最可能发生侵蚀的是那些坡陡、土层浅、植被覆盖稀疏和流失集中的地方。

参考文献

Brady, N. C. 1990. *The Nature and Properties of Soils*. 10th ed. New York: Macmillan. 639 pp.

Bratton, S. P., M. G. Hickler, and J. H. Graves. 1978. Visitor Impact on Backcountry Campsites in the Great Smoky Mountains. *Environmental Management* 2 (5): 431—442.

Bratton, S. P., L. L. Strombert, and M. E. Harmon. 1982. Firewood Gathering Impacts in Backcountry Campsites in Great Smoky Mountains National Park. *Environmental Management* 6 (1): 63—71.

Brown, J. H., Jr., S. P. Kalisz, and W. R. Wright. 1977. Effects of Recreational Use on Forested Sites. *Environmental Geology* 1: 425—431.

Burden, R. F., and P. F. Randerson. 1972. Quantitative Studies of the Effects of Human Trampling on Vegetation as an Aid to the Management of Seminatural Areas. *Journal of Applied Ecology* 9: 439—457.

Chappell, H. G., J. F. Ainsworth, R. A. D. Cameron, and M. Redfern. 1971. The Effect of Trampling on a Chalk Grassland Ecosystem. *Journal of Applied Ecology* 8 (3): 869—882.

Cole, D. N. 1983. Campsite Conditions in the Bob Marshall Wilderness, Montana. USDA Forest Service Research Paper INT-312.

Cole, D. N. 1990. Ecological Impacts of Wilderness Recreation and Their Management. In J. C. Hendee, H. Stankey, and R. C. Lucas, *Wilderness Management*, 2d ed. Golden, CO: North American Press. pp. 425—466.

Cole, D. N., and J. Dalle-Molle. 1982. Managing Campfire Impacts in the Backcountry. USDA Forest Service General Technical Report INT-135. 16 pp.

Cole, D. N., and R. K. Fichtler. 1983. Campsite Impact on Three Western Wilderness Areas. *Environmental Management* 7 (3): 275—288.

Cole, D. N., and T. E. Hall. 1992. Trends in Campsite Condition: Eagle Cap Wilderness, Bob Marshall Wilderness, and Grand Canyon National Park. USDA Forest Research Paper INT-453. 40 pp.

Cole, D. N., and E. G. S. Schreiner. 1981. Impacts of Backcountry Recreation: Site Management and Rehabilitation—An Annotated Bibliograghy. USDA Forest Service General Technical Report INT-121. 58 pp.

Dasmann, R. F. 1972. *Environmental Conservation*. 3d ed. New York: Wiley. 473 pp.

Dolan, R., A. Howard, and A. Gallenson. 1974. Man's Impact on the Colorado River in the Grand Canyon. *American Scientist* 62: 392—401.

Dotzenko, A. D., N. T. Papamichos, and D. S. Romine. 1967. Effects of Recreational Use on Soil and Moisture Conditions in Rocky Mountain National Park. *Journal of Soil and Water Conservation* 22: 196—197.

Duffey, E. 1975. The Effects of Human Trampling on the Fauna of Grassland Litter. *Biological Conservation* 7 (4): 255—274.

Fenn, D. B., G. J. Gogue, and R. E. Burge. 1976. Effects of Campfires on Soil Properties. USDI National Park Service, Ecological Service Bull. No. 5.

Foth, H. D. 1978. *Fundamentals of Soil Science*. 6th ed. New York: Wiley. 436 pp.

Frissell, S. S., Jr., and D. P. Duncan. 1965. Campsite Preference and Deterioration in the Quetico-Superior Canoe Country. *Journal of Forestry* 63: 256—260.

Hansen, E. A. 1975. Does Canoeing Increase Streambank Erosion? USDA Forest Service Research Note NC-186.

Holmes, D. O., and H. E. M. Dobson. 1976. Ecological Carrying Capacity Research: Yosemite National Park. Part Ⅰ. The Effect of Human Trampling and Urine on Subalpine Vegetation—A Survey of Past and Present Backcountry Use and the Ecological Carrying Capacity of Wilderness. U. S. Department of Commerce, National Technical Information Service, Springfield, VA.

James, T. D., D. W. Smith, E. E. Mackintosh, M. K. Hoffman, and P. Monti. 1979. Effects of Camping Recreation on Soil, Jack Pine (*Pinus banksiana*), and Understory Vegetation in a Northwestern Ontario Park. *Forest Science* 25: 233—249.

Jubenville, A., and K. O'Sullivan. 1987. Relationship of Vegetation Type and Slope Gradient to Trail Erosion in Interior Alaska. *Joural of Soil and Water Conservation* 42 (6): 450—452.

Ketchledge, E. H., and R. E. Leonard. 1970. The Impact of Man on the Adirondack High Country. *The Conservationist* 25 (2): 14—18.

Kuss, F. R., and W. A. Jenkins. 1985. Effects of Footgear Design on Trail Wear. A Summary of Five Years of Research. In *Proceedings of the Southeastern Recreation Research Conference*. USDA Forest Service, Southeast Forest Experiment Station, Asheville, NC. pp. 39—49.

Kuss, F. R., A. R. Graefe, and J. J. Vaske. 1990. Visitor Impact Management: A Review of Research. Washington, DC: National Parks and Conservation Association. 256 pp.

LaPage, W. F. 1967. Some Observations on Campground Trampling and Ground Cover Response: USDA Forest Service Research Paper NE-68.

Legg, M. H., and G. Schneider. 1977. Soil Deterioration on Campsites: Northern Forest Types. *Soil Science Society American Journal* 41: 437—441.

Liddle, M. J. 1975. A Selective Review of the Ecological Effects of Human Trampling on Natural Ecosystems. *Biological Conservation* 7: 17—34.

Liddle, M. J., and P. Greig-Smith. 1975. A Survey of Tracks and Paths in a Sand Dune Ecosystem. Ⅰ. Soils. Ⅱ. Vegetation. *Journal of Applied Ecology* 12: 893—930.

Lull, H. W. 1959. Soil Compaction on Forest and Range Lands. USDA Forest Service Miscellaneous Publication 768. Washington, DC.

Lutz, H. J. 1945. Soil Conditions of Picnic Grounds in Public Forest Parks. *Journal of Forestry* 43: 121—127.

Manning, R. E. 1979. Impacts of Recreation on Riparian Soils and Vegetation. *Water Resources Bulletin* 15 (1): 30—43.

Marion, J. L. 1994. An Assessment of Trail Conditions in Great Smoky Mountains National Park. USDI National Park Service, Southeast Regions Research/Resources Management Report. Atlanta, GA. 155 pp.

Marion, J. L., and D. N. Cole. 1996. Spatial and Temporal Variation in Soil and Vegetation Impacts on Campsites. *Ecological Applications* 6 (2): 520—530.

Marion, J. L., and L. C. Merriam. 1985. Recreational Impacts on Well-established Campsites in the Boundary Water Canoe Area Wilderness. University of Minnesota Agricultural Experiment Station Bulletin, AD-SB-2502, St. Paul, MN. 16 pp.

Monti, P., and E. E. Mackintosh. 1979. Effects of Camping on Surface Soil Properties in the Boreal Forest Region of Northwestern Ontario, Canada. *Soil Science Society of American Journal* 43: 1024—1029.

Quinn, N. W., R. P. C. Morgan, and L. J. Smith. 1980. Simulation of Soil Erosion Induced by Human Trampling. *Journal of Environmental Management* 10: 155—165.

Reeves, F. B., D. Wagner, T. Moorman, and J. Kiel. 1979. The Role of Endomycorrhizae in Vegetation Practices in the Semi-arid West. I. A Comparison of Incidence of Mycorrhizae in Severely Disturbed vs. Natural Environments. *American Journal of Botany* 66: 6—13.

Seney, J. P., and J. P. Wilson. 1991. Erosional Impacts of Hikers, Horses, Off-road Bicycles, and Motorcycles on Mountain Trails. Final Research Report to the Wilderness Research Unit, Intermountain Research Station, USDA Forest Service, Missoula, MT. 58 pp.

Settergren, C. D., and D. M. Cole. 1970. Recreation Effects on Soil and Vegetation in the Missouri Ozarks. *Journal of Forestry* 68: 231—233.

Speight, M. C. D. 1973. Outdoor Recreation and Its Ecological Effects: A Bibliography and Review. Discussion Paper in Conservation 4, University College, London. 35 pp.

Spurr, S. H., and B. V. Barnes. 1980. *Forest Ecology*. 3d ed. New York: Wiley. 687 pp.

Stohlgren, T. J., and D. J. Parsons. 1986. Vegetation and Soil Recovery in Wilderness Campsites Closed to Visitor Use. *Environmental Management* 10 (3): 375—380.

Tarrant, R. E. 1956. Effects of Slash Burning On Some Soils of the Douglas-Fir Region. *Soil Science Society American Proceedings* 20: 408—411.

Wanek, W. J. 1971. Snowmobile Impacts on Vegetation, Temperatures, and Soil Microbes. In M. Chubb, ed. *Proceedings of the 1971 Snowmobile and Off the Road Vehicle Research Symposium*. Department of Park and Recreation Resources, Technical Report No. 8, Michigan State University, East Lansing. pp. 116—129.

Wanek, W. J. 1974. A Continuing Study of the Ecological Impact of Snowmobiling in Northern Minnesota. Final Research Report for 1973—1974, Center for Environmental Studies, Bemidji State College, Bemidji, MN. 54 pp.

Weaver, T., and D. Dale. 1978. Trampling Effects of Hikers, Motorcycles, and Horses in Meadows and Forests. *Journal of Applied Ecology* 15 : 451—457.

Weetman, G. F., and B. Webber. 1972. The Influence of Wood Harvesting on the Nutrient Status of Two Spruce Stands. *Canadian Journal of Forest Research* 2: 351—369.

Whittaker, P. L. 1978. Comparison of Surface Impact by Hiking and Horseback Riding in the Great Smoky Mountains National Park. USDI National Park Service Management Report 24, Southeast Region, Atlanta.

32 pp.

Wilde, S. A. 1958. *Forest Soils: Their Properties and Relation to Silviculture*. New York: Ronald Press. 537 pp.

Wilshire, H. G., J. K. Nakata, S. Shipley, and K. Prestegaard. 1978. Impacts of Vehicles on Natural Terrain at Seven Sites in the San Francisco Bay Area. *Environmental Geology* 2: 295—319.

Zisa, R. P., H. G. Halverson, and B. B. Stout. 1980. Establishment and Early Growth of Conifers on Compact Soils in Urban Areas. USDA Forest Service Research Paper NE-451. 8 pp.

第 3 章　植　　被

除水之外，植被也许是影响游客选择游憩地最重要的资源因素。植被通过为营地提供阴凉和营造私密性空间，同时植被本身所具有的吸引力和植物学的趣味性为场地增加了吸引力。与此同时，植被却很容易遭到破坏，特别是游憩者的践踏往往会使得游憩场地的植被发生高度改变。在所有游憩行为导致的变化中，植被所受的冲击是最为明显的（图 3.1）。

图 3.1　区域内植被的影响在树木生长线以上比较严重、持久，并且它们一般是位于使用者的视线之内，很容易被使用者发现（摄影：W. E. Hammitt）

植被冲击参数

与对土壤性质的调查相反，学者们在描述游憩使用冲击时很少对植被参数进行研究。而且，了解这些参数需要的植物生态学专业知识比所需的土壤生态学的专业知识要少。因此，我们就没必要花费大量的笔墨去像叙述土壤基本生态学知识那样去叙述植物参数。

植被量

在众多的植物影响参数之中被广泛研究的是绿地覆盖率，即地面植物的垂直投影面积占总面积的百分比。通常研究者会对一些样本单元的植被覆盖进行抽样调查，比如以

1m×1m 嵌块为单元，然后估算此嵌块的绿地覆盖率。如科尔（Cole，1982）就系统地运用了以 1m×1m 的嵌块作为抽样单元，估算了每个场地 15 个嵌块的绿地覆盖率。其他还有一些运用于测量和估算覆盖率的标准技术，其中包括直线样法和点样法（Mueller-Dombois and Ellenberg，1974；Marion，1991）。

除了上述的方法外，目前正在研究能够提供随时测量某一地区植被量的方法。通过比较游憩使用前和游憩使用后的植被量，就可以确定游憩对植被的冲击程度。在那些经常发生游憩使用的地方，通过对比游憩场地的植被覆盖率和邻近尚未被干扰地区的绿地覆盖也同样可以识别出游憩对植被的冲击（Cole，1995a）。但是这种方法是建立在未被干扰场地（控制区）的状况与游憩地使用前的状况非常相似的假定之上。因此，只有当调查者仔细选择控制区，使其在环境上与游憩地情况相似时，这种估算的方法才会精确。这种估算需要大量的经验；不仅如此，对照场地的使用也很好地演绎了场地从未被游憩使用到被游憩使用过程中，植被相对覆盖率的变化情况。

尽管关于冲击的文献资料有限，但是已经有一些方法用于测算植被量，即对植被密度和生物量的测算。密度比较简单，就是单位面积上个体植物的数量（例如，10 棵树/100m^2）。密度在用于测定如乔木这类体量比较大并且有单独枝干的个体时是非常有用的，但对于草本和丛生生长的植物就不太适用，因为很难将它们的个体区分开。因此，密度通常用来测量乔木和某些灌木的密度以及地表植被的覆盖水平。生物量指的是单位面积上植物的重量，它需要先砍伐植物，经过烘干除去水分，然后再称重量（Sun and Liddle，1991）。虽然重量比覆盖率更能客观地反映出植物量，但它非常具有破坏性，并且整个过程要耗费大量的时间，因此很少使用。

植被组成

除了记录植物的总量之外，对个体物种的记录也非常普遍，如物种的丰富度和频率。有时也会记录植物的高度和形态（Sun and Liddle，1991）。这些信息被用来描绘物种组成的情况，特别是地被植物。物种组成这个专业术语指的是场地所有物种的混合体。对于所有的植被而言，独立物种所遭受的游憩影响都可以被识别出来。一些研究者们把特殊物种进行等级划分。这样可以方便研究游憩对某些植物的影响（如外来物种）和物种生长过程中所表现出来的各种生长形态。外来物种指的是特定场地的那些非本地物种，这样的物种通常在游憩地增加，并且对于游憩场地很重要，而它们在被干扰区域内的茂盛生长使得那些本土物种很难存活下来。生长形态的等级划分是基于那些具有相似的结构、形态和作用进行归类的。对于在游憩使用之后植物为何会产生不同的生长形态的研究将有助于了解不同的植物会受到什么样程度的影响以及为什么会受到影响（Cole，1995a）。

树木状况

第三个常用的研究变量是树木状况。在大多数情况下，研究者们会记录下那些遭受到某些类型破坏的树木的百分比、数量或者密度，诸如根部被裸露在外或有严重刻痕的树木。还有少数的研究者试图寻找树木的生长和游憩使用两者之间的关联性，以此来判断游憩会对树木的生长产生什么样的冲击。

植被的冲击

大多数植被种类都有一个垂直结构，这个结构同时构建了一些水平向的生物结构。这三个重要的生物结构层分别是草本层及地被层、灌木和小乔木形成的灌木层以及乔木层，但是并不是所有植物都有这种结构层。在以下的讨论中，我们将探索游憩分别对这三个生物层的影响。

地被覆盖

地被植物层是受游客影响最深的一个层，特别是践踏对它们的影响。践踏对地被植物既有直接影响，也有间接影响。地被植物所受到的折断、摩擦和碾压破坏是践踏对它的直接影响；而践踏导致土壤压实和其他一些土壤变化，这些变化作用于植物并导致植物发生改变，这是践踏对地面植被的间接影响。

践踏的直接影响通常是对植物不利的。虽然低水平的践踏能促进少数物种的生长，但是游憩地的大多数物种的丰富度、高度、活力和再生长能力都呈现下降势态。在那些践踏比较严重或植被比较脆弱的地方，植物会直接践踏致死。如果植物死亡就会被拔出，它们的再生组织会遭到破坏，并且一年生的植物（即只生长一季节的植物）将丧失再繁殖的能力。很少有植物在受到严重践踏和机械损害之后只是有破损而没有死亡的这种情况；践踏之后植物的茎会被撕断，同时植物的叶子被拉脱，这些伤害都会导致植物进行光合作用的面积减少。光合作用的减少导致植物失活，同时影响了植物再生的能力。对多年生植物（生长数年的植物）而言，能够进行光合作用的植物面积不断地减少，最终将会导致植物走向死亡。

对于被压实的土壤，其裸露在土壤外的植物部分所产生的问题往往同时伴随有生长和繁殖的问题。土壤压实增加了根部穿透土壤的机械抵抗力。正如第 2 章的图 2.8 所示，高密度压实的土壤中植物的根较少，而且这些仅存在的根也比较短。这些根只有生长到能够吸取营养和水分时，它们最重要的功能才能得以发挥。当植物附近地方的水和营养被耗尽的时候，根必须能够生长到更远的地方，以此来吸取水分和营养。土壤压实使得根部的生长繁衍变得很困难。植物不能够从土壤中汲取足够的水和养分。除此之外，压实还造成两个结果：首先，压实会抑制根部的生长，土壤压实之后其大孔隙减少，从而降低了土壤的透气性，因为大多数氧气存在于土壤的大孔隙中，氧气的缺乏同样抑制根部的生长，进而使得水和营养的吸收更加困难。再者，土壤压实还降低了水的渗透率，因进入土壤的水分较少，植物的根将很快耗尽植物附近的水分。在这种情况下，就更加需要一个更为庞大和更加健康的根部体系，然而，由于压实的作用，根的体系在体量上和健康程度上却都遭受到了破坏。这样的间接影响会导致问题严重化，即植物的生长环境中缺少水分和养分的供给。

压实也抑制了植物的萌芽、破土以及新植物的产生。存在于压实坚硬表层土壤下的种子容易干燥，因而很少有可能得到充足的水分和适当的发育。研究表明当土壤具有多种不同微体的混杂表面时，种子的萌发率最高（Harper *et al.*，1965）；一个被压实得光滑平坦表面的土壤不会有如此多种不同的微体，因而萌发率就会降低。即便发芽了的胚根（萌芽初期的根）也很难穿透坚硬的土壤表层，因而不能够使之稳定地得到水分和营养供给。再者，如果种子成功发芽并且破土而出，但一些间接影响也很容易导致植物在没有成熟前就夭折。

被践踏营地的微气候相比于未遭受践踏的场地更为糟糕。因为践踏之后土壤的温度在白天不会太高夜间又不会太低，而植被和有机质很难适应这样一直没有变化、稳定的温度。同时由于践踏的作用使得表层的植被和有机质被除去，种子直接暴露在外，其所面临被热烧灼和冰冻的可能性就更大。另外一个导致种子死亡的原因就是冰胀，在土的结冰和融化过程中，种子被抬升至土壤地表外而容易引发冰胀。虽然冰胀也会发生在未干扰的营地，但是它更多地发生在裸露的矿质土壤里，特别是那些被压实的土壤。

上述种种践踏冲击造成的最多结果就是植物的减少，通常以植物覆盖面积的损失来体现，这种冲击在营地是非常严重的。即使在荒原地区域，营地的植物覆盖面积也常常发生丧失现象。例如，在俄勒冈伊格尔卡普荒原地的营地中，损失量平均达 87%（Cole，1982）；在明尼苏达边界水域独木舟荒原区营地中，损失量平均达 85%（Frissell and Duncan，1965）。而在一些已建成的营地，因为有较多的积极维护措施且场地的植被更具有承受能力，所以地被减少可能不会那么严重。例如，布朗、卡利什和赖特（Brown *et al.*，1977）发现罗得岛已建成营地的植被损失只有 50%。植被覆盖的减少通常会使得下面的有机质暴露在外，除非这层有机质也被破坏，那暴露在外的就是矿质土壤和岩石。

当受到越野车干扰时，地面覆盖的植被也会被摧毁。在加利福尼亚州南部的阿尔戈多内斯沙丘地区，那些被沙滩车和越野车使用之后的区域的草本植物量只有未被干扰地区的 5%（Luckenbach and Bury，1983）。

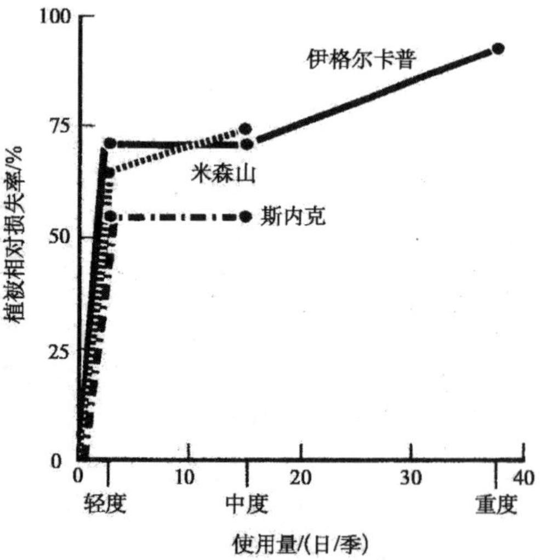

图 3.2 在伊格尔卡普荒原地、米申山荒原地、拉特尔斯内克荒原地植被相对损失量的平均值与使用量之间的关系，对伊格尔卡普荒原地营地的使用频率进行了数字估算（引自 Cole，1995b）

很多研究发现轻度使用的营地的植被减少量和重度使用的营地的植被减少量相近。这个结论已经被大多数营地证明。如在对三个西部的营地调查中发现虽然营地每年只使用数个晚上，但是营地植被损失量平均为 55%至 75%（图 3.2）。下图的曲线表明植被损失量和使用量这两者之间并不成正比关系，确切地说，它呈现为曲线或双曲线的关系。一些践踏研究（Cole，1985b）发现，某些特定的植物种类和使用量成一种线型关系——对数关系。初期使用量的增加就会导致植被覆盖量急剧地减少，但在达到一定的使用程度后，损失率就会下降，直到损失量接近100%（Cole，1995b）。

即使营地使用水平较低，但其植被损失量也很剧烈，这个发现表明地被很容易受到影响。虽然不同植物类型的敏感性有很大不同（这个话题我们将会在第8章详细讨论），但使用量和植物覆盖损失量普遍呈现的是一种曲线关系。这对管理具有很重要的意义，这个意义我们将在第9章和第12章中充分讨论。

一旦营地被开始使用，植被的损失将会很迅速。拉佩奇（LaPage，1967）跟踪记录了宾夕法尼亚州一个草原地上数个已建成营地在使用的前三年期间植被的变化情况，这个草原具有一定的年代。第一年使用后，营地的植被平均丧失了45%（图3.3）。植物覆盖量在没有使用的冬季会出现增加的现象，而在下一使用季度又减少了。然而，在第二季和第三季使用之后，总覆盖量比第一季使用后的覆盖量实际上多了许多。

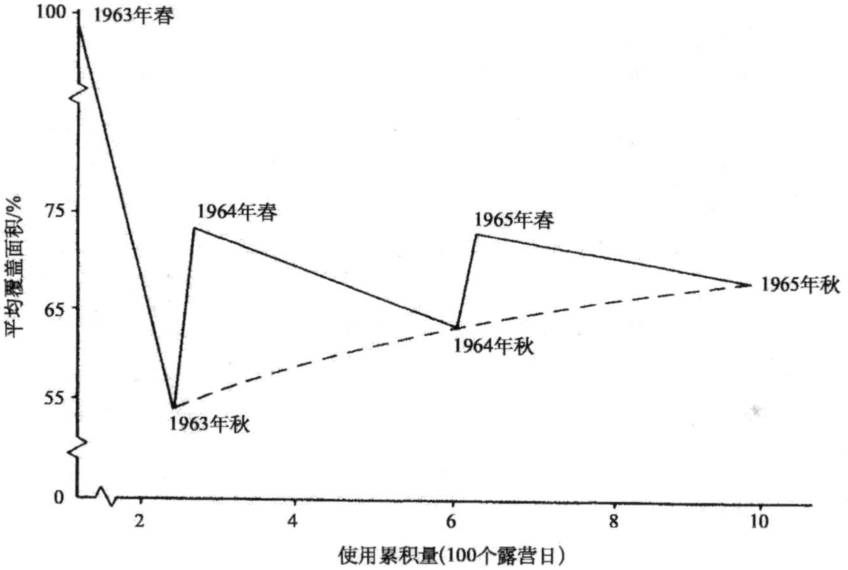

图3.3 宾夕法尼亚州营地经过初期的开发和一辆小汽车使用之后植被的覆盖变化（引自LaPage，1967）

这些营地上发生了什么呢？那就是原有的本地植被被新的物种取代了，而且这些物种对践踏的抵抗力更强。虽然从1963年使用季末至1965年使用季末植被覆盖量增加了，但是物种数总量却从1963年的29种降到了1964年的23种，至1965年之时只有17种。在场地被使用前，物种数总量一共有37种。许多物种由于露营的影响都消失了，但是一些少数物种却剧烈增加。由于露营干扰的增加和外来物种的竞争作用使得本地物种减少，这些耐践踏的物种有蔓延生长的能力，从而提高了营地的植被总覆盖量。事实上，大量的新物种侵入了营地。营地上出现了四个新物种，它们在场地使用前并不存在，而在随后几年却在场地衍生蔓延。尽管如此，即使增加了这些物种，植被总覆盖量还是减少了三分之一。

除了覆盖损失之外，这项研究还表明植物的其他一些特征所受的影响也比较普遍。

其中之一就是物种数量的减少——植物群落的一个特征叫做物种丰富度。物种丰富度和个体物种的相对丰富度一样，是物种多样性概念的组成之一。当游憩使用程度很高时，大多数情况下物种丰富度都会降低。在高强度使用下，只有那些耐践踏的植物可以生存下来，耐践踏物种的数量总是少于场地原有的植物数量。然而，在那些轻度使用或者中度使用的区域，物种的丰富度却可以达到最大化。在这些区域，原有的物种在数量上会减少但不会被灭绝。与原有物种的竞争变小之后，就进一步促进了耐践踏物种的物种入侵和蔓延。因而，当这一区域原生物种和耐践踏的入侵物种同时存在时，物种的丰富度自然就很高。

另一种影响可以通过一个事实得到反映，即不同的物种对影响的抵抗力存在很大的差异性。正如我们看到的那个宾夕法尼亚州营地的例子，某些原先占有场地的原生物种比其他物种消失的更快；事实上，一些物种量的增加实际上是因为另有一些物种入侵场地。在使用前最为普遍的物种——委陵菜，在三季使用之后就完全灭绝了；而早熟禾，原来只有在少数地方才能发现，却成为了营地中最普遍的植物。随着时间的推移，植物群落的物种构成也发生了变化。

物种构成的变化一般是通过对所有单个物种的覆盖变化研究进行评估的，它可以是通过对一段时间内场所的变化分析进行评估，也可以是通过游憩地和未受干扰的参照地的对比进行评估。如此，如果物种的种类复杂就会使得对比不同地方物种构成的细微变化变得比较困难。为了辨别物种构成变化，科尔（Cole，1978）提出一份列表，它可以测量两个营地之间物种构成的差异性。这份列表的植物区系相异指数值在 0～100 变化，如果值为 0，则意味着两个场所的物种和相对丰富度相同。事实上，这个值在自然中并不存在，即使在未被干扰的情况下，物种构成也有很大不同，通常大约为 25%，当值为 100 时，则意味着这两个场所不存在一个共同的物种。

在一些游憩区域，已经用这个列表来确定物种构成的数量变化（Cole，1995b；Marion and Cole，1996）。如边界水域独木舟荒原区的营地，其原来的森林底层植被比较脆弱，而一些耐践踏型物种趁机入侵了营地。因此，物种的构成变化比较大，植物区系相异指数平均达 88%（Marion，1984）。在蒙大拿拉特尔斯内克荒原地的高山营地中，大多数本地主要物种都比较耐践踏，而在如此高的海拔地方很少有入侵物种可以成功地生存下来。植物区系相异指数只有 27%，与期望中的未受干扰的植物群落相比要小得多（Cole and Fichtler，1983）。

单体物种是否耐践踏很大程度上取决于它的结构、形态及其生命周期的规律，其中物种个体的形态和生理上的特点和耐干扰的植物形态对于抵抗践踏是相当重要的（Speight，1973；Cole，1987）。形态上的特点通常使一个植物更具耐性，这些特点包括：

① 匍匐或蔓生生长型，而不是垂直向上生长型；

② 簇状生长型；

③ 有棘或者有刺；

④ 具有柔韧的茎，而不是脆弱的或坚挺的茎，特别是木质茎；

⑤ 叶子的基生叶为莲座（叶）丛；

⑥ 叶子小而厚；

⑦ 叶片开放比较灵活，在压力作用下可以收拢起来；

⑧ 结构极大或极小。

生理上能增加耐性的特点有：

① 具备从居间分生组织萌芽和顶端分生组织萌芽的能力；

② 芽具备从土壤表层下启动季节性再萌发的能力；

③ 具备单体繁殖和有性繁殖的能力；

④ 生长速率很快。

虽然没有物种能拥有以上所有的特点，但是一些具有高抵抗力的物种会拥有其中的一些特点。比如，早熟禾（宾夕法尼亚州营地上快速繁衍的物种）能够贴近地面生长（它能在没有干扰的情况下向上生长，有干扰时就平铺生长）、有灵活可收拢的叶子、居间分生组织、位于地表之下受到保护的芽以及可以用地下茎繁殖和受损害时开始快速的生长。正是由于这些原因，它才成为草坪普遍的选种，同时也是营地最为普遍的入侵物种。关于一些对影响耐性较强的其他物种，请参见科尔的研究成果（Cole，1987，1995a）。

早在四项能够增加抵抗力和从游憩影响中恢复的生物特点提出之前，利德尔（Liddle，1991）就总结列出了12项特征。第一个特征是个体较小，例如，如果不是莲座（叶）丛、藤蔓植物或其他贴近地面生长的形态植物都难以存活，而且它们也很少会出现在耐践踏的植物群中。第二个特征同时也是最重要的特征——形态，是指植物生长芽的位置或者各种不同生活形式植物的宿存茎尖（见图3.4）。芽和分生组织贴近地表，

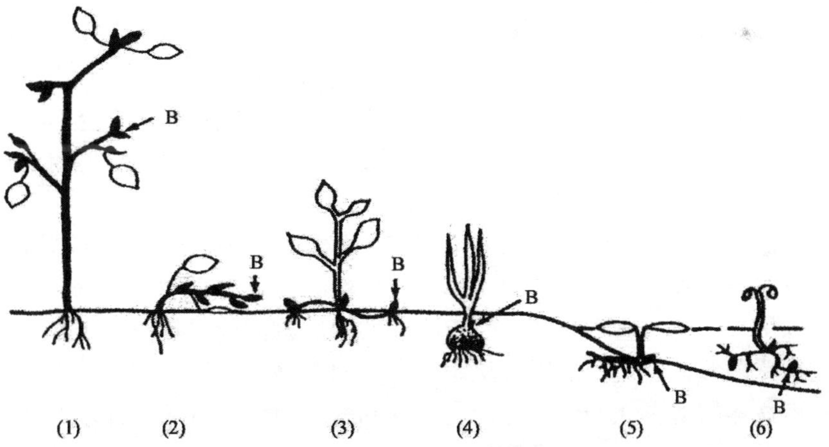

图3.4 植物的生存方式提供一个非分类学方式划分植物方法——根据其形态进行划分，基于植被芽的生长位置或者茎尖是否能够越冬生存或者在干旱时期亦能生存下来（引自 Liddle，1991）

（1）高位芽：木本植物，芽位于地表土层25cm之上；（2）地上芽植物：木本或者草本植物，芽在地表之上但低于25cm；（3）地面芽：草本植物（很少有木本植物），芽在土壤表层；（4）地下芽植物：草本植物，芽位于土壤表层之下；（5）芽在水下越冬的植物：沼生植物；（6）水生植物：一年生植物（种子能越过不利季节的植物）没有在图中表示出来，隐芽植物的芽在地下或者水里，包括沼生植物和水生植物

并且它们由可收拢的叶子保护，这样的植物最容易存活。在解剖学上，有两个特征对植物的存活很重要，第一，茎是由小细胞（≤0.1mm）构成，这样的茎在没有被扭折的情况下比起那些更大的细胞和空心的茎能承受更大的压力；第二，柔韧的茎和叶有助于存活，如果是木质细胞壁，由于它比较坚硬，在践踏时极易被破坏；最后一个生物特点与存活技能有关，这涉及理论上需要考虑的形态和解剖，它们与植物抵抗力和从影响中恢复的生理机能有关。例如，贝菲尔德（Bayfield，1979）对比不同物种之间的抵抗力与恢复能力，发现基于践踏的敏感性可以将物种划分为三种：① 最敏感性物种——在开始就容易被破坏并且很难恢复；② 中度敏感性物种——从开始到中等程度践踏时易受到破坏但是恢复能力较好；③ 低敏感性物种——践踏之后受到较低或者中度的损害，但紧接着植被覆盖会率增加。最近，科尔（Cole，1995a）对高山地区和森、利德尔（Sun and Liddle，1993）对热带、亚热带地区的研究发现：物种和植被类型的生存技巧，即通过这些物种和植被类型之间的种植搭配，可以增加它们的抵抗能力和恢复能力（见第 8 章）。

大多数耐践踏的物种都是外来物种，它们其中很多是来自于欧亚大陆。在高海拔的山岳地区，外来物种比较稀少。然而，在海拔较低地区的路边和营地的植被中，外来物种往往占主导地位。比如在边界水域独木舟荒原地，马里恩（Marion，1984）发现在他调查的营地中 62%的营地至少存在一个外来物种，有一个营地的外来物种甚至达到了 12 个。在所调查的最大的一个营地中，平均每十个物种中就有三个外来物种。在蒙大拿鲍伯马歇尔荒原地的营地中，四分之三的最普遍物种都是外来物种（Cole，1983）。

通常，调查者发现禾草状植物（草或者草状的植物，比如苔草和灯心草）比起其他生长形态植物的适应能力更强，拥有更多的生存技能。比如，在一项对 18 种植物的调查中发现，一种苔草最耐践踏；而一种木质蕨类最不耐践踏。在苔草种类中，仅 500 次践踏之后它就会从地表消失，而在 25 次践踏之后蕨的损失量就会达到 33%（Cole，1995a）。非禾本草本植物（禾草状之外的草本植物）它们之间的抵抗能力也存在很大的差异。在营地中能普遍生存下来的是那些生长低、具有小而坚韧基生叶为莲座（叶）丛的丛生草本。两个美国外来物种白三叶草和车前草就是很好的例子。生长在森林深处见不到阳光的非禾本草本植物正在走向了另一个极端，为了尽可能多地获得阳光，它们会长得很高且叶子大而薄。通常，叶子缺乏坚硬的外层就能最大化吸收光线。它们消耗更多的能量在制造能够进行光合作用的组织上面，而不是制造坚韧的支持系统，诸如粗壮的茎和分枝。这样的适应性变化使它们容易受到践踏损伤。低矮的灌木对践踏的抵抗能力处于中等水平，通常能承受低程度的践踏，因为它们长有小而坚韧的叶子和木质茎。尽管如此，灌木的茎易被折断，在中度践踏下通常就会灭绝。因为一旦茎被折断，其再生长速率就比较慢，所以营地灌木的损失应被给予高度重视。

20 世纪 90 年代的研究注重于更大范围地理层面和环境层面上植物种类和物种的脆弱性、耐践踏性（对场地研究），以此来更好地了解植被的抵抗力和从践踏影响中恢复的方式（Sun，1992；Sun and Liddle，1993；Cole，1995a）。科尔（Cole）公布了美国五个独立山区 18 种植物对践踏的反应状况，森、利德尔（Sun and Liddle，1993）调查了澳大利亚八个热带或亚热带地区植被对践踏的反应。总体而言，这些研究结果表明：

① 在热带和温带地区，植物对践踏的影响反应基本上是相同的；② 植物的形态特征比地域特征更能解释植物在抵抗力、承受力和从践踏中恢复所存在的差异性；③ 无论是禾草类、非禾本草本植物还是灌木类，抵抗力都是植被能够长到一定高度和直立生长的一项最主要功能，然而，不同种草类对践踏的抵抗力也是不同的（Sun and Liddle, 1991)；④ 是否有裸露于地表持续不断存在的芽也是植被能够恢复的先决条件，同时植物的快速生长也许就是植物运用恢复来抵抗践踏的主要特征；⑤ 承受力、植被承受周期性干扰的忍受能力与恢复能力，与抵抗力相比，它与恢复性更相关；⑥ 单体物种的抵抗力和恢复力并不存在相关性（图 3.5）。促使植物在开始时就具有抵抗践踏损伤能力的特征与那些使得植物能够从影响中很快恢复的特征不同，例如，耐践踏的植物生长速度一般不快，而生长速度快的植物呈现一种恢复战略。

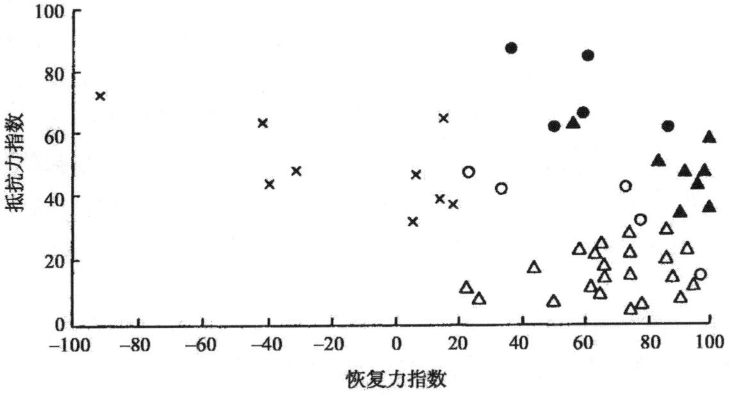

图 3.5 每个物种的抵抗力和恢复力的指数关系（单位:%）(引自 Cole, 1995a)

抵抗力指数指的是在通过 0～500 次后的相对覆盖率；恢复力指数指的是在践踏之后增加的覆盖量，实验是对场地在两个星期内通过 500 次之后植被丧失量的百分比；结果表明大部分物种其抵抗力和恢复力呈反比关系，但是非直立生长的禾草类和非禾本草本植物不是具有较高的抵抗力就会具有较高的恢复力

树苗是非常纤弱的，它们很可能被践踏致死。即使是在荒原地，营地的轻度使用也会导致幼苗几乎全部消失殆尽。在伊格尔卡普荒原地，平均面积为 200m^2 的营地范围之内幼苗的数量只有六株；而在差不多同等规模没有受干扰的场所，幼苗的数量至少有 50 株。这意味着 90%的幼苗遭到了破坏。即使在每年使用不会超过五个夜晚的轻度使用场所，还是有四分之三的幼苗被消除（Cole, 1982)。不论研究的是哪里的营地，都会发现类似的结论，即营地的幼苗几乎全部丧失，树木数量下降；而在已建成的营地，因为使用频繁幼苗损失更为惨重。例如，在对加利福尼亚州 137 处林务局下属的已建成的露营地和野炊之地的调查中，马吉尔和诺德（Magill and Nord, 1963）发现一半以上的营地连一株树苗也找不到。他们还表明，目前对是否还有幼苗存活表示怀疑。

有践踏发生的地方其覆盖的植被就肯定会丧失。沿着游径，践踏所至的地方植被都被毁灭，这可能是因为施工造成的，也可能是先期的投入使用造成的。与路面相近的两侧区域也会承受一定的践踏压力，植被会因栖息地的改变而受到影响，比如在施工期间，沿路两侧灌木和树木的移除就会造成栖息地的轻度改变。这样的地方在物种组成上自然会发生一些变化（Boucher *et al*.，1991；Leung and Marion，1996）。通常情况下，植物的覆盖都会减少，但是存在某些时候栖息地的变化也会导致那里覆盖增加的例外情况。科尔（Cole，1978）对伊格尔卡普荒原地八个不同植被类型的游径两侧区域植被的损失量和物种组成的变化进行了研究。他发现：在临近游径处，一些森林类型的植被覆盖损失高达73%，而亚高山草类覆盖损失量则低至12%。区系花卉类植物的变化从37%至82%不等，而森林植被种类发生的变化最为严重和最为迅速。

践踏压力低的地方虽然植物的高度会降低，但是植物覆盖却没有很大的损失。在营地周围和沿着游径的边缘都可以发现植物的高度普遍降低了。这些植物形成了一个明显的中间过渡区域，即营地和游径的裸露区域与植被没有受干扰的区域之间的中间过渡区域。轻度使用的游径，特别是使用者踩出来的游径，这一特征更为显著，因为这样的游径虽然植被覆盖完整但是植物都比较低矮。对于那些受到干扰但却没有遭到毁坏的植物，它们在形态和生理上都会发生一些变化，这些变化包括叶片面积的减少、根上碳水化合物的积留、花的密度和每朵花种子数量的减少，等等（Liddle，1975；Hartley，1976；Sun and Liddle，1993）。利德尔（Liddle，1975）发现经400次轻型车辆通过后，叶片的面积减少了57%，但覆盖物种还具有一定的抵抗力。当被拖拉机碾压过六次后，某一豆科植物的花朵数量平均值从29降至1，而且碾压之后连一个豆荚都没有剩下。有时在足迹轻踏作用下，顶芽频繁地受损会导致植物的分枝增加。

地被还会受到另外一个影响，即放牧和牲畜的践踏冲击，特别是在西部地区。除了人在潜意识情况下造成的更为严重的冲击之外，牲畜践踏造成的影响其实与人践踏造成的影响相似。但是马的体重比人大，而且它们的重量集中在很小的承受面积之上，这就大大增加了牲畜施加于植物和土壤上的压力。此外牲畜蹄子在地面留下了大量的蹄印，而且还会掘开地面，放牧同样会导致植物覆盖面积的减少和物种构成的改变。物种的组成还会被一些客观情况加剧，即当牲畜偏爱吃某些物种而这些物种又存在的情况下，那这些备受青睐的物种的叶子被更快地消耗光。因此这些物种通常比其他物种减少的更快，同时灭绝的也更快些。

游憩区有关牲畜对牧场的影响这方面资料几乎没有（Cole，1987）。科尔（Cole，1981）在伊格尔卡普荒原地中海拔地区对比研究轻度放牧和重度放牧地区覆盖面积和植物构成的差异性。他发现重度放牧地区比轻度放牧地区植物覆盖面积少了30%。对于牲畜，禾草类植物比非禾本草本植物更为可口，因而在重度放牧地区的覆盖植被中禾草类植物只占35%，而在轻度放牧区却高达80%。重度放牧地区的草地有更多的外来物种和一年生植物。红杉国王峡谷国家公园对牧场进行了更为详细和更长时间的调查。这个调查超过40年，记录了牧场植被覆盖的减少、侵蚀和杂草的入侵等情况，能够更好地了解主要植物群落每年的波动情况和对于不同程度放牧各个植物群落的反应。这种长期的研究引导着牧场放养牲畜管理的发展，为公园内不同代表类型的牧场拟订管理计划。

灌木和幼树

作为地被植物的一部分，低矮的灌木经常遭受到践踏。研究发现野生蓝莓对践踏特别敏感，因为它们的恢复能力很差，一旦被践踏就很难恢复（Cole，1995a）。生长稍大点的灌木和幼树，由于体形足够大的关系使它们能避免大部分践踏的影响。大部分较高层植物所遭受的影响可能是来自于越野车辆的破坏，也可能是游客去除灌木和幼树枝干的故意行为。

陆地的越野车辆和机动雪橇对灌木和幼树都会产生影响。在加利福尼亚州，越野车区域灌木的覆盖减少了90%。仙人掌和多刺植物通常可以免除人和牲畜践踏的破坏，但却会受到车辆碾压破坏或者碾压致死。

机动雪橇对灌木和幼树的破坏尤其严重。地被植物由于雪的覆盖而可能受到保护，但是雪层太薄的情况下这种保护就不存在了。成材树可能只会因树干受到损害留下伤痕，而灌木和小树在冬季又硬又脆，当机动雪橇越过时它们就可能会被突然折断。有些情况下，灌木枝干的损害甚至会拉出浅根。韦恩克（Wanek，1974）发现“当机动雪橇开过后大部分灌木反而变多了（枝干和覆盖率增加），主要可能是因为它们再生繁殖的关系”。但他同时指出这是不可能无限持续下去的，因为最终会产生病害或者单体植物没有足够大的根系来维持。

沿着游径两侧的灌木和树枝极易被移除，因为这样可以方便远足者和牲畜通过，如林务局荒原地标准游径就是除去灌木开辟的一条2.438cm宽、25.4cm高的廊道。在一些开发力度更大的环境地区，灌木和幼树的移除情况就更加凸显。就生物被移除而言，游径的建设和维护成为野外游憩地灌木和幼树的最大威胁。最大的破坏是在设置路障的区域，因为那地方的道路建设和维护会移除更多的植被。

虽然总生物量移走并不是很多，但被移除的灌木和幼树常常集中在营地。在这一点上，营地的发展和扩张导致枝干丧失，砍下的枝干被用来作手杖和木柴。在密歇根一个开发营地的中间地带（中间地带指的是营地上影响最严重的中心地与影响比较轻的边缘地的中间区域——参考第6章），麦克尤恩和托赫尔（McEwen and Tocher，1976）发现在被使用的区域每英亩只有76棵幼树，而邻近没有被使用的区域却有338棵。在大烟山国家公园，沿阿巴拉契亚游径有建成已久的帐篷，而在帐篷四周60.96m范围内却找不到一棵直径小于7.62cm的幼树，它们都被砍伐当生火的木柴了。在伊格尔卡普荒原地营地，树被砍伐了三分之一，而在这些被砍伐的树木中最多的就是幼树（Cole，1982）。

也许这样的影响最为严重的后果就是需要对营地进行长期的维护。将营地附近的幼树移除，就会降低新树的来源，而这些幼树原本最终是要取代那些老树的。践踏之下幼树被毁坏，树木的更新几乎为零。幼树的不断移除就意味着这片场地由林地向裸露荒芜地转变。露营者们本想灌木和树木为他们提供阴凉和私密性空间（Cordell and James，1972），所以这样的转变并不是所期望的。

成材树

在游憩地，成材树受到的影响主要是机械损伤。很多这些损伤都是由于游客轻率的蓄意行为造成的，这一系列的破坏行为有：折断大树枝、在树干上钉钉子、用斧头砍树、剥树烧皮和砍倒树木用于做帐篷立柱、木柴。另外一些影响可能是无心造成，例如，被灯具刮伤以及将牲畜系在树干上时导致树根裸露在外面。最后，树所遭受到的更大影响则是由于管理造成的，例如清除游径两侧的树木，移除营地那些可能对人们安全有威胁的树木。

在对伊格尔卡普荒原地营地树木破坏情况的广泛调查中，科尔（Cole，1982）发现90%以上的树木都有疤痕、砍倒或被折枝的现象（图 3.6）。很多树的被破坏程度较轻——低矮的树枝被折断或者树干有钉子钉进去。然而，还是有 27%的树木的树干上有砍伐后留下的深疤，这些疤痕中 22%面积大于 1ft^2，67%的疤痕位于树腰以下。在这种情况下树木非常有可能会腐烂，尤其像云杉和冷杉这些物种，腐烂的可能性更大，并且营地内被砍掉的树木占到总数的 33%。

图 3.6　伊格尔卡普荒原地营地受损害的树，俄勒冈州（摄影：D. N. Cole）

尽管上层林冠受到了种种破坏，但除了树被直接砍倒死亡之外，营地树木的大量死亡甚至活力的丧失与游憩的相关性目前还没有证据能够证明。一个超过 60 年的游憩使用营地也没有什么明显的影响结果，这个事实表明上层林幼树的死亡可能不是一个非常严重的问题。更多的研究也发现了类似的结论，即几乎没有由于游憩的使用导致树木死亡的情况。游憩使用导致树木活力的丧失和死亡大多发生在土壤比较薄和干旱的地方，或者是树皮比较薄而且特别容易腐烂的地方。在对落基山脉 17 处已建成的营地调查中，调查者发现因践踏而死亡的树木多数为薄皮的山杨。树木正以每年大概四棵的速率死亡，大部分都是由于露营者对树木造成机械伤害之后致使树木染上溃疡而死亡（Hinds，1976）。

另一个树木死亡相当严重的地区就是边界水域独木舟荒原地。梅里亚姆和彼得森（Merriam and Peterson，1983）跟踪记录了由林务局在 1967 年建立起的一小部分营地树木的演变情况。在开始使用之后的五年，原有树木死亡了 15%；使用 14 年后，死亡率达到 40%。山杨和桦树在这些场所占主导地位，它们本身树皮就比较薄，再加上露营者们爱剥它们的皮作木柴，使得它们更容易被毁坏。土层较浅和侵蚀严重也是这些独木舟营地场所的特征。树根表面的大部分土壤被移走虽然也不是常有的事，但是一旦发生，死亡接踵而至。

在游径、河流湖岸和营地上，树根裸露在外是非常普遍的状况。科尔对伊格尔卡普荒原地 19 个营地调查中发现有 17 棵树的树根裸露在外。在一个典型的营地中，三分之一的树的树根被暴露在外。在边界水域独木舟荒原地，马里恩（Marion，1984）调查发现 84%的树木树根裸露。一旦裸露在外，根部就会受到机械损伤。并且根部裸露在外也使得树木容易被大风刮倒。

因为树木的生命周期较长，管理者和研究者对于树木在受到长期影响之后的空间和时间的变化非常感兴趣（见第 7 章）。长期的调查表明树木所受到的空间上的影响（比如营地扩大了）比时间上的影响更重要。另一个关注的是在集中使用场所随时间的推移其种子的成苗数。在特拉华沃特加普国家游憩区，营地内高度低于 140cm 以下的树的平均密度（这个尺寸等级象征着树的再生能力）只是控制区的 9%（Marion and Cole，1996）。另外，营地 19%的树木上层林冠被砍掉，77%直立生长的树木遭到破坏。

在大量牲畜昼夜使用的一些地区，树木的破坏更为严重。这些增加的破坏大部分是由于牲畜被系在树干上的普遍行为所致。当将牲畜拴在树木上时，牲畜蹄触地表，导致土壤侵蚀和根部暴露在外。系的绳子也会在树上留下痕迹，小树甚至会被束缚致死亡。此外，有牲畜同行的群体很可能携带厚重的帆布帐篷，而这些帐篷需要砍伐树枝作撑杆。他们更会携带斧和锯这些工具，这样才能够砍伐树木用来作木柴。虽然携带上述的东西，但并不一定所有牲畜群体都会造成这些可避免类型的影响，然而马群足以对树木造成严重损害。

为了说明每个群体所造成的影响不同，科尔（Cole，1983）对比了鲍伯马歇尔荒原地背包族、使用马的群体和使用基地设备的群体所损坏树木的数量（表 3.1）。背包族场所只会被他们自己使用；马的场所主要被所有者使用，通常一次只使用几个晚上；野营者营地被野营者们占用很长一段时间，特别是秋季捕猎期。在这三个等级基地种子丧失量一样——100%；这个损害是无法避免的，而且和使用类别无关。相反，对成材树的破坏却存在很大的差异。这个破坏是可避免的，且与营地使用类型密切相关。

表 3.1　主要由背包族、拥有马的私人群体、有设备的群体使用对营地树木所造成的破坏

使用类型	幼树丧失量		受到破坏的树木数量		被砍伐的树木数量		根部裸露在外的树木数量	
	中间	范围	中间	范围	中间	范围	中间	范围
	百分比/%		干扰区域内的树木数量/棵					
背包族	100	100a	5	3～29a	0	0～8a	1	0～4a
马	100	92～100a	56	21～180b	8	0～33b	25	10～38b
设备	100	100a	100	23～500b	15	3～250b	37	13～100b

注：在两个独立样本的随机试验中检测幼苗损失的相对变化，平均值和随后同一场地的变化值这两组数值的差异性并不显著，置信度达到了 95%。幼树丧失是相对变化着的。

同样，已建成营地的机械损伤比那些偏远地区营地更为普遍和严重。这些场地所共同具有的破坏有：灯具的刮伤以及为了挂东西在树上钉钉子。在一些年代更为久远的国家林地和国家公园内，靠近桌子的成材树有数不尽的汽灯造成的疤痕。这些由于灼伤造成的疤痕会减弱树的生命力，特别是那些树皮非常薄的树。一旦这种情况发生，这些树很容易被破坏，同时对人员安全有威胁的危险树木也会被管理者移除。近年来，很多地方建立起金属灯撑杆，以避免出现上述的问题。人们在已建成营地逗留时间越来越长，因此他们携带的设备也越来越多，同时造成破坏的机会也越来越大，由成材树来承担这类最严重的损伤影响。

小结

1．践踏对植被所造成的影响既有直接作用的也有间接作用的。它们之间的相互关系如图 3.7 所示。破损和擦伤降低了植物的活力和再生能力，严重的践踏会导致植物的直接死亡。植物的活力和再生能力也会由于土壤特性的变化而降低，如第 2 章所述。为了扩大营地或者收集燃烧使用的木柴，灌木和幼树被移除，游径两侧的植被也被清除。成材树会因为游客和管理者的活动而遭受一系列机械损伤，而造成这一系列破坏的行为可能是有意的也可能是无意的。

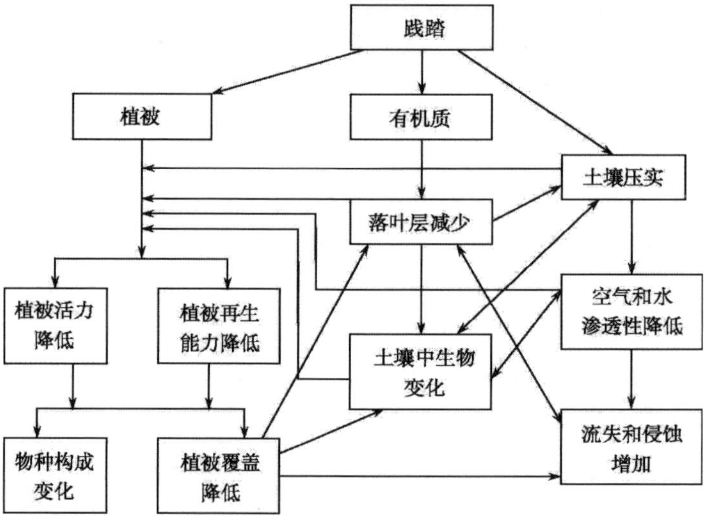

图 3.7 践踏影响的一个概念模型

部分是基于利德尔（Liddle，1975）和曼宁（Manning，1979）的研究成果，记录了土壤和植被之间多种相互影响和循环的关系

2．在这些冲击中，最严重的可能是树木再生能力的丧失。即使在一些地方幼树的死亡率并不严重，但存在的上层林冠最终却会死亡。最终在很多营地，当这些上层林冠死亡后，没有新生的树木来取代它们。大部分幼树被践踏致死，而那些存活下来的幼树却在成长至幼年阶段就被砍掉做燃烧用的木柴或者撑杆。寻找到一个能让树木生长到成年树的方法对于营地管理者们而言是一个非常大的挑战。

3．在营地开发和使用初期，植物就会很快受到影响。即使在使用程度相对比较轻的场地，大多数影响也会达到影响最大化的水平或者接近最大化的水平。这反映出地被植物对践踏的抵抗能力比较弱。即使只是轻度使用，成材树也会很快遭受到破坏。然而，场地发生的使用类型能够强烈地影响到树木所遭受的破坏量，成年树的破坏程度取决于营地的使用类型。例如，牲畜使用造成的破坏要比那些没有牲畜使用的团体更严重。

4. 不同环境下植被对破坏的敏感度也存在很大的差异。在这章我们讨论了能够使植物抵抗践踏影响的植被特征。植物的不同特性也体现在它们耐践踏的程度方面。我们也讨论了成材树的破坏程度，尤其是那些树皮比较薄的树木。当土层很薄且容易受到侵蚀以及土壤比较干旱时，破坏就尤为严重。有关环境承受力更详细的讨论将在第 8 章展开。

参考文献

Bayfield, N. G. 1979. Recovery of Four Montane Heath Communities on Cairngorm, Scotland, from Disturbance by Trampling. *Biological Conservation* 15: 165—179.

Boucher, D. H., J. Aviles, R. Chepote, O. E. Dominguez Gil, and B. Vilchez. 1991. Recovery of Trailside Vegetation from Trampling in a Tropical Rain Forest. *Environmental Management* 15 (2): 257—262.

Brown, J. H., Jr., S. P. Kalisz, and W. R. Wright. 1977. Effects of Recreational Use on Forested Sites. *Environmental Geology* 1: 425—431.

Cole, D. N. 1978. Estimating the Susceptibility of Wildland Vegetation to Trailside Alteration. *Journal of Applied Ecology* 15: 281—286.

Cole, D. N. 1981. Vegetational Changes Associated with Recreation Use and Fire Suppression in the Eagle Cap Wilderness, Oregon: Some Management Implications. *Biological Conservation* 20: 247—270.

Cole, D. N. 1982. Wilderness Campsite Impacts: Effect of Amount of Use. USDA Forest Service Research Paper INT-288.

Cole, D. N. 1983. Campsite Conditions in the Bob Marshall Wilderness, Montana. USDA Forest Service Research Paper INT-312.

Cole, D. N. 1985. Recreational Trampling Effects on Six Habitat Types in Western Montana. USDA Forest Service Research Paper INT-350. 43 pp.

Cole, D. N. 1987. Research on Soil and Vegetation in Wilderness: A State-of-Knowledge Review. In R. C. Lucas, comp. *Proceedings of the National Wilderness Research Conference: Issues, State-of-Knowledge, and Future Directions*. USDA Forest Service Intermountain Research Station, General Technical Report INT-220. pp. 135—177.

Cole, D. N. 1995a. Experimental Trampling of Vegetation. Ⅱ. Predictors of Resistance and Resilience. *Journal of Applied Ecology* 32 : 215—224.

Cole, D. N. 1995b. Experimental Trampling of Vegetation. Ⅰ. Relationship Between Trampling Intensity and Vegetation Response. *Journal of Applied Ecology* 32: 203—214.

Cole, D. N., and R. K. Fichtler. 1983. Campsite Impact in Three Western Wilderness Areas. *Environmental Management* 7: 275—286.

Cordell, H. K., and G. A. James. 1972. Visitor's Preferences for Certain Physical Characteristics of Developed Campsites. USDA Forest Service Research Paper SE-100.

DeBenedetti, S. H., and D. J. Parsons. 1983. Protecting Mountain Meadows: A Grazing Management Plan. *Parks* 8 (3): 11—13.

Frissell, S. S., Jr., and D. P. Duncan. 1965. Campsite Preference and Deterioration in the Quetico-Superior Canoe

Country. *Journal of Forestry* 65: 256—260.

Harper, J. L., J. T. Williams, and G. R. Sagar. 1965. The Behavior of Seeds in Soil. Ⅰ. The Heterogeneity of Soil Surfaces and Its Role in Determining the Establishment of Plants from Seed. *Journal of Ecology* 53: 273—286.

Hartley, E. A. 1976. Man's Effects on the Stability of Alpine and Subalpine Vegetation in Glacier National Park, Montana. Ph. D. dissertation. Duke University, Durham, NC.

Hinds, T. E. 1976. Aspen Mortality in Rocky Mountain Campgrounds. USDA Forest Service Research Paper RM-164.

LaPage, W. F. 1967. Some Observations on Campground Trampling and Groundcover Response. USDA Forest Service Research Paper NE-68.

Leung, Y., and J. L. Marion. 1996. Trail Degradation as Influenced by Environmental Factors: A State-of-Knowledge Review. *Journal of Soil and Water Conservation* 51 (2): 130—136.

Liddle, M. J. 1975. A Selective Review of the Ecological Effects of Human Trampling on Natural Ecosystems. *Biological Conservation* 7: 17—36.

Liddle, M. J. 1991. Recreation Ecology: Effects of Trampling on Plants and Coral. *Trends in Ecology and Evolution* 6: 13—17.

Luckenbach, R. A., and R. B. Bury. 1983. Effects of Off-road Vehicles on the Biota of the Algodones Dunes, Imperial County, California. *Journal of Applied Ecology* 20: 265—286.

Magill, A. W., and E. C. Nord. 1963. An Evaluation of Campground Conditions and Needs for Research. USDA Forest Service Research Note PSW-4.

Manning, R. E. 1979. Impacts of Recreation on Riparian Soils and Vegetation. *Water Resources Bulletin* 15: 30—43.

Marion, J. L. 1984. Ecological Changes Resulting from Recreational Use: A Study of Backcountry Campsites in the Boundary Waters Canoe Area, Minnesota. Ph. D. dissertation, University of Minnesota, St. Paul.

Marion, J. L. 1991. Developing a Natural Resource Inventory and Monitoring Program for Visitor Impacts on Recreation Sites: A Procedural Manual. USDI National Park Service, National Resource Report NPA/NRVT/NRR-91/06. 59 pp.

Marion, J. L., and D. N. Cole. 1996. Spatial and Temporal Variation in Soil and Vegetation Impacts on Campsites. *Ecological Applications* 6 (2): 520—530.

McEwen, D., and S. R. Tocher. 1976. Zone Management: Key to Controlling Recreational Impact in Developed Campsites. *Journal of Forestry* 74: 90—93.

Merriam, L. C., and R. F. Peterson. 1983. Impact of 15 Years of Use on Some Campsites in the Boundary Waters Canoe Area. Minnesota Forest Research Note 282, University of Minnesota, St. Paul.

Mueller-Dombois, D., and H. Ellenberg. 1974. *Aims and Methods of Vegetation Ecology*. New York: Wiley.

Speight, M. C. D. 1973. Outdoor Recreation and Its Ecological Effects: A Bibliography and Review. Discussion Paper in Conservation 4, University College, London. 35 pp.

Sun, D. 1992. Trampling Resistance, Recovery, and Growth Rate of Eight Plant Specics. *Agriculture, Ecosystems, and Environment* 38: 265—273.

Sun, D., and M. J. Liddle. 1991. Field Occurrence, Recovery, and Simulated Trampling Resistance and Recovery of Two Grasses. *Biological Conservation* 57: 187—203.

Sun, D., and M. J. Liddle. 1993. A Survey of Trampling Effects on Vegetation and Soil in Eight Tropical and Subtropical Sites. *Environmental Management* 17 (4): 497—510.

Wanek, W. J. 1974. A Continuing Study of the Ecological Impact of Snowmobiling in Northern Minnesota. Final Research Report for 1973—1974. Center for Environmental Studies, Bemidji State College, Bemidji, MN. 54 pp.

第 4 章　野 生 动 物

原野地游憩对野生动物的影响很少被系统的进行关注，导致基于这方面的资料具有不确定性，同时没有可比性。出现这种情况的主要原因是野生动物种群不像植物那样固定不动，同时游憩对它们的影响结果也不能够立刻明显且直接地表现出来，而且这些影响也很难进行测量。不过，游憩对野生动物造成的诸多影响已经被证实，而且对一些案例已经进行了充分的研究（Ream，1980；Boyle and Samson，1985；Knight and Gutzwiller，1995）。例如，博伊尔和萨姆森（Boyle and Samson，1985）对于 166 篇有关非消耗性户外游憩影响野生动物的论文原始数据进行了研究。这些研究结果表明，人类干扰会导致野生动物在生理、行为、繁殖、数量水平、种群结构和多样性等方面发生变化。此外，研究结果还表明影响野生动物反应的游憩干扰至少有六个因素：游憩活动的类型、游憩者的行为、可预测性的影响、影响的频率和强度以及时间、地点（Knight and Cole，1995）。在许多案例中，影响野生动物的主要干扰源是游憩者，他们无恶意的行为给野生动物造成了艰难的处境，而在上述众多的影响中最主要的影响是游憩者对野生动物无意识的干扰。但也存在另一种情况，即一些野生动物被游憩者所吸引，并且由于人类的存在而改变了它们的习性。在营地中寻找人类食物的黑熊和花栗鼠就是典型的例子。这一章将介绍由游憩者和野生动物相互作用产生的生态干扰的几种主要类型，以及在管理问题突出的地方某些动物受到的主要影响。

游憩对野生动物反应的影响

许多和游憩相关的因素都会对野生动物被干扰时的反应存在一定的影响。在进一步说明特定类型的游憩对野生动物的干扰和被干扰动物的影响之前，先介绍并了解这些主要因素是非常重要的。

如前文所述，奈特和科尔（Knight and Cole，1995）认为有六个游憩干扰因素会影响野生动物对干扰的反应。第一个就是“活动的类型”。游憩活动有许多类型，每一种类型的活动方式、使用的设施、占据的场所以及与动物的相互作用都不同（参见 Knight and Gutzwiller，1995，第 4 章对于个体活动的讨论）。机械化活动与非机械化活动相比速度、占据的面积和产生的噪声对野生动物反应的影响存在很大的差异。汽艇、游船和四轮越野车产生的噪声是野生动物管理需要着重考虑的因素（Bowles，1995）。

当游憩者进行游憩活动并和野生动物互动时，游憩者的行为会对野生动物的反应产生深远的影响。一方面，如果一个人以很快的速度向野生动物接近时，会让它们感觉有威胁存在，而向相反方向运动；如果以缓慢的速度迂回地接近野生动物时，对它们的干扰就比较小。事件和游憩者行为的可预见性也是影响野生动物反应的一项重要因素。

“当动物察觉到一种干扰非常频繁以至于它们可以预期这种干扰，而且这种干扰不具有威胁性，它们就不会做出明显的反应”（Knight and Cole，1995）。另一方面，当动物觉察到威胁性的干扰具有可预见性时，反应则大不相同，鸟类在这方面尤为敏感。

干扰的频率和强度影响着野生动物的反应。大量的研究表明，鸟巢区域被频繁光顾时，对鸟类的筑巢行为和繁殖成功率都会产生不良影响。但是，人们对于野生动物所能够接受的干扰频率临界值却知之甚少。比如狩猎区能容纳的猎人数量、单位面积狩猎的时间、游径上所能够承载的游客密度以及道路交通负荷，我们知道这些因素都会对动物迁徙及觅食地和栖息地的占领产生影响，但这些因素的临界值至今却仍未被确知。

时间和地点因素涉及野生动物每年被干扰的季节和空间。繁殖季节对动物至关重要，也是它们最为敏感的时间，这时的游憩干扰可能对于它们而言是最不利的。野生动物在繁殖季节期间遭遇到干扰时，它们可能会放弃巢穴或者抛弃幼崽，这将导致整个繁殖的失败。游憩活动也可能使得幼崽的父母降低了警惕性，从而增加了幼崽被其他动物捕食的风险、改变喂食幼崽的方式或是将幼崽暴露在不利的环境条件中。正如奈特和古茨维勒（Knight and Gutzwiller，1995）书中案例研究表明的那样，鸟类的研究在这一研究领域中占有优势。户外游憩干扰在繁殖季节对动物可能会有很大的影响，尤其可能使得它们的能量获取减少（如觅食）或者能量支出（如逃跑）增加。与繁殖季节的干扰紧密相关的是对巢穴和兽穴的影响。在觅食地和水源地发生的干扰也是影响动物反应的一项重要因素。此外，研究表明，许多动物认为它们上方发生的活动与下方发生的活动相比对它们的安全和逃跑的机会更具有威胁性。大角羊、猎鹰以及其他一些野生动物就对来自上方的接近特别敏感。

除了前面提到的影响野生动物对干扰反应的六个因素外，野生动物的一些自我特性也决定着它们对干扰的反应。正如游憩活动的类型很重要，动物的种类也同样重要。“不同生活经历特征、不同进化策略（如长寿、亲代抚养、繁殖力）的动物对游憩干扰时的反应也不一样”（Knight and Cole，1995）。对食物和庇护场所有着特殊要求以及其他限制因素的物种比要求更宽容的物种在受到干扰时表现得更加脆弱。种群规模也会对干扰反应产生影响。一般来说，群体中的动物对干扰的敏感度比单独的个体低，它们对接近的威胁会在更近的距离才做出反应。种群的年龄和性别构成也会影响到它们的反应。当受到干扰时，带着幼崽的种群相比于没有幼崽的种群则更有可能会逃跑。例如，辛格和贝蒂（Singer and Beattie，1986）发现在阿拉斯加由雌性和幼崽组成的驯鹿种群比单一雌性种群对干扰更易做出反应，而雄性种群最不容易逃跑。

人类-野生动物之间的相互影响

野生动物对游憩干扰的反应是很复杂的，既不统一也不固定。不同种类的野生动物对人类干扰的忍耐程度也是不同的。虽然有一些物种也许在游憩使用密集的地区完全消失了，但另一些物种实际上会大量增加。一般来说，对游憩活动忍耐能力差的物种会被那些更能适应新环境条件的物种所取代（Kuss *et al.*，1984）。

甚至同一物种，它们对活动的忍耐程度也会随着一年中不同的时间、繁殖季节、年龄、栖息地类型以及动物个体对游憩者的经验而发生变化。游憩者可能在某些时间和地点会对野生动物产生威胁，而在其他条件下对同一物种或个体却没有影响。季节性和空间性的影响与栖息地需求和使用有着密切的关系（Anderson，1995）。例如，如果一个物种已经面临食物短缺和其他环境因素带来的生理需求上的压力，那么人类干扰就可能对它们产生严重的影响。

目前，还没有充分了解游憩使用数量和野生动物所受到的影响这两者之间的关系。几乎还没有研究某个能够针对原野地不同游客数量对野生动物的影响进行系统地考察，而在引进游憩活动之前就能够确定生物的确切数量的野生动物研究就更少了。同时还缺乏在进行游憩使用和游憩影响研究期间能够系统地控制环境和种群动态影响的研究。因此，这就很难证明游憩使用和野生动物影响之间存在着某种特定的关系。实际上，这种特定的关系也许根本就不存在。以往的研究结果表明了两者关系的复杂性，因为游客的数量不能撇开种群的需求和习性、数量的动态变化以及环境属性和游憩使用类型这些因素而单独考虑，而且也应考虑使用强度等各个方面的因素，包括使用的频率和规律以及一次使用的人数等（Speight，1973；Knight and Gutzwiller，1995）。有证据显示，人类活动对野生动物的影响更取决于人类出现的频率，而不是游憩使用总量和每次出现的游客数量。

虽然人类与野生动物之间的相互影响十分复杂以至于难以分类，但是尝试概括影响的形式可能对此有所帮助。原野地游憩对野生动物的影响有两种形式，即直接影响和间接影响。直接影响是指包括由主要干扰和人类活动造成的结果。间接影响则是指自然资源的游憩使用造成对栖息地和其他环境参数干扰的二次产物。虽然人类对野生动物的间接影响是二次产物，但却是对野生动物的影响中最为普遍的（Speight，1973；Cole and Landres，1995）。正如科尔和兰德尔斯（Cole and Landres，1995）指出的“间接影响与直接直接影响有两点不同：① 间接影响是不可避免的，无论游憩活动在何时何地发生都会产生间接影响；② 间接影响一般需要很长一段时间才会表现出来，影响的结果会持续很长时间，而且可能会比发生时滞后一段时间”。库斯，格雷费和瓦斯克（Kuss *et al.*，1984）指出，“大型野生动物所受到的影响往往是与人类直接相关，而小型野生动物的栖息地则更容易受到间接影响”。

游憩对野生动物的影响还可以分为选择性和非选择性两种。选择性的影响与那些针对特定种类野生动物而进行的游憩活动相关。例如，自然研究和采集、狩猎和垂钓这些游憩活动通常都局限于一些特定的物种，或者在某些案例中针对一些独特或稀有的物种而进行的活动。非选择性影响是指游客对随机遇到的野生动物所造成的影响，远足、露营和野餐是导致非选择性影响的典型活动。

任何试图对上述复杂现象进行概括或者分类都会遇到同一个问题，即参数之间存在着明显的重复性和相关性。在人类与野生动物相互影响的诸多研究中，对狩猎活动的研究最多，而且这方面的研究充分表明了影响分类的困难性。虽然狩猎开始时表现为一种直接的、选择性的影响，但是它同时也产生了间接和非选择性形式的干扰。对某种猎物物种栖息地的控制也会对非猎物物种产生不利的影响。为了狩猎目的引进的外来物种会对本土物种产生间接影响。正规化的狩猎动物被认为是很有选择性的，最终得以将某种野生动物的数量控制在一个稳定的水平范围。然而，即使是在这种情况下，影响也不会就如期望的那样。斯佩特（Speight，1973）发表的一项研究显示，30%打猎者无法分辨出可猎取的物种和稀有、受保护的物种。萨洛（Salo *et al.*，1977）发现狩猎的误伤率在 24%～30%。黄石国家公园的一位著名自然学家对这个观念做了最好的总结，尽管有所夸大，他声称："为了有 5000 只麋鹿被狩猎，还有必要接受 196 只驼鹿、17 人和无法确定数量的熊、草原狼、大角羊、羚羊、野牛、骡子、鹿和马匹被误杀（Fraser and Eichhorn，1969）。"

显然，同人类与野生动物之间的相互影响相关的很多参数都是非常复杂的。然而，如果想要管理游憩活动对野生动物的影响，了解这些参数是最基本的要求。

游憩对野生动物的影响

人类游憩活动侵入野生动物栖息地可能导致动物以及它们的栖息地产生各种类型和各种程度的改变。这些改变对动物来说并不都是不利的，尽管很多动物因为人类的出现而被驱逐出栖息地，但同时也吸引来另外一些种类的动物。此外，也不是所有的改变都是由人类活动直接影响的，有些是间接影响形成的。图 4.1 展示了在野生动物领域与游憩活动相关的主要影响的概念性框架。所选的框架由波梅兰茨、德克尔和戈夫，珀迪、库斯、格雷费和瓦斯克以及奈特和科尔（Pomerantz *et al.*，1988；Kuss *et al.*，1990；Knight and Cole，1995）提供。

当游憩活动出现在野生动物栖息地时，可能会产生两种形式的影响：一是游憩者可能会直接干扰野生动物（直接冲击）；二是游憩者以改变栖息地的方式间接地对野生动物产生干扰（间接冲击）。对野生动物的直接干扰主要产生两种类型的影响：不同程度上的干扰、骚扰和直接杀死（狩猎）。上述影响除栖息地的改变以外，可能会导致野生动物产生三种反应：第一，动物正常的习性可能在不同程度上发生改变，包括从适应到轻微改变再到从栖息地迁走（行力改变）；第二，动物可能会完全迁徙到另一个新的栖

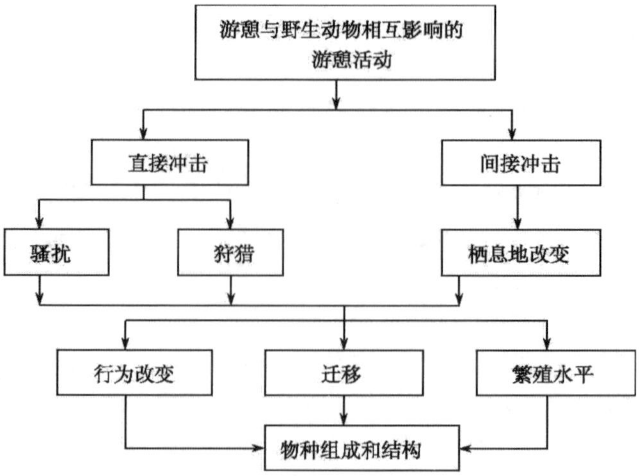

图 4.1　游憩对野生动物作用的主要影响（引自 Wall and Wright，1977）

息地，在狩猎运动的案例中就有动物从有人的地方迁走的例子（迁移）；第三，三种影响都能导致许多动物物种繁殖水平的下降。这些影响会导致野生动物物种组成和结构的改变，现在我们将简要讨论一下图 4.1 中显示的主要影响。

动物干扰与骚扰

奥谢（O'Shea，1995）引用了以下濒危野生动物法案中对野生动物骚扰的定义："一种有可能导致野生动物受到伤害的故意行为、疏忽行为或者失职行为，其对野生动物的干扰已经达到明显瓦解动物的正常行为方式的程度——包括但不限于觅食和庇护所。"尽管确实存在着有些故意骚扰野生动物的行为，但主要的影响还是由于游憩者在不知情的情况下无意识地给野生动物制造的困境（图 4.2）。寻找喜爱在僻静处筑巢的物种筑巢地的摄影者和观鸟者、在大型哺乳动物水源地和觅食地内露营的露营者以及为了近距离观看的越野车使用者，他们都是在无意识的情况下对野生动物产生骚扰的例子。当然，也存在开雪地车追猎冬眠动物以及一些某种形式的极端例子。人类对野生动物的骚扰是如此常见以至于一些作者因此声称：对野生动物而言没有所谓"非消耗性"的使用活动（Weeden，1976；Wilkes，1977）。威尔克斯（Wilkes）完全反对"某些积极的户外游憩活动是无害的"这种观点，并且指出了自然学家、摄影师和徒步者对野生动物产生的一些影响。威尔克斯甚至建议有必要对野外游憩者进行许可证的技能测试，以防止不知情、不具备技巧的人们对野生动物资源造成破坏。

图 4.2 不知情的游憩者经常在无意识的情况下对野生动物造成有压力的环境（摄影：Bruce C. Hastings）

许多因素对野生动物所遭受的骚扰影响及其严重性都会有一定的作用。"如果受干扰时有充足的藏身之处、觅食情况良好、身体健康的动物比那些面临恶劣的天气、营养不良、携带寄生虫、正在生育或筑巢期、缺乏安全区域的动物能承受更多的骚扰。"

(Ream，1979)。盖伊斯特（Geist，1972，1975）强调生理和心理压力对各种野生动物至关重要，压力会增加骚扰影响的严重性，尤其是大角羊。尽管某些物种好像已经习惯了人类的存在，但另一些动物在人类存在的情况下则非常容易产生压力。人类对野生动物的干扰发生的地点也是很关键的因素。人如果出现在野生动物的关键区域就可能产生重大的影响，比如狼窝、沙漠大角羊的饮水地、北美驯鹿用来降温和驱赶昆虫的雪地、蹄类动物迁徙的通道以及动物舔食的盐矿区（Ream，1979)。对这些区域位置的骚扰影响管理比较简单，通过保护关键区域使野生动物远离道路和游径、选择合适的场所作为游憩营地以及季节性地关闭繁殖栖息地等措施来避免人类对这些区域的骚扰。里姆（Ream，1980）指出："管理的主要对象应该是野生动物容易受到骚扰的关键时间和地点。如果在关键时间和地点继续出现栖息地丧失和野生动物死亡，那么在其他情况下为了缓解骚扰所付出的时间和努力都将是徒劳的。"

不论是什么类型的游憩活动或者有多少人参与，仅仅是少数几个人的出现已经足够对某些种群产生骚扰。繁殖季节在海岸筑巢的鸟好像对人类的出现尤为敏感。即使只有很少的人存在，英国小燕鸥都不敢回巢（Norman and Saunders，1973)。对种群繁殖情况的调查表明，许多繁殖失败的案例与筑巢海滩上的渔民和晒太阳浴的人明显相关。对剑鸻的研究也表明了同样的结论。在对欧洲红鹿和美国大角羊的观察中也发现它们对人的出现非常敏感。如果人们穿着鲜亮颜色的衣服，情况可能会更加糟糕。动物迁移和行为的记录，包括有关人类导致的干扰的记录，都受到遥感技术的大力支持。遥感技术已经被普遍应用于测定被检测动物的位置和移动情况，现在已经可以分辨麋鹿的觅食、休息或者反刍以及行走活动（Ward *et al.*，1973)。约翰逊和佩尔顿（Johnson and Pelton，1979)使用遥感技术对大烟山国家公园中黑熊的筑窝行为进行了研究。结果发现黑熊在高强度的户外游憩地区提早 31 天进入冬眠的巢穴。此外，它们在受干扰的时候更倾向于离弃巢穴（Knight and Cole，1995)。心率遥感技术也被应用于确定大型野生动物对车辆、游憩者、家畜和其他野生动物干扰的反应（Ward，1977)。未来遥感技术的应用能够使得科学家通过奔跑中的动物所增加的心率来测定它们所遭遇的危险和骚扰和无处可逃的动物的反应。这一技术还可以应用于评估能量消耗和从筋疲力尽状态中恢复所需要的时间，同时能帮助测试缓解恐惧和压力的方法（Ream，1979)。

狩猎

尽管骚扰可能对野生动物造成巨大的压力，甚至可能导致个体动物死亡，但这样的压力还是次于那些游憩性质的打猎、捕鱼和陷阱制造的压力。在高强度的狩猎和捕鱼区域，整个野生动物种群都会受到这些游憩活动的影响（Small *et al.*，1991)。此外，某些使用狗进行狩猎的活动和特殊类型的陷阱可能导致除了正常捕获野生动物过程之外还会产生额外的压力。马丁卡（Martinka，1979）声称，许多野生动物都表现出能够分辨各种不同人类活动的能力，并对那些基于以往经验被视为对它们的生命有威胁的活动做出更为敏感的反应。将曾经被捕获过的动物和没有被捕获过的动物进行对比研究，结果显示，曾经被捕获的野生动物在狩猎季节对人类特别敏感，并且倾向于在这个时候从大多数游憩活动地区撤退（Wood，1993)。

奈特和科尔（Knight and Cole，1995）研究了野生动物对狩猎的另外一些反应。科罗拉多州麋鹿的繁殖行为表现出受到沉重狩猎压力的影响。母麋鹿的受孕日期显示出一种双峰值分布，与狩猎季节的日期相吻合。另外有研究显示，被狩猎的动物经常在夜间觅食，只有在狩猎暂停后才恢复日间觅食。水鸟分布的时间和空间格局对狩猎尤为敏感。如果前一天下午没有枪声响起，鹅在田野中出现的次数会多六倍。

历史记录了许多被猎物种的灭绝或者濒临灭绝，包括旅鸽、海狸、野牛以及其他大型物种。然而，导致这些物种灭绝的主要原因是在栖息地日渐减少和分散化背景下的市场行为和维生需要而不是游憩性质的狩猎，游憩性质的狩猎主要导致这些物种的转移而不至于灭绝。游憩性质的狩猎、捕鱼和陷阱可能使一个物种在栖息地消失，但仅仅这些活动不可能直接导致野生动物物种的灭绝。

直接与捕获动物相关的游憩活动可能导致野生动物数量规模发生三个重要的变化，这反过来也会对这些游憩活动的质量产生影响。这些变化是：① 被捕猎物种在局部区域濒临灭绝；② 除了可自行繁殖的种群之外，被狩猎物种数量减少；③ 非供狩猎和捕鱼的其他动物数量的减少。在第一种情况下，当地的野生动物承受着沉重的狩猎和捕鱼压力可能造成某些物种局部性地灭绝。在东田纳西州阿巴拉契亚山脉的南部，捕猎浣熊的风俗以及年复一年对浣熊猎狗的训练导致浣熊在一些乡村濒临灭绝。类似，南阿巴拉契亚捕猎黑熊的风俗使得该物种在当地的许多地区灭绝了；其次，对野生动物的狩猎可能不会导致种群灭绝，但它可能会使得个体数量减少或者个体性别比例不对称，以至于动物种群不能够维持长期的演替繁衍；再者，栖息地的丧失与狩猎显著相关；最后，一个种群可能有充足的数量维持可存活的繁殖单位，但却缺乏充足的剩余数量可供捕猎场供给大量的猎人和渔民。当然，野生动物管理机构有能力控制和管理这三种情况。

栖息地改变

对受到野外游憩活动直接影响的各种动物而言，影响更多的是来自栖息地改变所产生的间接影响（Cole and Landres，1995）。栖息地改变会影响单体野生动物的行为、分布、存活以及繁殖能力。经过一段较长时间的作用，影响也可能出现在种群、群落和生态系统层面上。栖息地改变主要是人类对昆虫、两栖类、爬行动物、鸟类和小型哺乳动物种群的影响。压实土壤和雪地车辙下土壤的有机质数量成百倍的下降。老鼠、田鼠和地鼠依靠雪层的隔绝特性生存，而雪被雪地车和其他动机游憩活动压实后就会失去了这种隔绝特性（Stace-Smith，1975）。某些物种的穴窝和地洞被越野车辆摧毁，特别是在海岸沙丘和沙漠地区（Bury *et al.*，1976）。通过越野车对加利福尼亚州沙漠内鸽子泉影响的十年研究，贝里（Berry，1973）记录了沙漠乌龟的消失过程和小型哺乳动物蜥蜴种群密度、多样性的下降。沙漠乌龟，它既是国家保护物种同时也是受到威胁的物种。沙漠车辆的轮胎不仅摧毁了动物的地洞，对动物造成了物理上的破坏，还切断了它们从沙漠极端气温和干旱中逃跑的途径。

在营地，灌木以及对露营者安全构成隐患的树木都被移除，与此同时鸟类和小型哺乳动物也就失去了食物的来源和庇护场所（Webb，1968）。布莱克斯利和里斯（Blakesley and Reese，1988）曾报导过，露营地建立之前在此生存的七种鸟类已经消失。在改进和创造充足游憩地的过程中，大量浅水植被的移除造成了淡水鱼类产卵地的丧失。游憩住宿和游憩活动造成了湖水水平面下降、污染和湖水富营养化，这也同样改变了很多物种的栖息地，而这些是许多游憩区域普遍存在的现象。

虽然游憩活动在野生动物栖息地造成的影响主要是消极的，但也有一些原野地游憩使栖息地获益的例子。斯佩特（Speight，1973）对这些例子进行了总结，其中包括：① 提供了更多野鸭和木鸭的筑巢地，同时为游憩用途建设的开放水面和水库为某些物种提供了越冬的场所；② 营地和野餐区域周围散落的有机垃圾和野生动物管理机构有计划投放的食物增加了动物的食物来源；③ 营地垃圾场导致熊与野猪栖息地发生了本土化改变；④ 游径、营地和池塘的建造为生态交错带物种创造了栖息地。

经过对文献的研究，斯佩特（Speight，1973）总结了游憩对栖息地改变方面的影响，如下：

“不断增加的游憩使用强度主要对小环境产生深刻的影响，导致植被、地表和土壤结构的逐渐简单化。无脊椎动物与土壤和地被植物有着特殊的联系，因此它们比脊椎动物更容易受到践踏的影响。在任何情况下，有证据表明当一个地区向户外游憩开放时其动物物种多样性就会出现净减现象，它与植物物种多样性减少相类似，从而抵消了以腐肉为食的物种的大量增长。生活在不稳定的栖息地（比如裸露土地上）的物种如果想要维持它们的数量，甚至是使其数量增加至丰富状态，则是要以牺牲生活在更稳定的生态系统（比如林地）条件下的物种为代价的。”

行为改变

野生动物的行为常常因为人类的频繁出现而发生巨大改变。行为改变包括各种不同的层次，从完全消失到栖息地轻微的改变，再到动物适应和被驯服，至更能被人类日常使用的类型。

游憩地区域野生动物的适应多数与食物的供给相关。垃圾场和营地中的废物吸引了熊、鹿、鸟类、啮齿类动物以及昆虫，这些动物因此改变了自然的觅食习性（图 4.3）。臭鼬、花栗鼠和老鼠变得非常依赖偏远荒僻地区的庇护所和近郊营地中的人类食物来源，以至于它们成了许多美国国家公园中的公害。加利福尼亚州约塞米蒂国家公园中鸟类数量的增加实际上也是因为营地的存在（Foin *et al.*，1977）。然而，大多数的增长归功于一些物种的数量充足，尤其是布鲁尔的乌鸦和山雀。克拉克的星鸟和多种松鸦显示被营地和游径吸引。同时，其他多数的物种则在营地中减少。

一些其他的物种也表现出由于游憩活动而改变了它们的行为。记录显示鹰和水鸟在人类干扰后的几个小时才会回到觅食的地点（Anthony *et al.*，1995），大型哺乳动物已经因公园中的交通和道路改变了它们的迁移和觅食的方式。辛格、奥托、蒂普顿和哈布莱（Singer *et al.*，1981）发现大烟山国家公园中受到干扰的野猪比没有受到干扰的野猪平均每天的迁移量要大很多。在另一项研究中，辛格（Singer，1978）记录下了山羊对高速公路穿越冰川国家公园造成的干扰所做出的五种可能的反应，分别是：① 失败的穿越尝试；② 母兽与幼子分离；③ 穿越路线发生改变；④ 穿越时间有明显改变；⑤ 山羊正常行为和姿态发生改变。在黄石国家公园，当越野滑雪者进入距离麋鹿 400m

图 4.3 动物的自然觅食性被人类食物的供给广泛地改变

的范围内时，麋鹿平均会向树丛附近的陡坡移动 1765m，并且通常会进入另一个排水系统的地区（Cassirer *et al.*，见 Knight and Cole，1995）。

物种迁移和繁殖水平

物种迁移是指动物从一个熟悉的环境中迁出，到一个新的栖息地定居。通常，替代的环境比原来地区的质量要差或者存在更多的竞争因素。因此，迁移对野生动物而言是比游憩骚扰和栖息地改变更严重的影响。后面两者不需要动物从熟悉的环境中迁走，而这在繁殖成功方面也许是一个特殊的优势，尽量熟悉的栖息地和领地在野生动物的繁殖中具有关键性的作用。尽管多数游憩影响会对野生动物的繁殖水平产生影响，但物种迁移可能是最大的影响。

保守的、对人类出现比较敏感的野生动物可能会从游憩地区永久性的迁走。例如，由于人类的侵犯，大角羊和山羊被迫迁入面积更小、更贫瘠、更偏远的山脉区域。在科罗拉多州，大角羊被迫在生产季节退入更高海拔的山脉。因为遭遇到恶劣的气候条件，导致它们肺炎发病率达 80%，并且种群数量减少（Woodward *et al.*，1974）。巴彻勒（Batcheler，1968）发现，如果红鹿在环境较好的栖息地遭到猎杀和骚扰时就会迁移至贫瘠的栖息地，并且甚至在狩猎和骚扰长期停止之后仍然不会回到原来的栖息地。此外，迁徙到比较贫瘠的栖息地的鹿变为在夜间活动，繁殖率降低并且脂肪储备减少。

狩猎和捕鱼已经导致物种减少和迁移。因为由狩猎和捕鱼造成地区性灭绝的物种一般都是食物链末端的捕食者。捕食者的灭绝或是迁移对食物链上其他成员的数量水平有着间接的影响。此外，鱼类和狩猎动物的管理也会对一些动物的迁移产生一定的影响。大烟山国家公园早在 20 世纪初期的移民就带来了彩虹鳟鱼，导致现在在许多溪流中本土鳟鱼已经退出了竞争。一些为了游憩目的而引进的其他外来物种已经取代了原有的物种，包括本土植被和本土动物。

稀有蝴蝶的收藏爱好是导致大不列颠两种蝴蝶减少最重要的单体因素（Speight，1973）。英国种的大红铜色蝴蝶因为过度收藏而在英国灭绝。由于收集爱好和出售行为的作用，一些像人参、兰花和野生藤蔓的植物已经在南阿巴拉契亚山脉的许多地方都局部地区性地灭绝了。

物种组成与结构

那些我们原先讨论过的影响参数的最终结果就是会导致野生动物种群物种组成与结构发生改变（Anderson，1995）。物种的栖息地和物种的类型两方面都会发生增加、丧失和改变这些变化。通常，一个地区的游憩活动会导致生态系统中的所有种群物种多样性的全面下降（Speight，1973），这也使得生态系统结构差异性发生普遍下降（例如，没有被新栖息地所取代的栖息地原有比例下降）和资源不可再生程度的增加（例如，人类对场地条件的简化处理）。某些生物数量因为游憩活动而增加，但通常以牺牲物种多样性和丰富性作为代价。

野生动物的影响

大型哺乳动物

大型哺乳动物处于一种不断活动的状态，因此对它们的研究很困难。然而，熊、大角羊和鹿这三种大型动物受到很高的重视。它们中的每一种都能够代表其所受到的不同类型的主要影响和一套相匹配的管理启示。此外关于秃鹰、水鸟、老鹰、在海岸筑巢的鸟、海牛和响尾蛇的案例研究详见 Knight 和 Gutzwiller (1995) 的文献。

1. 黑熊：黑熊由于它的体形、潜在的危险性和一贯被游憩地吸引的这些因素，而对它的研究要多于其他大多数动物。熊受到的主要影响问题就是它自然习性的改变，更具体地说，是它对从人类那里得到食物来源的适应。黑熊已经学会将人和他们的野营设备与食物联系在一起。许多游憩者愿意给它们喂食从而加速了这个过程（图 4.4）。在大烟山国家公园，5%到 10%的熊被委婉地称为“行乞者”，它们放弃了害羞和保守的天性并很快开始在路边求食、劫掠野餐桌、扯开冷柜和行李甚至还侵入车辆和帐篷之内（Tat and Pelton，1983）。尽管“行乞者”的行为并不只是熊才有，但是这些动物的体型和力量对面临这种情况的人类有着潜在的危险。辛格和布兰特顿（Singer and Bratton，1976）报道了大烟山国家公园中 107 例人类受伤和 715 例财产损失的事故。公园记录列出 1977 年财产损失 83 例，而 1978 年则达到了 189 例，并且在这两年中伤害事件分别为 8 例和 16 例（Tate and Pelton，1983）。

类似的伤害和财产损失影响在加利福尼亚州约塞米蒂国家公园也有记录（表 4.1）。熊与人类之间的相互影响从 20 世纪 20 年代就开始出现，这导致了熊的自然习性、觅食习性、分布和数量水平发生相应的变化（Keay and VanWagtendonk，1983）。自然栖息地边缘地带的熊比主要自然栖息地内的熊更依赖游客的食物。凯伊和凡瓦特杜克还发现游客数量与熊事故之间有着正相关性，这表明游客密度反映了能够吸引熊的食物供给水

图 4.4 大烟山国家公园的“行乞者”熊到偏远庇护所寻求食物（摄影：Bruce C. Hastings）

平。当熊和人相互交往或者（和）食物的供给达到一定的水平时，熊很可能侵入露营地，并且所造成的事故相对于使用水平较低的场地更多些。由于约塞米蒂熊和人相互的事故率很高，因此管理者于 1975 年开始实施一个严格的管理项目。这个项目包括公众的告知和教育、移除人工的食物来源、加强约束、对问题熊进行控制以及对熊进行研究和监控。从 1975 年到 1979 年，这个项目将熊事故和财产损失从 879 例减少到 161 例，损失从 100000 多美元减少到 13000 美元。

表 4.1 1976～1979 年约塞米蒂国家公园偏远区游客使用、被报道的熊事故和财产损失数据评估

年份	游客/名	游客夜数	熊事故/例	损失美元
1976	71066	186524	165	4758
1977	74537	194243	371	9397
1978	70909	172472	277	9398
1979	66053	181775	225	8553
平均	70641	183754	260	8027

资料来源：Keay and Van Wagtendonk，1983，版权由熊科研管理国际交流协会所有。

加拿大的贾斯珀国家公园记录了黑熊在垃圾场的适应性行为。在公园垃圾场中，熊组成了挖掘资源的社会性群体，它们在垃圾场比在其他地方能够容忍其他熊进入更近的范围内（Herrero，1983）。熊之间的社交性互动以容忍、回避和保持距离为特征。在 1968 年的研究过程中发现有 7500～10000 名公园游客到过垃圾场，并且“即使有上百次近距离的接触，包括 57 例人向熊投掷石块或追赶熊的情况，熊也从来没有袭击、咬或是触碰人类。”雷罗（Herrero）观察到经常到垃圾场来的熊平均产仔率较高，说明食物来源有助于熊繁殖成功。

国家公园曾经有开放式垃圾场，甚至在一些情况下为了公众能够观看到熊，管理者实际上还在垃圾场喂养熊。现在公园内已经取消了垃圾场，迫使熊进入自然觅食地区。近郊营地中的防熊垃圾桶以及在偏远荒僻营地中将食物挂在熊碰不到的地方都减少了熊对露营者的干扰事故。虽然这些管理措施恢复了熊依靠自然食物来进行生存，但也有证据显示在一些例子中这些措施使得某些熊种群中的繁殖成功率、健康及数量呈现下降趋势。

一些作者发表了有关道路问题与道路对熊行为影响的研究（例如，《熊和道路的研究》，第十届 IBA 协会，费尔班克斯，阿拉斯加，1995）。研究成果包括从熊被道路吸引（例如，道路被用作旅游通道，特别是在禁止狩猎的栖息地）到道路被废弃（高强度人类使用和狩猎区域）。特别关注的是能够直接识别廊道特征（物理上和生物学上的）和战略性通道的场所。大多数以往的记录显示了道路对动物个体有一些影响。这些影响如何转化为可测量的种群影响则需要更多的思考。然而，布兰德伯格（Brandenburg，1996）已经报道了一小群黑熊因为频繁的交通事故而濒临灭绝。

2. 大角羊：大角羊代表了另一种不同类型的影响冲击。人类对大角羊栖息地的侵占导致了羊群迁徙和数量的减少（Dunaway，1970）。在加利福尼亚游憩使用强度很高的内华达山脉，偏远区的远足者干扰了当地大角羊迁移的路线。在露营者、猎人和越野车高强度使用的地区，大角羊被完全排除在价值很高的栖息地之外。莱特（Light，1971）发现大角羊在被从领地赶走之前仅能接受人类有限的干扰。带有幼崽的母羊比起单个母羊和公羊更不能忍受人类的接近。

大多数的观察研究强调了大角山羊不能忍受人类的侵犯，以至于在一些地区对游憩使用的管理政策十分严格。然而，这些政策的必要性并不十分清晰。据威华森，希克斯，加伯和埃尔德（Wehausen *et al.*，1977）报道，内华达为保护大角羊避免人类干扰可能对其产生的消极影响已经建立了动物园专区，结果表明人类干扰并不是像预期那样是影响大角羊的重要因素。内华达州死亡谷国家纪念地对羊群长达八年的研究结果表明，只有“猖獗的人类侵占才会对大角羊产生了实际上的威胁”。人类深思熟虑地尝试着将自己的行为控制在大角羊可以接受的范围内，这种尝试使大角羊能够忍受人类的存在。即使对人类侵占的限度和对大角羊产生的特殊干扰并不完全清楚，大部分的资源管理者仍然建议采取保护措施，因为新的管理理念是如果措施被证明是不必要的，到那时做改变也为时不晚。

野生动物廊道的干扰监控是许多游憩地的一项重要关注点，尤其像阿拉斯加的迪纳利国家公园这类仅有一条主路的荒原公园。在 1973 年至 1983 年间，主路上的每日交通流量增加了 50%。容量的增加伴随着每次旅程能够看到的驼鹿数量减少 72%，灰熊减少 32%（Singer and Beattie，1986）。就多尔羊而言，默里（Murie，1944）认为公路加剧了狼对山羊的捕食，因为公路为狼提供了到达羊群冬季活动范围和逃跑的便捷通道，并且死角为狼提供了接近羊群而不被发现的机会。最近有更多的研究表明大流量的公共汽车和轿车切断了多尔羊穿越公路的迁移通道，并且在某些情况下使得它们不得不由于公路上的交通而撤回（Dalle-Molle and Van Horn，1991）。近期的监控表明迪纳利公路上每次迁移观测到的多尔羊的种群数量从 1977 年的 4.6 个下降到 1982 年 3.4 个，至

1995 年只有 2.21 个，而到了 1996 年仅为 2.32 个。

3. 白尾鹿：在一项资源管理专家的调查中，大多数被调查者的回答是："感觉白尾鹿在他们区域是最受骚扰的物种"（Huff *et al.*，1972）。当白尾鹿在冬季期间努力保存它们新陈代谢所需的能量时，冬季游憩活动对它们的骚扰会使得它们面临额外的压力从而需要消耗更多的能量。白尾鹿天生拥有在雪季活动范围受到限制时保存能量的习性和机理。通过减少诸如寻找平地和在雪深处活动、降低活动的速度这些措施可以使得一只 60kg 的鹿一天节约高达 1000cal 的能量。冬季由狩猎、雪地车、滑雪等活动产生的骚扰，无论是有意的还是无意的，对鹿保存能量都非常不利。莫恩、惠特莫尔和巴克斯顿（Moen *et al.*，1981）报道在控制测试中，当雪地车向鹿直冲过去时鹿的心率比正常水平平均高出 2.5 倍，而当雪地车围绕着鹿在四周环行时则其心率比正常水平高出 2.9 倍。

鹿的迁移研究表明，雪地车的交通方式也是导致其迁徙的众多因素之一。对威斯康星州十只带着微波项圈的鹿进行监测，结果发现雪地车在鹿的领地范围进行三周的活动骚扰之后，鹿的数量并没有出现明显的增加也没有明显的下降。雪地车的噪声似乎没有产生什么影响，当然实验时要求雪地车必须在它们跑掉之前进入鹿的视线范围内。尽管动物从雪地车的路径上消失了，但这种消失只是暂时性的。雪地车停止后的几个小时内，鹿就会沿着路径返回原地区。调查也显示即便雪地车不出现，鹿也会明显地改变他们领地的位置（Bollinger *et al.*，1973）。

多兰斯、萨维奇和赫夫（Dorrance *et al.*，1975）在明尼苏达州的研究表明，在使用雪地车的区域，鹿可能会适应雪地车的存在。在野生动物管理区，研究发现带着微波项圈的鹿的领地范围规模、活动以及它们到最近游径的距离随着雪地车活动的增加而增加，在这一区域，公共雪地车数量维持在稳定状态，并且在州立公园中保持不变，公园中每日的雪地车平均数量为 10 辆，周末为 195 辆。然而，在州立公园中，直接临近道路的鹿的数量由于雪地车的使用而减少（图 4.5）。

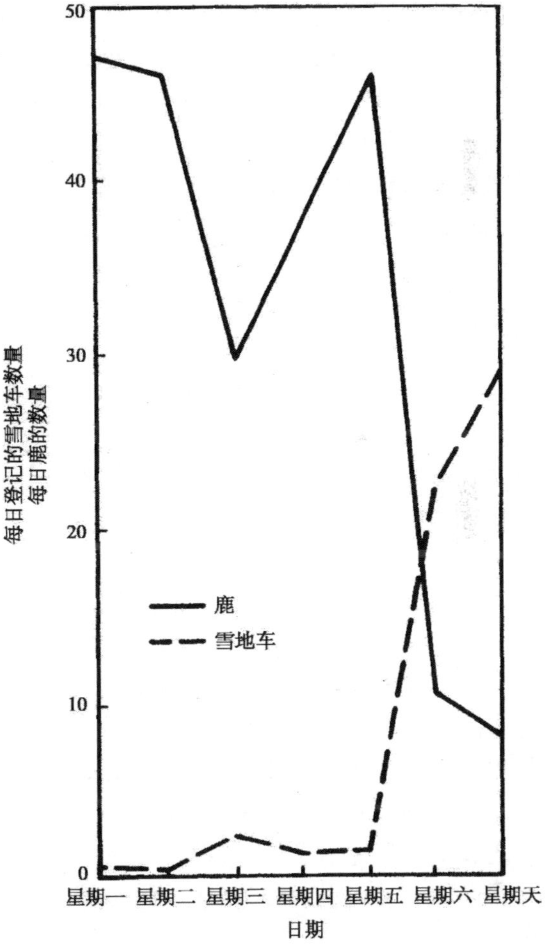

图 4.5 1973 年日间对明尼苏达圣克洛伊州立公园沿着一个 10km 的雪地车车辙进行一周的调查，观察每日能够看到的鹿的平均数量（引自 Dorrance *et al.*，1975，版权所有为 1975 年国际野生生物法治社会，转载得到许可）

鹿的确在雪地车暂停后几小时内就会回到游径附近的地区。多兰斯、萨维奇和赫夫（Dorrance *et al.*，1975）推断除了在严冬贫瘠的领地之外，鹿稍稍远离游径周边对鹿并不会产生什么影响。在敏感区域，一些鹿将它们的领地范围迁徙至与原来完全不同的场所，研究者们认为这些结果会造成动物能量的保存量发生变化，这可能对它们是非常不利的，尤其在严酷的寒冬。

鹿能够适应人类和车辆的存在。它们经常与带链锯工作的人类和重型设备保持紧密的距离，并且经常被吸引至雪地车行驶后留下的车辙处，因为这些车辙比它们在很深的积雪中行走更加方便，还能吃到更多的嫩草。研究结果也表明在对雪地车开放使用的地区，鹿最初对这些机器是有反应的，但是之后雪地车交通对它们活动的影响就消失了。

4. 其他蹄类哺乳动物：尽管北欧的滑雪者不能像雪地车行驶的那么远那么快，但是在严寒的冬季，他们对野生动物产生的不利影响也与雪地车相似。弗格森和基思（Ferguson and Keith，1982）针对北欧滑雪对麋鹿和驼鹿在阿尔伯他中部公园中的分布影响进行了研究。他们发现，麋鹿和驼鹿一般会远离滑雪路径。重要的是，麋鹿遇见第一个滑雪者后就会远离游径；而那些后来的滑雪者对麋鹿的分布变化造成更多的影响。尽管很少的资料表明这些迁移会对繁殖与存活造成不利的影响，但是我们知道它使得这些动物对摄入热量的需求量增加。而当这些地方食物有限时，它就会对动物造成不利影响。

中型动物

原野地区域的中型动物像黑熊一样已经适应了游憩所带来的食物。浣熊和臭鼬是比较常见会进入营地寻找食物的动物，尤其是在晚上。大烟山国家公园中的臭鼬由于数量太多并且适应人类的出现而成为白天进入营地的常客，它们经常是迂回曲折地穿过营地。在这些游憩地，当地种群数量迅速上升，导致种群密度过大，因此野生动物流行病成为一个严重的问题。

狐狸和狼对游憩者比较敏感，一般它们都会远离游憩者。尤其是狼，它比红狐对人更加敏感，因为后者出现在雪地车车辙和雪地足迹及其附近的活动有所增加。这种行为可能是由于在压实的雪地上更加容易行走，或者是由于棉尾兔、北美野兔和它们的其他猎物普遍使用压实雪地道路的缘故。由于狼的活动范围被限制在岛上，并且岛上游客使用量比较大，因此对密歇根罗亚尔国家公园中的狼可以进行更加深入的研究。彼得森（Peterson，1977）发现，在春季游客到达之后，狼就很少出现在罗亚尔游径。它们在选择兽穴和聚会时都明显表现出对人类的回避。由此，管理建议：限制参观、扩大偏远地区的营地而不是兴建新的营地、拒绝游径的进一步开发以及对冬季不鼓励旅客使用进行评估。

雪地车对于中型动物的影响并不是都是负面的。研究发现虽然北美野兔会避开雪地车游径，但是红狐却在这些路径上和附近表现得活跃（Neumann and Merriam，1972）。施密德（Schmid，1971）也发现红狐和鹿会沿着雪地车游径活动。显然，动物穿过雪地的能力不如雪地车，但它们从车辙上却比较容易穿过雪地。动物如果不借助车辙穿过雪地，则根据射线透度计读数和度量显示其穿越的困难程度增长了 85%（Neumann and

Merriam，1972)。

在使用雪地车的区域，虽然目前研究人员对低层次的小型动物和食肉动物的间接影响有所关注，但还没有对其进行详细的研究，这些食肉动物包括狐狸、狼、丛林狼、山猫、猫头鹰、隼和鹰。雪地车活动对于在压实雪覆盖环境下的小型哺乳动物的生存非常不利。

由于雪地车更加容易到达偏远区域，动物也就更加容易被捕获，这加剧了人们对它们的捕捉，这也是资源管理者所关注的一个问题。有迹象显示出对海里和其他毛皮动物的捕猎已经过度，但这还缺乏确凿的证据（Malaher，1967；Usher，1972)。同样，极少有证据能够证明雪地车会造成大型动物被猎杀压力的明显上升。但这也不是说雪地车造成的非法捕猎事件和对动物的骚扰没有被关注，而想要表明的是由于雪地车导致过度捕猎这个观点是没有依据的。

滨河游憩的流行对许多依赖水生活的物种产生新类型的影响。浅滩水域和偏远区域河流上的漂流活动在美国迅速增加，使得人类游憩与水禽、鹰、鹗及其他类似物种相互干扰事件增加。在划独木舟的河流和湖泊区域内过夜宿营是非常普遍的，因此它对潜鸟产生的影响也是一个值得关注的问题。伴随着划独木舟的人将潜鸟筑巢的岛屿开发成营地的事件越来越多，可能是造成明尼苏达州边界水域独木舟荒原地潜鸟生产率下降的最主要原因。明尼苏达州可能就是因为水上活动的增加，鹗被发现在远离湖泊与河流的地方筑巢。

小型动物

由于小型动物生活的场地和环境都很小，所以这些物种的生存环境容易受游憩地的扩建和变更的影响。陆生植物和水生植物的清除使得草本、灌木、荞的数量下降，而这些植物正是鸟类和小型哺乳动物的食物来源和庇护场所。与此同时，人类的食物也吸引着啮齿类动物和某些小型哺乳动物及鸟类。对科罗拉多河河岸地区的调查发现，由于徒步旅游者的喂食致使行为反常的岩石松鼠数量和不健康的岩石松鼠数量都很高。蜥蜴数量下降是因为它们用来庇护和掠食的浮木减少，而这些浮木被游客当作点燃篝火的木柴。

营地对啮齿类动物造成的影响在于改变了他们的进食习惯以及像木鼠和鹿鼠一样的投机捕食者的密度上升。偏远区域的过夜游客沿着 2000m 的阿巴拉契亚游径露营，而大量的老鼠会在夜间光顾，以至于背包客需要准备适量地仓储食物。同样的情况也发生在白天，花栗鼠和松鼠会回来偷吃食物。与此类似的结果也出现在峡谷地、拱门和约塞米蒂国家公园的营地。

游憩对鸟类的影响在某些程度上已经进行了探讨。鸣禽和小型物种的影响主要与植物种类结构的改变和鸟巢附近的骚扰相关。然而，植物的改变和人类的出现以及在营地中遗留下的食物碎屑使某些鸟类的数量增加。布鲁尔的乌鸦、有着棕色头部的牛鹂以及知更鸟在约塞米蒂国家公园营地中数量就明显增加了很多（Garton *et al.*，1977)，但是俄勒冈雪（一种北美的小鸟）就比四周少了很多。

野生动物的观察和摄影同样变成了一个重要的课题。鸟类观察是对野生动物最流行的无消耗性游憩活动之一。然而，平衡野生动物观察与野生动物的影响越来越受到关注。在佛罗里达州，针对五个不同的游憩者小组对动物庇护所的影响进行调查，研究发现摄影师的破坏最大，因为他们是最有可能停下来，并且离开他们的车去接近野生动物（Klein，1993）。

对于小动物影响最为严重的是越野车辆，特别是雪地车。雪被雪地车压实之后，雪下的空间就减少了，这对小动物的活动产生了一种机械障碍。小动物的通道坍塌之后，其觅食地就会大大减少。压实也降低了雪的隔热性能，温度的降低造成小型哺乳动物的生存压力和死亡率的上升（Schmid，1971）。施密德（Schmid，1972）进一步的深入研究记录了这种影响状况：

一块雪地的实验性监控表明，雪被雪地车压实之后小型哺乳动物的死亡率明显上升。在雪没有被压实的无干扰地中，21 个有标记的动物没有一个被捕获，而临近的被干扰地中，18 只动物中有 8 只被至少逮到过一次（p. 37）。

鱼类

对公众来说，鱼类并不是一种野生动物，然而游憩对这一特殊形式的野生动物物种却可能造成影响。湖泊和小溪关注的是基于湖泊和基于河岸两种景色的游憩活动，因此导致对水生物影响的集中（图 4.6）。不幸的是，游憩活动对于鱼类的影响并没有翔实的记载。华脐鱼存在的数量减少了，秃鹰和乌鸦的食物来源也就随之减少。

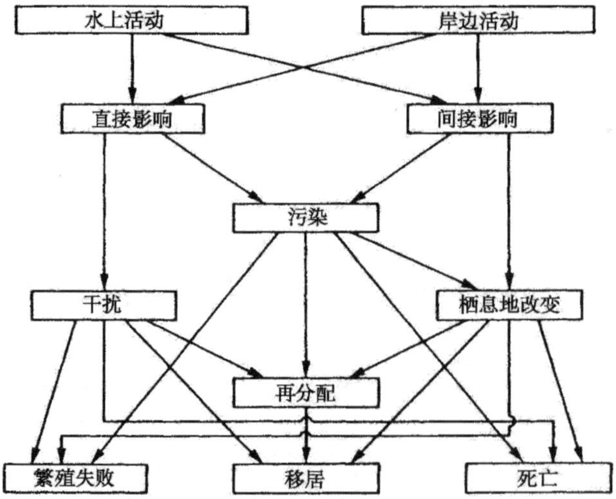

图 4.6　基于水域的游憩活动和基于河岸的游憩活动对野生动物所造成的影响（引自 Liddle and Scorgie，1980）

移除现有的鱼类数量、引入外来物种，这两种灭绝形式都是游憩活动对鱼类所产生的直接影响。在广受欢迎的阿尔卑斯湖地区原野地，露营者已经把一些湖泊内的鱼捕尽，而且有些湖里的种群数量已经降低到本土鱼类难以生存的程度。文献记载表明，由于越野车辆和雪地车可以开到偏远区域的湖泊，更加速了对鱼类的捕捞。有份报告指出，冬季一天捕捞的鱼可以整整装满556艘船（LBS）。“如果雪地车不能开进去的话，这将会是整整一个季度的捕获量”（Cooney and Preston，见 Bury *et al.*，1976）。樵夫在大烟山国家公园没有被指定为公园之前就引进了虹鳟鱼，这一举动导致大部分溪流中的本土红点鲑灭绝。管理者只能采取禁止捕捞公园中的溪水鲑的措施。

大多数游憩活动对鱼类的影响是来自游憩活动对水质和生态系统的间接影响。水体富营养化、污染和船只摇摆对水生植物的机械扰动，这些都是对鱼群不同程度干扰的潜在因素。游船增加了水的浑浊程度，需要处理的人类废弃垃圾以及汽油和机油的混合物漂浮在水面上。汽油和机油的混合物聚集在水面上，导致某些鱼类不能呼吸到足够的氧气，并且鱼肉也产生了异味。

小结

1．不同物种的野生动物对于人类活动干扰的忍受能力不同。即使同一个物种，对人类干扰忍受力的程度也会因时间点、繁殖季节、动物的年龄、栖息地类型以及个体动物对游憩者的经历而存在一定的差异。

2．游憩活动对野生动物的影响可以分为直接影响和间接影响两种。直接影响包括对动物的最初干扰和与人类的相互影响。间接影响指的是游憩者对栖息地和其他环境因素干扰的二次产物。大型动物更容易受直接因素的影响，小型动物则更容易受到栖息地改变而造成的间接影响。

3．游憩者对野生动物的主要影响是无意的干扰，这是由于个人缺乏这方面知识并在无意识情况下对野生动物所生存的环境产生压力而造成的。生理上和心理上的压力会产生极其严重的影响，特别是在冬天。野生动物和人类相互影响的时间和地点是控制扰动影响的关键因素。易受骚扰影响的野生动物可以通过以下方法进行保护：保护关键区域，使之远离道路和路径；在适当的位置设置露营场地；季节性关闭重要的繁殖栖息地。

4．人类在原野地频繁地出现会使得动物的正常行为发生巨大改变。栖息地使用的轻度改变和日间使用模式的转变、动物的适应和驯养是最常见的行为改变方式。在游憩地中，人类食物的供给导致很多动物改变了自然捕食的习性。

5．总之，一个区域内的游憩活动会导致总体物种多样性的降低。野生动物的物种组成和结构改变是人类与野生动物相互影响的最终结果。

参考文献

Anderson，S. H. 1995. Recreation Disturbance and Wildlife Populations. In R. L. Knight and K. J. Gutzwillier，eds. *Wildlife and Recreationists*. Washington，DC：Island Press. pp. 157－168.

Anthony，R. G.，R. J. Steidl，and K. McGarigal. 1995. Recreation and Bald Eagles in the Pacific Northwest. In R. L. Knight and K. J. Gutzwiller，eds. *Wildlife and Recreationists*. Washington，DC：Island Press. pp. 223－242.

Batcheler，C. L. 1968. Compensatory Responses of Artificially Controlled Mammal Populations. In *New Zealand Ecological Society Proceedings* 15：25－30.

Berry, J., ed. 1973. Preliminary Studies on the Effects of Off-road Vehicles on the Northwestern Mojave Desert: A Collection of Papers. Privately printed, Ridgecrest, CA. 100 pp.

Blakesley, J. A., and K. P. Reese. 1988. Avian Use of Campgrounds and Noncampground Sites in Riparian Zones. *Journal of Wildlife Management* 52: 399—402.

Bollinger, J. G., O. J. Rongstad, A. Soom, and R. G. Eckstein. 1973. Snowmobile Noise Effects on Wildlife, 1972—1973 Report. Engineering Experiment Station, University of Wisconsin, Madison, WI. 85 pp.

Bowles, A. E. 1995. Responses of Wildlife to Noise. In R. L. Knight and K. J. Gutzwiller, eds. *Wildlife and Recreationists*. Washington, DC: Island Press. pp. 109—156.

Boyle, S. A., and F. B. Samson. 1985. Effects of Nonconsumptive Recreation on Wildlife: A Review. *Wildlife Society Bulletin* 13: 110—116.

Brandenburg, D. M. 1996. Effects of Roads on Behavior and Survival of Black Bears in Coastal North Carolina. Master' s thesis. University of Tennessee, Knoxville. 131 pp.

Brody, A. J., and M. R. Pelton. 1989. Effects of Roads on Black Bear Movements in Western North Carolina. *Wildlife Society Bulletin* 17: 5—10.

Bury, R. L., R. C. Wendling, and S. F. McCool. 1976. Off-road Recreation Vehicles—A Research Summary, 1969—1975. Texas Agricultural Experiment Station, College Station, TX. Texas A&M University System. 84 pp.

Cole, D. N., and P. B. Landres. 1995. Indirect Effects of Recreationists on Wildlife. In R. L. Knight and K. J. Gutzwliller, eds. *Wildlife and Recreationists*. Washington, DC: Island Press. pp. 183—202.

Dalle-Molle, J., and J. Van Horn. 1991. Observation of Vehicle Traffic Interfering with Migration of Dall Sheep. *Ovis dalli dalli* in Denali National Park, Alaska. *Canadian Field Naturalist* 105: 409—411.

Dorrance, M. J., P. J. Savage, and D. E. Huff. 1975. Effects of Snowmobiles on White-Tailed Deer. *Journal of Wildlife Management* 39: 563—569.

Dunaway, D. J. 1970. Status of Bighorn Sheep Populations and Habitat Studies On the Inyo National Forest. *Transactions of Desert Bighorn Council* 14: 127—146.

Ferguson, M. S. D., and L. B. Keith. 1982. Influence of Nordic Skiing on Distribution of Moose and Elk in Elk Island National Park, Alberta. *Canadian Field Naturalist* 96: 69—78.

Foin, T. C., E, O. Garton, C. W. Bowen, J. M. Everingham, R. O. Schultz, and B. Holton, Jr. 1977. Quantitative Studies of Visitor Impacts on Environments of Yosemite National Park, California, and Their Implications for Park Management Policy. *Journal of Environmental Management* 5: 1—22.

Fraser, D. F., and N. D. Eichhorn. 1969. Man and Nature in the National Parks: A Reflection on Policy. Conservation Foundation. Washington, DC.

Garton, E. O., B. Hall, and T. C. Foin, Jr. 1977. The Impact of a Campground on the Bird Community of a Lodgepole Pine Forest. InT. C. Foin, Jr., ed. *Visitor Impacts on National Parks: The Yosemite Ecological Impact Study*. University of California, Davis: Institute for Ecology. Publication No. 10. 99 pp.

Geist, V. 1972. On the Management of Large Mammals on National Parks. *Park News* 8 (4): 7—14, 8 (5): 16—24.

Geist, V. 1975. Mountain Sheep and Man in the Northern Wilds. Ithaca, NY: Cornell University Press. 248 pp.

Herrero, S. 1983. Social Behavior of Black Bears at a Garbage Dump in Jasper National Park. In E. C. Meslow, ed. *Bears—Their Biology and Management*. International Conference for Bear Research and Management 5: 54—70.

Huff, D. E., P. J. Savage, D. L. Urich, and R. L. Watlov. 1972. Wildlife-Snowmobile Interaction Project—Preliminary Report. University of Minnesota and Minnesota Department of Natural Resources. 34 pp.

Johnson, K. G., and M. R. Pelton. 1979. Denning Behavior of Black Bears in the Great Smoky Mountains National Park. *Proceedings Annual Conference Southeastern Association of Fish and Wildlife Agencies* 33: 239—249.

Keay, J. A., and J. W. VanWagtendonk. 1983. Effect of Yosemite Backcountry Use Levels on Incidents with Black Bears. In E. C. Meslow, ed. *Bears—Their Biology and Management*. International Conference for Bear Research and Management 5: 307—311.

Klein, M. L. 1993. Waterbird Behavioral Responses to Human Disturbances. *Wildlife Society Bulletin* 21: 31—39.

Knight, R. L., and D. N. Cole. 1995. Factors That Influence Wildltfe Responses to Recreationists. In R. L. Knight and K. J. Gutzwiller, eds. *Wildlife and Recreationists*. Washington, DC: Island Press. pp. 71—80.

Knight, R. L. , and K. J. Gutzwiller, eds. 1995. *Wildlife and Recreationists*. Washington, DC: Island Press. 372 pp.

Kuss, F. R., A. R. Graefe and J. J. Vaske. 1984. Recreation Impacts and Carrying Capacity: A Review and Synthesis of Ecological and Social Research. Draft Review Report, University of Maryland, College Park, MD. 180 pp.

Kuss, F. R., A. R. Graefe, and J. J. Vaske. 1990. *Visitor Impact Management: A Review of Research*. Vol. 1. Washington, DC: National Parks and Conservation Association. 256 pp.

Liddle, M. J., and H. R. A. Scorgie. 1980. The Effects of Recreation on Freshwater Plants and Animals: A Review. *Biological Conservation* 17 (2): 183—206.

Light, J. T. R. 1971. An Ecological View of Bighorn Habitat on Mount San Antonio. *Transactions of the North American Wild Sheep Conference* 1: 150.

Malaher, G. W. 1967. Improper Use of Snow Vehicles for Hunting. In Transactions, 32nd North American Wildlife and Natural Resources Conference. Wildlife Management Institute, Washington, DC. pp. 429—433.

Martinka, C. J. 1979. Measuring Effects of Human Presence on Wintering Wildlife in National Parks. In *Proceedings of the Second Conference on Scientific Research in the National Parks*. USDI National Park Service. San Francisco, CA. 6: 199—211.

Moen, A. N. 1976. Energy Conservation by White-Tailed Deer in the Winter. *Ecology* 57 (1): 192—198.

Moen, A. N., S. Whittemore, and B. Buxton. 1981. Snowmobile Effects on Heart Rates of Captive White-Tailed Deer. Unpublished Paper. Department of Zoology. Auburn University, Auburn, AL. 18 pp.

Murie, A. 1944. *The Wolves of Mount McKinley*. Washington, DC: U. S. Government Printing Office. 235 pp.

Neumann, P. W., and H. G. Merriam. 1972. Ecological Effects of Snowmobiles. *Canadian Field Naturalist* 86: 207—212.

O'Shea, T. J. 1995. Waterborne Recreation and the Florida Manatee. In R. L. Knight and K. J. Gutzwiller, eds. *Wildlife and Recreationists*. Washington, DC: Island Press. pp. 297—312.

Peterson, R. O. 1977. Management Implication of Wolf-Moose Research, Isle Royale National Park, Michigan. Report to the USDI National Park Service. Washington, DC. 14 pp.

Pomerantz, G. A., D. J. Decker, G. R. Goff, and K. G. Purdy. 1988. Assessing Impact of Recreation on Wildlife: A Classification Scheme. *Wildlife Society Bulletin* 16: 58—62.

Ream, C. H. 1979. Human-Wildlife Conflicts in Backcountry: Possible Solutions. In R. Ittner, D. R. Potter, and J. K. Agee, eds. *Recreational Impacts on Wildlands*. USDA Forest Service Pacific Northwest Region, Seattle, WA. pp. 153—163.

Ream, C. H. 1980. Impacts of Backcountry Recreationists on Wildlife: An Annotated Bibliography. USDA Forest Service General Technical Report INT-81. 62 pp.

Schmid, W. D. 1971. Modification of the Subnivean Microlimate by Snowmobiles. In *Proceedings of Snow and Ice Symposium*. Cooperative Widdlife Research Unit, Iowa State University, Ames, IA, pp. 251—257.

Schmid, W. D. 1972. Snowmobile Actvity, Subnivean Microclimate, and Winter Mortality of Small Mammals. *Bulletin of Ecological Society of America* 53 (2): 37.

Singer, F. J. 1978. Behavior of Mountain Goats in Relation to U. S. Highway 2, Glacier National Park, Montana. *Journal of Wildlife Management* 42 (3): 591—597.

Singer, F. J., and J. B. Beattie. 1986. The Controlled Traffic System and Associated Wildlife Responses in Denali National Park. *Arctic* 39: 195—203.

Singer, F. J., and S. P. Bratton. 1976. Black Bear Management in Great Smoky Mountains National Park. Uplands Field Research Laboratory Management Report No. 13. USDI National Park Service, Great Smoky Mountains National Park, Gatlinburg, TN. 34 pp.

Singer, F. J. , D. K. Otto, A. R. Tipton, and C. P. Hable. 1981. Home Ranges, Movements, and Habitat Use of European Wild Boar in Ten nessee. *Journal of Wildlife Management* 45 (2): 343—353.

Small, R. J., J. C. Holzwart, and D. H. Rusch. 1991. Predation and Hunting Mortalily of Ruffed Grouse in Central Wisconsin. *Journal of Wildlife Management* 55: 512—520.

Speight, M. C. D. 1973. Outdoor Recreation and Its Ecological Effects: A Bibliography and Review. Discussion Paper in Conservation 4, Universty College, London. 35 pp.

Stace-Smith, R. 1975 The Misuse of Snowmobiles Against Wildlife in Canada. *Nature Canada* 4: 3—8.

Tate, J., and M. R. Pelton. 1983. Human-Bear Interactions in Great Smoky Mountains Natioanal Park. In E. C. Meslow, ed. *Bears— Their Biology and Management*. International Conference for Bear Research and Management 5: 312—321.

Usher, R. J. 1972. Use of Snowmobiles for Trapping on Banks Island. *Arctic* 25: 170—181.

Wall, G., and C. Wright 1977. *The Environmental Impact of Outdoor Recreation*. Department of Geography Publication Series No. 11. University of Ontario, Waterloo. 69 pp.

Ward, A. L. , 1977. The Effects of Highway Operation Practices and Facilities on Elk, Mule Deer, and Pronghorn Antelope. Project No. 942-41- 42-13-0088-33 F2-6-2580. Annual Report of the Federal Highway Administration, Office of Research and Development. Washington, DC. 53 pp.

Ward, A. L., J. J. Cupal, A. L. Lea, C. A. Oakley, and R. W. Weeks. 1973. Elk Behavior in Relation to Cattle Grazing, Forest Recreation, and Traffic. *Transactions of the* 38*th North American Wildlife and Natural Resources Conference* 38: 327—337.

Webb, W. L. 1968. Public Use of Forest Wildlife: Quantity and Quality Considerations. *Journal of Forestry* 66: 106—110.

Weeden, R. 1976. Nonconsumptive Users: A Myth. *Alaskan Conservation Review* 27 (9): 3—15.

Wehausen, J. D., L. L. Hicks, D. P. Garber, and J. Elder. 1977. Bighorn Sheep Management in the Sierra Nevada. *Transactions of the Desert Bighorn Council* 21: 30—32.

Wilkes, B. 1977. The Myth of the Nonconsumptive User. *Canadian Field Naturalist* 91 (4): 343—349.

Wood, A. K. 1993. Parallels Between Old-Growth Forests and Wildlife Population Management. *Wildlife Society Bulletin* 21: 91—95.

Woodward, T. N., R. J. Gutierrez, and W. H. Rutherford. 1974. Bighorn Ram Production, Survival, and Mortality in Southcentral Colorado. *Journal of Wildlife Management* 38 (4): 771—774.

Workshop on Bears and Roads. 1995. 10th International IBA Conference, Fairbanks, AK.

第 5 章　水

在各种原野地游憩影响中，很少提到对于水体生态系统的影响，对这种影响的了解也所知甚少，但是水质在游憩区域是重点关注的对象之一。水是两种活动的媒介——饮用水与亲水活动，因此，与水有关的影响就具有一定的特殊性，它不同于土壤、植被和野生生物的影响，因为水质与人类健康有更多的直接相关性。

尽管在高度开发的游憩区域水质是受法律保护的，而且对环绕村舍的湖泊水质已经有相当深入的研究，但是偏远原野地与水相关的影响还鲜有人知。由于在这些地区缺少完善的公共卫生设施，因此饮用水和人类垃圾的处理备受关注，同时也伴随着对偏远区域高山河流和溪流使用者的关注。这一章节将回顾原野地游憩区水资源的物理、化学和细菌学等一些主要问题。与高层居住开发区（村舍）相关的湖泊以及河流影响不在考虑范围之内。其他评论关于游憩对于水资源的影响结果可以参见库斯、格雷费和瓦斯克的研究成果（Kuss *et al.*，1990）。

水的基础生态

水生生态系统像陆生生态系统一样有很多参数，而且这些参数之间相互联系并决定着水体的质量。其中，一些影响参数是直接作用与水边或者水中。其他影响参数对水体系统的影响则是间接作用的，它们是以来自岸边或水边活动的物体流入水体作为特征（Liddle and Scorgie，1980）。影响水体质量的主要参数有：① 营养物；② 悬浮的固体；③ 水中的含氧量；④ 温度和水流；⑤ pH；⑥ 排泄的细菌和病原体；⑦ 水中溶解物；⑧ 透明度（Kuss *et al.*，1990）。与游憩相关的影响研究聚焦在以下几点：① 水的富营养化；② 悬浮的颗粒（混浊度）；③ 水中溶解氧的减少；④ 粪便排泄造成的细菌污染。水温、水流、季节和场地都对水体的每个变量因素有着重要的影响。

水温和水流

当水体处于温度比较高、流速比较低的状态时，游憩对水的影响通常达到不可接受的程度。在温暖的夏季夜晚，当水流速度也很低的时候，水中溶解氧经常会达到最低状态。暖和的温度会促进水生植物和细菌的生长，这就是水体温度比较温和时，水生生态系统存在的问题。温度同时也影响着动物的生存。游憩活动可能间接增加了湖泊和溪流的温度，并且对鱼群的种类组成结构产生影响。一些鱼能忍受高达 30℃高温，但鳟鱼最高也只能在 25～26℃的水中生存很短暂的时间，养鳟鱼的首要准则是水温永远不超过 20℃。清除溪流岸边的叶子可能使鳟鱼生活的溪流温度增加，并超过其可接受的程度。在湖泊中，当深水层的氧气被耗竭时就会迫使鳟鱼游到氧气充足的上层水域，但是上层水的水温比深层水的水温要高，这对它们而言就是致命的。

水流与稀释能力相关，它在任何特定时间下都影响着水体的污染物浓度。有所限制的湖泊、海湾、入河口和缓缓而流的泉水、溪流中，细菌数量经常较高且氧气不足。而在那些冲刷比较快或流速比较高的水体系统中，劣质水的危害会降至最小。水系统的降水模式和溶解能力对游憩产生的影响具有很大的作用。但是，暴雨的作用是复杂的，一方面暴雨的高冲刷率能除去溪流中的悬浮物和溶解的营养物，另一方面暴雨也是将受干扰流域营养和土壤冲刷进湖泊和溪流的主要原动力。例如，有时暴雨刚过之后水体中大量的营养物和类大肠杆菌的数量会达到顶峰。

营养物

湖泊中的营养物与这些水系的衰老直接相关，即我们所熟知的水体富营养化过程。富营养化，主要是由于氮和磷等元素的增加刺激了水体的净生产。湖泊通常要经历一个自然演替的过程，它从年轻、营养匮乏、没有生产能力但氧气含量高的状态演变成高营养、高生产、含有大量有机物沉淀但含氧量低的状态（发育营养正常促进剂）。游憩活动加速了水体富营养化进程，同时也加速了那些营养物质进入湖泊中的速率。过剩的营养物使得植物的生长速率和生长量增加，并且导致令人讨厌的杂草和类海藻生物激增，甚至导致一些观赏鱼被少数缺乏魅力但是运动活跃的物种所取代。在有机植物物质的腐烂过程中，过多的植物也会造成水溶氧的供给消耗。

在大部分游憩使用中，水体质量高就意味着生产力低，所以湖泊清澈、水温较低、水比较深——适合在其中游泳、划船，还可以作为活跃鱼类的优良栖息地（Wall and Wright，1977）。在高原湖泊中，仅少量的营养物的变化都可能会引起藻类的增加。湖泊和溪流岸线的大量使用加速了土地流失，同时导致硝酸盐类化肥大量涌入水体。湖泊边缘和溪流岸边的侵蚀不仅加速了营养物质的涌入，并且对水的清澈度也产生了影响，而清澈度定义又是作为游憩用途的水体其质量的一项重要指标。水体清澈度取决于很多因素，包括水体的生产水平、浮游生物密度、混浊度和水体颜色等。

磷元素以磷酸盐的形式存在时，它会抑制水生植物的生长。磷酸盐对土壤颗粒有很强的亲和力，并且会与土壤紧密包裹在一起成为河底的沉淀物。但是，游泳、涉水、划船和其他搅动溪流和浅水湖泊底部沉淀物的活动会将磷和其他营养物质元素释放出来。电动船机油和清洁剂里的磷酸盐也是磷元素进入水体系统的渠道，尽管现在减少了很多。例如，现在的清洁剂的磷酸盐含量比过去少了一些。

湖泊对于营养物质的反应以及对加速富营养化的脆弱性，是很多场地所面临的问题。流域规模、海岸线构造、平均深度、海拔位置和当前营养状况都是重要的因素（Sargent and Zayer，1976）。海湾和入口处众多的浅水湖，当其水面较低、水温较高时所受到的游憩影响也最多。围绕湖泊四周的地质、土壤类型以及森林或植被的类型和覆盖面积对富营养化的进程也会产生一定的影响。

溶解氧

溶解氧是水中生物体所必需的物质。当有机体呼吸作用消耗的氧气多于从大气中扩散进入水体的氧气和有机体光合作用产生的氧气时，水中的氧气水平就会呈现赤字。如果植物生长和分解过多，则供给湖泊底层（均温层）的溶解氧就会因为有机物的腐烂消耗而大大减少。随着有机物腐烂的增加，细菌呼吸耗氧量也就会同步增加。在水温比较暖和的湖泊中氧气损耗就更为严重，原因是水中氧的溶解量和温度成反比关系。

在水生生态系统中，氧气的损耗对于水生动物和植物都会产生一定的影响。不同物种的最低需氧量要求是不同的，同时这种最低需求量经常限制了水生群体中某些物种的空间分布（Reid，1961）。喜欢冷水温的鱼类例如鳟鱼最少需要6～7ppm的溶解氧；而喜欢温水的鱼类比如鲈鱼最小需氧量只要5ppm。氧气的耗竭已经导致湖泊、水塘和溪流鱼类死亡（Hynes，1970）。由于氧气的耗竭，很多水生昆虫种类明显被氧需求量少的种类取代，同时这种变化造成了在食物链高端上的水生群落进一步改变。氧气是否充足主要在两方面对植物产生影响：物种组成和营养物的摄取。一些水面下的水生植物对于低水平的溶解氧很敏感，因此它们易被更能忍耐低氧环境的种类替代。在营养物质水平方面，缺氧环境中磷酸盐含量增加，并使得湖泊水面上的植物疯长。因此，营养物质水平、植物繁衍和分解以及水中溶解氧的供给都有着复杂的联系。在有关游憩使用上，影响可以总结如下：由于游憩使用，湖泊的繁衍很快从可接受的速度演变成令人难以接受的过度生长速度，水中氧气供给和生物体的物种组成也发生改变（Vander Wal and Stedwill，1975）。

病原体和其他污染物

游憩对水体的影响主要涉及两点，即病原体和污染物，这两者也直接影响着人类的健康。病原体是一种能引起疾病的微生物，它们能通过人类和其他恒温动物的粪便传播。病原体主要是因为未对污染物进行处理或者对污染物处理不够彻底引起的，在偏远的游憩地区，这个问题特别受关注。如果病原体含量达到人类不可接受的水平，则其严重威胁着身体的健康，不适合身体直接接触和饮用。

人类粪便含有100多种病毒、细菌和原生动物，它们会导致被感染者发生疾病或死亡（Cowgill，1971）。所有类别的大肠杆菌、粪便大肠菌和链球菌，这些常见的细菌指标在受排泄物污染的环境中大面积传播，并且再从不同的源头产生新的细菌，包括人气内部器官系统、其他哺乳动物、鸟类和两栖类（Kabler and Clarke，1960；Kuss *et al.*，1990）。如果溪流或湖泊中存在大肠杆菌，通常表明不久前该地方受到了排泄物污染，并且还可能有肠病原体存在。大肠杆菌本身不致病，但是它们可以作为衡量的指标，因为大肠杆菌比与它们相关的其他病原体更容易测量。

粪便大肠杆菌（与人相关）和粪便链球菌（与其他动物相关）的密度比率可以提供污染源的信息。

根据每个人和当地家畜产生的细菌指标，FC/FS超过4∶1通常在人体排泄物中具有指示意义。FC/FS小于0.7∶1则说明污染源来自于牲畜、野生动物、暴雨引发的泥石以及其他与人类无关的源头（Gary，1982）。

在原野地来源于动物的大肠杆菌比源自于人类的要更加普遍，这将在本章节后面说明。

人类排泄物也是一个营养物质的来源。每人每天的粪便可能含有高达 1.5g 的磷和 10.4g 的氮（Liddle and Scorgie，见 Kuss *et al.*，1990）。偏远荒僻地区被大量使用的湖泊四周，人类和动物的粪便是大量细菌涌入这个水体生态系统的最为普遍的来源（Merriam *et al.*，1973）。

其他原野地水体流域的主要污染物来源可分为油类产品、固体废物和沉淀物。影响水体质量的这三个污染物都与电动船有紧密的联系。穆拉托（Muratori，1968）表示，每年船只内未燃烧的燃料有 500×10L 被排入了美国的航运水域中。垃圾以瓶瓶罐罐的形式沉到湖泊溪流底部。最终，由于船体推进器的作用和水中的活动而使水体变得混浊，在水体变混浊后就会影响光线穿透水体，并因此导致光合作用减少。

对于水质的冲击

营养物的大量涌入

营养物质主要是氮和磷元素，它们大部分是由于岸线和营地的侵蚀而进入原野地的水域系统。然而，目前还缺乏能够表明原野地游憩活动是影响湖泊和溪流营养失衡的主要原因的季节性数据（Gosz，1982）。营地的研究也不能证明营养物质水平的增加与水有关系（Brickler and Utter，1975；Segall and Oakley，1975；Gary，1982）。在一些案例中，研究发现营地的溪流中水体呈现一定的富营养化，但是对上游水体分析后发现营养物质主要是来自于自然界的源头。波特、盖茨和卡尔森（Potter *et al.*，1984）还列举出了这些自然界源头，其中包括降水、泥石流、底层沉淀物、分解的浮游生物、短暂停留的水禽、树上的落叶、岩石河床的类型和自然界的土壤。

加里（Gary，1982）对科罗拉多河流水体进入和离开一个小型商业营地的营养物质水平状况做了三个月以上的调查。结果表明 NO_3 中 N 的含量水平没有明显的季节性变化趋势，而且三个场所 N 的浓度也没有很大的差异。其他化学和物理性质也保持不变，它们并没有因为营地的使用而出现很大增幅。对配备现代化卫生设施的营地的调查也显示了相似的结果（Gosz，1982）。

在偏远荒僻的地方，虽然湖泊营养化程度比较低，但是由于它们是广受欢迎的游憩地区，因此营养物质的大量涌入对水体的影响受到了特别的关注。营养匮乏的湖泊中的藻类种群对营养物质少许的变化就会产生反应。露营者所造成的岸线和营地侵蚀以及水体污染是这些系统营养物质的潜在来源。西尔弗曼和厄尔曼（Silverman and Erman，1979）研究了加利福尼亚州国王峡谷国家公园内的两个湖泊流域在接受不同的使用强度之后，两者水体质量之间的差异性，一个承受高强度的游客使用，另一个接受低强度的使用。研究发现游客使用对湖泊的状况并没有产生什么影响；但是自然资源流域之间存在极大的差异。在初夏季节，接受低使用强度的湖泊流域氮的含量比高使用强度的流域高出 60 倍。所有湖泊中的磷酸盐浓度相似。把游憩使用和营养物质的大量涌入进行相关性分析，营养物质的背景水平和自然来源是一个主要的问题。在很多研究案例中，自然来源是营养物质最大的贡献者，并且很难用对比研究去解释这个问题（Barton，1969）。因此需要对同一个地区在游憩发生前后的环境基底进行研究，而不是对比研究那些被游客高度使用和低度使用的区域。然而，这个过程可能也不能完全得出结论。斯图尔特、比索内特、古德里奇和沃尔特（Stuart *et al.*，1971）发现当一个封闭的流域向有限制的游憩和伐木开放时，实际上它的细菌污染反而降低了。

在输入原野地的营养物质之中，磷酸盐含量比氮含量多。对九个露营基地和明尼苏达边界水域独木舟区荒原地的控制区内开展水质研究，结果表明游憩使用使得营地附近水域磷酸盐的浓度和大肠杆菌的总数有所增加。每一场暴雨通常都会发生对裸露营地使用区域和火坑的冲刷，从而使得营养物质都被冲进湖泊中（图 5.1）。尽管边界水域独木舟区营地磷酸盐和大肠杆菌含量水平增加，但是其他水质要素包括温度、水溶氧、pH、特定导电性、磷酸盐浓度和氮都没有受到游憩使用的影响。

图 5.1　暴雨将明尼苏达边界水域独木舟荒原地营地和火坑内的营养物质和污染物直接冲进附近的湖泊（摄影：W. E. Hammitt）

迪克曼和道尔斯（Dickman and Dorais，1977）在加拿大发现人类对于岸线和半荒原湖泊边缘流域的践踏导致大量的磷进入湖泊。湖泊在经过 20 多年（1956～1976 年）的游憩使用之后，水体中的磷含量增加了十倍，而湖泊流域的植被覆盖严重减少，同时陡坡侵蚀也正在加剧。践踏和因此发生的侵蚀导致每平方米有 854mg 的磷进入湖泊，使得平克斯湖变成了北美最富营养化的湖泊之一（Dickman and Dorais，1977）。但是，没有任何市政的、农业的或是乡村的废水排放进入这个湖泊，因为它是位于半荒原森林内的水域。进入这个湖泊富营养地区的绝大部分溶解磷正是来自富含磷灰石的岩石，它是由人类践踏导致地被植物被摧毁之后发生侵蚀而进入水中。人类践踏和高磷酸盐浓度之间的因果关系在湖边被侵蚀岩石的磷灰石沥出物测试中得到了进一步的证实。这个测试需要基于一个假说来支持，即源于磷灰石的溶解磷是泉水中高浓度磷的主要来源。

大肠杆菌和其他病原体

水体游憩使用的主要争论焦点是基于对公共卫生设施的担忧。很多研究表明游憩活动是细菌污染的主要源头。同样，也有很多研究没有能够证明是原野地游憩导致水质发生了严重恶化。很多结论都是基于特定场地，而且有很多案例的结论之间相互矛盾。因此，在游憩对细菌水体质量水平的影响这个问题上，观点还存在很多分歧（Aukerman and Springer，1975；Wall and Wright，1977；Gosz，1982；Kuss *et al.*，1990）。

原野地的研究表明：在已开发的营地，污水流动速度慢可能是细菌污染的最主要原因，而与原野地游憩无关。原野地的营地和其他使用区域通常很少会对污水进行处理，或没有与污水处理直接相关的措施（如：水坑、洞穴或是没有任何设施），同时由于水体的生产能力下降导致其自净能力下降（个人的污染物很少以及在洗衣、盘子等方面的污水废物人均生产量也减少了）。原野地的细菌污染主要来自表层土壤，这是由微生物的环境水平和那些与人类和当地动物产生的排泄物共同决定的（Gosz，1982）。不管人类的存在与否，土壤中的自然细菌密度已经高到可以使得附近湖泊和溪流中的细菌数量会因为降雨作用而大大增加。没有自然水源可以一直保持为适于饮用的水质，因为即使在正常情况下也会有大量细菌涌入（Silverman and Erman，1979；Potter *et al.*，1984）。

金和梅斯（King and Mace，1974）在明尼苏达边界水域独木舟荒原地对水质进行的研究是第一个有关偏远地区游憩使用对大肠杆菌影响的研究。他们发现在独木舟的营地周围，水中大肠杆菌总数比在控制点要高出很多（见表 5.1）。营地的平均大肠杆菌含量最高值在被认为的安全饮用水范围之上（每 100mL 水中有 2.2 个生物体）。营地和控制点大肠杆菌含量的差距比在高度使用营地和中度使用营地两者的含量差距要大，这表明使用程度和大肠杆菌密度存在一定的关系。高细菌含量只有在毗连营地的地方才能找到，这说明游憩对于湖泊的影响确实很少。每个营地厕所排放的污水可能是细菌的来源之处（图 5.2），因为土壤很薄，污水能够很快到达河床底部岩石并且排放到湖泊流域。营地的岸线活动比如游泳、洗碗、洗鱼和划船也可能是产生细菌的原因（King and Mace，1974）。这些活动搅动了底层沉淀物，而底层是微生物的栖息地，来自恒温动物排泄物质中的有机体可以在此继续存在和集中（Van Donsel and Geldreich，1971）。

表 5.1　不同使用等级营地的大肠杆菌总数（美国明尼苏达大学，边界水域独木舟荒原地营地研究，1970）

	（大肠杆菌数量/100mL） 使用程度		
位置	高[a]	中	低
营地	4.61	6.63	5.83
控制点	0.28	1.95	4.68
差距	4.33	4.68	1.15

注：a. 高度使用场地的游客数量高达 1000 人，中度使用的场地每天游客为 500 人，低使用强度的场地游客总数少于 300 个人。

资料来源：Merriam *et al.*，1973。

在美国的东北白山偏远地区，由于大量的使用，现在雨棚和小屋附近大肠杆菌的含量水平已经成为令人担忧的问题。居住点或主要游线上没有经过处理的水供给，同时发现大多数湖泊、泉水和小溪排泄物和细菌总量总是随着季节的变化而变化。最高数量值出现在七月下旬，当时一些水域内的细菌含量水平已经超过了公认的公共健康标准。但是在八月下旬，抽样水体中基本上又没有了细菌。

瓦尔内斯、帕查和拉恩以及约翰逊和米德尔布鲁（Varness *et al.*，1978；Johnson and Middlebrooks，1975）报道：在原野地开发营地中，由于游憩使用导致大肠杆菌大量增长。瓦尔内斯、帕查和拉恩发现，如果被大量使用的营地没有卫生设施，则营地下游的水中细菌密度明显比上游高。约翰逊和米德尔布鲁（Johnson and Middlebrooks，1975）发现：如果营地有厕所，则在游憩使用的高峰期，排泄物大肠杆菌的数量会急速增长；而在游憩季节的末期，细菌的数量又会从峰值急速下降。

图 5.2　坑厕如果建在浅土和水旁，可能会是水中大肠杆菌和相关病原体的源头（摄影：W. E. Hammitt）

在那些水质问题与游憩活动两者之间关系已经得到确认的地方，大部分就是那些使用集中的地方，水体内含高密度的细菌。对于游憩使用而造成细菌污染的区域，其细菌数量与在特定季节时期段内游客的总人数更密切相关，而不是游客所逗留的时间。“那些影响与以下几点相关：① 细菌密度高度依赖于使用结果，诸如高峰期、节假日、周末而不是周日；② 场所集中使用的地方；③ 流域内的场所数量；④ 场所的使用频率；⑤ 可使用设施的状况”（Kuss *et al.*，1990）。

偏远荒僻的地区和基础设施建设完善的原野地游憩区的其他调查结果都支持一个观点，即游憩使用对水体中的细菌数量并没有产生显著的不利影响。奥克曼和斯普林格（Aukerman and Springer，1975）发现在科罗拉多无论是被大量使用的已开发营地还是偏远荒僻的营地，大肠杆菌的数量都没有出现剧增的情况。实际上，他们发现了细菌密度的增长和野营基地的使用两者关系有呈现相反性的案例。这项研究非常重要，它涉及三种类型的野营（即道路铺设良好的营地、没有铺设道路的营地以及背包族使用的无路营地），其中的一些营地是被大量使用的游憩地。作者总结说“尽管露营者是造成卡什拉普德尔河流域受到细菌污染的一分子，但是其在每个营地的作用量对于已建立的水质标准而言是微不足道的”。

有关游憩对大肠杆菌数量没有严重影响的这一类似结论在加利福尼亚国王峡谷国家公园的高山湖泊（Silverman and Erman，1979）、大烟山国家公园的水源地（Silsbee *et al.*，1976）以及在科罗拉多州和怀俄明州已开发的营地（Gary，1982）都有所报道（Skinner *et al.*，1974）。在国王峡谷国家公园，只有10%的水体样本呈现阳性或者含有粪便大肠杆菌，而且每个样品中最多有两个。粪链球菌的含量水平比大肠杆菌高一点（52%正样和每个样品中最多有八个菌落），这表明大肠杆菌主要是由野生动物产生的。斯金纳、亚当斯、理查德和比特尔（Skinner *et al.*，1974）对一个只对远足者和野生动物开放的自然水域进行研究，他们发现在1970、1971和1972年每年大肠杆菌平均含量为100mL水体中分别有1.2、0.6和0.2有机物，而粪链球菌在这三年中的含量为100mL水体中分别有22、2和3个。

目前游憩区域存在一个重要的争论，即当游憩区域所含有的细菌达到危险水平时，其是否就成了污染的来源。很多研究已经表明污染的源头与人类无关。在有些情况下，牲畜是污染的来源（Marnell *et al.*，1976），而且在很多实例中都发现野生动物会对水体造成污染（Silsbee *et al.*，1976；Potter *et al.*，1980）。在大烟山国家公园，欧洲公野猪在泉水和其他饮用水源地用鼻子拱和吞饮水是水中粪便链球菌产生的主要源头。野生动物粪便中的细菌数量达到一定程度就会对人的健康产生威胁。因此，减少一个区域内游憩使用者的数量或对其进行适宜的管理可能不会将细菌水平减少至一个安全范围之内。此外，即使这些地区的游憩使用很少甚至是没有游憩使用，饮用和烹饪用水也需要煮沸之后再使用。

有些实例表明，在偏远的原野地，轻度的游憩使用会改善水资源的细菌生态质量，因为野生动物由于人类的出现而逃离这些地区（Stuart *et al.*，1971；Walter *et al.*，1971）。沃尔特和波特曼（Walter and Bottman，1967）对一个对游憩使用关闭的水域和一个对游憩使用开放的水域进行了对比研究。他们发现对游憩使用关闭的水域其细菌（粪便大肠杆菌和粪便链球菌）数量要高于对游憩使用开放的水域，这个对游憩使用开放的水域在1970年就已经对“有限的游憩和伐木”开放。溪流的细菌污染在向人类使用开放之后就开始下降。作者总结说这是因为人类活动导致野生动物数量减少，而以前水体的细菌污染大部分都是这些野生动物造成的。

现在关于细菌微生物和营养物质在原野地水资源河底沉淀物中的积累量还知之甚少。大多数对于细菌污染的研究只是对表面水进行检测，但是实际上底部沉淀物中有机物和营养物的浓度更大。布里克勒和滕尼克利夫（Brickler and Tunnicliff，1980）在亚利桑那发现底部沉淀物的粪便大肠杆菌密度比在河水表面和支流内的粪便大肠杆菌密度要高很多。在科罗拉多河表层水的粪便大肠杆菌FC密度从2.1～8.0个/mL不等；然而，在同一地点，其在底部沉淀物内的密度达到了48000个/mL；43%的沉淀物中粪便大肠杆菌的密度都超过了500个/mL，其中34%超过了1000个/mL。诸如游泳、划船这些游憩活动开展之后，底部沉淀物的细菌水平就变得相当严重，因为这些游憩活动会造成底部沉淀物悬浮起来，同时微生物和游憩者又会发生直接接触。对更多底部沉淀物进行分析之后，就可能大大改变我们原先仅从表层水分析得出水体质量状况的结论（Gosz，1982）。

偏远荒僻地区的露营和饮水资源

前面关于粪便大肠杆菌的探讨涉及的都是湖泊和溪流中的状况，而对于偏远荒僻地区的露营饮用水资源没有具体而严格的关注。因为这些地区的水通常是从泉水或是很小的支流中直接提取的，没有经过化学处理，所以细菌污染是首先需要考虑的问题。贾第虫病、肝炎和其他疾病在这些环境下一直是持久而潜在的威胁（图 5.3）。

贾第虫病是由贾第鞭毛虫这种原生动物病原体引起的一种肠内疾病，已经有因游憩者使用从森林和山区流出的水资源导致这种病例的报道。近年来，有报道称贾第的胞囊存在于落基山、奥林匹克国家公园、红杉和约塞米蒂国家公园以及一些国家森林和原野地的水体表面（Monzingo *et al.*，1986；Cole，1990）。如科尔所述，现在仍然不清楚贾第虫事件是否因为污染仍然在蔓延，也不清楚是否这种疾病在变得更加频繁或者是否能被人们准确诊断出来。尽管如此，自从 1971 年起，贾第虫病在这个国家已经造成近50%的曾被报道过患有水性疾病的人爆发了这个病（Martin *et al.*，1986）。

图 5.3 在偏远荒僻的地区，细菌污染是饮用水源一直关注的问题（摄影：W. E. Hammitt）

贾第虫病可通过被粪便污染的食物和水传播，也可通过粪便与口的直接接触传播。海狸、麝鼠、鼠、麋鹿、家畜和狗都被认为是水性贾第虫病的主要载体。这种病的症状包括：腹泻、腹部痉挛、胀气、含油脂的恶臭粪便、腹胀、乏力、体重减轻、厌食、恶心（Monzingo and Stevens，1986）。

现在已确定，在大量户外游憩者聚集的地方，十只动物中就可能会有一只携带贾第胞囊（Monzingo *et al.*，1986）。例如，经过对落基山国家公园一些流域的调查，得出这样一个结论：在水狸非常活跃而水体受到污染的地方以及在人类中度使用的地方或者少量水狸栖息的地方，摄取各种贾第胞囊的风险比较高；而在限制人类使用和较少的水狸栖息地，摄取各种贾第胞囊的风险比较低。库斯、格雷费和瓦斯克（Kuss *et al.*，1990）建议“由于这个疾病和带菌者的数量一直在增加，不管怎样，对所有表层水都应该持怀疑态度并且通过煮沸的办法进行消毒”。

西尔斯比和皮拉斯塔斯（Silsbee *et al.*，1976）对大烟山国家公园内四种类型水源中的粪便大肠杆菌和链球菌浓度进行了调查。这四种类型水源分别是：流动泉、渗漏泉、泉眼溪流和溪水支流。流动泉的泉水是那种从固定源头流出的泉水，由于它是来自地表因此可以直接进行检验；渗漏泉是从一块很大区域的地表中渗透出来的溪水，并且要在地表流过一段距离，它可以作为饮用水水源；泉眼溪流和初级溪流主要是从泉水或渗透得到的溪流；溪水支流或次要溪流是从不同的分支溪流中获得水源。

流动泉的泉水可能会是最好的饮用水资源，它的大肠杆菌数量一直都保持在比较低的水平（表5.2）。渗漏泉的泉水是变化因素最大的水体，因为它所含有的大肠杆菌数量不稳定，既有比较高的时候也有比较低的时候。在小的泉眼溪流中大肠杆菌的含量也是多变的，有时大肠杆菌含量值比较高。更大的溪水支流通常污染程度较为稳定，尽管有些时候其比流动的泉水要高。这些结论表明流动泉是最好的饮用水源，其次是中级溪流，但是，即使在中级溪流中大肠杆菌的平均水平也在危险范围之内。

四种饮用水资源中的细菌主要都是由野生动物造成的，大部分FC/FS表明水体中的细菌污染是动物造成的。从营地和户外收集的数据显示：他们所测区域，营地和户外活动对水体细菌的生态质量并没有严重影响。大烟山国家公园偏远荒僻地区的职员强烈建议露营者要煮沸当地所有使用的饮用水。

表5.2 偏远荒僻地区不同类型的水资源和粪便大肠菌群密度的对比

资源类型	粪便中的大肠杆菌数据/%					取样数量/个
	0个	1～10个	11～33个	31～100个	＞100个	
主要溪流	32	20	20	24	4	21
第二溪流	15	77	7	1	0	72
流动泉水	72	28	0	0	0	32
渗透泉水	33	40	15	8	4	21
所有溪流	20	62	10	7	1	93
所有泉水	57	32	5	4	2	53

资料来源：Silsbee *et al.*，1976。

固体废物和外来物质

固体垃圾废物会堆积在湖泊和溪流的底部。自从物质的运输更加方便以来，船舶活动所携带进偏远荒僻地区的固体废物数量可能要比背包族多很多。在1969年的夏天，游憩者遗留在明尼苏达边界水域独木舟荒原地的固体废物总量多达360000lb[①]，其中包括瓶子、罐子和其他一些不能燃烧的垃圾（King and Mace，1974）。平均每个游憩使用者产生的固体废物有3lb。巴顿（Barton，1969）估计360000lb的固体废物相当于1吨的磷酸盐和13吨的氮。除此之外，这些物质的降解可以提供大量的微量元素和一些重要的离子（Barton，1969）。自从20世纪70年代开始，边界水域独木舟荒原地和其他地区已经禁止把瓶瓶罐罐扔进偏远荒僻地区的湖里（图5.4）。

图5.4 偏远荒僻地区在一些被大量使用的水资源地方禁止使用瓶瓶罐罐（摄影：D. W. Lime）

舷外发动机的汽油和燃料对水域生态系统的潜在危害已经受到广泛关注。因为这种发动机有两个驱动引擎，引擎内的润滑油与汽油直接混合。这种引擎排入河道的尾气包含了润滑油和汽油的残渣。穆拉托里（Muratori，1968）和斯图尔特、霍华德

① 磅，1lb＝0.453592kg。

(Stewart and Howard, 1968) 曾报道,“使用这种引擎,每 10gal[①] 的汽油混合体就会有 4gal 被倾倒进河里。”而现代马达通常排放到水中燃料量只占总量的 10%到 20%。除了汽油和石油被排放到水中之外,使用加铅的汽油也有可能把铅释放进入水域,这种物质积累在底部淤泥中就可能会对水生有机体造成影响 (Barton, 1969)。英格利希、瑟伯和麦克德莫特 (English *et al.*, 1963) 报道说舷外发动机废液中平均含有 105g/gal 的不易挥发的石油、57g/gal 易挥发的石油、0.53g/gal 的铅和 0.6g/gal 的酚。

舷外发动机所造成的最主要生态影响就是石油沉淀物对水中生物体的影响。石油在水中会附着在单细胞浮游生物和其他植物的表面,妨碍了生物体空气和气体的交换。石油薄膜不仅抑制了很多藻类的生长,同时扰乱了鱼类和其他水生生物的食物链。它不仅漂浮在水面阻碍了气体交换,同时石油也会耗竭水体中有限的氧气。在水中 1g 石油需要 3.3g 的氧气去完成氧化 (Barton, 1969)。石油萃取也会加速细菌的生长,这点很重要,因为这些生物体同藻类在争抢水中的氧气和营养物质。

磷和包含在燃油混合气中的其他化学物质可能对水生生物有一定的影响,虽然还缺乏确凿的数据来证明 (Jackivicz and Kuzminski, 1973; Liddle and Scorgie, 1980)。在每季度中,当汽油使用水平达到 100×10^4 gal 湖水中有 8gal 的舷外马达燃油,鱼肉就会受到污染 (English *et al.*, 1963)。石油对于鱼类生长和寿命也会产生一定的负面影响。但是,在实验鱼塘中,拉格尔、哈扎德、哈赞和汤姆金斯 (Lagler *et al.*, 1950) 发现舷外马达的废气对于鱼群或植物的数量并没有产生影响。

悬浮物和混浊度

悬浮物可能是游憩区域水体质量受到影响最为普遍的因素信号。安德森、胡佛和莱茵哈特 (Anderson *et al.*, 1976) 认为 80%的水质恶化是由于悬浮固体造成的。当这些固体处于悬浮状态时,就会使水体变得浑浊;光线渗透的减少会对植物的光合作用和动物的视线产生限制作用。这些受到高度关注明确分类的物质被认为可以干扰滤食生物的哺养,同时它们对敏感结构有磨蚀作用,比如鱼鳃 (Warren, 1971)。鱼的繁衍和鱼食也受到这些隔离物的影响,特别是鳟鱼。对于游憩目的而言,水可能是非常最重要的,但其中悬浮物的增加会大大降低水的清澈度和人们靠近它的欲望。

浑浊度与游憩相关,它主要由三个区域的水体产生:底部沉淀物、河岸和毗连的岸边以及周围的水域。对于溪流湖泊沉淀物受到船及游泳者的扰动已经在前文叙述过了。利德尔和斯科吉 (Liddle and Scorgie, 1980) 反映很多浅水中的水生植物因舷外马达推进器的拍打和波动被连根拔起。如果通道很狭窄,则情况就更为糟糕,因为对这些区域要不断地重复使用。如果船是用桨或者短桨划行则对溪流底部的破坏可能相对要少点,溪流浅滩急湍处情况比较例外,因为在那些地方小舟通常会刮擦掉岩石上的附生生物。尽管被选区域经过划船活动的大量使用之后水的明亮度增加,但是这似乎不能作为主要影响的数量证据 (Lagler *et al.*, 1950; Hansen, 1975;

① 加仑,1gal (UK) =4.54609L,1gal (US) =3.78543L。

Liddle and Scorgie，1980）。例如，拉格尔（Lagler）和他的同事发现：在他们实验池塘中，尽管河底沉淀因为舷外马达的作用有大幅度的移动，但是记录的浑浊度并没有明显的增幅；记录显示深处的无脊椎动物由于马达的作用可能会有些重新分布，但是并不会由此产生危害。

游泳、涉水和垂钓对浑浊度都会产生一些影响，但只是当这些活动发生的空间和时间比较集中的时候才会出现。加理（Gary，1982）的记录表明：在一个小型商业营地附近的水域，经过涉水者一段时间高度使用之后悬浮的固体含量大幅度增加。一旦游憩者离开这个样本区域，固体悬浮物水平就几乎可以下降到没有被干扰前的水平。大烟山国家公园的涉水者和游泳者对营地附近大量使用的溪流片区也会产生影响。

溪流岸边和悬浮沉淀物大部分都是由践踏造成的。很多原野地游憩活动集中在一个时间段内或者集中在靠近水体边缘的地方。人们在水中踏出踏进，在岸边上上下下，很快就会摧毁保护河岸线的土壤以及被侵蚀的植被（图 5.5）。水体边缘植物和土壤也会受到在水边行人的破坏，虽然他们的行走与水边平行，并且没有直接参与水上活动。拉尔森和哈米特（Larson and Hammitt，1981）发现观看者是造成临近家庭营地溪流边缘影响的主要人群。户外游憩游客和马匹的横跨也对溪流边缘和底层沉淀产生干扰，但是通常这些影响都比较孤立（图 5.6）。

图 5.5　大烟山国家公园游泳者和皮筏船的进出造成的溪流边缘的侵蚀
（摄影：W. E. Hammitt）

水域扰动对浑浊度的影响主要与某种土地实行多功能使用管理（比如砍伐）和一些游憩造成的侵蚀相关。在美国阿巴拉契亚山脉南部，原野车和徒步通道被侵蚀的非常快，那地方的每年降水量可能高达 203.2～228.6cm。但是，卵石路、伐木游径和在多使用用途的游憩地区进行砍伐活动可能对水域的影响要高于游憩游径的影响。

图 5.6 越野车横穿溪流时对溪流岸边和底部的沉淀物造成很大干扰
(摄影：W. E. Hammitt)

小结

1. 在原野地游憩地区，水质最为受到关注，但是水质并没有频繁受到影响。水体是使用者的亲水体育活动和饮用资源的媒介。因此，与水相关的影响比较特殊，因为它们比与土壤、植物和野生动物相关的影响同人类的健康更加直接相关。

2. 营养物质水平与水生植物的生产和分解、水域生态系统溶解氧的供给之间有很复杂的关系。随着游憩的使用，水温较暖的湖泊和溪流中的植物生长很快被改变，从可以接受的生长速度到不能够被接受的疯长，氧气供给和水生体物种组成也发生变化。

3. 尽管原野地游憩区的大肠杆菌和饮用水质量受到广泛关注，但是对于偏远荒僻地区的水质是否受到严重的影响还存在争论。很多研究都不能够说明是游憩使用导致大肠杆菌数量明显增加。在很多情况下，野生动物是饮用水资源受到细菌污染的一个主导因素。

4. 对于游憩者而言，悬浮物质和浑浊度是水体质量最重要的因素信号。悬浮固体的增加大大降低了水的清澈度，同时也降低了公众对于亲水的期望。

参考文献

Anderson, H. W., M. D. Hoover, and K. G. Reinhart. 1976. Forests and Water: Effects of Forest Management on Floods Sedimentation, and Water Supply. USDA Forest Service General Technical Report PSW-18.

Aukerman, R., and W. T. Springer. 1975. Effects of Recreation on Water Qualily in Wildlands. Final Report, Eisenhower Consortium Grant EC-105. 67 pp.

Barton, M. A. 1969. Water Pollution in Remote Recreational Areas. *Journal of Soil and Water Conservation* 24: 132—134.

Brickler, S. K., and B. Tunnicliff. 1980. Water Quality Analyses of the Colorado River Corridor of Grand Canyon, College of Agriculture Paper 350, University of Arizona, Tucson, AZ. 134 pp.

Brickler, S. K., aud J. G. Utter. 1975. Impact of Recreation Use and Development on Water Quality in Arizona: An Overview. In J. D. Mertes, ed. *Man, Leisure and Wildlands: A Complex Interaction*. Eisenhower Consortium Bull. 1. pp. 195—201.

Cole, D. N. 1990. Ecological Impacts of Wilderness Recreation and Their Management. In J. C. Hendee, G. H. Stankey, and R. C. Lucas, eds. *Wilderness Management*. Golden, CO: North American Press. pp. 425—466.

Cowgill, P. 1971. Too Many People on the Colorado River. *The Environmenal Journal* 45: 10—14.

Dickman, M., and M. Dorais. 1977. The Impact of Human Trampling on Phosphorus Loading to a Small Lake in Gatineau Park, Quebec, Canada. *Journal of Environmental Management* 5: 335—344.

English, J. N., E. W. Surber, and G. N. McDermott. 1963. Pollutional Effects of Outboard Motor Exhaust—Field Studies. *Journal of the Water Pollution Control Federation* 35: 1121—1132.

Gary, H. L., 1982. Stream Water Quality in a Small Commercial Campground in Colorado. *Journal of Environmental Health* 45 (1): 5—12.

Gosz, J. R. 1982. Non-Point Source Pollution of Water by Recreation: Research Assessment and Research Needs. Eisenhower Consortium Bull. 13. 14 pp.

Hansen, E. A. 1975. Does Canoeing Increase Streambank Erosion? USDA Forest Service Research Note NC-186.

Hynes, H. B. N. 1970. *The Ecology of Running Waters*. Toronto: University of Toronto Press, 555 pp.

Jackivicz, T. P., and L. N. Kuzminski. 1973 A Review of Outboard Motor Effects on the Aquatic Environment. *Journal of Water Pollution Control Federation* 45: 1759—1770.

Johnson, B. A., and E. J. Middlebrooks. 1975. Water Quality as an Approach to Managing Recreational Use and Development on a Mountain Watershed South Fork of the Ogden River-Ogden Valley Area, PRWA21-1. College of Engineering, Utah State University, Ogden, UT. 84 pp.

Kabler, P. W., and H. F. Clarke. 1960. Coliform Group and Fecal Coliform Group Organisms as Indicators of Pollutionin Drinking Waters. *Journal of American Water Works Association* 52: 1577—1579.

King, J. C., and A. C. Mace, Jr. 1974. Effects of Recreation on Water Quality. *Journal of Water Pollution Control Federation* 46 (11): 2453—2459.

Kuss, F. R., A. R. Graefe, and J. J. Vaske. 1990. *Visitor Impact Management: A Review of Research*. Vol. 1. Washington, DC: National Parks and Conservation Association. 256 pp.

Lagler, K. F., A. S. Hazzard, W. E. Hazan, and W. A. Tomkins. 1950. Outboard Motors in Relation to Fish Behavior, Fish Production and Angling Success. *Transactions North American Wildlife Conference* 15: 280—303.

Larson, G. L., and W. E. Hammitt. 1981. Management Concerns for Swimming, Tubing, and Wading in the Great Smoky Mountains National Park. *Environmental Management* 5 (4): 353—362.

Liddle, M. J., and H. R. A. Scorgie. 1980. The Effects of Recreation on Freshwater Plants and Animals: A Review. *Biological Conservation* 17: 183—206.

Marnell, L., D. Foster, and K. Chilman. 1978. River Recreation Research Conducted at Ozark Scenic Riverways 1970—1977: A Summary of Research Projects and Findings. USDI National Park Service, Van Buren, MO. 139 pp.

Martin, K. L., S. H. Kunkle, and G. W. Brown. 1986. *Giardia* and Other Pathogens in Western Watersheds. USDI National Park Service and Colorado State University Water Resources Division. Report No. 86-1. Fort Collins, CO.

Merriam, L. C., Jr., C. K. Smith, D. E. Miller, C. T. Huang, J. C. Tappeiner II, K. Goeckerman, J. A. Bloemendal, and T. M. Costello. 1973. Newly Developed Campsites in the Boundary Waters Canoe Area: A Study of Five Years' Use. University of Minnesota Agricultural Experiment Station Bull. No. 511.

Monzingo, D. L., and D. R. Stevens. 1986. *Giardia* Contamination of Surface Waters: A Survey of Three Selected Backcountry Streams in Rocky Mountain National Park. USDI National Park Service and Colorado State University. Water Resources Division. Report No. 86-2. Fort Collins, CO.

Monzingo, D. L., S. H. Kunkle, D. R. Stevens, and J. T. Wilson. 1986. *Giardia* in Backcountry Watesheds and Wildlife of Rocky Mountain National Park. Paper presented at the American Water Resources Association International Conference on Water and Human Health. Atlanta, GA.

Muratori, A. 1968. How Outboards Contribute to Water Pollution. *Conservationist* 22: 6—8.

Potter, L. D., J. R. Gosz, and C. A. Carlson. 1984. Forest Recreational Use, Water, and Aquatic Life: An Assessment of Research Results for Land-Use Managers in the Southern Rockies and High Plains. Eisenhower Consortium Bulletin No. 6, USDA Forest Service, Rocky Mountain Forest and Range Experiment Station.

Reid, G. K. 1961. *Ecology of Inland Waters and Estuaries*. New York: Reinhold. 375 pp.

Sargent, F. O., and F. Zayer. 1976. Land Use Patterns, Eutrophication, and Pollution in Selected Lakes. Technical Report, USDI Office of Water Research and Technology. 47 pp.

Segall, B. A., and S. M. Oakley. 1975. Development of a System for Monitoring the Physical and Chemical Characteristics of Forest Lakes, Final Report, Eisenhower Consortium Grant EC-90. 77 pp.

Silsbee, D., L. A. Plastas, and H. J. Plastas. 1976. A Survey of Backcountry Water Quality in Great Smoky Mountains National Park. Management Report No. 10. Uplands Field Research Laboratory, Gatlinburg, TN. 66 pp.

Silverman, G., and D. C. Erman. 1979. Alpine Lakes in Kings Canyon National Park, California: Baseline Conditions and Possible Effects of Visitor Use. *Journal of Environmental Management* 8: 73—87.

Skinner, Q. D., J. C. Adams, P. A. Richard, and A. A. Beetle. 1974. Effect of Summer Use of a Mountain Watershed on Bacterial Water Quality, *Journal of Environmental Quality* 3: 329—335.

Stewart, R. H., and H. W. Howard. 1968. Water Pollution by Outboard Motors. *The Conservationist* 22 (6): 6—8, 31.

Stuart, D. G., G. K. Bissonnette, T. D. Goodrich, and W. G. Walter. 1971. Effects of Multiple Use on Water Quality of High Mountain Watersheds: Bacteriological Investigations of Mountain Streams. *Applied Microbiology* 22: 1048—1054.

Vander Wal, J., and R. J. Stedwill. 1975. A Lake Ranking Program Conducted on Forty-three Lakes in the Thunder Bay Area. ("Cited by") Wall, G., and C. Wright. 1977. The Environmental Impact of Outdoor Recreation. Dept, of Geography Publication Series, No. 11. University of Waterloo, Waterloo, Ontario.

Van Donsel, D. J., and E. E. Geldreich. 1971. Relationship of Salmonella to Fecal Coliform in Bottom Sediment. *Water Research* 5: 1075—1087.

Varness, K. J., R. E. Pacha, and R. F. Lapen. 1978. Effects of Dispersed Recreational Activities on the Microbiological Quality of Forest Surface Water. *Applied and Environmental Microbiology* 36: 95—104.

Wall, G., and C. Wright. 1977. The Environmental Impact of Outdoor Recreation. Dept. of Geography Publication Series, No. 11, University of Waterloo, Waterloo, Ontario.

Walter, W. G., and R. P. Bottman. 1967. Microbiological and Chemical Studies of an Opened and Closed Watershed. *Journal of Environmental Health* 30: 157—163.

Walter, W. G., G. K. Bissonnlette, and G. W. Stuart. 1971. A Microbiological and Chemical Investigation of Effects of Multiple Use on Water Quality of High Mountain Watersheds. Montana University Joint Water Resources Research Center, Report 17. 130 pp.

Warren, C. E. 1971. *Biology and Water Pollution Control*. Philadelphia: Saunders.

第三部分

格局的影响和趋势

第6章　格局的影响

第2章至第5章描述了原野地游憩对土地、植被、野生生物和水资源的影响，这些影响常常在时间和空间上表现出可以预见的格局。游憩者一贯喜欢使用同样的地点，在开发营地时，游客喜欢集中在令人舒适的阴凉处和水源处，但是偏远地区的露营者偏爱聚集在壮观并适于钓鱼的湖边和小溪附近。因此这些游客经常光顾的地方比那些不受欢迎的地方受到的影响更多。对每个场地持续而分散的使用会导致场地形成典型的格局，例如游径和营地。对于游径和营地的影响，通常从场地中心到边缘呈现递减的趋势。然而，长年累月的使用使得营地的总面积不断扩大，游径的宽度普遍增加。本章将主要探究对游径和营地自然空间格局的影响。

游憩场地和影响这两者都不是静止和一成不变的；它们总是随着时间的变化而改变。时间格局影响是这个章节的第二个主题。土地和地表植被的影响常常很快就会显现，并且退化的速度将逐年减小。然而，不同的影响类型和环境被改变的速度也不同。例如，在森林区域，很快就会发生土壤压实和植被丧失，但是有机质层的丧失就比较慢。而在沙漠里，有机质层的丧失可能比土壤压实要出现得更快。还有一些影响会随时间的持续而增加，诸如营地的扩张、营地数量的增加以及游径的侵蚀。不同地点的恢复速度也存在很大差异，尽管它们总是比恶化的速度要慢。

空间格局的影响

游憩使用最显著特征之一是它的高度集中性。大多数使用都集中在少量步道和目的地带。曼宁（Manning，1979）称这是游憩使用和影响的“节点和链接”格局。节点影响出现在目的地区域；链接是在节点与节点之间的路线。在营地的桌子和火坑处，在风景优美的崖边，在泊船的河畔都是集中使用节点的例子。链接的例子包括登山步道和马道、小舟的水陆联运处、开发营地的单个场地、舒适的停留小站和水源地之间的连接游径。使用集中意味着影响严重，尽管局部比较严重的地方只占游憩地很小的一部分。沃加（Wagar，1975）对一个面积42000英亩[①]并且严格限制使用的欧洲公园进行评估，公园内仅以已形成的游径供使用，其直接受影响的面积只占总公园总面积的0.1%。在伊格尔卡普荒原地，使用者可以在他们所向往的地方自由旅行，科尔（Cole，1981）估计两个广受欢迎的流域盆地被营地和游径实质上侵扰的面积不超过总面积的0.5%。在同一个荒原地，即使在两个非常受欢迎的亚高山湖区四周，实质上被干扰的面积比例也不到2%（Cole，1982）。在设计合理、开发的营地，虽然那里的营地垫层被高度干扰，

① 英亩，1acre=4840yd^2=0.404856hm^2。

但是整个营地大部分可能仍然保持着相对不被干扰的状态。

很多因素导致使用的集中。某些地点不断地吸引人们前往，如瀑布、湖泊、观景点，这些都是很好的例子。人们也会被吸引至其边缘，就像河边、湖边、崖边、草地和森林交界地带，同样对人们也有很大的吸引力。出于安全和使用方便的考虑也会集中使用。许多人在以前被明显使用过的露营地露营和散步才能感到更舒服更安全。在已经存在的游径上行走、在灌木丛和岩石被清理过的地方露营也要更方便些。所有这些因素（或者还有其他一些因素），常常使得原野地的使用者与某些游憩地形成一种情感联系。使用者被这些受欢迎的地方所吸引，常常会发生再次参观游憩（Williams *et al.*，1992）。

这种使用被集中在游憩区某部分区域内的倾向既有好处也有坏处。它是否是个优势将在第 13 章中讨论，同时这将决定技术管理者在原野地区域是鼓励集中使用或鼓励采取它的对立面使用形式——分散使用。

使用也会在不同的地点集中。有以下几个典型的例子：在已开发的露营地，露营者在营地中超过四分之三的时间都在餐桌、帐篷垫和烧烤架边度过；在没有开发的区域，背包旅行者在营地的大部分时间都是待在帐篷和火坑的周围。事实上，在荒原地区安装烧烤架等设施来使得使用者集中化，这样会减少对整个区域的干扰（Marion，1995）。因此，这些区域是影响最严重的地方。营地“核心”区被使用强度相对较低的区域包围，而在这些地方可以收集燃烧所需要的木柴、到达水边或厕所，在这个区域之外是很少有游憩者进入的区域。在发展成熟的营地，麦克尤恩和托赫尔（McEwen and Tocher，1976）称这三种不同的区域分别为冲击区、过渡区和缓冲区（图 6.1）。他们认为这些区域是持续不变的，同时也是营地的重要特征。首先应该认识这些区域，并且应该了解它们显著类型和受影响的水平，管理则应当调整至与维持和提高这些区域状况相适应。因为冲击区的概念对营地和其他高密度游憩区的生态管理冲击有重要的意义，麦克尤恩和托赫尔在接下来的章节中对于每个区域的冲击和管理内涵进行归纳和总结。

冲击区

冲击区内的土壤和地面植被覆盖退化严重，很快就退化成坚硬、贫瘠的垫层。冲击区内的使用者来回践踏致使落叶层被粉碎和磨损、草本植物和木质茎植物被移除，并且土壤被压实。土壤压实和落叶层物质丧失导致水渗率的严重下降，这更加剧了侵蚀的程度。即使游客只是中度使用，这些变化也会在使用初期数年后显现。此外，冲击区的恢复就需要漫长的一段时间。只要存在持续使用，它们可能永远也不会恢复。尽管通过区域设计使冲击区变小、用小石子、沙子和木头片使表面硬化（参考第 13 章）这些措施可以将问题最小化，但是还是应当能够接受冲击区的高度干扰。鼓励继续集中使用这些冲击区很重要，因此，保持这些区域的吸引力和干净是非常关键的。如果这些区域变得毫无价值、肮脏、布满灰尘或者泥泞不堪，它们就会被游憩者抛弃，同时就将会有新的区域受到影响。冲击区管理的关键目标是使它们的冲击尽量最小化并且持续充满吸引力。

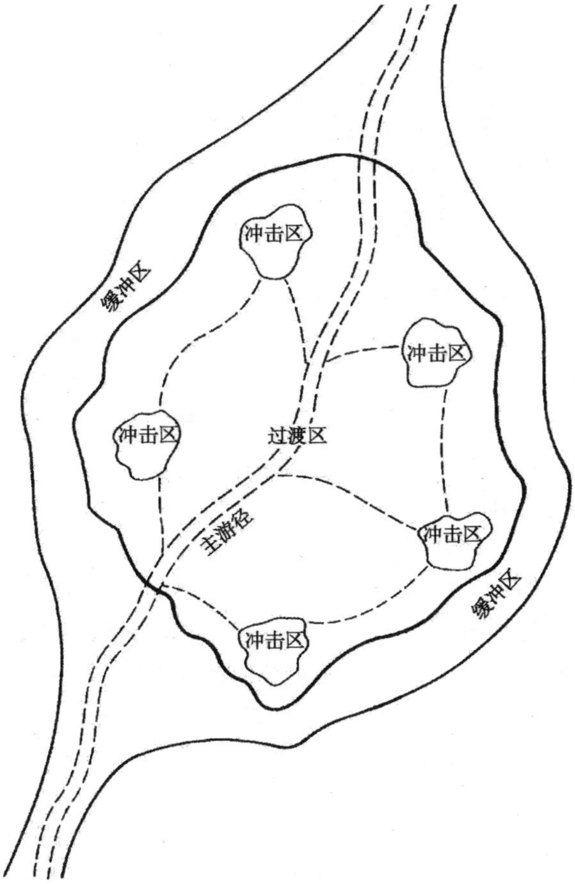

图 6.1　荒野偏僻游憩区域一组营地里的冲击区、过渡区和缓冲区图（引自 D. N. Cole 文献）

过渡区

过渡区的植被和落叶层物质会丧失，土壤会被压实，但这些影响只有在非正式的游径系统中才很显著。其他的地方，土壤和植物健康及活力的下降并不是很严重。植物和动物的物种组成很可能发生改变，但对大多数游客而言并不明显地感知到这点。特别重要的是植被的再生能力没有受到侵害。过渡区将成为树木未来后代的苗圃，并为单个场地之间提供隔离。如果没有它们，营地之间将会混合连成一片。过渡区最大的顾虑就是它们将会随着冲击区的扩张而被消除。这可以通过在场地设计初期就创造过渡区，也可以通过维持冲击区规模使其不能够扩张来避免过渡区被侵蚀。某些情况下可能有必要通过栽植树木、灌木以及放置木材、岩石使得对过渡区的使用最小化，同时保护场地的再生能力，尤其是要保护幼树的再生能力。有必要建立一个连接冲击区、其他场地以及设施地之间非正式游径的“官方”系统，并使之坚固，以此来避免游径过多分叉。

缓冲区

除了那些移除木柴、少量登山游径和道路的影响外，缓冲区几乎不会受到影响。在早期的营地中，缓冲区只是开发的场地与周边自然区域之间一个简单的过渡带。与过渡区相比，缓冲区应当是供人们欣赏和保护的区域。避免过渡区的扩张入侵是缓冲区的主要关注点，对缓冲区的植物和土壤也不需要人为主动的管理，因为这片区域本来就是自然的。

对于营地的这三个区域各自的最大功能已经阐述清楚，而且划分的概念也可以运用于其他高强度使用的场地。游径展示了一个平行的区域，即从高度受到影响的游径穿过一个改变较少的路边区域再到未被扰动的临近区域。在大多数游径上，路面都是被压实的和呈现裸露的状态。因为它低于旁边的地表，容易形成一个深沟状，因而游径的路面通常成为水径流的通道，从而加剧了侵蚀的爆发。

在侵蚀严重的地方，如果植物根部和岩石裸露在外，则很难在这条游径上行走。登山者和牲畜可能会离开这个路面而选择更方便行走的地面，这就扩大了影响的区域。正如营地的冲击区一样，游径路面是不可避免受严重影响的区域——因而它们通常是特意修建的。管理必须尽力使这些游径发挥作用，这样使用者就会停留在游径的路面上而避免影响其他区域。通常缓冲区的管理目标就是将路面上的水转移分流至其他地方以避免侵蚀发生，并且为游客提供能够舒适行走的路面。这些可能需要对路面进行某种铺装或者搭桥，特别是在湿润和类似沼泽的地区。对游径进行有规律的监测和维护要比对营地更重要。

游径两侧的附近区域与过渡区类似，虽然它并非是自然的，但它发生的影响对大多数使用者而言都不明显。植被经常沿着游径两侧生长，尽管它的组成常常不同于未受干扰环境中的植物种类（Cole，1982，1991）。植物常常生长较矮，而且在这里生长的很多物种都是无意中带到这里的外来物种。缓冲区也可能会发生土壤压实和侵蚀事件，但其不会像游径路面产生的情况严重，或许其所遭受的最大影响就是游径最初建设时造成的影响。在建设期间，植被的清除使得游径周边环境裸露、光照强度增加、湿度关系发生改变。以下一些因素导致游径两侧的水分含量增加：树木移除之后就不能够截住降雨；树木数量减少，因而蒸发作用丧失的水分也减少；土壤被压实之后，水就会沿着它的两侧流走。

游径的建设也使得新的栖息地沿着游径产生。在游径的建设过程中，经常需要把岩石炸开，从而得到可铺设的基面，因此就会产生新的岩石表面或者消除一些岩石表层。在游径要穿越土地和植被都很少的陡峭卵石坡时候，就需要建造平坦、土壤覆盖的表层。游径的建设也切断了排水通道，导致使得原来的排水区变成了湿地或者发展成沼泽地。游径两侧区域的管理应当尝试通过避免在游径建设过程中产生改变，将干扰降至最低。因此，与对营地过渡区的管理一样，最重要的是防止路面侧向扩张从而避免对游径周边的区域产生影响。解决这件事的好方法之一就是保持游径周边区域粗糙不平和自然化。这将迫使登山者和动物在游径上行走。游径路面和游径两侧的差异越大，则使用者在路面上行走的可能性就越大，因此就越可以避免受到高度干扰的路面继续向外扩张。

缓冲区相对于营地和游径而言，其使用更加分散，因此游憩对它的影响方式也不够明显。缓冲区的影响方式可以运用到利用机动车或者非机动车进行越野旅行地，以及某些风景优美之地、野餐区和动物可以自由行走和吃草的地方。然而，就算是这样的情况，在高度影响区和自然区之间常有一个渐进过程。在节点、边缘和设施附近的集中使用会造成严重的影响，管理需要控制其分散使用，避免冲击区随时间推移而扩张和增加分支。认识到这些区域和空间格局是为控制影响而设计管理战略关键的第一步。我们将在第 13 章场地管理中进一步讨论。

空间格局在描述和管理植物、土壤以及其他稳定的生态系统组成元素时最为显著，同时也是最为重要的。当我们考虑到动物、水体以及移动性物质时，格局的影响就不会如此明显了。小动物受到的最主要影响就是生境改变对它们造成的影响；而对于植被和土壤这种影响是高度集中的。不过，体形大一点的动物受到的影响可能来自更大的区域范围。尽管游憩使用是高度地区化和集中化，但是大灰熊或者秃鹰的种群数量可能受到整个区域范围影响。特别是对于游憩使用集中在动物喜爱的生境或者重要的进食和繁殖之地时尤为如此。例如，对于许多生活在水上或水中的动物而言，如果游憩使用和影响在离水一段距离之处，则可能对它们不会造成影响；如果它们的所有栖息地都遭受到游憩使用干扰，那它们很可能就会受到高度影响。如果鸟的巢穴场地受到干扰，即使在冬季不再发生游憩使用，但是在冬季这个场地鸟的数量对干扰受到的影响可能依然表现得非常明显。对于水的影响也会在离污染发生点很远的地方出现。水流会减弱影响的严重性，但却增加了影响的区域。由于野生动物和与水相关的影响能越过干扰的发生地传播到很远的地方，对这些影响的管理也就提出了挑战，而对植被和土壤影响的管理则不会遇到这样的情况。

时间格局的影响

影响种类不同则影响发生的速率也不同。正如前面提到的，通常草本植物的丧失比土壤有机质层的丧失要快。速率同样取决于使用的程度，在大量使用的地方，影响显现的最快。然而，通常对植被和土地的影响即使在中度使用的地方也会很快显现（图 6.2）。一些研究结果也显示，场地的影响和场地的年龄之间呈现的是渐进关系而不是直线相关（图 6.3）。这就是说，一个场地被使用后，在开始数年影响增加得很快，然后影响增加的则比较慢（Cole and Marion，1986）。在描述已开发的营地时，哈特（Hart，1982）将营地的发展历程划分为两个阶段——短暂的入侵时期和影响发生最多的时期。入侵是发生在营地刚建立好向露营者开放使用的初始时期，而影响发生最多的时期却是在动态平衡时期且此时变化很小。在平衡时期，使用造成的额外影响被维护活动和自然恢复过程所抵消。在森林营地，最终的变化是上层林冠树木走向死亡。这种死亡可能是因为游憩使用而加速，也可能不是。当它发生时，这个森林覆盖的场地通常将被一个开放的营地替代，因为通常没有再生树木取代上层林冠。

梅里安、史密斯、米勒、哈安格、特帕林尔、杰克曼、布罗门达尔和科斯特洛（Merriam *et al.*，1973）对营地在发展期和开始使用时期造成的影响进行了研究，同

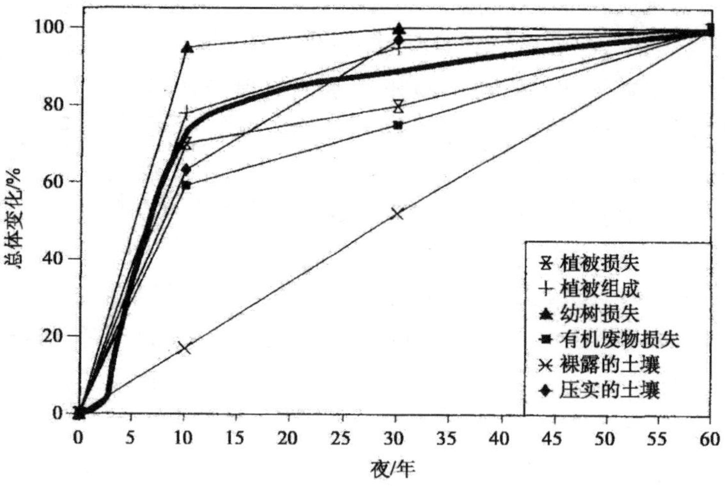

图 6.2　营地影响参数变化，每年访问量从低水平到中等水平，边界水域独木舟荒原地（引自 Leung and Marion，1995）

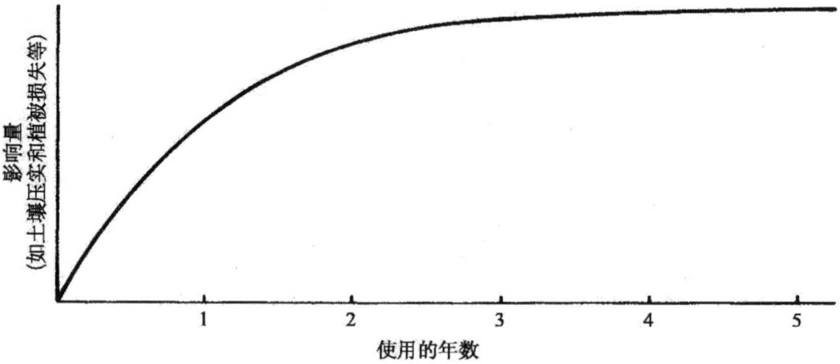

图 6.3　游憩地的大部分影响是发生在场地开放的最初几年（引自 D. N. Cole 文献）

时拉佩奇（LaPage，1967）在已开发的营地也对此进行了研究。边界水域独木舟荒原地在经过两年使用之后，营地土壤的渗透抵抗能力几乎接近最高值，实际上在以后的岁月里它都没有增加。梅里亚姆（Merriam）和他的学生接下来对营地在发展最初七年和14 年之后的研究表明：裸露土壤区域和场地扩张是随时间变化而增加的，也是营地所受到的最主要影响（Merriam and Peterson，1983；Marion，1984）。在宾夕法尼亚州的汽车营地，经过一年使用之后植被损失最严重；事实上，在以后的岁月中植被的覆盖量反而有所增加，因为耐践踏的非本地物种取代了场地上最初的本地物种。

营地的其他影响不会在最初使用时就很快显现，但是可能随着时间的推移而恶化。这些影响类型中最重要的就是场地扩张、树木的破坏以及有机质的丧失（Cole and Marion，1986；Cole and Hall，1992）。无论是一个聚会需要更大的场地还是想要使用场地中没有被使用的部分，场地就会发生扩张。因而，当场地被大型聚会使用以及冲击区不够有吸引力或者不够理想时（比如场地泥泞或者不平），就很可能会发生场地扩张。边界水域荒原地在五年之内就新建了 十个营地，而且其中有六个规模扩大了 50%，其他四个的面积则翻了一倍以上。图 6.4 展示了一个边界水域荒原地营地面积如何在两年时间里扩大了两倍。值得注意的是其第一年只是向邻近地区扩张，紧接着第二年就发展成了一个卫星式的场地。场地扩张中一些最严重的问题都是由于使用工具造成的。使用工具的群体通常由许多关系不密切的人们组成，每组人群都想与其他组群的人保持一点私密空间。当他们搭建帐篷来寻求私人空间时，区域受到影响的面积就更大了。

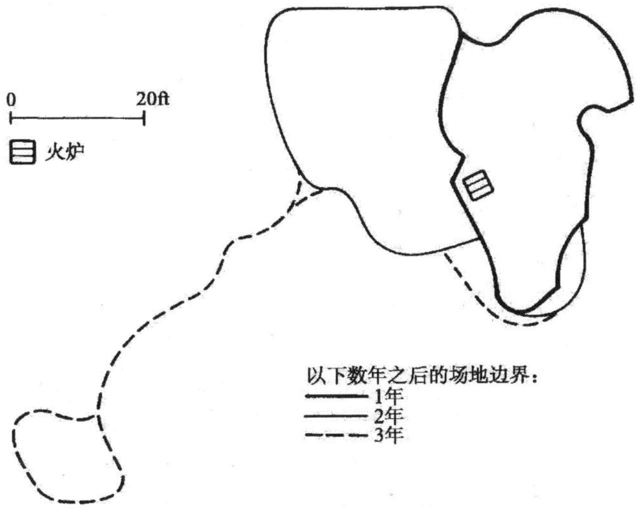

图 6.4　一般营地随时间推移面积变大。卫星式的营地发展是场地扩张的普遍形式（引自 Merriam *et al.*，1973，获得出版者允许使用）

卫星式营地经常发展成新的营地，也可能会扩张成为原来营地的一部分，从而增加整个被干扰的区域范围。营地影响的长期变化研究结果也表明，主要的增长都是发生在新建立的营地。科尔（Cole，1993）用 12～16 年的时间对三个荒原区的扩散和营地状况进行了调查。结果发现在三个营地区域中最主要的影响就是营地数量有显著增长的趋势。这并不表明没有对某些营地进行改善，而是新建立的营地转移了原有营地的使用压力（图 6.5）。然而，原野地游憩管理最主要的考虑是野营者长期的“场地先驱者”行为和营地的激增。事实上，长期以来，系统的延展、营地生态单元的激增以及与它们相关联的影响要比单个场地随时间的增加而退化更重要。这主题会将在第 7 章进行更多的讨论，重点关注长期影响的趋势。

树木的破坏是不断累积的结果，因而，随时间增加被破坏的树木也越多。树根裸露、树干的机械损伤、幼树的移除都可能影响树木活力和生长率的长期过程。树木一旦被砍伐或者被严重刮伤，它将维持现状直到腐烂。因为老的损伤消失的很慢，而新的损伤使得影响随着时间的增加而增加。尽管树的损伤只是那些随时间推移而增加的影响中

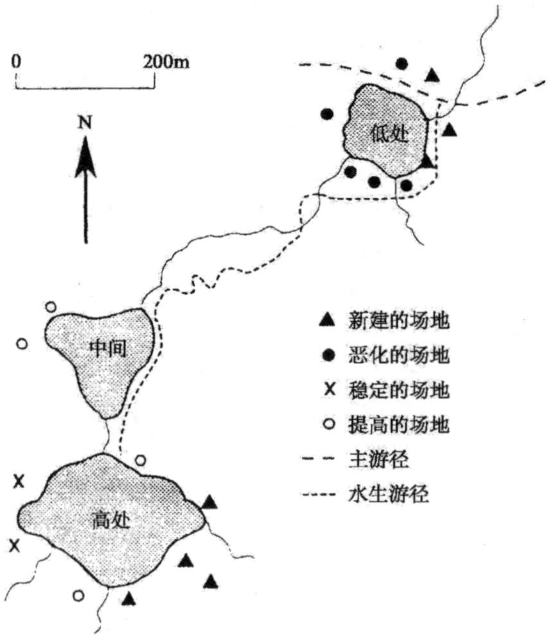

图 6.5　16 年多的时期内，营地的衍生和变化（引自 Cole，1993）

的一种，但是在场地影响区开放很短的时间内，大多数树都会受到损害。

有机质丧失随时间流逝而增加又是另一番景象。落叶层物质的磨损和侵蚀造成的有机质丧失可以由每年阔叶树的落叶或者由针叶树不断凋落的针叶来补偿。然而，即使在使用最轻微的营地，其落叶层的丧失还是超过了每年树木落下的物质，而出现了净损失的情况。落叶层物质的表层厚度和覆盖随时间的推移而减少（Cole and Marion，1986）。在森林覆盖的场地，植被丧失的速率要低于有机质的减少速率，所以落叶层物质的丧失到达最大值的时间比植被丧失到达最大值的时间要早。在边界水域独木舟荒原地，营地矿质土壤直到在第二年至第五年的使用时才会裸露在外，而且它的丧失持续至营地开发之后的 14 年。

游径影响发生的速率可能会更快。初期的影响都与游径的开发建设有关，包括有意的砍伐树木、移除灌木丛和地面植被、整平表面、压实土壤、排水沟改道。一旦这些变化开始，与游径使用相关的其他影响通常就不重要了。但是有两个影响会随着时间的推移变得更加严重——游径变宽和侵蚀（Marion，1984；Cole，1991）。游径变宽类似于营地的扩张。在游径上行走困难时就会发生这种影响，特别是游径泥泞和有岩石处。游径会持续变宽，或者它会分叉成一系列的游径（图 6.6）。

践踏会造成某些游径爆发侵蚀，而其造成的主要结果就是使游径表层更易受到侵蚀的影响，包括土壤流失、渗透率降低、植被被移除以及它自身成为排水道。侵蚀的主要原动力来自拦截的溪流、融化的雪水、泉水或者强降雨的流水。一旦水顺着游径向下流淌，就可能会发生侵蚀，并且可能将随着时间的推移变得越来越严重。不管使用继续与否，这样的侵蚀状况都将持续下去，直到建立水坝或者其他排水控制设施将水从游径上引流转移。

图 6.6 游径以无数个交织形式扩宽是一种常见的影响格局

对野生动物和水的时间格局影响还了解得不充分。因为野生动物不同种群之间影响差别很大，就算是同一种群影响差别也很大。像白尾巴小鹿等一些动物能够适应干扰，就可以创造一种随时间变化的格局，类似于营地植被的丧失。最初的影响很严重，但当动物对干扰形成了忍耐力之后，干扰就会随时间的推移而降低。许多动物对可预见的干扰会产生忍耐力，但是不可预见的干扰会对它们产生不利的影响。

其他动物能容忍低频率的干扰，但会对频繁干扰感到不安。这种格局与植被和土壤的变化相反。在这种情况下，起初动物对影响有一定的抵抗力，但是一旦干扰变得很频繁就会发生严重的反应。某种巢居鸟类对干扰的反应就是个很好的例子。鸟儿的父母可能在开始时还能够容忍少数游客近距离接近它们的巢穴，然而，到达某个临界点，它们对于闯入者的忍耐力达到极限时，就将会舍弃巢穴离开。

水的影响也在对最初干扰的快速反应和对严重反应后的初期抵抗这两个极端之间变化。在任何地方或时间，粪便的污染可能会在第一天很严重，但只要它的排放不是持续的，在第二天就没有影响了。此外，一些污染物会随时间的推移而累积。开始，由于它们被水冲淡稀释可能不会造成影响，但随着时间的推移，它们就会达到一定的浓度从而产生问题。例如，在国王峡谷国家公园阿尔卑斯湖附近的游憩使用所造成的微量元素，积累达到一定程度时足以导致生物群发生改变。这些变化在十年的使用强度减少后仍然没有得到好转（Taylor and Erman，1979）。

影响的恢复率

恢复率比衰退速率的不确定因素更多，因为它们更依赖于环境因素。例如，1000个人分别在山顶和在山谷底部的野生鲜花地列队行走，他们行走路径上的所有植物都能在一天内被踩死；然而，山顶植被恢复比山谷植被恢复可能需要更长的时间，因为山顶的生长季节更短，土壤也更贫瘠。

土壤恢复率可能比植被恢复率变化更小。尽管在研究中压实程度不是连续的，但一些研究报告称压实程度要恢复到正常水平则最少需要16～18年（Hatchell and Ralston，1971；Parsons and DeBenedetti，1979；Stohlgren and Parsons，1986；Cole and Hall，1992）。有机质水平的恢复可能需要更长的时间。在国王峡谷国家公园，帕森斯和德贝内代蒂（Parsons and DeBenedetti，1979）发现，有机质的厚度和木质燃料的积累在营地关闭15年后仍然没有恢复到正常水平。侵蚀的恢复则需要花费更长的时间，一旦发生，恢复就需要数百年的时间。

实验性践踏游径上的植被恢复研究表明植被的恢复率存在很大差异性。阿巴拉契亚南部的一些游径，在践踏停止一年时间之后几乎全部被植被重新覆盖（Studlar，1983）。相反，冰川国家公园干燥的高山草甸在关闭六年之后植被只恢复了24%（Hartley，1976）。恢复速率甚至会在同一区域的不同环境下也存在很大的差异。例如，被马实验践踏停止五年后，草地植被恢复达正常水平的100%；而在附近的一个森林，恢复只有正常水平的26%（Weaver *et al.*，1979）。

最近践踏实验更多集中在热带环境下的营地范围内物种的时空恢复速率。桑和利德尔（Sun and Liddle，1991；Sun，1992）发现八个物种对践踏的抵抗和恢复率差别很大。植物抵抗能力与恢复和生长速率没有很大的相关性，但恢复率与生长率密切相关。高抵抗能力和高恢复率是植物两个独有的特性。耐践踏的植物一般生长缓慢；而生长快速的植物利用它的快速生长作为恢复战略（Sun，1992）。除了各物种的恢复存在差异之外，研究结果还表明一个营地或者游径的空间区域恢复率也不同（Stohlgren and Parsons，1986；Taylor *et al.*，1993）。在营地影响中空间使用的层化成为评估恢复的重要步骤，例如，在营地关闭三年之后，营地核心区（冲击区）土壤容重的恢复要慢于过渡区和缓冲区。核心区平均树叶覆盖率恢复也比中间过渡区要慢。泰勒、瑞德和拉森（Taylor *et al.*，1993）对游径影响区进行观察，同时审视了这个问题："在践踏的不同时间和空间尺度下，植物对持续践踏的反应会达到何种程度？"他们发现，伴随着践踏的频繁增加，在距游径中心线4m和1m处种群组成都呈现渐进式变化。种群丰富性受践踏的影响较少，只在距离游径中心线不到1m的践踏率最高的地方有所减少（18年来每个季度有25000名路过者）。

无论是否受到践踏的干扰，研究结果都表明影响的恢复速率总是比抵抗速率需要更长的时间，丰富的降雨和较长的生长季节能够加快恢复速率（Marion and Cole，1996）。例如，阿巴拉契亚南部比美国西部干燥山区的恢复速率要快得多。热带雨林的研究结果也表明它的恢复速率比温带森林要快。对于哥斯达黎加一条荒废32个月的游径研究显示其恢复明显，而且恢复游径沿线上草本植物和幼树比没有被干扰的森林中的数量还要丰富（Boucher *et al.*，1991）。这些作者得出一个结论：这些区域恢复的速率如此之快，表明热带雨林游径关闭数年可能足以使得植被恢复。恢复的速率也支持了这样的猜想，即生产力高的森林尽管对践踏敏感，但也会有较高水平的恢复能力（Kuss，1986；Cole and Marion，1988）。

当然，管理行动对影响的恢复速率有重要的作用。移除一些接近指定营地的场地和在营地设置烧烤架使得营地在五年多时间内受干扰的总面积减少了 50%（Marion，1995；Marion and Cole，1996）。在营地安装烧烤架提供了一个焦点之地，增加了活动的集中度，从而使得周边区域得以恢复。营地影响不仅仅是恢复的问题，一旦干扰停止，影响就会迅速减少。在特拉华沃特加普国家游憩公园中，土地肥沃也是快速恢复的一个因素（Marion and Cole，1996）。这项研究还显示，尽管管理行动增加了单个营地的使用强度，但并没有因此增加单个营地的影响强度。这可能是归功于这样的事实，即已经建立的场地对于使用强度相关的影响已经稳定，同时烧烤架使用格局集中。通常，在采取这一系列的措施之后营地在五年多的时间内面积范围就会减小（图 6.7）。

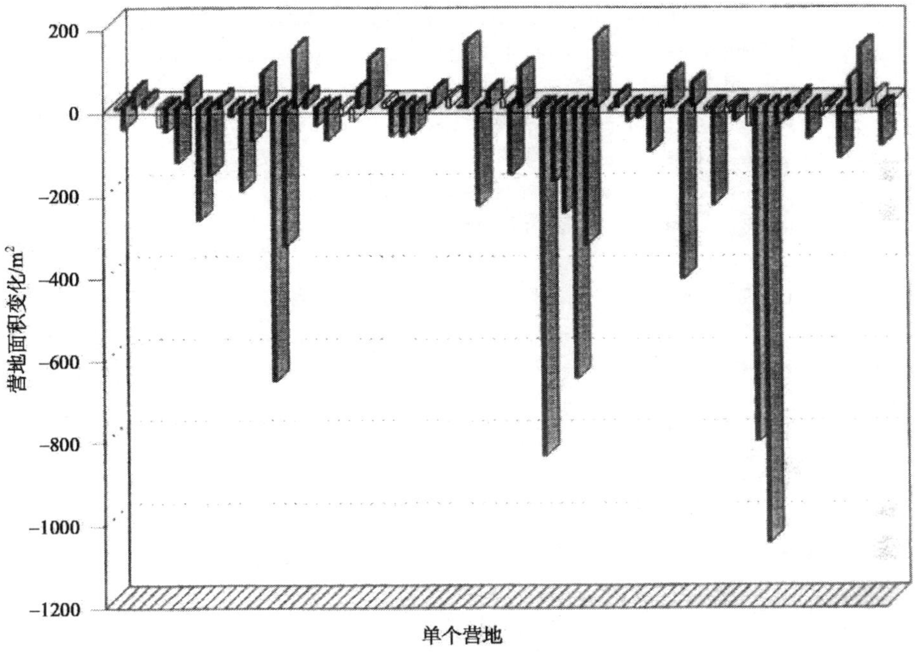

图 6.7 特拉华沃特加普游憩区，管理措施开展后营地面积从 1986 年到 1991 年的变化（引自 Marion，1995）

正向的柱表明面积增加，负向柱表明面积减少，没有阴影的柱表示没有足够大的变化去满足 20% 的估计测量误差

小结

1. 游憩资源影响不会在空间中随意出现，但是它展示了一个集中和可预见的空间格局。很多影响，就像使用的格局，局限于少量旅行路线和目的地区域。

2. 在营地，出现了三种不同的影响区域：① 冲击区；②过渡区；③ 缓冲区。每个影响区域都具有截然不同的影响种类和水平以及相应的管理措施。

3. 大多数对于植被和土壤的影响随时间的推移呈现出一条渐进关系而非直线关系。在场地被使用的最初几年，植被的干扰和土壤压实增长迅速，但之后增加速率变慢。然而，某些影响会随着时间持续增加，诸如场地的扩张。

4. 影响发生（抵抗能力）和恢复（恢复能力）的速率随时间和空间的变化存在差异，也受到很多使用、环境和管理状况的影响。然而，恢复的速率几乎总是慢于影响发生的速率，而且恢复的速率在已建成、高强度使用的地区更慢。长期的趋势研究显示，新营地的衍生影响比已建成场地的扩大影响更大。因此，管理需要更多关注随时间推移区域的扩张和系统的衍生影响变化，而不是已建成的场地影响。

参考文献

Boucher, D. H., J. Aviles, R. Chepote, O. E. Dominquez Gil, and B. Vilchez. 1991. Recovery of Trailside Vegetation from Trampling in a Tropical Rain Forest. *Environmental Management* 15 (2): 257—262.

Cole, D. N. 1981. Vegetational Changes Associated with Recreational Use and Fire Suppression in the Eagle Cap Wilderness, Oregon: Some Management Implications. *Biological Conservation* 20: 247—270.

Cole, D. N. 1982. Controlling the Spread of Campsites at Popular Wilderness Destinations. *Journal of Soil and Water Conservation* 37: 291—295.

Cole, D. N. 1991. Changes on Trails in the Selway-Bitterroot Wilderness, Montana, 1978-1989. USDA Forest Service Research Paper INT-450. 5 pp.

Cole, D. N. 1993. Campsites in Three Western Wildernesses: Proliferation and Changes in Condition over 12 to 16 Years. USDA Forest Service Research Paper INT-463. 15 pp.

Cole, D. N., and T. E. Hall. 1992. Trends in Campsite Condition: Eagle Cap Wilderness, Bob Marshall Wilderness, and Grand Canyon National Park. USDA Forest Service Research Paper INT-453. 40 pp.

Cole, D. N., and J. L. Marion. 1986. Wilderness Campsite Impacts: Changes over Time. In R. C. Lucas, comp. *Proceedings— National Wilderness Research Conference: Current Research*. USDA Forest Service General Technical Report INT-212, Ogden, UT. pp. 144—151.

Cole, D. N., and J. L. Marion. 1988. Recreation Impacts in Some Riparian Forests of the Eastern United States. *Environmental Management* 12 (1): 99—107.

Hart, J. B., Jr. 1982. Ecological Effects of Recreation Use on Campsites. In D. W. Countryman and D. M. Sofranko, eds. *Guiding Land Use Decisions: Planning and Management for Forests and Recreation*. Baltimore, MD: Johns Hopkins Press. pp. 150—182.

Hartley, E. A. 1976. Man's Effects on the Stability of Alpine and Subalpine Vegetation in Glacier National Park, Montana. Ph. D. dissertation, Duke University, Durham, NC.

Hatchell, G. E., and C. W. Ralston. 1971. National Recovery of Surface Soils Disturbed in Logging. *Tree Planters Notes* 22 (2): 5—9.

Kuss, F. R. 1986. A Review of Major Factors Influencing Plant Responses to Recreation Impacts. *Environmental management* 10: 637—650.

LaPage, W. F. 1967. Some Observations on Campground Trampling and Groundcover Response. USDA Forest Service Research Paper NE-68. 11 pp.

Leung, Y. F., and J. L. Marion. 1995. A Survey of Campsite Conditions in Eleven Wilderness Areas of the Jefferson National Forest. USDI National Biological Service Report, Virginia Tech Cooperative Park Studies Unit, Virginia Tech University, Blacksburg, VA. 79 pp.

Manning, R. E. 1979. Impacts of Recreation on Riparian Soils and Vegetation. *Water Resources Bulletin* 15: 30—43.

Marion, J. L. 1984, Ecological Changes Resulting from Recreational Use: A Study of Backcountry Campsites in the Boundary Water Canoe Area Wilderness, Minnesota. Ph. D. dissertation, University of Minnesota, St. Paul.

Marion, J. L. 1995. Environmental Auditing Capabilities and Management Utility of Recreation Impact Monitoring Programs. *Enviromnental Management* 19 (5): 763—771.

Marion, J. L., and D. N. Cole. 1996. Spatial and Temporal Variation in Soil and Vegetation Impacts on Campsites. *Ecological Applications* 6 (2): 520—530.

McEwen, D., and S. R. Tocher, 1976. Zone Management: Key to Controlling Recreational Impact in Developed Campsites. *Journal of Forestry* 74: 90—93.

Merriam, L. C., and R. F. Peterson. 1983. Impacts of 15 Years of Use on Some Campsites in the Boundary Waters Canoe Area. Research Note 282, Agricultural Experiment Station, University of Minnesota, St. Paul. 3 pp.

Merriam, L. C., Jr., C. K. Smith, D. E. Miller, C. T. Huang, J. C. Tappeiner Ⅱ, K. Goeckermann, J. A. Bloemendal, and T. M. Costello. 1973. Newly Developed Campsites in the Boundary Waters Canoe Area—A Study of Five Years' Use, Agricultural Experiment Station Bull. 511, University of Minnesota, St. Paul. 27 pp.

Parsons. D. J., and S. H. DeBenedetti. 1979. Wilderness Protection in the High Sierra: Effects of a Fifteen Year Closure, In R. M. Linn, ed. *Proceedings of Conference on Scientific Research in the National Parks*, pp. 1313—1318. USDI National Park Service Transactions and Proceedings Ser. 5. Washington, DC: U. S. Government Printing Office.

Stohlgren, T. J., and D. J. Parsons. 1986. Vegetation and Soil Recovery in Wilderness Campsites Closed to Visitor Use. *Environmental Management* 10 (3): 375—380.

Studlar, S. M. 1983. Recovery of Trampled Bryophyte Communities near Mountain Lake, Virginia. *Bulletin of the Torrey Botanical Club* 110: 1—11.

Sun, D. 1992. Trampling Resistance, Recovery, and Growth Rate of Eight Plant Species. *Agriculture, Ecosystems, and Environment* 38: 265—273.

Sun, D., and M. J. Liddle. 1991. Field Occurrence, Recovery and Simulated Trampling Resistance and Recovery of Two Grasses. *Biological Conservation* 57: 187—203.

Taylor, T. P., and D. C. Erman. 1979. The Response of Benthic Plants to Past Levels of Human Use in High Mountain Lakes in Kings Canyon National Park, California. *Journal of Environmental Management* 9: 271—278.

Taylor, K. C., R. J. Reader, and D. W. Larson. 1993. Scale-Dependent Inconsistencies in the Effects of Trampling on a Forest Understory Community. *Environmental Management* 17 (2): 239—248.

Wagar, J. A. 1975. Recreation Insights from Europe. *Journal of Forestry* 73: 353—357.

Weaver, T., D. Dale, and E. Hartley. 1979. The Relationship of Trail Conditions to Use, Vegetation, User, Slope, Season, and Time. In R. Ittner, D. R. Potter, J. K. Agee, and S. Anschell, eds. *Proceedings, Recreational Impacts on Wildlands*. pp. 94—100. USDA Forest Service, Pacific Northwest Region, R-6-001-1979, Portland, OR.

Williams, D. R., M. E. Patterson, J. W. Roggenbuck, and A. E. Watson. 1992. Beyond the Commodity Metaphor: Examining Emotional and Symbolic Attachment to Place. *Leisure Sciences* 14: 29—46.

第 7 章　原野地游憩使用和冲击趋势

原野地严重的生态冲击问题起源于原野地游憩活动类型的持续增加，长期的学术研究表明生态冲击并没有增加的趋势；然而，从 1980 年后期到 1990 年学术研究的数据则显示出冲击趋势是存在的。从 1960 年以来调查研究方法比以往得到更加广泛的运用，因而在全国范围内的参与户外游憩活动的趋势数据很容易获得。

本章中首先回顾了早期原野地的游憩使用；然后介绍最新的和正在规划的户外游憩活动趋势；最后总结概述有关原野地的使用、使用者以及冲击的趋势。游憩使用总体趋势的调查以及在某些特定原野地的影响趋势调查表明游憩使用和游憩冲击随着时间的发展两者之间存在一定的动态变化关系。

早期户外游憩使用

游憩使用产生的生态冲击在荒原地区域和偏远荒僻地区尤其至关重要，因为这些区域的管理目标强调的就是维护其高度的自然完整性。早期，荒原地使用的增长速度要快于其他原野地，例如，从最初的战后时期直到 20 世纪 60 年代中期，公园使用和游憩设施的年增长率超过了 10%。从 1946 年到 1970 年，美国林务局荒原地的游憩游客增长了 14 倍（Stankey，1973）；而从 1970 年到 1975 年期间加利福尼亚林务局荒原地的使用平均年增长率为 16%（Hendee *et al.*，1990）；虽然增长率在 20 世纪 70 年代后期和 80 年代前期之间出现了减缓现象，但是使用还是在持续增加；事实上，荒原地使用的速度在 80 年代后期又开始恢复增长，并且一直持续增长到 90 年代（Cole，1996）。此外，游憩使用的土地一直在减少。指定的荒原地的面积一直在增加，而随着未被指定的偏远地区被指定成为荒原地或变成道路，其面积急剧减少。

在国家森林原野地游憩活动中，冬季运动增加得很快（表 7.1）。从 1966 年到 1979 年使用翻了三倍。大部分增长是发生在开发的滑雪区域，而越野滑雪和雪地车活动也大幅度增加；远足和登山在这段时间也增长了接近三倍；除了国家森林以外，也存在着类似用地的使用增长。1965 年户外游憩局开展的公共调查表明有 990 万美国人是远足或背包族活动者，而在 1977 年重新做这项调查时这个数字就增长到了 2810 万人。

国家公园管理局从 1972 年起才开始在全国范围对偏远荒僻地区的宿营数据进行统计。然而，有一些公园已经具有相当长一段时间的趋势数据。如大烟山国家公园在 1975 年其过夜使用量为 105000 人，比 1972 年的使用水平增加了 53%，比 1963 年的使用量增加了 250%（Bratton *et al.*，1978）。从 1967 年到 1972 年，约塞米提国家公园的偏远荒僻地区露营增加了 184%，过夜使用者从 78000 人增加到 221000 人。从 1967 年到 1974 年，申南多国家公园偏远地区的过夜使用量翻了四倍；从 1966 年到 1976 年，落基山国家公园边远地区的总的使用量增长了七倍多（Hendee *et al.*，1990）。

表 7.1 国家森林游憩活动使用

活动	1966 年		1979 年	
	使用/(1000 个/日)	百分比/%	使用/(1000 个/日)	百分比/%
露营	39564.5	26.2	54780.3	24.9
游憩旅行（机械）	31301.1	20.7	49536.5	22.5
垂钓	14709.1	9.7	16776.0	7.6
狩猎	13118.6	8.7	15327.9	6.7
游憩居住使用	7960.5	5.3	6651.6	3.0
野餐	7887.5	5.2	8874.2	4.0
冬季运动	5219.6	3.5	14485.0	6.6
远足和登山	4277.8	2.8	11176.9	5.1
有组织的露营	4287.2	2.8	4086.8	1.8
划船	4006.5	2.6	7072.1	3.2
观看风景和体育娱乐	3926.8	2.6	8321.1	3.8
度假村使用	4003.5	2.6	4308.9	1.9
游泳和潜水	3076.9	2.0	4632.3	2.1
骑马	2065.9	1.4	3166.4	1.4
游客信息服务	2058.8	1.4	4121.8	1.9
收集森林产品	1241.7	0.8	3916.1	1.8
自然研究	796.4	0.5	1210.9	0.5
滑水等水上运动	641.0	0.4	888.0	0.4
游戏和团体运动	585.5	0.4	832.8	0.4
总数	150728.9	99.6	220165.6	99.6

资料来源：美国林务局。

滨河游憩也迅速扩张，科罗拉多河至大峡谷漂流的历史就是典型的例子。1960 年以前在这条河流漂流的使用总数不到 650 人，而十年以后，每年在这里漂流的人达到了 10000 人。从 1966 年到 1972 年，这条河的漂流人数增长了 16 倍，从 1067 人增加到 16432 人（表 7.2）。从那以后漂流人数一直在持续增长，但增长率受到使用许可量的限制。据莱瑟伯里、利姆和汤普森（Leatherberry *et al.*，1980）报道，皮艇和独木舟的拥有权的增长速率要快于其他船只。从 1973 年到 1976 年独木舟的数量增长了 68%，皮艇的数量增长了 107%。这种对于河流使用的极速增长趋势导致公共资源机构对很多河流进行限制使用。在 1972 年到 1977 年期间，被限制使用的河流数量从 8 条增加到 38 条（McCool *et al.*，1977）。在一些使用限制的河流，其使用许可申请人数是公布的许可数量的 20 倍。申请漂流穿越大峡谷名单太长以至于新的申请者可能需要等十多年才能拥有一次漂流的机会。使用都集中在这条狭窄带状走廊上，因此这条河流资源所受到的生态影响特别严重。

近几十年来越野车使用也有剧烈增长趋势。在 1960 年全国范围的户外游憩的调查中，使用越野车的人非常少以至于他们根本就没有被包含在当时的调查中；到了 1982 年，12 岁及 12 岁以上的人中有 11%人使用机动越野车，3%的人使用雪地车（USDI National Park Service，1984）。从 1970 年到 1979 年国家森林地区越野车的使用量翻了两倍，机动车辆在开放日达到了 530 万辆和雪地车在开放日达到 330 万辆（Feuchter，1980）。大部分使用交通工具的游憩是在道路上进行的；1979 年，国家林区的道路在开放日有 5000 万游憩驾驶。幸运的是游憩是在道路上进行的，一旦越野车离开道路在非路面区域行驶，其产生的冲击将非常严重。

表 7.2　穿越亚利桑那州大峡谷的科罗拉多河上旅行

年份	人数/人
1867	1[a]
1869～1940	41
1941	4
1942	8
1943	0
1944	0
1945	0
1946	0
1947	4
1948	6
1949	12
1950	7
1951	29
1952	19
1953	31
1954	21
1955	70
1956	55
1957	135
1958	80
1959	120
1960	205
1961	255
1962	372
1963～1964	44[b]
1965	547
1966	1067
1967	2099
1968	3609
1969	6019
1970	9935
1971	10385
1972	16432
1973	15219
1974	14253[c]

注：a. 对于詹姆斯怀特存在一些争论，他是一个逃离陷阱的印第安人，乘一个木筏漂流穿越了大峡谷，比著名的探险家约恩韦斯利鲍威尔穿越大峡谷还早了两年；b. 随着格伦峡谷大坝的完成以及流量的紊乱，这些年来在科罗拉多河上的旅行被大大削减；c. 旅游人数的下降是由配额制的管理实施造成的，申请许可的人数仍在剧烈增加。

资料来源：美国林务局。

无论是乘车和使用其他游憩交通工具的人们还是偏远荒僻地区的使用者，露营是原野地游憩区产生生态影响的最常见的活动。根据1979年的一项调查，露营在户外游憩活动中排名第三，仅次于游泳和自行车活动。据科尔和拉佩奇（Cole and LaPage, 1980）1960年的一项全国范围的调查显示，美国有三百到四百万家庭都会去露营。这个数字在1971年增长到了1240万户，至1978年达到了1750万户。露营的年增长率在20世纪60年代为20%，在70年代早期为8%，在70年代晚期小于5%。20世纪60年代露营活动的快速增长导致了美国早期大部分人对于游憩影响非常感兴趣。

当前和预计的户外游憩趋势

自从最初的户外游憩资源评估委员会在1960年进行调查之后，一些国家游憩调查陆续展开（NRSs）。也正是从那时起就开始考虑到对于当前甚至未来的游憩参与的趋势进行研究，其中包括1965年、1970年、1972年、1977年、1982～1983年、1987年以及1944～1995年。虽然近35年来的户外游憩调查并没有严格的可比性，但是它们确实指出了与原野地游憩使用和游憩影响有关的某些活动存在着一些总体趋势。

1960年至1982年的国家游憩调查对比研究结果表明：在1960年至1982年期间，白天远足活动广受欢迎并且有明显的增长，在1982年的调查中有14%的回复者参与了白天的远足活动；调查显示从1987年以来每年每人平均参与的远足活动平均有10天，并且有20%的参与者每年远足超过15天；从1960年到1982年，露营参与率几乎翻了一倍，这其中包括背包族（Cordell *et al.*, 1990）。1987年的调查显示20%游憩的公众会在开发的场地露营，每年平均露营持续的时间有9天。其他11%露营者会选择在原始的营地露营，露营每年平均的持续时间是8天。其中背包族的游憩者占总人数的5%，每年使用的平均持续时间为7天。

弗拉瑟和科德尔（Flather and Cordell, 1995）利用其他一些来源的调查数据更新了1982至1992这十年来户外游憩参与的数据（表7.3）。骑自行车、日间远足、游泳、摩托艇以及驾驶越野车继续成为受欢迎的活动，这五项活动及开发场地的露营活动参与的频率最高（白天使用）。

表7.3　1982～1992年不依赖于原野地的户外游憩活动参与趋势

活动	至少持续12年参与活动的人数/百万人			1992年至少持续10天参与活动的人数/百万人
	1982～1983年	1985～1987年	1992年	
陆地活动				
骑自行车	60	72	86	60.3
成熟营地露营	32	40	48	13.2
日间远足	26	32	50	13.4
自然、摄影研究	22	24、26	—[a]	—[a]
驾驶机动越野车	21	24	38	16.2
在原野地露营	19	22	25	6.7

续表

活动	至少持续 12 年参与活动的人数/百万人			1992 年至少持续 10 天参与活动的人数/百万人
	1982～1983 年	1985～1987 年	1992 年	
		陆地活动		
骑马	17	20	19	6.7
背包族	9	10	8	3.6
		水上活动		
在湖泊、小溪、大海中游泳	60	70	90	41.4
机动船	36	42	65	24.6
滑水	17	20	21	7.6
泛舟	15	18	19	3.2
		雪上和冰上活动		
俯冲式滑雪	11	14	21	3.6
雪地车	6	8	8	1.7
越野滑雪	6	8	8	2.9

注：a. 在 1992 年自然研究和摄影的人数没有被统计。

资料来源：1982～1983 年国家游憩调查，USDI 国家公园管理局；1985～1987 年公共区域游憩游客调查，USDA 国家林务局；1992 国家游憩和环境调查，USDA 国家林务局。

将 1994～1995 年的近期调查数据与 1982～1983 年的调查结果（表 7.4）相对比，可以发现远足和背包族活动在 16 岁及 16 岁以上人群快速增长的户外游憩活动中分别排名第二位和第三位（Cordell *et al.*，1995）。对比 12 年期间的户外游憩活动，滑雪和开发较早的露营两种原野地游憩活动增长率分别排名第四和第五。远足、背包族以及原始的露营活动都与游径和营地资源紧密相连，这些活动的快速增长可能对这些资源质量产生直接影响。

表 7.4　1982～1995 年美国 16 岁以上的人群中十大增长最快的户外活动

活动	16 岁以上人数（1982～1983 年）/百万人	16 岁以上人数（1994～1995 年）/百万人	增长百分比/%
观赏鸟类	21.2	54.1	155.2
远足	24.7	47.7	93.0
背包族	8.8	15.2	72.7
滑雪	10.6	16.8	58.5
原始露营	17.7	28.0	58.2
走路	93.6	133.6	42.7
机动船	33.6	46.9	39.9
观赏风景	81.3	113.4	39.5
成熟露营	30.0	41.5	38.3
自然水域游泳	56.5	78.1	38.2

资料来源：Cordell *et al.*，1995。

在过去的 30 年中，依赖于野生动物的活动已经越来越复杂化了（Flather and

Cordell，1995)。但是钓鱼仍然是最受欢迎的活动，在1985年近25%的美国公民参与了钓鱼活动。与钓鱼者的增加相反，狩猎者的数量自从1975年一来就一直保持不变，然而，狩猎者总数量的稳定是有误导性的。体形较小的动物和迁徙鸟类的捕猎者从1972年大量减少，但是从1955年以来美国渔业及野生动物服务局每五年的调查显示捕猎大型动物的狩猎者在持续增加（Flather and Cordell，1995)。据推测，大型动物的狩猎对原野地资源的影响更多，因为它通常涉及骑马、越野车使用以及过夜露营。从事非损耗性与野生动物相关活动的人群增加比较快，如传统的狩猎和钓鱼活动（Duffus and Dearden，1990)。从1980年至1990年，行驶到离住地超过1.6km的地方去观察、摄影和喂食野生动物的人数从2290万人增长到3750万人。

从1987年以来的调查数据构建了对未来户外游憩需求的规划。预测公众未来对于土地、水、雪和冰上的各种活动的最大的偏爱需求，这种预测是以十年为单位，预测一直持续到2040年（表7.5)。在个人活动中，这些规划展现了美国公众需求增长最快的活动，包括滑雪、越野滑雪、在泳池中游泳、背包旅行、参观史前古迹、跑步和慢跑、乘木筏以及在日间远足。根据规划，未来需求的活动大部分都是发生在原野地，而且需求增加似乎很明显。例如，据预测背包族旅行至2040年将增加155%，野外观察和摄影将会增长74%，日间远足会增长193%，户外摄影将会增长105%（Cordell *et al.*，1990)。

表7.5　远离家的游憩旅游的最大偏爱满意需求以及至2040年未来需求增长指数

资源类型和活动	1987年的旅游数量/百万人	未来旅游数量与1987年需求的百分比/%				
		2000年	2010年	2020年	2030年	2040年
土地						
野生动物观察和摄影	69.5	116	131	146	162	174
在原始营地露营	38.1	114	127	140	154	164
背包族旅行	26.0	134	164	196	230	255
自然研究	70.8	105	113	120	131	138
骑马	63.2	123	141	160	177	190
日间远足	91.2	131	161	198	244	293
摄影	42.0	123	143	165	188	205
参观史前遗迹	16.7	133	160	192	233	278
收集浆果	19.0	113	126	143	166	192
收集木柴	30.3	112	124	138	157	178
散步	266.5	116	131	146	164	177
跑步和慢跑	83.7	133	163	197	234	262
骑车	114.6	125	148	173	202	222
驾驶机动车和越野车	80.2	105	111	118	125	130
参观博物馆和信息中心	97.1	118	136	153	174	188
参加特别活动	73.7	114	127	141	157	168
参观历史场地	73.1	122	143	169	203	241
开车兜风	421.6	115	128	142	157	167
家庭聚会	74.4	119	135	152	170	182
观赏风景	292.7	118	136	156	183	212

续表

资源类型和活动	1987 年的旅游数量/百万人	未来旅游数量与 1987 年需求的百分比/%				
		2000 年	2010 年	2020 年	2030 年	2040 年
野餐	262.0	108	117	126	136	144
在开发营地露营	60.6	120	137	155	173	186
水上活动						
划独木舟、皮艇	39.8	113	126	140	157	169
在小溪、湖泊、大海游泳	238.8	105	110	117	124	129
漂筏运动	8.9	111	136	164	215	255
赛艇、划船	61.8	112	124	136	150	159
汽艇	219.5	106	111	117	123	127
冲浪	107.5	111	121	131	141	148
在泳池游泳	221.0	137	169	205	242	269
雪上和冰上活动						
越野滑雪	9.7	147	177	199	212	195
俯冲式滑雪	64.3	153	197	247	298	333

资料来源：Cordel *et al.*，1990。

近期原野地使用的趋势

荒原地研究者对近期趋势的研究参考到过去 10～15 年原野地游憩使用、使用者以及影响的评估。正如前面的章节对于早期游憩使用所报道的，国家荒原地保护体系成立之后，在 1960s 和 1970s 期间荒原地和原野地游憩使用迅速增加。然而，直到 1980s 晚期，卢卡斯和一些合作者们（Roggenbuck and Watson，1988；Lucas and McCool，1988；Lucas，1989；Lucas and Stankey，1989）公布了另一种不同的趋势。虽然整个美国荒原保护体系的游憩使用仍然在增加，但是他们得出了“单个荒原地区的使用趋于稳定或正在减少”的结论（Roggenbuck and Watson，1988），因为“很多显著的增长要归因于荒原地单元数量的迅速扩张”（Lucas，1989）。

基于 1986 年以来提供的游客数据，由以下三条原因得出上述结论：

① 荒原地使用总量年增长率从 20 世纪 60 年代中期之前的两位数增长率至 80 年代初期增长率已经降为 1%（Lucas and Stankey，1989）；

② 荒原地使用在 1975 年至 1986 年期间，每公顷的荒原地的使用降低（Roggenbuck and Watson，1988）；

③ 1980s 初期，原林务局的荒原地（1964 年由荒原地法确立的区域核心系统）和国家公园管理局的偏远荒僻区域的游憩使用都减少了（Lucas and Stankey，1989）。

从 20 世纪 80 年代以来，已经积累了十年（1986～1996 年）的使用数据，这段时间原野地游憩使用正在走向稳定和减少。科尔（Cole，1996）分析了过去十年以及 1965～1996 年这段时间的使用数据，研究结论指出美国荒原保护体系的原野地游憩使用在1965～1996 年期间稳定增加，人们在指定的荒原地区旅游比以往任何时候都多；从 1965 年至 1994 年期间美国荒原保护体系的游憩使用增长了约六倍，这段时间游憩使用在开放日使用者数量达到了 1700 万人，大部分使用发生在由林务局和国家公园管理局的管理区域（图 7.1），这段时间使用的平均年增长率为 6.3%，而且这种增长相当的稳定。

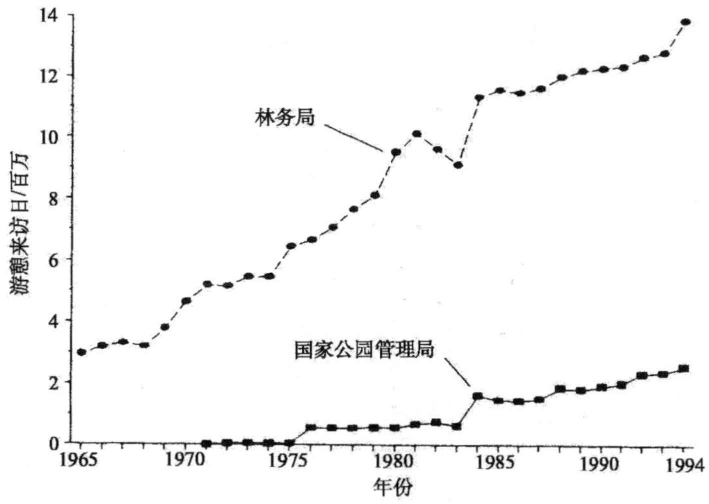

图 7.1 国家林务局和国家公园管理局荒原的游憩使用总量（引自 Cole，1996）

在相同的时期内，美国荒原保护体系的游憩使用经历了六倍的增长，土地面积增长了八倍。在 20 世纪 60～70 年代期间，游客使用的增加比土地面积的增加更加快，使用强度（按整个系统中每公顷的使用量计算）从 1965 年开放日每公顷有游客 0.32 人至 1979 年增长每公顷有游客 0.40 人（图 7.2）；1979 年以后，1989 年在游憩开放日每公顷的使用降低到游客 0.16 人，至 1994 年为游客 0.18 人。

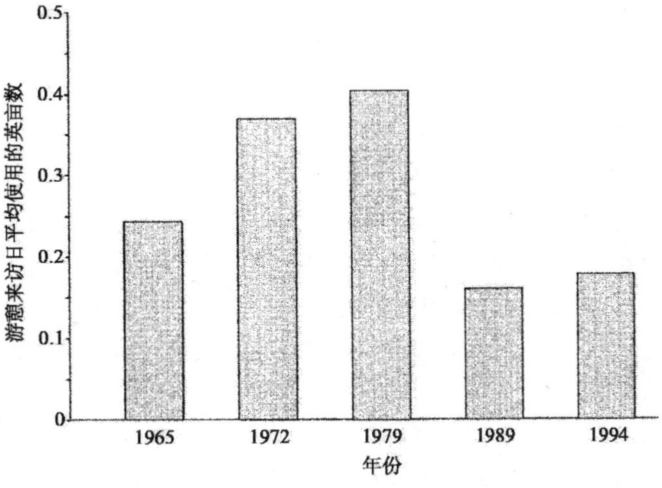

图 7.2 国家荒原地保护系统的使用强度（游憩开放日每公顷游客量）
（引自 Cole，1996）

这些数据显示从1979年以来整个美国荒原保护体系中每公顷的游憩使用呈现下降趋势；然而，这些荒原地的游客使用不一定下降。在1980年，阿拉斯加指定的5600万公顷荒原地，仅一夜之间就将美国荒原保护体系的规模就扩大了一倍。但是这些土地的游憩使用是很少的（1994年在开放日每公顷游客0.02人）。除了阿拉斯加以外，1994年游憩使用强度出现了最高峰——约每公顷游客0.40人（图7.3）。

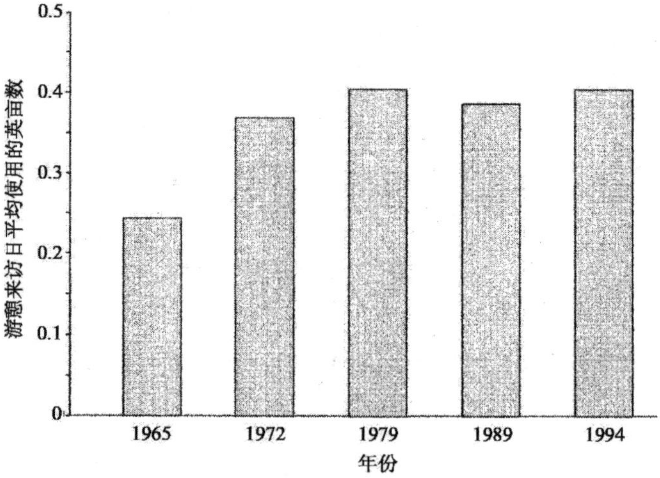

图7.3 国家荒原保护系统的使用强度，阿拉斯加除外（引自Cole，1996）

虽然从1964年以来，美国荒原地保护体系的规模大幅度增长（从54个地区900公顷到现在的630个地区1.03亿公顷），很多荒原地区的使用强度仍然要高于以往。在1990s，至少有一半被指定的荒原地经历了它们使用的最高峰。此外，事实上在20世纪90年代每个荒原地区的使用量都有所增加，甚至包括那些在70、80年代的晚期经历了参观高峰的地区。唯一大部分区域在1990年之前就经历使用最高峰的地区就是原林务局地区的“核心”群体。国家公园管理局近期公布的数据表明增长特别明显，两位数的增长率可以与数十年前的增长率相提并论了。

这些从近期数据分析得出的使用趋势结论不同于20世纪80年代晚期的公布的结论，80年代晚期的结论表明荒原地使用稳定或正在下降。这个结果是在荒原地和公园使用趋势发生逆转的情况下由早先研究分析得出的，所以才会出现使用呈现稳定和下降的趋势。现在我们发现荒原和公园经历了使用下降这个时期，但是这个时期在80年代晚期结束，而这正是那些有关荒原地使用下降的报告被写成文的时候。几乎在这种明显下降被确认的同时，这些区域的使用马上又开始恢复了增长。借助其之后十年的数据的帮助，现在可以发现这种下降只是局限于一个很短的时间段和一个小范围的荒原地。使用增加的趋势非常明显。在一些区域，增长比较缓慢和平稳，而另一些区域，尤其是一些国家公园当中，爆炸性增长的时段被一段显著下降时期所分开（Cole，1996）。

原野地游憩使用的持续增长对于管理有重要的意义。原野地游憩体验的需求很可能继续增长。因此，避免一系列与未来使用增加（拥挤及相关的资源破坏）的相关的管理问题继续成为一个指定更多荒原地的正当理由，要将其管理限制在可接受变化的框架之内。本书的第四部分将会涉及有关使用增长的管理内涵和由此产生的资源影响更加详细的内容。

近期原野地使用者的趋势

虽然对于发生在原野地的游憩使用量的评估普遍是由管理部门以年为单位进行确定的，但关于使用者特点的数据则不是如此。使用者的特点、他们的使用方式以及他们的行为倾向的数据通常是从一个案例研究获得的，并且经常是一次性得出的。因为对区域使用者的研究缺少重复性和纵向对比性，因此，原野地游憩使用者的趋势数据是很难得到。要得到原野地使用者的趋势分析结论就必须对游客进行调查，而这需要重复早期原野地游憩使用者的实验。

为了更好地了解荒原地游客的趋势，科尔、沃顿和罗格伯克（Cole *et al.*，1995）重复了三个以前做过的游客调查，包括在明尼苏达州边界水域独木舟荒原地、北加利福尼亚州光辉岩石荒原区和加利福尼亚州遗弃荒原地所进行的游客调查；对比分析研究了明尼苏达边界水域1969年和1991年的数据、北加利福尼亚光辉岩石1978年和1990年的数据以及加利福尼亚州遗弃荒原地1972年和1990年的数据。在这三个游客趋势研究之前已经存在一个详细的游客趋势研究，即蒙大拿州的鲍伯马绍尔荒原综合区在1970年和1982年的游客研究（Lucas，1985），并将这三项研究的结果与鲍伯马绍尔荒原综合区的早期研究作比较。这些研究案例提供了美国四种不同地带性的荒原地类型例子，而且这些荒原地拥有大量的面积，其中包括一个可泛舟的荒原地以及一个有大量牲畜使用的荒原地。虽然鲍伯马绍尔荒原综合区使用略少一些，但是其他三个的区域的使用量都比较大些，然而，这些例子在使用强度上并没有明显的差别。

早先鲍伯马歇尔荒原综合区的趋势研究发现游客的特征差异性很小，其中最显著的差异如下特点：在1982年，相对于骑马和骡子的游憩者更多的是远足旅行，并且后者团体规模较小、停留时间较短、装备使用较少、夏季使用高于秋季、小道的起点分布广泛、从消费型的活动转变成沉思型的活动同时对木材取火的依赖较小；1982年的数据也显示在游客当中妇女、受教育水平高以及高级技术性职业人口数量比例均有上升，而在鲍伯马绍尔荒原综合区中之前的体验值却有所下降；1982年，游客比较担心拥挤、冲突、游径质量较差以及令他们满意的隐蔽露营地很难找到等问题，他们比1970年的游客更加意识到土壤和植被的影响已经成为一个问题，但是还没有意识到垃圾也成为一个问题。

这些发现被引用来尝试概括荒原地使用的总体趋势。例如，罗格伯克和卢卡斯（Roggenbuck and Lucas，1987）认为每个团体对荒原地的影响可能有减小的趋势；罗格伯克和沃顿（Roggenbuck and Waston，1988）认为群体规模正在趋于变小并且在区域停留的时间减短。然而，这些变化可能是鲍伯马绍尔荒原综合区所独有的，因为它在很多方面都是一个很特殊的区域——除了阿拉斯加之外最大的荒原综合区，同时它也是马、装备、狩猎使用量最为突出的一个区域。

另外一个类似于荒原地区域的游客研究已经在大烟山国家公园的偏远荒僻的区域进行，调查的时间是1973年至1983年（Burde and Curran，1986）。正如鲍伯马绍尔荒原综合区一样，近期的游客年龄更大一些、女性比例较高且团体规模较小。与鲍伯马绍尔荒原综合区相反，大烟山国家公园的游客更倾向于荒原地活动，团体中更可能的是以家庭群体为主，而停留的时间则没有变化。

最近科尔、沃顿和罗格伯克（Cole *et al.*，1995）对三个荒原区域的游客趋势分析结果和鲍伯马歇尔与大烟山国家公园之间的趋势差异性进行归纳总结，试图确定使用者的总体趋势，并且尽可能使研究成果能广泛适用于整个美国荒原保护体系。他们意识到从一小部分案例研究得出荒原地游憩的总体趋势存在一定的局限性，因此笔者根据五个研究区域的强度和一致性把这些趋势划分成五类（表7.6）。

表7.6　五个荒原地使用强度和持久度的63个变量

高一致性趋势
游客年龄偏大；受教育程度较高；女性更多；游客所到过的荒原地不止一个地点；能够更好地评估垃圾状况
低一致性趋势
收入增长；少数游客第一次到荒原；游客第一次到荒原地时他们的年龄偏大；独自一人的游客更多；游客的群体规模较小；有组织的团体较少；过夜停留时间较短；白天使用较多；钓鱼的人少；登山活动比较多；使用集中在夏季；总体偶遇率较高；不支持低质量的游径和被风吹倒的一些树横卧在游径上；支持高质量的游径、跨小溪桥梁、跨河流的桥梁、自然闪电火、将不可燃的垃圾带出郊野环境、禁止在腐木较少的地方燃烧木柴生火、对游客团体的规模进行限制
不可变的因素
现有居民的人数；过去在荒原地度过的天数；游客中远足、摄影、游泳的数量比例；营地偶遇的数量；找到令人满意和隐蔽的营地的能力；磨损的等级评定；支持户外厕所、水泥做的生火地点、解释标志、自然的钓鱼场地以及在区域过度使用时限制使用
低非一致性变化
前年荒原地来访的数量；荒原地来访的代表性频率；家庭成员组成的群体所占比例；远足群体的比例；旅行的距离；不同营地使用的数量；周末使用集中化；某些游径起点使用的集中化；整体旅行质量等级评定；游客对偶遇他人次数的看法；在令人较满意的营地偶遇率；游客支持没有游径的区域、火环、指定的营地以及链锯的管理使用
高非一致性变化
游客中学生和环保组织人员的比例；特定荒原地的初次游客；对特定荒原地曾经来访过的次数；游客狩猎者和自然研究者的比例；与大型团体偶遇的次数；满意评估和假定的偶遇率之间的关系

资料来源：Cole *et al.*，1995。

趋势综合分析结论

从表7.6中的使用趋势分类可以看出，这五个荒原区域的使用趋势存在很大的差异性，如63个变量中只有五个表现出强烈一致性的趋势。以下给出从趋势差别的综合分析得出的结论，不包括对趋势的细节讨论。

1. 所有的荒原地都不是相同的：每个荒原地的使用趋势变化均存在差异性，缺乏大量一致性变化，这表明每个区域都有独特性，要概括出整个荒原地系统的使用趋势是非常困难的。一个荒原地在某个特定时间点的研究结果可能对场地有着特定的和有限的价值，对于它以外的荒原地的价值则不大。

2. 游客自身变化较大：相比游客采取的旅行类型、旅行期间的使用方式以及他们对所遇到条件的评价，荒原地游客本身的特征变化要更多。现在的游客年龄普遍更大、受教育程度更高、可能女性游客也更多些并且与过去相比白天使用者更多。白天使用者的增长，通常是独自一人的游客，群体规模更小、停留时间更短，尤其是在一些特定的荒原地。然而，所有的荒原地区域的趋势数据似乎显示出在过去的 20 年中游客的群体规模（2～4 人）和停留时间（1～3 晚）都没有太大的变化。

3. 对环境影响的感知基本上没有变化：虽然研究区域有迹象表明现在的游客不认为垃圾是一个严重的问题，但没有相似的关于群体之间的接触或者是群体之间存在潜在影响的证据。事实上每个人都支持“带走自己的垃圾”这一政策，这似乎也收到一定的效果，然而，尚没有明确的证据表明荒原地现在的游客对于遇到其他人的忍耐力是比先辈们更高些还是更低些，同时，这个研究还是随着研究的区域的变化而变化。尽管现在的游客在荒原地遇到的人比先辈们遇到的人更多，但是光辉岩石的荒原地游客并不认为“人太多”是一个很大的问题。据报道，随着遇见人数的增加，1990 年的满意度相比 1978 年有缓慢下降。所有这些结果表明对于频繁遇到其他群体成员的忍耐力在增加。在遗弃地，白天使用者的忍耐力比过夜游客要高；此外，白天游客的忍耐力随着时间推移在增加，而夜晚使用者的忍耐力保持不变。白天游客和过夜游客忍耐力的差异说明光辉岩石荒原地的游客忍耐力的增加可能只是反映在白天区域使用者对忍耐力的增加。最后，明尼苏达边界水域游客的忍耐力随着时间推移而下降，目前游客可能更多的认为这个区域太拥挤，尽管遇见的人数并没有重大变化；此外，据报道，1991 年和 1969 年相比其满意度下降的速率要比相遇见人数增加的速率要快。

遗弃地、明尼苏达州边界水域以及光辉岩石的使用者对于使用行为正向低影响转化并不乐观。在这些荒原地集中使用仍然很高，旅行和群体特征大部分还是保持不变。然而，使用炉子、带走垃圾以及使用其他低影响的实践活动有所增加，这表明使用影响还是有希望降低的。

4. 态度的倾斜与不一致性：很多荒原地区域目前与自然荒原地生态系统中的自然火和自然渔业的管理（不准放养牲畜，保持湖泊原貌）密切相关。早先的研究表明游客认为这两项措施都不可取。随后两个荒原地（鲍伯马歇尔荒原综合区和遗弃地）的研究表明游客仍然反对自然渔业，然而，支持自然火的态度则大幅度增加。这表明了游客支持保护荒原地生态系统的自然环境的目标，但是可能只是在不扰乱他们所喜爱的活动前提下。目前，人们的态度倾向于支持高质量跨小溪的道路和桥，而不是像先前研究中发现的“纯粹主义者”的思想。例如，在光辉岩石荒原地，人们对于质量较差游径的维护、质量低下游径的标志以及游径位置信息的不完善表现出越来越多的关注；同时，白天使用量的增加导致游客自我依赖感的减少和对于荒原地方便通道和旅游的关注增多。

5. 管理注意事项：现在五个研究区域的多数游客表示他们对旅行感到非常满意，正如过去一样。由于这五个荒原地的变化一致的趋势变量因子太少，所以很难将这种满意程度归类于某一具体的趋势；而且从一个荒原地的结果去推断另外一个荒原地的结果也是非常不可取的。但是，也许能够通过研究鉴别出荒原地的群体中，哪种趋势相对较小，例如，很多接近有大学的大城市地区与白天大量使用的荒原地变化趋势可能比较相似。

白天使用者与夜晚使用者之间存在很大差异，并且白天使用正在增加，这项发现至少对于一些区域是非常重要的。在此之前很少对白天的使用者们进行研究，也很少对他们进行监控，并且他们的使用也很少受到限制。对于这些大量的白天使用，荒原地的管理者们最好增加对这些使用者和他们活动影响的关注。

在游客采取的旅游方式和他们对所遇到环境的偏爱没有明显转变的情况下，对于来到荒原地人群的态度变化必须要谨慎的解释，这种研究可以部分解释未来荒原地游客的社会人口特征变化。例如，1972 年重新回到遗弃地的游客应该比 1990 年的年龄要大，而且学生很少。另外，这种研究结果可能表明尽管到荒原地的人群类别发生了深刻的变化（例如女性更多些），但是荒原地的访问特征、游客态度以及管理倾向仍然保持稳定。

原野地冲击的近期趋势

与原野地游憩使用不同，原野地游憩冲击很少以年为单位进行评估，因此不能对它们进行趋势分析。只有在近 10～15 年才重复进行基于冲击研究的实验，用以考察冲击随时间的变化，这些研究集中于荒原地和原野地区域的游径和露营地的冲击趋势。

虽然已经有一些关于游径和露营地的冲击的研究（Cole，1987），但是大部分研究只是对一个点的状态随时间变化进行评估，他们提供了环境状态的“快照”；但很少表达对于环境状态是如何随时间变化的观点。虽然很多原野地游憩管理区域的确对环境冲击进行了周期性的监测，但是很少对这些数据进行趋势分析或者公开发表。我们可以从每年游径和露营地维护和重建的总量推断出环境已经发生恶化；然而，我们很少能够得到有关于原野地区域环境冲击趋势的定量信息（Cole，1991）。

游径冲击趋势

原野地区域游径系统随时间变化的趋势研究已有四个案例（Cole，1991），它们分别是贝菲拉德（Bayfield，1985，1986）兰斯、鲍和洛夫（Lance *et al.*，1989）在苏格兰原野地区域进行的研究，获得了长达 12 年的游径变化数据。研究者发现很多游径的宽度增加了，但是有一些游径相对比较稳定。总体而言，大部分新开辟的游径以及正在经历使用量增加的游径容易发生改变。

在落基山国家公园和科罗拉多州，萨默（Summer）发现在七年期间游径变化的差异性很大，九条游径中有四条游径部分明显变宽了，而其他的比较稳定；五条游径中有两个部分明显变深了。萨默（Summer，1980）发现新开辟的游径尤其容易恶化，并且恶化的范围经常与地域的特征相关。

菲什、布拉泽斯和刘易斯（Fish *et al.*，1981）以及廷斯利和菲什（Tinsley and Fish，1985）研究了得克萨斯州的瓜达卢佩山国家公园游径的侵蚀状况。经过了3.5年的时间，游径很少发生净侵蚀现象；一些游径的部分路段经历了侵蚀，而其他游径或者路段经历的则是沉淀事件；游径的净冲击和非游径区域正在发生的冲击并没有巨大的差异。科尔（1983）在对蒙大拿州的塞尔韦一比特鲁特荒原游径进行两年时间变化研究之后公布了类似的结果。

科尔（Cole，1991）将他原本为期两年的塞尔韦一比特鲁特荒原游径研究扩展至11年，即1978～1989年。在这11年中，游径的深度并没有发生明显的变化；个别游径由于位置的原因容易发生变化，但是游径系统作为一个整体而言相对比较稳定；实际上，没有发生净侵蚀和沉淀；总的游径宽度的确有所增加，它是测量区域被践踏干扰的宽度；然而，光秃秃的游径宽度（没有植被覆盖的区域的度量）没有太大的变化。这些结果表明在游径走廊的外围变化比中心部分要大，也就使得总宽度增加。

在一定的使用量下，游径的宽度比深度变化大，此结论并不出人意料。践踏是游径变宽的主要原因，而游径变深的主要动力是水的流失。因此，冲击深度的关键性因素可能是与环境相关（例如，土壤的特性或坡度），而不是与使用。

露营地冲击趋势

荒原地的管理者认为在荒原露营地的恶化比其他任何潜在问题都严重（Washburne and Cole，1983）。自然状态地域和原野地区域的露营通常会对当地产生严重的冲击，尤其是目的地的植被和土壤。很多露营地地面覆盖的垂直植被以及树木的再生能力都丧失了；同时损失的还包括有机土壤层，这使得已经被严重压实的矿物质土壤裸露在外。虽然已有原野地露营地环境的信息，但是尚缺乏露营地环境状况随时间变化的数据。已经建立的露营地其环境随时间的变化只是评估露营地环境变化需要信息的一部分。露营地冲击与露营地数量和营地环境状况均呈现一定的函数关系。如果露营地数量在一段时间内迅速增加，即使原来场地的环境保持相对稳定或者不变，露营地冲击也会剧烈增加。因此，对于露营地冲击趋势的评论必须既要包括露营地现存的环境又要考虑到新的冲击区域随时间推移而衍生的问题。

1. 已建立的露营地冲击：对已建立的露营地5～11年内的冲击变化研究的结果呈现出一幅复杂画面（Merriam and Peterson，1983；Cole and Hall，1992）。其中一些露营地的条件得到了改善，还有一些场地状况出现恶化现象，而另外一些营地则保持相对稳定。其实即使是在同一个露营地，有些冲击增加了而另外一些冲击却降低了。随时间的推移，冲击逐渐增大的类型包括：营地的扩张（面积大小）、矿物质土壤的裸露以及树木累积的破坏；与此相反，研究结果显示地被植物的冲击趋于稳定或减少。然而，迄今为止在研究记载的四个荒原地区域内已经建立的营地之中，只有一个有轻微的恶化现象（Merriam and Peterson，1983；Cole and Hall，1992）。

研究者们还对比了高使用场地、低使用场地以及关闭后再次开放的露营场地之间的变化。长久以来，高使用场地要么趋于恶化、要么保持稳定，几乎没有例外的情况存在。低使用场地的研究结果则表现出更多的易变性。某些低使用场地的恶化与高使用场地的恶化状况一样严重，但有些场地却得到很大的改善（Cole and Hall，1992）。至于关闭后的场地，冲击严重的场地恢复比冲击较轻的场地要慢，恢复速度取决于先前受冲击的程度和环境的恢复特征。

科尔和霍尔（Cole and Hall，1992）从他们的露营地冲击趋势的研究中得出了两条结论——已建立的场地趋向缓慢的恶化；已关闭的场地以不同的速率恢复。将这项信息增加到以前的有关冲击变化的研究之中，可以得出以下典型营地的“生命史”（图 7.4）。

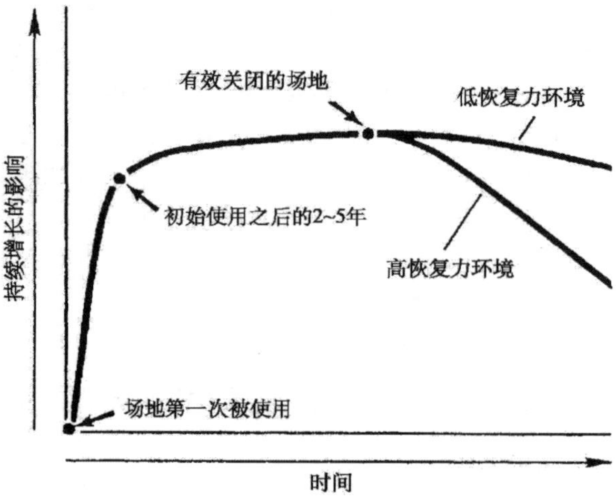

图 7.4　一个典型营地的“生命史”（引自 Cole and Hall，1992）

在营地开始发展期间，营地的恶化是非常迅速的，通常在几年使用之后冲击会达到近最大值。这个“发展”阶段之后是一个比较稳定的阶段，虽然期间恶化现象继续存在但是速率较缓；在这一阶段，露营地扩张、树木破坏以及矿物质土壤裸露的冲击会持续增大。如果一个场地有效关闭不再使用，就会出现开始恢复现象。恢复速率虽然不同，但通常都要慢于其恶化速率。在生长条件较好并且没有收到严重破坏的场地，自然恢复会相对更加迅速。

作者们进一步总结了趋势研究的结果，并提出：尚没有任何理由让我们对建成营地的未来环境抱以乐观或悲观的态度；没有证据表明建成的营地比十年之前要糟糕，很多荒原地数十年来遭到严重冲击；继续使用这些场地可能造成进一步的恶化，但是恶化速率与已经发生的冲击速率相比要慢许多；然而，如果不对使用进行严格的限制，只通过管理来改善这些场地的环境是几乎不可能实现的。

2. 新露营地冲击：新露营地的建立和衍生是原野地游憩管理者们最为担心的问题，尤其是在扩张时期。据科尔（Cole，1993）报告，在 12～16 年的时间内三个荒原地内部分露营地的数量和环境均有变化；露营地的数量在塞尔韦-比特鲁特荒原增加了 53%，在利镇梅特卡夫荒原增加了 84%，在伊格尔卡普增加了 123%；研究表明露营地冲击大幅度增加，不是因为现有的露营地恶化，而是主要因为新的露营地被开发，例如，在塞尔韦-

比特鲁特荒原地的贝尔流域（Bear Creek Drainage）新建了 16 个露营地，而 13 个场地仍然保持稳定，同时在 12 年的时间中只有五个营地发生恶化现象（图 7.5）。

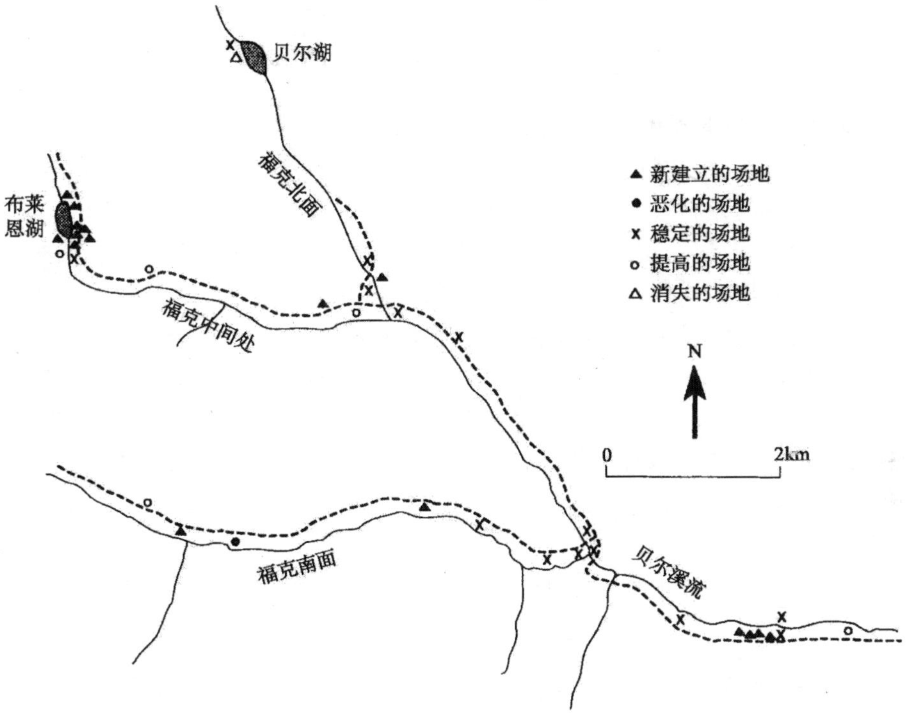

图 7.5　塞尔韦-比特鲁特荒原地的贝尔流域在 1977 到 1989 年之间营地环境的变化
（引自 Cole，1993）

根据对开发露营地和新建营地冲击的研究，科尔总结如下：如果这些研究区域是其他荒原地区域的典型代表（并且，也没有理由怀疑它们不是），那么在其他原野地区域的露营地在经过 10～15 年使用之后冲击可能也大幅度增加；冲击增加的主要原因是新的露营地的建立，尽管一些开发营地的环境状况也存在恶化现象。

新建露营地数量大幅增加的趋势表明营地-拓荒者行为（例如露营者建造新的营地）的增多。以西班牙峰荒原地为例，在 1972 年至 1988 年使用相对稳定的这段时间，新建露营地的数量几乎和 1972 年前使用持续增长的几十年中建造的数量相同；即使从 1970 年中期以来使用强度被认为是保持稳定的，目前一些低使用湖泊的营地密度也超过了在 1970 年中期一些高使用湖泊的营地密度。这些变化太剧烈了，以至于不仅仅只是反映出时间的流逝；他们认为现在的露营者比他们在 15～20 年前更喜欢开辟新的营地。

这种解释说明营地在过去 10～15 年中的衍生主要是以下两方面的结果：① 营地-拓荒者行为增加，很多情况下是管理者的鼓励导致的；② 管理方式消极，不做任何努力去减少营地的数量，上述问题在重度使用地区有更加严重的倾向。但是随着营地密度的增加，鲜有潜在营地未被使用，几乎没有合适的地点再进行开发，因此，在重度使用地区营地的衍生危险可能会相对较小。现在最危险的地方通常是使用密度较为适中的地区，因为那里存在大量区域没有被使用，是潜在营地的开发用地。

小结

1. 依据可利用数据提供的时间长度，本章中总结了过去 20～40 年内原野地游憩使用和冲击的趋势。在这段时间内的重大变化表明原野地和荒原地的总体使用正在增加；然而，每个荒原地的差异性很大，某些区域的使用减少。

2. 虽然使用量不断改变，但是游客的使用模式还是相当稳定的。荒原地游客主要的变化一是白天使用的增加；二是女性游客数量的增加。

3. 人们对原野地资源的冲击也随时间的推移不断增加。对于管理者来说也许最重要的就是原野地区域新露营地的衍生，管理者们应当关注冲击的类型并且采取相应的措施降低冲击。由于有了更长时间和可重复的研究数据，更能够说明使用和冲击的趋势，因此管理者们应当相应改善对这些变化的管理。

参考文献

Bayfield, N. G. 1985. The Effects of Extended Use on Mountain Footpaths in Britain. In *The Ecological Impacts of Outdoor Recreation on Mountain Areas in Europe and North America*. Recreation Ecology Research Group Report No. 9. Wye, UK: Wye College. pp. 100—111.

Bayfield, N. G. 1986. Penetration of the Cairngorm Mountains, Scotland, by Vehicle Tracks and Footpaths: Impacts and Recovery. In R. C. Lucas, comp. *Proceedings—National Wilderness Research Conference: Current Research*. USDA Forest Service General Technical Report INT-212, Ogden, UT. pp. 121—127.

Bratton, S. P., M. G. Hickler, and J. H. Graves. 1978. Visitor Impact on Backcountry Campsites in the Great Smoky Mountains. *Environmental Management* 2: 431—442.

Burde, J. H., and K. A. Curran. 1986. User Perception of Backcountry Management Policies at Great Smoky Mountains National Park. In D. L. Kulhavy and R. N. Conner, eds. *Wilderness and Natural Areas in the Eastern United States: A Management Challenge*. Nacogdoches, TX: Center for Applied Studies, School of Forestry, Stephen F. Austin State University. pp. 223—228.

Cole, D. N. 1983. Assessing and Monitoring Backcountry Trail Conditions. USDA Forest Service Research Paper INT-303. 10 pp.

Cole, D. N. 1987. Research on Soil and Vegetation in Wilderness: A State-of-Knowledge Review. In R. C. Lucas, comp. *Proceedings—National Wilderness Research Conference: Issues, State-of-Knowledge, and Future Directions*. USDA Forest Service General Technical Report INT-220, Ogden, UT. pp. 135—177.

Cole, D. N. 1991. Changes on Trails in the Selway-Bittertoot Wilderness, Montana, 1978—89. USDA Forest Service Research Paper INT-450. 5 pp.

Cole, D. N. 1993. Campsites in Three Western Wildernesses: Proliferation and Changes in Condition over 12 to 16 Years. USDA Forest Service Research Paper INT-463. 15 pp.

Cole, D. N. 1996. Wilderness Recreation Use Trends, 1965 Through 1994. USDA Forest Service Research Paper INT-RP-448. 10 pp.

Cole, D. N., and T. E. Hall. 1992. Trends in Campsite Condition: Eagele Cap Wilderness, Bob Marshall Wilderness, and Grand Canyon National Park. USDA Forest Service Research Paper INT-453. 40 pp.

Cole, D. N., A. E. Watson, and J. W. Roggenbuck. 1995. Trends in Wilderness Visitors and Visits: Boundary Waters Canoe Area, Shining Rock, and Desolation Wildernesses. USDA Forest Service Research Paper INT-RP-483. 38 pp.

Cole, G. L., and W. F. LaPage. 1980. Camping and RV Travel Trends. In W. F. LaPage, ed. *Proceedings 1980 National Outdoor Recreation Trends Symposium*. USDA Forest Service General Technical Report NE-57. pp. 165—178.

Cordell, H. K., J. C. Bergstrom, L. A. Hartmann, and D. B. K. English. 1990. An Analysis of the Outdoor Recreation and Wilderness Situation in the United States: 1989—2040. USDA Forest Service General Technical Report RM-189.

Cordell, H. K., B. Lewis, and B. L. McDonald. 1995. Long-term Outdoor Recreation Participation Trends. In J. L. Thompson, D. W. Lime, B. Gartner, W. M. Sames, comps. *Proceedings of the Fourth International Outdoor Recreation and Tourism Trends Symposium and the 1995 National Recreation Resources Planning Conference*. St. Paul: College of Natural Resources and Minnesota Extension Service University of Minnesota. pp. 35—38.

Duffus, D. A. and P. Dearden. 1990. Non-consumptive Wildlife-Oriented Recreation: A Conceptual Framework. *Biological Conservation* 53: 213—231.

Fish, E. B., G. L. Brothers, and R. B. Lewis. 1981. Erosional Impacts of Trails in Guadalupe Mountains National Park, Texas. *Landscape Planning* 8: 387—398.

Feuchter, R. 1980. Off-road Vehicle Use: The U. S. Forest Service Perspective. In R. N. L. Andrews, and P. F. Nowak, eds. *Off-road Vehicle Use: A Management Challenge*. Washington, DC: Office of Environmental Quality. pp. 148—155.

Flather, C. H. , and H. K. Cordell. 1995. Outdoor Recreation: Historical and Anticipated Trends. In R. L. Knight and K. J. Gutzwiller, eds. *Wildlife and Recreationists*. Washington, DC: Island Press. pp. 3—16.

Hendee, J. C., G. H. Stankey. and R. C. Lucas. 1990. *Wilderness Management*. 2d ed. Golden, CO: North American Press. 546 pp.

Lance, A. N., I. D. Baugh, and J. A. Love. 1989. Continued Footpath Widening in the Cairngorm Mountains, Scotland. *Biological Conservation* 49: 201—214.

Leatherberry, E. C., D. W. Lime, and J. L. Thompson. 1980. Trends in River Recreation. In W. F. LaPage. ed. *Proceedings 1980 Outdoor Recreation Trends Symposium*. USDA Forest Service General Technical Report NE-57. pp. 147—164.

Lucas, R. C. 1985. Visitor Characteristics, Attitudes, and Use Patterns in the Bob Marshall Wilderness Complex, 1970—82. USDA Forest Service Research Paper INT-345. 32 pp.

Lucas, R. C. 1989. A Look at Wilderness Use and Users in Transition. *Natural Resources Journal* 29 : 41—55.

Lucas, R. C., and S. F. McCool. 1988. Trends in Wilderness Recreational Use: Caunses and Implications. *Western Wildlands* 14 (3): 15—20.

Lucas, R. C., and G. H. Stankey. 1989. Shifting Trends in Wilderness Recreational Use. In A. E. Watson, comp. *Outdoor Recreation Benchmark 1988: Proceedings of the National Outdoor Recreation Forum*. USDA Forest Service General Technical Report SE-52. pp. 357—367.

McCool, S. F., D. W. Lime, and D. H. Anderson. 1977. Simulation Modeling as a Tool for Managing River Recreation. In *Proceedings: River Recreation Management and Research*. USDA Forest Service General Technical Report NC-28. pp. 304—311.

Merriam, L. C., and R. F. Peterson. 1983. Impacts of 15 Years of Use on Some Campsites in the Boundary Water Canoe Area. Agricultural Experiment Station Research Note 282, University of Minnesota: St. Paul. 3 pp.

Roggenbuck, J. W. and R. C. Lucas. 1987. Wilderness Use and User Characteristics: A State-of-Knowledge Review. In R. C. Lucas, comp. *Proceedings—National Wilderness Research Conference: Issues, State-of-Knowledge, and Future Directions*. USDA Forest Service General Technical Report INT-220, Ogden, UT. pp.

204—245.

Roggenbuck, J. W., and A. E. Watson. 1988. Wilderness Recreation Use: The Current Situation. In A. E. Watson, comp. *Outdoor Recreation Benchmark 1988: Proceedings of the National Outdoor Recreation Forum*. USDA Forest Service General Technical Report SE-52. pp. 346—356.

Stankey, G. H. 1973. Visitor Perception of Wilderness Recreation Carrying Capacity. USDA Forest Service Research Paper INT-142. 61 pp.

Summer, R. M. 1980. Impact of Horse Traffic on Trails in Rocky Mountain National Park. *Journal of Soil and Water Conservation* 35: 85—87.

Summer, R. M. 1986. Geomorphic Impacts of HorseTraffic on Montana Landforms. *Journal of Soil and Water Conservation* 41: 125—128.

Tinsley, B. E., and E. B. Fish. 1985. Evaluation of Trail Erosion in Guadalupe Mountains National Park, Texas. *Landscape Planning* 12 : 29—47.

USDI National Park Service. 1984. The 1982—1983 Nationwide Survey: Summary of Selected Findings. National Park Service, Washington, DC.

Washburne, R. F., and D. N. Cole. 1983. Problems and Practices in Wilderness Management: A Survey of Managers. USDA Forest Service Research Paper INT-304. 56 pp.

第四部分
冲击的影响因素

第8章　环境承载力

目前，我们对于游憩对土壤、植物、野生动物、水以及格局时空变化的影响已经有所了解。了解游憩对于这些因素的影响是非常至关重要的，只有通过操纵这些影响因素，管理者才能够进一步控制游憩冲击。许多因素对冲击量以及陆地上的格局都会产生冲击，其中的一些因素与游憩使用场地的环境特征相关。在使用发生的季节，场地的内在状况和承受力都是非常重要的，这些主题是本章研究的重点。当然，使用的特征也有很大的冲击力，各种不同使用特征的重要性将在第 9 章中阐述。

在本书所有的主题当中，仅用一个章节便对环境承受力进行判定可能是非常困难的；因为它是一个极其复杂的问题，虽然对于这个问题有许多建议性的信息，但是却极少有明确的答案。某一个特征可能使这个场地具有耐用性，而另外一个特征也可能使这个场地变得很脆弱。例如，草地可能对植物的丧失存在一定的抵抗力；但是同时又使其土壤极其容易受到侵蚀的影响，在抵抗力和恢复力的特性之间也存在重大而明显的差别。抵抗力指的是场地承受游憩使用而没有发生变化或者被干扰的能力，它要确定的量是场地在影响达到承受临界值时所能够吸收的使用量；而恢复力指的是从已经发生的改变中恢复的能力，它要确定的量是一个场地从某个影响水平恢复至先前未干扰的状态所需要的时间长度。一些场地具备抵抗力但是没有恢复力，它们能够承受大量的使用；一旦发生影响，将持续很长时间，许多沙漠和高山场地都为此提供了很好的案例。而其他一些场地，如许多沿河区域，其具有恢复力却没有抵抗力；一旦游憩发生在这些区域其很快就会受到影响，但是可以迅速地恢复。在一个指定作为游憩使用的场地，诸如开发的营地，对其而言可能抵抗力比恢复力更为重要，因为这些场地将永久被使用，并就不存在恢复问题；而在高度分散使用的区域，恢复力至少和抵抗力一样重要，因为在这些区域管理的目标是强调避免对这些场地产生永久性的影响。森和利德尔（Sun and Liddle，1991）对比了一种具有抵抗力的草种与一个具有恢复力的草种对践踏的反应。研究结果表明具有抵抗力的草种在其成长季节受到践踏时能够保持更多的生物数量；而当具有恢复力的草种被践踏时可在相对较长的时间内保持未受影响，比具有抵抗力的草表现得更好，所以在实施管理措施时必须对抵抗力和恢复力都进行考虑，它们之间的相对重要性是根据管理目的而定的。

相对于野生动物和水资源的承受力而言，人类对植物和土壤的承受力了解得更多，因此，本章的大部分内容涉及的是植物和土壤的影响，在章节末尾将单独对野生动物和水资源进行讨论。为了方便起见，将影响植被和土壤的环境特征归类化，即将它们分类为植物特性、土壤特性和地质特性；更高级别的分类也可以用于描述生态系统水平特征的重要性。区域气候的极大差异也会进一步影响承受力，但是本章中将不考虑区域气候，这是因为其不会受到管理的影响。

植物的抵抗力

一个场地的承受力在很多方面可以通过研究植物的特性进行评估。影响特性的因素包括单个物种的抵抗力、植被的物种组成、植被覆盖的总量以及植被结构（植被的地带性）。单个物种抵抗力的特性已经在第 3 章中进行了阐述。

我们对不同植物群的相对承受力进行了分类归纳，为评估不同环境的承受力提供有用的指导。在抵抗力较强植物丰富的地区，很明显其抵抗植被丧失能力要强于大部分植物生长脆弱的地区。正如前面所提及的，成材树木和禾草（类似于草的植物）通常更具有抵抗力；苔藓既不属于具有抵抗力的植物，也不属于高敏感性植物；而地衣和幼树都是高敏感性植物。灌木丛是属于具有中度抵抗力的植物，但是一旦被严重损伤之后，其恢复力通常比较低。非禾本草本（同非禾草）植物种类之间的差异性比较大，从中度抵抗力植物到高敏感植物都有，其恢复力通常要高于灌木丛。对于非禾本草本植物而言，其不同种类之间抵抗力变化的反应存在很大的差异性，通过第 3 章中的抵抗力特性列表可以推测它们的特性从而合理使用这些植物。生长在森林中潮湿环境下的直立非禾本草本植物对干扰尤其敏感；而具有蔓生性并且比较低矮的非禾本草本植物更具有抵抗力。

尽管植物对干扰的反应存在上述总体趋势，但是自然界中还有数不胜数的特例，即使是同一物种两个单体植物之间的反应也是不一样的。生态型的差别——为适应不同的环境而导致个体间的遗传存在差异，也会导致不同物种不同单体之间的抵抗力存在重大差别。对于同一经度不同纬度的植物而言，生长在高海拔地区的生态类型比生长在低海拔地区的更矮小些，而且更容易呈现蔓生型生长；因此，高海拔生态类型植物比低海拔生态类型植物更具有抵抗力（Kuss and Graefe，1985）。其他的物种也展现出显著的显性差异性——即形态和结构上的差别，而不是基于基因的差异性。例如，莓系属的牧草能够放弃未干扰环境下的直立生长形态，并且在践踏区域能够适应环境形成匍匐生长形态，这就增加了其承受践踏的能力（Burden and Randerson，1972）。在澳大利亚，森和利德尔（Sun，1990；Sun and Liddle，1993）已证明了随着植物生长时间和耕种者数量的增加，牧草抵抗践踏能力也在增强。

植物的抵抗力在不同的季节也存在一定的差异。对于大多数的非禾本草本植物而言，在其早期快速生长的季节都特别脆弱；而灌木丛是在其生长后期表现得更为脆弱，那时候它们干枯的枝和茎尤其脆弱。一个物种的抵抗力甚至取决于和其相关的其他物种。霍姆斯和多森（Holmes and Dobson，1976）在加利福尼亚州约塞米蒂国家公园研究亚高山带的草地时发现同一物种在数种物种混生环境下的存活率是纯生环境下的三倍。科尔（Cole，1988）发现如果敏感性的物种散布在更具有抵抗力的物种之中时，其更耐践踏。通常，在植物层次丰富的地方，抵抗力也随之增强，生长在高层次的植物吸收了影响，保护了低层次生长的植物；同时，低层次的植物又提供了一种缓冲的效果，降低了高层次植物所受的影响。

我们已经对整个物种组合的相对抵抗力进行了许多分析。通常情况下，研究人员会对几种不同植物类型进行实验性践踏，并对比它们之间的反应，并以此来判定哪种类别植物的覆盖下降得最快。虽然对植被初始时的抵抗力进行了大量的调查研究，但对其后的恢复情况和以此评估其恢复能力的研究则比较少。

图 8.1 是在西部蒙大拿州所做的试验性践踏中的一些数据（Cole，1985）。他对两种植物类型进行了对比。类型 1 的森林林下层是由茂盛的直立非禾本草本植物主导的，这些物种已适应在厚厚的林荫下成长（图 8.2）；类型 2 的森林林下层是由灌木丛主导的，灌木只长出地面几英寸。对于每个类型，人们在植物上来回穿梭几次；每一次经过都是一次“践踏”。由图 8.1 可知，类型 1 中低抵抗力的非禾本草本植物在“践踏”后——在不到 100 次践踏，其植物覆盖量损失超过一半；类型 2 中低矮灌木丛具备更高的抵抗力，在践踏近 300 次后，植物覆盖量还剩存一半以上。这种情况同我们基于两种生长形态得到的相对抵抗力的经验相一致。虽然未在图表中显示出来，但是草地在经过 1600 次践踏后仍能保持一半以上的覆盖量（Cole，1985），这表明了禾草类植物最耐践踏（图 8.3）。在最高程度的践踏报告中（800 次践踏），类型 1 和类型 2 的植物覆盖量之间的差异性就消失了，甚至最耐践踏的地表类型覆盖区域的植被最终也都丧失殆尽，植被类型中抵抗力之间差异的重要性是在低至中度使用强度时候才能表现出来。这个事实对于管理有很重要的意义，在高强度使用的地区鼓励使用耐践踏的植被并不具有什么实际价值；然而，在那些使用频率比较低的地方，选择承受力场地区域能够有效将影响降至最低。

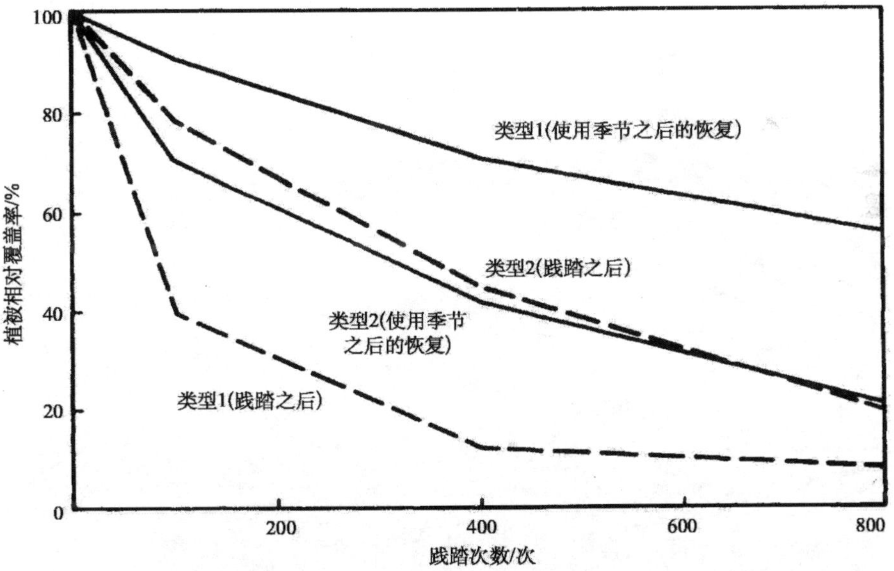

图 8.1　西部蒙大拿州两种植物类型的植物覆盖存活量和实验性践踏数量之间的关系

类型 1 的森林林下层是由茂盛的非禾本草本植物主导；类型 2 的森林林下层主要是生长低矮的灌木丛；其中的一组测量用于评估抵抗力，其表明践踏后的植物覆盖量；另外一组测量用于评估恢复力，其是表明经过一冬天的恢复期后的植物覆盖情况

图 8.2　这种林下层由茂盛的非禾本草本植物主导的植被类型抵抗力低和恢复力高（摄影：J. L. Marion）

图 8.3　草地对于践踏损伤一般有特别强的抵抗力（摄影：M. E. Petersen）

图中的另外两条线表示的是每一种植被类型在初夏时的植物覆盖情况，大约是在践踏停止后的九个月左右状况，这些数据使得我们能够了解植被类型从践踏中恢复的能力情况。类型 1 恢复的情况很好，那些践踏 800 次植物经过一冬天后植被覆盖量从少于 10%（践踏后）恢复至 50%以上。虽然地面上覆盖的大部分非禾本草本植物被践踏毁坏，但是非禾本草本植物能够再生长或从其根部发出新的芽；这种植被类型，在丰富的水分条件下，恢复能力也将提高。然而，在经过第二次季节性践踏后，类型1中越冬植物的恢复量将急剧减少，这说明随着连续几年的干扰后其恢复能力也会下降（Cole，1987）。

类型1的高恢复能力和类型2的低恢复能力形成鲜明的对比。经过冬季之后，事实上类型2的覆盖量下降的非常少。灌木丛在践踏损害时普遍表现出滞后性，尤其是杜鹃科石南树丛和越橘类植物（Bayfield，1979；Cole 1995b）。灌木丛的茎和枝条受到践踏之后明显表现出损坏的状态，但是它们仍呈现被覆盖状态直到冬天才会衰退；经过整个冬天，它们很少能再生长或再发芽以补偿覆盖损失。

科尔（Cole，1995a，1995b）实施了一个迄今为止最为广泛的践踏实验性研究，并对此做了详细记载。他对18种不同的植被类型进行了研究，这18种植物类型分布于美国五个不相连的山岳地带，并且分布的海拔范围也比较宽广，这五个山岳地带分别位于华盛顿州、蒙大拿州、科罗拉多州、新罕布什尔州和北加利福尼亚州。他发现这些植被践踏后的反应存在极大差异性，在抵抗力方面至少有30种差别。在华盛顿州的高山莎草草地，经过600次践踏后植物覆盖量才丧失了50%。大烟山国家公园的云杉-冷杉森林下层林中分布着丰富的蕨类植物，但是仅经过20次践踏后，植物的覆盖丧失量就达到了一半。在许多地方，特别是亚高山地带的生态系统，不同生长形态的植被类型多样性非常高，根据每种植物生长分布情况植被类型的抵抗力有大约10%或更高的差别，这就说明通过植被的有效混合搭配，使用耐践踏的植被类型可降低干扰的影响。

如之前所述，许多研究人员认为植被对践踏的抵抗力与物种要素生长形态紧密相关。科尔（Cole，1995b）用实验证实了他的假说，在他所研究的18种植被中，它们对践踏的抵抗力与禾本草（尤其是丛生草木及莎草）和灌木的丰富度呈正相关关系；而与植被的平均高度和垂直性（尤其是非禾本草本类）呈负相关性关系。68%的个体物种通过辨别它们是否为灌木、非禾本草本或草类植物即可得知其抵抗践踏程度，禾草类抵抗能力高；非禾草类对践踏比较敏感；灌木对践踏的反应则居于这两者之间（图8.4）。当然，除了这三种分类之外还有其他特殊种类，尽管如此，这样较为简单化的调查结果有利于游憩者辨识耐践踏的植被类型和对践踏敏感的植被类型。

植被的恢复能力也很大程度上受其生长形态的影响。在上述18种植被中，它们践踏后的恢复能力与非禾本草本植被的丰富度呈正相关关系，与灌木丛的丰富度呈负相关关系。新生的芽位于地面之上的植物，即所有的灌木类及其他几种植物，一旦被干扰恢复极为缓慢。因为这些芽本身也经常被践踏摧毁，并且木本植物组织明显慢于草本植物组织的生长。植被的恢复能力随海拔上升而降低，然而，海拔远没有生长类型的影响大。专家指出同抵抗力相比植被的恢复性更容易受到一些环境变数的影响，如土地肥沃程度、生长周期长短、光照条件以及湿度水平（Cole，1988）。这些变因的重要性将在下文中详细讨论。

植被覆盖率大小与承载力的关系也是复杂的，植物种群采取疏植或者高密度种植都可形成对践踏较强的抵抗力；同时，也可能都表现得比较脆弱。科尔（Cole，1995b）

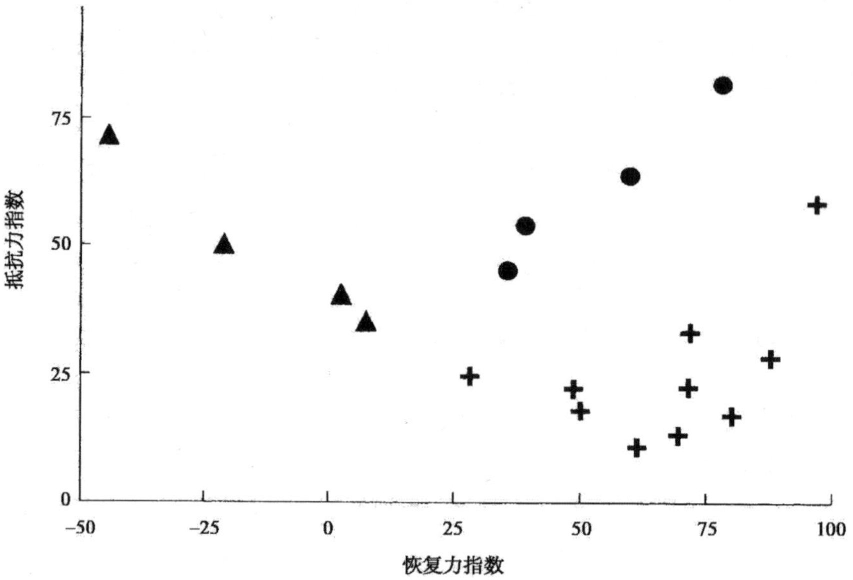

图 8.4　林下植被由灌木丛主导的 18 种植被类别的抵抗力与恢复力（引自 Cole，1956b）
▲代表灌木，●代表禾草类；✚代表非禾草类

通过对 18 种植被类型的研究发现践踏冲击与植被覆盖率之间呈正相关关系。这可能是因为生长在密集草丛中的植物是不会轻易因践踏作用而连根拔起。植被覆盖最主要的功效是其能够防止侵蚀发生的能力。植被能够固定土地，并减少流水对土壤的冲蚀。不管是否易遭受践踏破坏，植被类型还是要保持一定的覆盖量，以便更能够有效抵抗侵蚀的破坏。植被类型中有丰富的禾本草本类和（或者）外来物种，这些对践踏有一定抵抗力的物种要尽可能保留一定的覆盖密度，同时，它们也是具有高恢复力。

植被结构中最重要的部分就是上层林冠郁密层，它与下层植被的丧失密切相关。正如我们前面所提到的，生长在厚荫之下的植被比生长在开敞场地的植被要脆弱，这将在表 8.1 中得到很好的说明。表 8.1 显示的是明尼苏达州边界水域独木舟区域营地植被覆盖、植被丧失与林冠郁密层的关系。平均覆盖指的是营地植被覆盖的平均值，绝对差值作为评估场地使用导致的植被丧失量。它是通过计算场地和邻近未受干扰的参照场地两者之间的覆盖差值获得。两种数据都显示出当树冠面积超过总覆盖面积的 25%时，植被损失将大幅度增加，并且随着树冠面积的递增影响也呈现递增趋势；在大部分林荫场地内，只有极少量的（3.5%）植被能够存活。在科尔（Cole，1995b）的践踏研究中，他发现植被对践踏的抵抗力主要与林冠郁密层覆盖面积这个变量因子相关，同时，林冠覆盖的影响多数是间接性作用。林冠覆盖会对植被生长形态产生影响，某些特定种类植被在郁密的林冠层下比其他植被生长得更好；反过来生长形态又决定着其对践踏的抵抗力。

表 8.1　明尼苏达州边界水域独木舟区域营地林冠层覆盖面积与植被覆盖之间的关系

树木覆盖/%	植被覆盖/%	
	平均值[a]	绝对差值[b]
0～25	52.4	−43.6
26～50	25.8	−60.7
51～75	14.9	−70.3
76～100	3.5	−77.1

注：a. 场地植被覆盖平均存活量；b. 绝对差值是场地和未受干扰的参照场地的覆盖差值，用来评估植被的丧失量。

资料来源：Marion，1984。

土壤特性

土壤特性对承受力具有显著影响，其中包括土壤质地、坚硬度、有机质、含水量、肥沃度以及深度。最适用于营地与游径开发的土质为中性土壤——沙质肥土、细沙质肥土以及肥土。此类土壤通常排水条件好，不容易发生侵蚀，并且能为植物生长提供优良的潜在条件；它们最大的缺点就是土壤颗粒大小不一，特别容易被压实。此类粗糙土壤经得住水和风的侵蚀，土壤颗粒较大使得它们不易被风和水带走。然而结构上的不稳定性又使得粗糙土壤的游径很脆弱，易因践踏变宽；并且它们的持水能力和阳离子交换能力（持阳离子的能力，可能是重要的营养元素）都很差，是植被生长相对贫瘠的环境。这些缺点对于游径的影响可能比场地营地更严重。在偏远荒僻的环境中由于使用强度低，同时使用又比较分散，沙质土壤可能也不适于此处的营地开发。

很明显，粗质土壤比细质土壤更适合做营地。淤泥和细沙很容易受到侵蚀，因为其土壤颗粒都易于被分解和带走——这同时也是土地侵蚀发生的两个必备条件。此外，淤泥容易发生针冰和冻胀，这些过程会使得侵蚀加剧，并使得裸露之地很难再生长植被。淤泥性质的游径在干燥时灰尘弥漫，令游客感到特别厌烦。当黏土被压实时其渗透性则会大大降低，从而加速水土流失和侵蚀。尽管黏土颗粒不易被分解，但却很容易被流水冲走。由于黏土在潮湿环境下易于变形，因此其承重能力也非常有限。受潮后它们一般变得黏滞，然后再慢慢变干（Leeson，1979）。黏土的所有这些特性共同决定了其尤其不适于作为游憩设施场地。

石子与岩石对土壤承受力的影响也存在很多变数。利森（Leeson，1979）根据他对加拿大落基山脉游径的研究，认为当石子和岩石占到土壤总容积的 25%时对土壤的承受是非常有利的。土壤中含有一小部分石子使其不易被压实（Stewart and Cameron，1992）；同时，对被流水带走的抵抗力也有所增加。然而，当石子和岩石容量超过 25%时，脚就很难在土壤层面上行走，这使建设和维护的成本都相应提高。一旦游径上的石子松动，流水就会变得更加紊乱（增加侵蚀），并且在它们被水带着向前翻滚的过程中对游径也有侵蚀作用。萨默（Summer，1980）指出不要将游径上所有的石子都移除，因为这样会形成恶性循环——岩石被移除之后直接导致下层细致颗粒裸露在外并且被侵蚀，从而使得表层裸露出更多的岩石。

游径最严重的破坏问题大多数发生在土壤中石子没有约束并且质地相同的地方。这类土壤往往出现在山间草地，它们最易于受到侵蚀（Bryan，1977）。在多雨的季节，游径又深又狭窄迫使徒步行者和牲畜避开车辙，另辟新道；从而沿着旧的车辙形成新的车辙，在风景秀丽的草地上留下无数道平行的伤疤（图 8.5）。

图 8.5　该草场上已形成多条游径，主干道既深、泥泞并且非常潮湿，使得它很难再被使用，远足者喜欢留下足迹，便踩出一条新的平行游径（摄影：R. F. Washburne）

有机质的优缺点问题也十分复杂，因有机质含量、类型以及其相匹配的土壤特性而异。有机土壤，即它们中的有机物含量超过 20%至 30%，是最不适用于游憩使用的场地。因为它们的排水性会在游憩使用过程中变得非常差，甚至在使用之前就已经非常差；这类土壤普遍存在于高海拔、高纬度地区，因为那里有机质的自然分解速度极慢。这种土壤承重能力极差，尤其是当它们潮湿的时候。将这类土壤区域作为游憩场地往往会很快形成大面积泥泞的沼泽地。然而，如果矿质土壤上面覆盖有一层有机土，则能够保护矿质土壤免受压实，同时起到防止水土流失与侵蚀的作用。有机土壤成为矿质土壤的一部分之后，有机质促进土壤形成好的结构，它可以提高排水性、抑制被压实、有助于抵抗颗粒的分散和分解并且由于持水能力和营养的供给增加从而能够促进植物生长。

土壤中的水分，如同其他大多数土壤参数一样，在适中条件下对土壤最为有利。在土壤水分适度的地方，水分充足能够促进植物生长和恢复；相反则会造成很多问题，最为普遍的情况就是导致土壤排水性变差、土壤潮湿。土壤中水分过多，如果没有变成泥泞状或经受很大的压实作用，便无法承受重量；潮湿的土壤由于黏度不断增加和对远足者鞋子的黏附，使得其更容易被切断（Stewart and Cameron，1992）。水分含量问题是细质地土壤最为严重的问题，同时也是游径潜在问题源。这些问题在牲畜大量使用地方尤其严重，因为牲畜会对土壤施加很大的压力。游径的主要问题除了陡坡的侵蚀外，其他都是由游径所在区域的排水条件太差或者地下水位抬高引起的（Cole，1991）。

有限数据表明生长在肥力适度的土壤上的植被比生长在高度肥沃或者贫瘠土壤中的植被更能够抵抗游憩产生的影响（Harrison，1981；Kuss，1986）。然而，要评估这些结论是否属实，目前数据还不够充分。通常，土壤较肥沃场地的恢复能力应该高于营养贫瘠的场地。

最后，深层土壤通常比浅层土壤更适宜游憩使用，这主要反映在浅层土壤容易被侵蚀；并且生长在浅薄土壤的植被更易被破坏摧毁。此外，令人担心的问题还包括：如果土层较浅则使得环境中的人类垃圾很难处理；一些抵抗能力较强的场地使用程度却很低且分散在偏远荒僻营地的基岩上，则这些地方游憩使用产生的影响可能极小。

表8.2粗略总结了土壤的性质是如何影响场地的承受力的总体趋势。之前的讨论表明，在这些普遍结论之中也存在例外情况，但是这些结论仍给我们提供了一些关于设施选址方面有用的指导，比如营地和游径的选址准则。游径设置在土壤质地相同的地方（常见问题是在平稳区设立网状深切游径，牧场上的游径呈编织状）或将设施设立在潮湿的矿物质土壤、有机质土壤上（常见问题是创造了一个宽阔且泥泞的泥潭沼泽），经常会使得游径面临最严重、最普遍的问题——侵蚀。

土壤图可以将土壤承受力知识融入游憩冲击管理中，成为有助于游憩管理的一个途径。例如，贝利和皮尔格林（Bailey and Pilgrim，1983）绘制出新罕布什尔州的怀特山脉的土壤图，随后他们制作出一张表格，上面列出了针对这些土壤类型对于不同游憩使用的适用性。最适合分散布置营地和游径的是松软耕地上的典型的灰土，分布在海拔低于2500ft和坡度小于15°的地方。这份分析报告只粗略提供了设施选址的观点，然而，在进行更精确选址决策时必须进行地形观测和更加全面考虑土壤特性。

表8.2 土壤特性和冲击敏感度的关系

土壤性质	敏感度级别		
	低	中	高
质地	中	粗糙	均匀、好
坚硬度	中	高	低
有机物含量	中	低	高
土壤水分	中	低	高
肥沃度	中	高	低
土壤深度	无	深	浅

地形特征

承受力通常与坡度、位置、地形、海拔以及坡向相关，其中坡度和位置是影响游径、道路以及越野旅行选址的两个最重要的因素。通常，侵蚀随着坡度的增加而增加，例如，科尔曼（Coleman，1981）对不同坡度路段的侵蚀问题进行广泛的研究发现：如果坡度小于9°，则游径不存在侵蚀问题；在9°和18°之间时，会出现侵蚀问题，但是游径大部分路段不会被侵蚀；而在18°以上则大部分游径都会遭到侵蚀（图8.6）。她同时发现随着游径坡度的增加其宽度和深度也会增加，游径的宽度随着坡度的增加而增加，陡峭游径上流水速度的增加会产生更严重的侵蚀问题。阿拉斯卡、杰本威利和奥沙利文（Alaska *et al*.，1987）发现坡度和游径的侵蚀成呈正相关关系；然而，坡度只占了侵蚀变量的34%，说明还有其他更重要的因素决定着侵蚀的发生。宽度的增加可能是因为人在侵蚀严重游径的两侧行走，或者是为了在陡峭游径上寻找更好的落脚点而后来形成陡峭的坡道。在大烟山国家公园，马里恩（Marion，1994）也发现游径在坡度较为陡峭之处其宽度相对其他路段就比较宽。

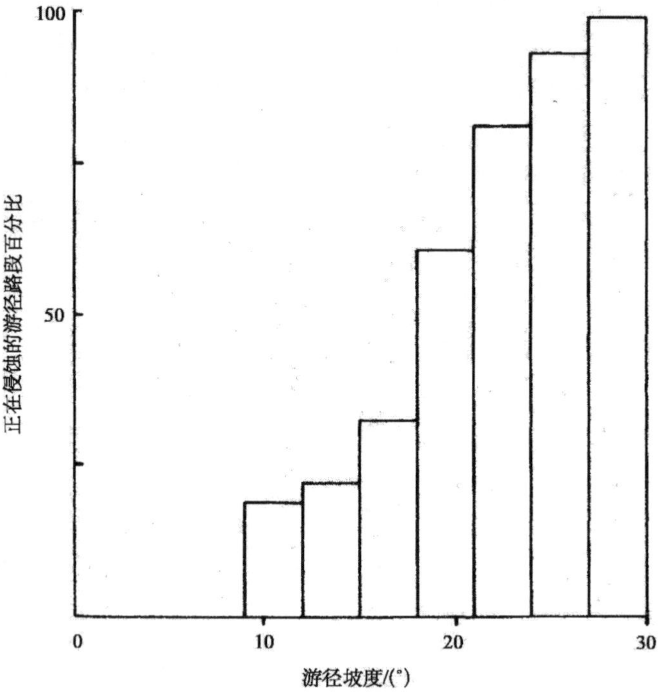

图8.6 随着游径坡度的增加，侵蚀问题的出现频率也会增加

数据来自英格兰湖泊区的步道，摘自Coleman R.，"英格兰湖区步道的侵蚀"，应用地理杂志，版权（1981年）使用已获得出版商的许可

在峭壁处往往是通过架设排水设施解决问题，如引流倾坡和排水渠（参见第13章），即使是平坦的游径也可能出现问题。对于游径路段，太平整则其排水功能相对较差，排水不畅则会导致泥泞沼泽的滋生，沼泽的横向扩张使得远足者与牲畜只能绕开前行，排水不佳的营地在雨天也不尽如人意，在此露营的人们在降雨太强时不得不在营帐周围开凿排水的渠沟。将场地设置在有一定坡度或有排水设施系统处则可避免上述影响。

处于斜坡高点的游径和道路比那些位于坡脚处的游径和道路所拥有的集水区面积要小（从集水区中他们可以收集到水）。集水区越小，侵蚀发生的可能性也越小，然而在斜坡高处的游径通常会异乎寻常的宽（Leung and Marion，1996）。处于坡脚处的营地由于过于潮湿也会存在一定的问题，因为水流可能会被道路或游径从中途截断使之切入斜坡面之上（Cole，1983；Marion，1994），因此斜坡中段通常是最佳的设营地点。

比斜坡位置更具冲击力的变量因素是与游径主要斜坡相关的定线问题。无论坡度大小，沿坡度笔直攀升的游径更容易退化。斜坡平坦一侧不能够阻止游径的不断拓宽，因此游径的排水就成为了一个问题。而紧贴等高线的游径情况稍好一些，由于其排水性较强，因此远足者可以践踏在建设的游径的路面之上。随着坡度的增加，其游径定线的重要性也随之增加。

承受力也会随着海拔高度的变化呈现出不同的结果。在美国大烟山国家公园，布兰特顿、希克勒和格雷夫斯（Bratton *et al.*，1979）曾报道海拔越高则游径和营地状况越糟糕，该结论已经被最近的大烟山游径调查结果再一次证实（Marion，1994）。海拔较高的区域，其降雨量更大且土层更加稀薄，因此很容易导致严重的侵蚀和其他土壤影响。在美国东北部的高海拔地区，游径和营地的退化问题更为严重（Fay *et al.*，1977）。在加利福尼亚州的内华达山脉，高海拔和低海拔地区的野营区更迭明显高于中海拔地区的营地（Dykema，1971）。如之前所指出，科尔（Cole，1995b）发现植被的抵抗能力随海拔的升高而减低，但是这个影响与植物生长形态影响相比而言根本微不足道。

自然环境的忍耐力影响因素极为错综复杂，因此它与其他变量之间不可能像海拔与承受力之间有强烈相关性。也许海拔增加所产生的最主要影响就是缩减了植被的生长周期。除了当地其他变化因素（如频繁的强风及冰针）之外，则海拔越高植被的恢复力越低。根据生长形态的不同，高海拔地区的植被可能耐践踏也可能非常脆弱；然而，由于生长周期缩短，任何原因所造成的损害都很难在短时间内实现自我恢复。在沙漠地区，高海拔地区的降雨量更多些，这可能会使得植被的恢复能力有所增加。如果高湿度造成的恢复性增加与生长周期缩短所造成的恢复性降低相互抵消，那么被平衡的恢复性也将随着海拔高度增加而增加。

在局部区域，海拔高度与所受影响问题两者之间的关系也许能够被查明。这是通过布兰特顿（Bratton，1979）与她的同事们对大烟山国家公园营地和游径的研究得到证实。然而，这两者的关系并不具有广泛应用性。此外，海拔高度对抵抗力的影响可能不同于其对恢复力的影响，其他变量，如植被、土壤、水、野生动物、周边设施及活动事件，都使得两者不具有完全的可比性。尽管海拔与承受力之间的关系的很有指导作用，但应该谨慎使用。

对于朝向，也有相同的结论。朝向北的地区可能比其他朝向的地方更脆弱些。其中与朝向相关的问题是高山地区最普遍发生的问题，因为在北面区域融冰缓慢，使得土壤一直受到雪水的浸泡。游径在穿过土壤一直受雪水浸透的地方时会形成又宽又泥泞的沼泽。它们也会受到融水的侵蚀，形成流水通道一直达到有渠沟防护的游径。然而在低海拔地区，在干燥的环境下，朝向向北的坡面由于它的含水量较高能够促进植物的生长可能特别具有恢复力。在艾奥瓦州，道森、欣茨和戈登（Dawson *et al.*，1974）发现朝向北的斜坡其游径所受到的压实要小于漫滩或朝向南斜坡上的游径，而且植被覆盖丧失也比较少。同有关海拔高度的研究一样，这个概论适用于局部区域，但是它们不具备广泛应用性。

生态系统特性

一些研究专家提出，植被承受力随着生态系统初级生产力的增加而增强（Liddle，1975），并且在进化等级越高承受力越强（Goldsmith，1974）。“初级生产力”指的是植物通过光合作用产出的有机质数量。它取决于众多因素，从广泛的气候特征如温度与降雨量——到土壤特性如营养的供给。利德尔认为通过生产力可以估算出潜在的再生情况，同时通常也能估算出环境对再生长的支持能力；植被的恢复能力可能与生产力密切相关。例如，位于美国东部物产丰富的河岸森林的营地，在短短六年时间内已恢复了大部分（Marion and Cole，1996）。哥斯达黎加雨林内的游径神奇般地在 32 个月内完成全面的自我恢复（Boucher *et al.*，1991）。然而，抵抗力与生产力之间并不存在如此的强烈相关性。例如，尽管沙漠区域内的灌木并不是非常的富饶，但是它们也具有很强的抵抗能力；虽然潮湿、温度适宜的森林物产丰富，但植被也很快因践踏而被消灭。正如前面我们所知道的，通常恢复能力与自然环境因素相关，但是植被的抵抗能力主要取决于组成物种的生长形态。

群落和生态系统是随着时间的变化而变化的。生态系统的演变是相对有秩序地变化着，即从年轻的、单一的生态系统向更加多样化的、专业的、成熟的生态系统转化。演替阶段越高也许就越具有恢复力，因为它们的生产力更高和多样性也更加丰富，同时专门化水平越高就会促使其在破坏之后能够更加迅速恢复。然而，目前对于抵抗能力与演替阶段之间的相关性并不是非常的清楚。一些早期的野草丛生草地和干草甸的演替阶段都比后来森林演化阶段具有更强的抵抗能力。大烟山国家公园内开发的森林游径就比早期演替阶段的森林游径受到更多影响（Bratton *et al.*，1979）。此外，生长形态对植被抵抗力的影响要远大于演替阶段，并且每个土壤特性如质地对土壤的抵抗力也存在很大的影响。

毫无疑问，自然环境因素对影响量有着深远的影响。问题在于自然环境与影响之间的联系如此众多，因此很难将场地影响与环境因素一一具体化对应。它们之间的相关性适用于一个地方，但并不一定适用于另一地点。本章中我们已经描述过一些可能会对承受力有影响的因素，最后，每个区域都必须为将来在什么地方设置设施形成自己的指导方针，表 8.3 提供一个很好的例子。这些指标详述了新英格兰不同的高山植被类型可能出现的问题，这些结论都是通过对经常发生的某些问题多年来的观察不断地发展得出的，它们适用于新英格兰，但是可能在其他地方并不适用。

表 8.3　新英格兰山岳区域植被类型和植物对分散游憩冲击的忍耐力

植被	植被不能忍耐的环境
高山植物	践踏很容易破坏这些脆弱的植物由于生长期短暂和其他的恶劣条件，高山植物的再生非常缓慢
亚高山带沼泽植物；水苔，草类和莎草类，矮小的荒原灌木	沼泽植物的根部很容易被践踏压坏，尽管一些物种已适应了那些被开拓干扰而裸露的土壤

续表

植被	植被不能忍耐的环境
高山矮曲林	这种树木生长十分缓慢。清除搭帐篷的场地，高山矮曲林被迅速破坏并且使它们暴露于大风侵袭中
云杉-冷杉林	在被大孔切开的地方容易被风吹倒；根部周围土壤被压实会降低树的活力，因为它降低了水分和空气的渗透同时增加了它们对灾害的敏感度；基础创伤让树木对霉菌感染更加敏感
混合山毛榉、糖枫、桦林、红枫	可承受中等数量的土壤压实和树皮创伤
纯黄或纸皮桦立柱	树木经常遭受剥皮，并且被砍下作为取火的木柴，这丧失了视觉上的美感，并由于它们对灾害的敏感度增加从而降低了树木的活力；柱上的切割缺口导致树木靠近切口边缘部分遭受风害与梢枯
松树，栎树，杜鹃林	中等耐用的植被
桤树，柳树	中等耐用的植被，通常由于潮湿状况此地已经不能够再吸引野营者在此露营

资料来源：采自 Leonard *et al.*，1981，使用经出版商许可。

野生动物冲击

第 4 章对于野生动物物种的弱点已经探讨了许多，对一个特定物种而言，其敏感性在不同环境条件下也是不相同的。不幸的是，这个课题所做的研究工作少之又少，在这里所有我们能做的就是出示一些相关的简单原则。通常对干扰最敏感的地方都是某些关键的地点，特别是繁殖区、觅食地和水源地。对筑巢鸟类的干扰已经导致成鸟飞离巢穴，鸟蛋被遗留在巢内并且雏鸟也将公然受到其他动物掠食（Burger，1995）；严重或持久的干扰会导致它们离弃巢穴。动物的主要觅食地与饮水区域受到持久的干扰之后，就会迫使它们离开栖息地并在环境恶劣的地方生活。研究表明鹿转移到环境低劣地方生活后，其繁殖率降低并且身体脂肪储备减少；此外，即使在干扰停止之后它们也不会再回到原来环境较好的栖息地（Batcheler，1968）。这些干扰破坏会对野生动物的种群造成很大的损害，特别是在天气恶劣或者在食物匮乏时期。通常，敏感的环境是指那些对于干扰、逃离或者迁徙目的地非常不利的关键地点，确切地说这些环境会使物种之间产生变化，某些栖息地，比如河岸带，对于大多数物种而言都是至关重要。

从上坡方向接近通常会野生动物对产生做出更多的负面反应，大角羊对从上坡接近它们的远足者比从下坡方向会做出更强烈的回应，据推测是因为当这些羊没有办法从上坡逃跑后，它们就认为自己不可能逃脱（Geist *et al.*，1985）。

水体冲击

同野生动物冲击研究情况一样，对于不同水生环境条件下与游憩相关的冲击敏感度的研究甚少。显然，在水中或近水区域的游憩活动比那些远离水域的活动更有可能对水域造成污染。如果在土壤极易被侵蚀的地方进行陆地上的游憩活动，就很可能对水体造成污染。例如，在那些用高度易蚀材质建造的公路和游径会很大程度地增加水体混浊度，也会对水中的动植物群落产生不利影响，并随之发生变化。

水体本身对冲击的承受能力也存在差异性。那些经常受到大量冲洗或有缓冲污染物化学特性的水体对冲击的承受能力要高于那些不具有这些特性的水体。高海拔地区的湖泊通常温度较低、养分较少并且生产力较低，它们通常是处于原始状态，在这些地方干扰水平的临界点也非常低。在这些湖泊中或其周围的游憩使用会导致其生物、化学和物理属性产生深刻的变化，使之环境处于基准状态之下。低海拔地区的湖泊与溪流一般物产更加丰富些，并且对干扰的敏感性要高于高山湖泊区域。

使用季节

在不同的季节环境的承受力也存在很大的差异性。例如，当冬雪像厚毯一样覆盖着植被与土壤时，在很大程度上就可以使它们免受影响。然而，它们可能在春天由于土壤受到融雪和春雨的浸泡而特别脆弱。幼嫩脆弱的草本植物特别容易受到春季践踏的影响，会导致早期光合作用组织的丧失，这就意味着植物必须在没有粮食储备增加的状况之下经历整个生长季节。

使用季节对于某些野生动物物种和水质的脆弱性的决定因素具有一定的影响。传统思想认为游憩活动对动物有干扰影响，特别是在动物的繁育季节。然而，最近研究表明在其他季节的干扰也可产生同等不利的影响（Hobbs，1989；Skagen *et al.*，1991），不同季节干扰产生的后果是不同的。在繁育季节，干扰会对生产力产生一定的影响；其他季节的干扰会对它们的适宜性和生存产生影响。动物在他们虚弱时对干扰尤其脆弱，很多动物（包括鹿）会通过自我降低日常活动量来储存能量以适应严冬时期。如果碰巧遇到游憩者，它们会逃离，动物通过减少活动来降低能量的损耗策略就会受到破坏。活动量的增加需要更多的食物，如果没有充足的食物供给，将会导致活力和繁殖能力的降低甚至死亡。霍布斯（Hobbs，1989）认为对于摄食的干扰影响比使得它们能量支出扩大的影响更加不利。冬季期间，当这些动物处于有生理压力的状态下时，如果它们遭受骚扰则会对它们产生最严重的影响，尤其是与滑雪和雪地车等相关的游憩活动。尽管土壤和植被在冬季的敏感性比较低，但冬季也可能是野生动物最敏感的季节（图 8.7）。

如果土壤在被雨雪融化的水浸泡期间发生游憩活动，则最可能对水质产生不利的影响。此时期在道路上行驶的交通车辆可能会造成严重的侵蚀，因为车辆行驶时会剧烈搅动土壤，将它们带到那些容易被流水冲走的地方。严重的道路侵蚀会增加道路的维护成本，同时也使得河流淤泥沉积增加。这会产生很多不利影响，特别是那些对溪流混浊度相当敏感的鱼类，如鳟鱼。

游径的侵蚀以及由于游憩使用的牲畜践踏对游径造成破坏的地方，它们在不同的季节脆弱性也存在很大的差异性。这两个例子中春季的问题可能最为严重，因为那时土壤会被融化的雪水和春雨浸透。游径的侵蚀问题类似于机动车使用造成的道路侵蚀问题。潮湿的土壤很容易解体，使它们对融化的雪水顺着游径往下流淌时变得极为敏感。在雪融化期间，不应该鼓励使用游径，特别是牲畜的使用。利用排水设施转移分散水流对避

图 8.7 冬季干扰对野生动物特别不利，此时迁徙需要大量的能量但储备能量有限

免严重的侵蚀也是相当重要的。

春季土壤潮湿时草地如果受到践踏，则土壤与植被会很快被摧毁。潮湿的土壤更容易被压实，同时也极其容易被搅动。这会使得草地土壤破裂成蜂窝状地形，从而导致侵蚀增加以及地下水位降低。红杉国家公园和国王峡谷国家公园，由于地下水水位下降、草地变干，进而使得树木侵入并最终取代草甸（DeBenedetti and Parsons，1979）。

植被的承受能力也因季节而异，但是它们之间的差异性通常并不非常明显。植物对于践踏损害的抵抗力通常在早春时期和后期比较低，因为早春之时草本植物含水量较多而后期植被部分组织干燥易碎。然而，在早春季节，当多年生植物仍然需要利用碳水化合物作为生长之用而一年生植物还没有机会生产出能发芽的种子之前，植被的恢复力会由于践踏作用而剧烈降低。斯特兰德（Strand，1979）指出潮湿草地遭受马蹄践踏其植被破坏比干草地遭受马蹄践踏造成的破坏更加严重且持续的时间也更长。

在山岳区域，春季通常是最脆弱的季节；此时土壤水分含量高，很多野生动物物种正在繁殖和从冬天的压力中复苏。冬季是一个低敏感的季节，当然某些特定野生动物物种除外。夏季游憩使用最多，通常表现出对干扰的中度敏感水平。但这些普遍的准则很难适用某些特定情况，比如沿海区、沙漠、没有降雪的地区以及那些夏季有暴雨的区域。这些地方最敏感的时期大多数是土壤被频繁地浸透和野生动物被严重干扰之时。

小结

1. 本章中列出了很多能够使得场地承受力增加或者减少的特性，在这些重要的特性之中只有少数部分在之前的段落中讨论过。同时，本章研究表明充分了解场地承受力之间的差别对于任何影响管理程序计划都是至关重要的，因为设施的适当选址和鼓励多使用承受力强的场所是限制影响的重要方法。然而，不同的场地对干扰的承受能力不同，因此，要根据场地的承受力为每一个游憩区域提供一个具体的指导方针（很多信息可以从其他类似的环境区域借鉴）。

2. 由经验丰富的人员对区域的承受力进行判断，并且评估人员必须有能力考虑到一系列相关的影响因素，这是判断场地承受力的最好方法。当然，也可以就场地承受力的判断形成一定的准则，这样就可供缺乏经验的评估人员使用。例如，加兰（Garland，1990）为南非纳塔尔德拉肯斯指定的荒原区域制定了一个有关游径侵蚀敏感性指标。该指标是建立在以下

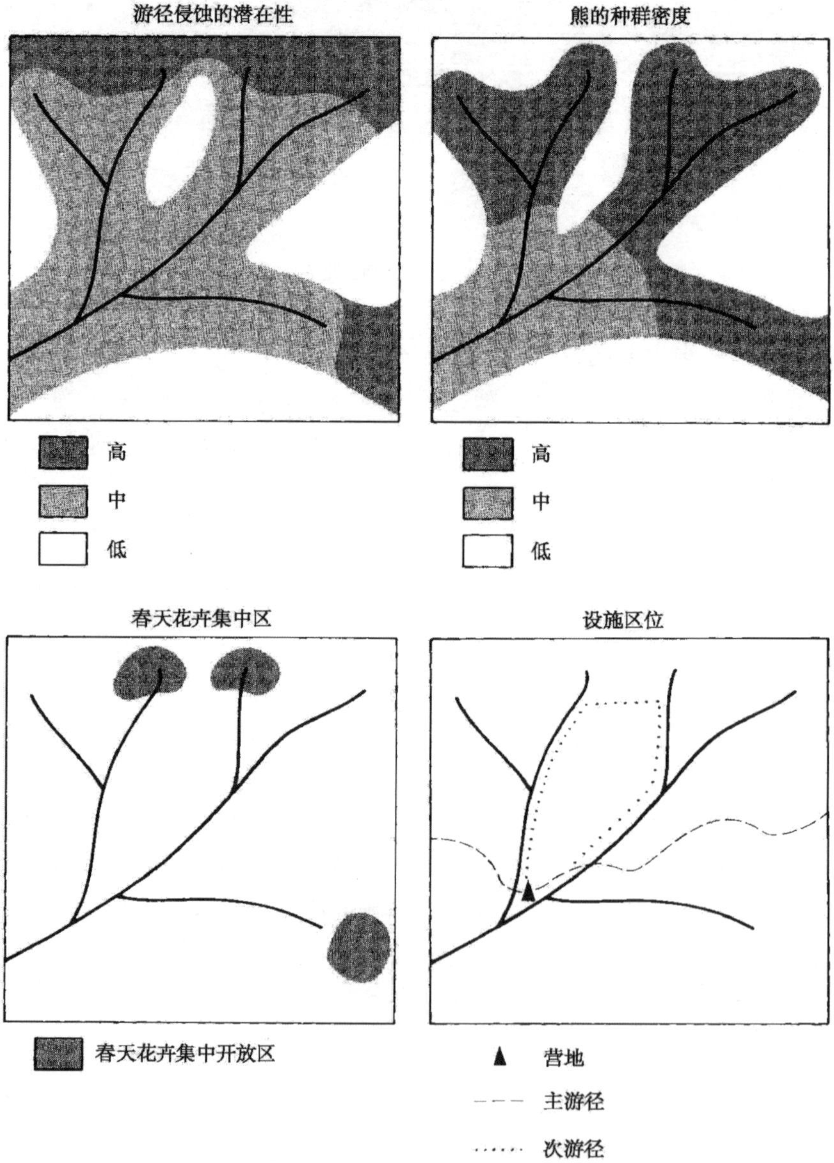

图 8.8 大烟山国家公园的影响游径和营地选址的环境因素地图（引自 Bratton，1977）

三点之上：① 一年中雨量最多一天的降水量；② 岩石类型；③ 坡度；该指标是按3～13分值划分等级。当该场地上游径的指标值为3时则其只需要很少的维护；指标值为4～6时说明游径遭遇到少量的侵蚀，但是有一些地方可能需要经常进行维护；当指标值大于6时说明游径需要经常性维护并且被侵蚀的危险很高。在谢南多厄国家公园，威廉斯和马里恩(Williams and Marion，1995)建立了一个适合做营地的场所指标体系，以此帮助管理者尝试性为指定的营地确认选址。此指标同时融合了社会和环境的承受力标准。它包括：① 游径和其他营点的选址；② 坡度；③ 植物的组成和覆盖；④ 森林的上层林冠；⑤ 坡向；⑥ 野营点扩张潜力——表面粗糙度和周边地区的植被密度。

3. 另一个对决定在何地建设设施和是否鼓励使用的有效方法就是对特别敏感的地方进行标注。将一系列敏感区域和吸引人的区域进行一层一层的覆盖，覆盖的图层就可以辨识出可行和不可行的选址。图8.8就显示了大烟山国家公园在进行营地选址时需要考虑的几个因素。营地被设立在远离鹿群密度高和鲜花密集的地方，但是靠近水域。主要步道设置在潜在侵蚀风险低的区域，除非没有合适的可选之地而其可以作为营地的其次选择。次要游径建立在花卉聚集地区域，但是试图避免高侵蚀潜在区域。

参考文献

Bailey，G. D.，and S. A. L. Pilgrim. 1983. Soils of the White Mountains of New Hampshire and Their Suitability for Recreational Development. *Mountain Research and Development* 3：53—60.

Batcheler，C. L. 1968. Compensatory Responses of Artificially Controlled Mamamal Populations. *New Zealand Ecological Society Proceedings* 15：25—30.

Bayfield，N. G. 1979. Recovery of Four Montane Heath Communities on Cairngorm，Scotland，from Disturbance by Trampling. *Biological Conservation* 15：165—179.

Boucher，D. H.，J. Aviles，R. Chepote，O. E. D. Gil，and B. Vilchez. 1991. Recovery of Trailside Vegetation from Trampling in a Tropical Rain Forest. *Environmental Management* 15：257—262.

Bratton，S. P. 1977. Visitor Management. Unpublished report. Uplands Field Research Laboratory，Great Smoky Mountains National Park，Gatlinhurg，TN. 22 pp.

Bratton，S. P.，M. G. Hickler，and J. H. Graves. 1979. Trail Erosion Patterns in Great Smoky Mountains National Park. *Environmental Management* 3：431—445.

Bryan，R. B. 1977. The Influence of Soil Properties on Degradation of Mountain Hiking Trails at Grovelsjon. *Geografiska Annaler* 59A：49—65.

Burden，R. F.，and P. F. Randerson. 1972. Quantitative Studies of the Effects of Human Trampling on Vegetation as an Aid to the Management of Semi-Natural Areas. *Journal of Applied Ecology* 9：439—457.

Burger，J. 1995. Beach Recreation and Nesting Birds. In R. L. Knight and K. J. Gutzwiller，eds. *Wildlife and Recreationists*. Washington，DC：Island Press. pp，281—295.

Cole，D. N. 1983. Assessing and Monitoring Backcountry Trail Conditions. USDA Forest Service Research Paper INT-303. 10 pp.

Cole，D. N. 1985. Recreational Trampling Effects on Six HabitatTypes in Western Montana. USDA Forest Service Research Paper INT-350. 43 pp.

Cole，D. N. 1988. Disturbance and Recovery of Trampled Montane Grassland and Forests in Montana. USDA Forest Service Research Paper INT-389. 37 pp.

Cole，D. N. 1991. Changes onTrails in the Selway-Bitterroot Wilderness Montana，1978—1989. USDA Forest Service Research Paper INT-450. 5 pp.

Cole, D. N. 1995a. Experimental Trampling of Vegetation. Ⅰ. Relationship Between Trampling Intensity and Vegetation Response. *Journal of Applied Ecology* 32: 203—214.

Cole, D. N. 1995b. Experilmental Trampling of Vegetation. Ⅱ. Predictors of Resistance and Resilience. *Journal of Applied Ecology* 32: 215—224.

Cole, D. N. 1987. Effects of Three Seasons of Experimental Tramling on Five Montane Forest Communities and a Grassland in Western Montana, USA. *Biological Conservation* 40: 219—244.

Coleman, R. 1981. Footpath Erosion in the English Lake District. *Applied Geography* 1: 121—131.

Dawson, J. O., P. N. Hinz, and J. C. Gordon. 1974. Hiking Trail Impact on Iowa Stream Valley Forest Preserves. *Iowa State Journal of Research* 48: 329—337.

DeBenedeltti, S. H., and D. J. Parsons. 1979. Mountain Meadow Management and Research in Sequoia and Kings Canyon National Parks: A Review and Update. In R. M. Linn, ed. *Proceedings of Conference on Scientific Research in the National Parks*. pp. 1305—1311.

Dykema, J. A. 1971. Ecological Impact of Camping upon the Southern Sierra Nevada. Ph. D. dissertation. University of California, Los Angeles. 156 pp.

Fay, S. C., S. K. Rice, and S. P. Berg. 1977. Guidelines for Design and Location of Overnight Backcountry Facilities. Unpublished report. USDA Forest Service , Northeast Forest Experiment Station, Broomall, PA. 33 pp.

Garland, G. G. 1990. Technique for Assessing Erosion Risk from Mountain Footpaths. *Environmental Managemen* 14: 793—798.

Geist, V., R. E. Stemp, and R. H. Johnson. 1985. Heart-Rate Telemetry of Bigborn Sheep as a Means to Investigate Disturbances. In N. G. Bayfield and G. C. Barrow, eds. *The Ecological Impacts of Outdoor Recreation on Mountain Areas in Europe and North America*. pp. 92—99. R. E. R. G. Report No. 9. Recreation Ecology Research Group. Wye, England.

Goldsmith, F. B. 1974. Ecological Effects of Visitors in the Countryside. In A. Warren and F. B. Goldsmith, eds. *Conservation Practice*. London: Wiley. pp. 217—232.

Harrison, C. 1981. Recovery of Lowland Grassland and Heathland in Southern England from Disturbance by Seasonal Trampling. *Biologcal Conservation* 19: 119—130.

Hobbs, N. T. 1989. Linking Energy Balance to Survival in Mute Deer: Development and Testing of a Simulation Model. Wildlife Monograph 101. 39 pp.

Holmes, D. O., and H. E. M. Dobson. 1976. Ecological Carrying Capacity Research in Yosemite National Park. Park Ⅰ. The Effects of HumanTrampling and Urine on Subalpine Vegetation, a Survey of Past and Present Backcountry Use, and the Ecological Carrying Capacity of Wilderness. U. S. Dept. of Commerce, National Technical Information Center PB-270-955. 247 pp.

Jubenville, A., and K. O' Sullivan. 1987. Relationship of Vegetation Type and Slope Gradient to Trail Erosion in Interior Alaska. *Journal of Soil and Water Conservation* 42: 450—452.

Kuss, F. R. 1986. A Review of Major Factors Influencing Plant Responses to Recreation Impacts. *Environmental Management* 10: 637—650.

Kuss, F. R., and A. R. Graefe. 1985. Effects of Recreation Trampling on Natural Area Vegetation. *Journal of Leisure Research* 17: 165—183.

Leeson, B. F. 1979. Research on Wildland Recreation Impact in the Canadian Rockies. In R. Ittner, D. R. Potter, J. K. Agee, and S. Anschell, eds. *Proceedings, RecreationalImpact on Wildlands*, pp. 64-65. USDA Forest Service, Pacific Northwest Region, R-6-001-1979, Porland, OR.

Leonard, R. E., E. L. Spencer, and H. J. Plumley. 1981. *Backcountry Facilities: Design and Maintenance*. Boston: Appalachian Mountain Club. 214 pp.

Leung, Y. , and J. L. Marion. 1996. Trail Degradation as Influenced by Environmental Factors: A State-of-the-Knowledge Review. *Journal of Soil and Water Conservation* 51: 130—136.

Liddle, M. J. 1975. A Theoretical Relationship Between the Primary Productivity of Vegetation and Its Ability to Tolerate Trampling. *Biological Conservation* 8: 251—255.

Marion, J. L., and D. N. Cole. 1996. Spatial and Temporal Variation in Soil and Vegetation Impacts on Campsites. *Ecological Applications* 6: 520—530.

Marion, J. L. 1984. Ecological Changes Resulting from Recreational Use: A Study of Backcountry Campsites in the Boundary Waters Canoe Area, Minnesota. Ph. D. dissertation. University of Minnesota, St. Paul. 279 pp.

Marion, J. L. 1994. An Assessment of Trail Conditions in Great Smoky Mountains National Park. Final report. USDI National Park Service, Great Smoky Mountains National Park, Gatlinburg, TN. 155 pp.

Skagen, S. K., R. L. Knight, and G. H. Orians. 1991. Hmnan Disturbance of an Avian Scavenging Guitd. *Ecologicol Applications* 1: 215—225.

Stewart, D. P. C., and K. C. Cameron. 1992. Effect of Trampling on the Soils of the St. James Walkway, New Zealand. *Soil Use and Management* 8: 30—36.

Strand, S. 1979. The Impact of Pack Stock on Wilderness Meadows in Sequoia-Kings Canyon National Park. In J. T. Stanley, Jr., H. T. Harvey, and R. J. Hartesveldt, eds. *A Report on the Wilderness Impact Study*. San Francisco: Sierra Club Outing Committee. pp. 77—87.

Summer, R. M. 1980. Impact of Horse Traffic on Trails in Rocky Mountain National Park. *Journal of Soil and Water Conservation* 35: 85—97.

Sun, D. 1990. Effect of Plant Age on Tolerance of Two Grasses to Simulated Trampling. *Australian Journal of Ecology* 16: 183—188.

Sun, D., and M. J. Liddle. 1991. Field Occurrence, Recovery, and Simulated Trampling Resistance and Recovery of Two Grasses. *Biological Conservation* 57: 187—203.

Sun, D., and M. J. Liddle. 1993. The Morphological Responses of Some Australian Tussock Grasses and the Importance of Tiller Number in Their Resistance to Trampling. *Biological Conservation* 65: 43—49.

USDI National Park Service Transactions and Proceedings Ser. 5; Washington, DC: U. S. Government Printing Office.

Williams, P. B., and J. L. Marion. 1995. Assessing Campsite Conditions for Limits of Acceptable Change Management in Shenandoah National Park. USDI National Park Service Technical Report NPS/MARSHEN/NRTR-95/071. 138 pp.

第9章　游客的使用

在原野游憩地，游客使用的许多特征都会对生态冲击的程度、类型以及分布产生影响。显然，一个区域所承受的使用量对这个区域的格局会有一定的影响。这一事实激起了人们对在第1章中讨论的承载力这个概念产生兴趣。除了一个地区承受的使用量，其他使用特性也会对“冲击”产生强烈的影响——使用者是谁？他们去哪里？他们要做什么。例如，汉德、斯坦基和卢卡斯（Hendee *et al.*，1990）建议在荒原地将不同的组群按他们对环境影响递减的顺序排列如下：

① 大规模的骑马者群体；

② 小规模的骑马者群体；

③ 大规模的过夜露营者群体；

④ 小规模的使用木材取火的过夜露营者群体；

⑤ 大规模不过夜的远足者群体；

⑥ 小规模的使用营地火炉而不是用木材取火的过夜露营者群体；

⑦ 小规模不过夜的远足者群体。

由此可得，游客产生的影响是根据群体的规模（是大还是小）、使用者的类型（是过夜还是不过夜）、行为（使用木材取火还是使用营地火炉）和旅行的方式（是骑马还是徒步）发生相应变化。他们产生的影响可能也随以下因素发生变化：使用者到哪里-使用分布-影响行为的各种不同特征、低影响露营技术的专业知识、动机、经验水平、社会群体和结构以及场地情结。例如，人类的垃圾、对野生动物的干扰以及水源的污染这些影响都是不适宜行为或者说是违法行为，它们将会对游憩资源和游憩体验产生严重的影响。大多数情况下，必须对各种游客的使用和行为变化进行检测，以此来精确确定游憩使用对原野地和公园资源的影响。在本章我们会讨论这些使用者的特征。

使用量

传统的观点认为使用量是影响“冲击量”的最重要因素。这种见解得到像所描述的“过度使用”这类造成的影响的支持，并且提出可以用“承载力”解决这些问题。研究表明这样的想法即使在最好的状况下这个观点也太过于简单化，而在最不利的情况下这个见解根本就是错误的。使用量的重要性是根据环境、活动、影响参数以及被检测的使用水平范围所发生变化而不断变化的。另外，影响还取决于是否考虑速率、密度或者区域变化范围而存在一定的差异性。

使用和冲击两者之间的关系研究始于20世纪60年代早期，弗里斯瑟尔和邓肯（Frissell and Duncan，1965）对边界水域独木舟营地的横断面进行了分析，沃加

(Wagar，1964)做了实验性践踏研究，这两项研究都检测了不同的使用水平对植被覆盖量的影响。弗里斯瑟尔和邓肯发现使用最少的营地（估计每年使用0～30晚）丧失了他们所推断的原有覆盖量的80%，而使用最多的营地（每年使用60～90晚）丧失了87%；影响随着使用量的增加而增加，但使用最轻微的营地所受到的影响几乎和大量使用的营地一样多。使用量和地表覆盖植被丧失所呈现的渐进曲线关系只与六个相似的荒原地研究发生严重抵触，这六个荒野中的五个是开发的营地，还有大约30个实验性践踏研究（图9.1）。

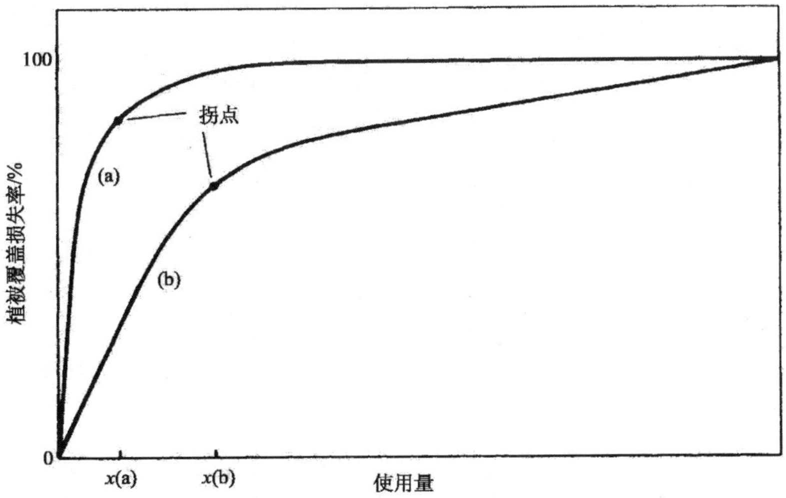

图9.1 使用量和植被覆盖丧失量之间的一般关系

（a）脆弱类型的植被；（b）相对（a）抵抗力较强的植被类型

如此多的研究证明使用量和植被损失之间呈渐进曲线的关系，说明从中可以归纳总结得出一些关于两者之间的相关性。首先，在使用水平非常低时，使用量的差异与地表覆盖植被的迅速变化有关；其次，在使用程度较高之时，植被丧失量随着使用的增加继续缓慢增加（直到完全失去覆盖的可能极限最大值），但覆盖丧失量的差异并不大，甚至将若干大量使用水平进行比较也是如此，这两个结论描述了使用和植被影响强度间的渐进曲线关系；最后，曲线斜率随脆弱性增加而增加。在脆弱的环境中，使用水平非常低之时覆盖丧失量随着使用的增加而迅速增加，并且拐点出现在使用水平较低之时，越过拐点即使使用大量增加植被的丧失量也只会增加少许部分。在有抵抗力的环境中，使用水平较低之时植被覆盖丧失量随着使用的增加而缓慢增加，拐点出现在使用水平较高之时。在图9.1中，只要有一个使用水平是位于x(a)或x(b)以下，则不同的使用量对植被的覆盖都会产生很大的影响。大多数研究已经证明使用水平与上述的曲线拐点相一致，只有一个场地出现例外；因此，覆盖并不存在很大的差异性。

图9.1所显示使用水平与植被覆盖量之间的关系，尤其是曲线拐点的位置，对于原野地的游憩管理具有重要的意义。如果想将覆盖的丧失降至最低，只有将使用水平有效且控制在临界点以下，即将使用水平固定保持在相应的曲线拐点之下。对于一些脆弱的

亚高山森林植被类型，甚至使用水平低于每年五个晚上也会使其超过临界点（Cole and Fichtler，1983）。然而，对于抵抗力强的植被类型，使用水平的临界点可能高很多。例如，在南卡罗利纳大西洋沿岸低洼地区的树林内的开发营地，邓恩、洛克和约翰逊（Dunn *et al.*，1980）发现除大量使用的场地之外植被覆盖的丧失并不是很严重。在大多数其他研究中，缺乏充分的使用标准因而不可能为这些南卡罗利纳的营地建立使用临界点。如果有更多采用更好的使用评估和管理性实验的研究，则可能使我们能够建立起普及全国的重要环境的使用临界点。

践踏研究就是在场地实验环境下检验游客使用和影响之间相关性的方法。对北落基山六种不同植被类型进行连续三个夏天的践踏实验，发现这六种植被类型中每种类型的使用临界点都不一样（Cole，1987）。植被覆盖丧失的临界点比物种丧失或者土壤渗透抵抗增加的临界点要低。然而，将这些实验通过的次数转换成或者等价于使用评估存在一定的局限性。例如，考虑到一个场地使用所遭受的影响不仅仅是践踏经过造成的影响这一事实，你如何将践踏通过的次数与游客的数量进行对比？通过对营地行为和一些使用设想的一系列观察研究，科尔（Cole，1985）模拟三个典型背包族旅行者一个晚上使用对营地中心的践踏数量从而估计每年的经过量为75～150次。通过实际营地使用测量的有效检验与试验践踏通过的次数对比，研究结果表明两者对植被的影响很相似。

其他研究也同样表明使用量与植被丧失率有强烈的相关性。例如，在雷尼尔山国家公园高山草地的一项实验性践踏研究中发现，每周对其进行75次践踏三周内植被覆盖就减少至控制值的50%。而每周经过18次践踏，则需要践踏八周植被覆盖才会减少到控制值的50%（Singer，1971）。植被丧失的面积范围也与使用量密切相关（Bratton *et al.*，1978；Cole，1982）。研究发现大多数使用水平的增加对植被丧失量几乎没有影响，但对丧失的面积有明显的影响。这一结论表明任何区域的小比例集中和引导使用的价值（Cole，1981；Cole and Hall，1992）。

研究者对不同使用程度的营地进行了检测，主要是针对场地受到的许多其他参数的影响。这些影响参数如同植被的覆盖率一样，它们也与使用量存在很强的曲线关系，其中包括容重、渗透抵抗速率、大孔隙度、渗透率、土壤化学性质的变化以及三种幼树的植被丧失量（Young and Gilmore，1976；Legg and Schneider，1977；Dunn *et al.*，1980；Cole and Fichtler，1983；Marion，1984；Cole and Hall，1992）（图9.2）。而有机层的丧失、矿质土壤的裸露、根茎严重裸露以及场地的扩大与使用量变化之间很少存在曲线关系；它们对这些类型的变化存在更多内在的抵抗力，并且使用的临界点也更高，因而这些参数的变化更容易通过营地使用密度的处理得到控制。

游径上的植被覆盖率、容重、渗透阻力和游径的宽度与使用量也存在很强的曲线关系，如同营地一样（Dale and Weaver，1974；Crawford and Liddle，1977）。游径深度和影响频率的问题通常与使用量不存在相关性，比如游径的泥泞（Dale and Weaver，1974；Leung and Marion，1996）。尽管它们明显由一些使用或建设引起，但是这样的情况更多与位置和设计特性有关。

简而言之，这些结果表明限制对建设游径的使用在减少影响方面不存在什么价值。

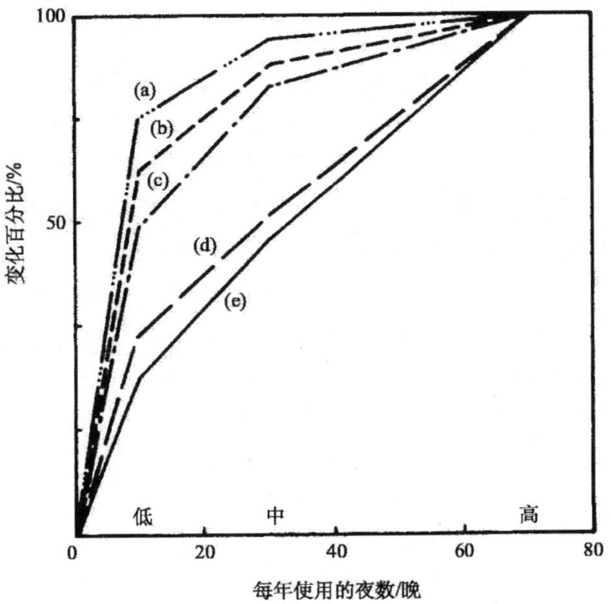

图 9.2　边界水域独木舟荒原地使用量和影响量的关系（引自 Marion，1984）
数字的使用水平是从低（0～12 晚/年）、中（20～40 晚/年）、高（>60 晚/年）的顺序分级估计的；影响参数：(a) 树木破坏；(b) 植被覆盖的丧失；(c) 土壤渗透阻力增加；(d) 树木根部、矿质土壤和岩石的裸露；(e) 营地面积；百分比变化是用高使用场地的百分比变化表示的

在营地，限制使用如果能够将影响维持在很低的水平，则可以有效控制影响量。这在有些原野地也是具有一定的可能性，但在非常受欢迎的目的地区域是不可能实现的。在广受欢迎的区域，由于使用的增加影响的面积范围不断地被扩大，因而为了削弱使用趋势的增加不得不进行引导和集中使用。因为每个反作用战略的拐点（分散使用来维持低程度影响或集中使用使得影响的面积最小化）随着环境的变化产生的影响也会存在很大的差异性，因此需要为主要生态系统类型确定使用的临界点。

使用分布

原野地的游憩游客总是在一些受欢迎的场地、营地和游径上进行集中使用。这些使用行为导致了一些游憩区域地带被过量使用，而其他游憩地带几乎没有被使用。由于使用分布与资源影响的分布相关，因此使用分布是游憩资源管理者的一项主要关心的事务。例如，如果游客在耐践踏的游径和营地上集中使用，则管理者就会鼓励他们继续使用目前的格局。同样，在使用已经受到严重影响的场地其破坏性要小于使用新的场地。然而，在脆弱的地区或低使用地区，管理可能希望从集中使用的地区分散使用者。

大量的研究证明原野地游憩者的使用格局呈现集中化状态。1974 年，在使用量最大的原野地之一的明尼苏达边界水域独木舟，近70%的使用者群体只进入这个区域可进入的70个游憩点中的七个；其中两个人口中心附近进入点的进入量达到了所有使用群的三分之一。影响不仅仅集中产生在这些进入点更分布在这些入口附近的少数的运输路线和营地。如蒙大拿的米申山，90%以上的使用群仅从这个区域的19个游径入口点中的两个进入（Lucas *et al.*，1971）。考虑到偏远荒僻地区旅行平均持续的时间一般只有三至四天，因此这些游憩者很少有机会离开那些高度集中的游径主要通道前往其他地方。游客的寂寞感和资源影响都与这些集中使用格局相关。

随着时间的推移，露营者常常从一些业已存在的场地转到他们所“开拓”的新场地（Cole，1993）。区域内的某些游径和环湖游线也显示出不平均的使用分布。大烟山国家公园（Tennessee-North Carolina）内的阿帕拉契山脉游径仅仅占整个公园游径系统的12%却承担了45%的过夜使用量。1970年西班牙峰原始区（蒙大拿）10%的游径系统承载了35%的远足者，即三分之一的游径系统却承担了四分之三的游径使用量。许多其他原野地的游憩地也显示出相似的游径集中使用格局，一些特别的区域承担了大量的骑马和日间使用。这两种活动一般都是在主要游径上进行。随着原野地日间使用的普遍增加，游径总入口和观光目的地附近的影响也就更集中了。

尽管不像游径的使用那样集中，营地和景点也显示出使用格局的不均衡性。在遗弃荒原地（加利福尼亚州）50%的使用总量所占用的场地只是其中最受欢迎营地的16%。令人向往的露营和远足的场地往往是一个区域内的湖边和溪边、观景点和知名地质景点（即山峰、峡谷）。布劳和斯马克（Brown and Schomaker，1974）展示了西班牙峰原始区最受欢迎和使用最多的营地通常所具有的一些共同特征：

① 靠近水源和钓鱼处；

② 风景和湖泊景观；

③ 距一条游径700ft以内的位置；

④ 至少能有500ft^{2}的地面供使用；

⑤ 300ft内可获得木材。

他们发现大约一半数量的营地距湖泊或溪流岸线在50ft内，几乎三分之二在100ft内，并且85%是在200ft内。尽管科尔（Cole，1982）的研究表明湖岸线场地可能与设立在岸线之后的场地所产生的影响并没有什么区别，但是这些湖泊和溪流的岸线仍然被认为是对生态影响特别敏感之地。在沃特湖国家公园（加拿大）的践踏研究中，纳吉和斯科特（Nagy and Scotter，1974）发现一个亚高山湖岸草地区植被变化要少于湖泊周围的针叶林。

使用者团体的类型

显然，不是所有使用者团体类型所产生的影响类别或者影响量都是相同的。某些类型的使用者，由于停留的时间和参加的活动时间较长，并且他们对野外资源的需求较多，因此产生的影响比其他使用团体要多。过夜露营者所产生的影响无论是类别还是数量都要大于日间远足者。露营者使用原野地资源的时间更长（如营地），使用的资源也更多，并且需要可利用的资源也更多样化（如木柴、水）。由于他们需要在营地过夜，所以对营地的使用比较集中，这就意味着这些节点比游径承受每个人更大部分的影响。过夜露营者的空间格局的影响一般更节点化，而那些日间远足者对空间格局的影响大多是链式的。

除了停留时间长度之外，使用者团体参加的活动类型也对环境有影响。例如，边界水域独木舟荒原地的划独木舟的团体和许多西部荒原地的狩猎团体一般比背包族更有目的性并且在营地逗留的时间也更长（图 9.3）。在一般情况下他们所携带设备也更多些，而且没有可燃的材料，这些也都是垃圾的潜在来源，比远足者在偏远荒僻地区产生的垃圾要多许多。诸多这样的活动都会对环境造成特有的影响，即除了那些与偏远地区露营直接相关的影响。在高山湖泊垂钓的露营者经常将鱼内脏抛弃在湖边，并且与非垂钓的露营者相比他们在湖岸区践踏产生的影响更多。

图 9.3　在同一个营地度上数个晚上的使用团体经常对主要目的地场地进行一定的改造，诸如建些营地使用的家具之类的物品（摄影：D. N. Cole）

团体规模

通常认为使用者团体规模越大对生物物理资源的某些方面造成的影响也越大，在荒原区域团体规模在 8～10 人以上就可以称之为典型的大规模团体。尽管规模团体一般只占原野地游憩区域所有游客的一小部分，但是他们可能造成的某些环境影响量与他们人数比例并不相称。大规模群体特别容易导致营地边界的扩张。他们通常需要清理更多的区域便于设置更多的帐篷、其他设备、餐饮场所以及拴马和存放独木舟。大多偏远荒僻地区的营地，像已开发的营地，每个场地容纳搭帐篷团体的容量是预先布置好的。然而，游憩团体常常不止一个附属团体组成。当众多的搭帐篷的团体想要在一个场地一起露营时，他们必然会扩张现有的场地或者在现有场地的周边区域开发卫星式的露营点来满足他们的空间需求。

大规模的使用者团体也常常与骑马、划独木舟和其他交通方式旅行相关（图 9.4）。马和车在露营场地需要额外空间，并且其所产生的影响超越了具体营地的边界范围，特别是当涉及过夜使用时。

图 9.4　大部分使用者团体经常是与马、独木舟以及其他的旅行方式相关的（摄影：R. C. Lucas）

除了需要更多空间外，通常大规模使用团体的行为、使用方式相对于其他的旅游团体使用者其产生的影响也更多。在边界水域独木舟区域，就典型地发现大规模独木舟团体比小规模团体停留的时间更长，移动营地更加频繁，并且对偏远荒僻地区的渗透也更深（Lime，1972）。这种大规模团体的高度流动性说明他们比小团体利用的营地更多，运输线也更长，因此他们可能破坏的场地也就会随之而增加。正如利姆（Lime，1972）所指出的：

因为一半以上的大规模团体总是不断地转移，他们对每个场地的影响都是分散的而不是集中的。在一个地点停留可能造成的损害要小于在多个场地使用所造成的破坏，因为在数次建立和拆卸营地时都会增加干扰。然而，停留时间的延长往往意味着对一个固定的区域产生的影响量也更大。

大规模团体也使得影响发生的速率更加迅速。因为他们是在短时间内对一个场地集中大量使用。一个由 30 人组成的团体在纽约一个从未使用过的场地露营两个晚上就会导致地表覆盖植物减少 10%～15%（Bogucki *et al.*，1975）。这个研究和其他研究结果都表明大规模团体即使是在很短的使用时间内也可能严重改变脆弱环境中的地表覆盖的植被。大规模团体对于很多原始区域而言都是一个特殊的问题。

大规模团体可能对游径资源产生的影响并不比小规模团体对游径资源产生的影响要多，只要他们待在游径路面上的时间一样长。在野生动物影响的案例中，如果干扰的频率对于野生动物所受的影响非常重要，则大规模对野生动物产生的影响可能要小于小规模团体，比如鸟类生存情况。

使用者行为

在任何环境中，评判每个人的活动是否恰当或者甚至是否违法要取决于规范行为的标准以及环境和场地背景所能承受的情况。此外，这些活动还由许多其他行为因素所决定。个人活动背后的动力因素、团队背景内一个活动的产生以及个人的教育背景和过去某一特别活动的经验都对所实施的活动恰当与否都有影响。在资源影响方面，所有这些因素对场地的游憩者的行为都有影响，反过来也就影响着他们所从事的活动是否恰当以及他们的活动对原野地资源造成的影响达到什么程度。了解决定使用者行为的因素以及它们和资源影响的关系能够使管理人员对使用者不恰当的行为作出修正，并因此减少资源影响。下面，我们将讨论这些行为因素以及它们和影响的关系。

冲击最小化的知识

原野地游憩活动实施所涉及的很多技术可以有很多执行方式，这些不同的执行方式会导致产生不同程度的影响。因此，大多数参与原野地资源管理的机构拥有旨在教育使用者如何减少资源影响的信息项目（图 9.5）。比如，“不留痕迹”（Leave No Trace，LNT）项目，它是一项联合 4 所联邦机构的成就——国家公园服务局、美国林务局、土地管理局以及美国鱼类和野生动物服务局，其中还包括户外零售商、制造商、用户团体、教育者以及具有维持和保护原野地责任的个人（Marion and Brame，1996）。这一项目强调对游客在减少冲击方面进行必要知识和技巧普及教育，除了提高户外道德和判断力之外，还有必要引导低冲击技巧的选择和应用。通常，游客容易忽视这种对资源干扰最小化的技巧和技术。通过对游客进行有关原野地资源和合理使用知识的教育，管理者希望能营造一种最小冲击的道德规范，这最终能使得游客的行为发生永久性改变。如果荒原地的使用是有所限制的，而且在这些地方从法律政策角度来说是禁止严重场地进一步实施发展，则最小冲击的露营技术就是使用的一个先决条件。

图 9.5　最小影响信息是一个非常有用的管理方法，诸如营地灯笼的正确使用方法

某些冲击可以通过冲击最小化技术的实施被大量减少甚至几乎被消除，但是某些冲

击无论使用达到什么水平都根本不可避免。用轻质炉灶代替篝火、不在帐篷四周挖沟、所有垃圾袋装化带走、适当处理人类排泄物以及在离开场地之时进行营地景观美化都可以使得偏远荒僻地区的营地使用呈现最小化面貌（Hampton and Cole，1995）。营地使用炉灶并且教育使用者适当篝火，这些简单的措施都能够消除营地一些明显的影响。在俄勒冈州的伊格尔卡普荒原地，研究者们观察发现：营地内 95%的上层林冠被摧毁做木柴并且树干受到不同程度的物理损伤（Cole and Benedict，1983），尤其是营地三分之一的树木被砍掉这一干扰事实。除了最小化冲击教育项目之外，要求使用营地炉灶也能够纠正未来游客这种不适当行为；另一方面，如果人们在自然区域游憩，则营地和游径的践踏冲击可能会发生根本性的变化。

冲击最小化的技术知识和教育项目是原野地游憩影响管理取得有效成果的关键元素，并且已经在降低某些类型的影响获得相当大的成功。早期的“打包带入，打包带出”项目在减少遗留在原野地游憩区域的垃圾量方面效果显著。然而，不能指望它消除偏远荒僻地区的垃圾。“不留痕迹”项目和针对特定活动（如骑马和登山）和特定区域（如大烟山国家公园的 LNT 小册子）的许多出版物、录像片以及其他材料对游憩游客如何选择场地和使用它们都有一定影响。甚至有些书籍，像《软途径：如何享受荒原而对它不产生破坏》（Hampton and Cole，1995），在教育使用者、有组织的团体以及管理者减少原野地游憩区域资源的冲击非常有用。

经验水平

就场地现场经验而言，研究发现经验丰富的游客对社会影响更敏感并且能采取更多的预防措施来避免社会冲突（Heberlein and Dunwiddie，1979；Vaske *et al.*，1980）。这同样适用于生态影响。然而通过对荒原地使用者对营地选择的实际观察，希伯莱因和杜威德尔（Heberlein and Dunwiddie，1979）发现那些经验丰富的游客不同于其他的游客，他们主要特点表现在以下几个方面：① 远离其他游客；② 远离最近的露营地，不管它是否已经被使用；③ 在同一个区域内几乎不存在其他的露营地。通常那些经验更丰富的游客不会选择拥挤或者影响严重的地方。通过对游客对河流环境影响的观点研究，哈米特和麦克唐纳（Hammitt and McDonald，1983）发现经验更丰富的游客对河流影响的洞察力越强他们就越乐意支持对相关问题进行管理控制。经验丰富的使用者在来到目的地之前他们心中就已经有了“参照系”，并且对去一个区域“原来是什么状态”有一个定位，他们会利用心中的参照系评估当前的影响。

因为有经验的游客对社会影响更关注也更为敏感，因此，他们也可能对游憩资源造成的生态影响更为敏感。新露营者可能并没有意识到他们的游憩行为中的某些方式不恰当，诸如将垃圾遗留在场地、在帐篷周围挖沟、在树上挂灯笼或在脆弱的草地上露营，然而经验丰富的露营者可能认识到这些行为中的每个做法所产生的潜在影响。

使用动机

游客参加某些活动的原因或者他们被动员参观某些游憩环境的原因会影响他们对游憩区域所产生的影响。例如，一个游客被动员到荒僻区域参观，其采取的是被动的游憩方式，那他产生的影响可能比一个热切盼望与其他人一起开着机动车到这个区域参观的影响要少。相似地，被吸引到原野地区域体验和观察自然的人其产生的影响也很可能比一个仅仅把游览原野地区域作为逃避家庭和工作环境的途径的人要少许多。然而，当利用使用者动机推测他们对资源的影响时必要谨慎对待，因为这个领域目前还是一片空白，并且游客行为是一个复杂的现象，它很少能够由一个变量决定。

研究者对使用者动机的心理以及户外游憩中的旅游者管理观点已经进行了相当多的研究（Driver，1976；Schreyer and Roggenbuck，1978；Knopf，1983，1987；McDonald and Hammitt，1983；Manning，1986）。这些研究表明：① 游客以不同的原因和方式参加不同的活动；② 游客参加同样的活动有不同的原因；③ 他们以不同的方式利用游憩环境来获得他们想要的体验。从这些和相似的研究中归纳得到的信息在游憩区域规划和对拥有不同游憩机会与渴望体验的游客管理中非常有用（Brown *et al.*，1978）。然而，所有涉及游客所渴望体验结果的动机研究，很少强调致力于使用者动机对资源环境影响的研究。克拉克和斯坦基（Clark and Stankey，1979）和其他任何人一样，通过"游憩机会谱"概念应用使用者动机和资源背景对影响进行研究。其他研究表明许多与影响相关的恣意破坏与在场地时个人行为潜在的情绪和动因有关。例如，他们可能会通过砍树来获得他们所需要的兴奋，而技能开发和达到的需要可能会致使他们在偏远荒僻地区的营地内建造家具。

使用者动机在场地影响管理中的应用可以通过使用亨德和坎贝尔（Hendee and Campbell，1969）公布的营地数据加以说明。他们发现许多已开发营地的露营者渴望与两个或更多其他家庭或者他们更为庞大的家庭成员（如祖父母）在同一个营地露营。十个露营者中就有七个以上的人更喜欢在已开发的场地露营，他们认为所有营地应该由若干单元组成，这样两个家庭可以一起露营。对于这些露营者而言，渴望与其他家庭交往是他们露营的一个主要动机，并且如果设计的场地对资源影响限制在最小化时他们就需要一个两倍大的场地。同样的现象也发生在多单元偏远荒僻地区的团体，他们想要与在同一场地上的其他人分享他们对偏远地区的体验。

社会团体和结构

几乎所有的原野地游憩活动都是以团体的形式发生。即使在感受孤独十分重要的荒原地使用中，我们也发现独自一人前往的游客所占的比例少于3%～4%。大多数个人以家庭、朋友、家庭和朋友一起或者组织团体的一员参加。而参加的团体和团体内的成员结构是户外游憩行为的决定因素，并且对资源冲击的数量和类型会产生影响。

例如，两个分别由八个成员组成的偏远荒僻地区的露营团体，一个是由两个家庭组成，另一个是由青少年儿童组成，无论是从年龄结构还是从亲密关系角度而言这都是两组表现截然不同的团体，因而对这两个使用者团体的某些行为的监视和约束力可能也是不同的。人类排泄物的处理、篝火的规模以及影响区域超越营地边界范围的活动等这些问题更可能在青少年团体内产生。恣意破坏公物在13岁以下儿童团体和青少年团体中特别突出，这会对原野地的资源产生严重的影响（Clark *et al.*，1971）。无人看管的儿童令许多营地的管理者很头痛，因为儿童的许多不恰当行为会导致资源受到影响。

在一项对国家公园管理局和美国林务局管辖下内道河流的漂流者研究中，我们观察发现有组织团体（如教会、俱乐部）的使用者把河流资源作为一种社交时尚，区域资源的使用必然要多于基于物理能力提供的资源或者设计提供的容量（Hammitt and McDonald，1981；McDonald and Hammitt，1981）。因为有组织的团体和朋友组成的团体往往和家庭团体资源利用不同，在对影响敏感的区域可能需要对这些使用团体进行单独设计或者限制他们使用。

场所情结

不论是荒原、营地或者有利于垂钓的地方，大众通常会对在这些原野游憩场所的活动产生情感联系。在这个情感发展形成的过程中通常会涉及如场所情结、场所依恋、场所意识以及其他诸如此类的东西。人们经常会形成一种情结、一种主人翁感，甚至对原野地游憩区会产生依赖，在一定的程度上这些场所变成“他们的地盘”、“中意的场所”或者成为原野地游憩消遣的“唯一场所”。这种情结形成的过程需要人们不断地重复出现在某个场所，以及发生与交换相关的场所和人之间的互动，这些地方可以让他们找到自我。

通常在游憩者和原野地场所之间形成的这种场所情结对于原野地影响可能是消极的也可能是积极的。当场地情结非常强烈和有特色时，游客可能被他们中意的场所深深地吸引，他们将认为没有其他的场所可以钓鱼或者露营，因而就乐意“扎根”于这个特定的地方。很多人因为拥有特定的营地、游径或者垂钓场地而被大家所熟知，他们总是对同一场地不断重复使用。一方面，这种重复使用，尤其是一些游客对同一个特定场地产生情结时，会对营地和场所产生重大影响。最为糟糕的是，因为使用者对这个场所有着很强烈的情结，因此通常情况下很难将他们对这个地方的使用转移或者分散到其他地方。另一方面，我们可以进行这样的推测，即那些对某个场所有着强烈的情结的游客可能会很好地照料这些地方，他们对场地产生的影响也会非常少，因为他们要依赖于这些特定的场所从事他们某些活动。

很少对场地情结和原野地资源影响这两者之间的关系进行研究。根据斯特科勒斯和舒梅克（Stokols and Shumaker，1981）的观点，上述两者之间的关系可能非常复杂，因为场所情结这个现象本身就以相当复杂而著称。将这些权威者的思想应用到原野地游憩，我们知道一个游憩场所的情结不仅仅涉及突出感性的物理环境，还涉及场地的功能、场地的诱因力以及场地评估的重大意义等。感知，其不仅是物理表象（如一个游憩环境的参观），而且是与游憩背景下讨论的情结息息相关的。在原野地游憩场所形成的情结，其强度和特征与一系列收集持有的图像有关，这些图像是与某个特别场地直接或间接互动逐渐得到的。

哈米特和斯图尔特（Hammitt and Stewart，1996）已经针对游憩场所情结提出了一个分类系统，在这个分类系统中对于场所情结进行多尺度级别划分（图 9.6）。它的建立是基于一个已经被提出的情结渐进强度和情结关系特征之上。一个人和一个特别场所的情结可能在强度上有一定的变化，它从一个即时的熟悉感到一个持久并根深蒂固的依恋变化不一（Tuan，1980）。场所情结也包含一个特征或特殊性的元素，凭借这个元素对游憩场所的功能性、必要性和依赖性可能从一个不被关注转变为对这个特殊场所非常关注并产生特别的情感依赖。有人提出从熟悉到根源归属感的场所情结关系的强度和特征呈金字塔式的上升。然而，这个金字塔从较低级到近最高水平的等级序列不一定是完整的。

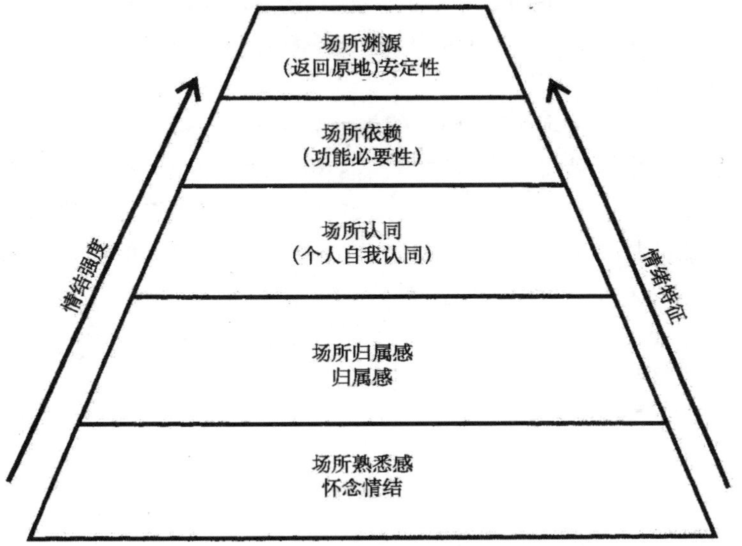

图 9.6 游憩场所情结的一维分类

为了说明上述分类系统如何能够提高游憩场所的情结分级和情结水平差异性，下面将对其中的两个层次作简单的描述。场所的熟悉感作为一种情结类别中最基础的部分，它是根据情结强烈程度和特点而定的。这就暗示对一个场所的感觉和认识，它们产生于与游憩场所相关的了解和回忆。并且在原野地游憩活动预约期间访问的场所牵涉到众多元素，如自由选择和自主挑选、熟人、记忆以及留存的影像通常都是喜悦经历中所喜欢的一部分，并且促使对这些场所产生情结。在熟悉的过程中，我们会感性地识别出这些环境空间，而边界则被发展界定为场所，并且成为人——场所之间的“结构耦合”。原野地游憩游客可能对场所产生一种曾相识的感觉，但还没有形成强烈的认同感或对特定场所依赖感觉。然而，当人们选择一个地方去游憩的时候，某些熟悉的场所就会首先在脑海浮现。因此，故地重游和资源冲击可能与对场地熟悉的现象相关联。

金字塔的另一个极端就是场所的根源归属情结。特尤安（Tuan，1984）认为场所根源归属感情结的特征是非常强烈并且饱含情感，“究其本质，即是完全像在家中——在特定的地点有一种说不出的安全和舒适感”。对这些游客而言它具有唯一性（同类中唯一的地方），他对这些场所已经形成了这种情结。

原野地游憩者们有时会谈及狩猎鹿或者钓鱼的地点，如同特尤安谈论居住的故乡场地。位于墨西哥州北部的狩猎鹿的营地，可能是一个大家族十几年来在秋季聚集猎鹿的唯一场所；或挪威的一个小棚屋可能是世代家族成员游憩捕鱼的唯一场所。这些人这并不会寻求其他的地方进行狩猎、捕鱼或是远足，因为他们的传统使用习惯已将这个游憩场所变成了他们的第二故乡。源于家庭成员、周围的环境以及过去的活动，游憩的族谱与这些场所紧密相连。可能只有到祖父辈和父辈们常去、常提及的特定地方去游憩，才能体会到那种根源归属和家族历史悠久的感觉。在这些情况下，原野地游憩场所体现的意义远远多于当前环境所提供的游憩环境，因为它的过去已经在游憩者心中深深地烙印下了情结并赋予了它某种意义。在这些有历史根源的地方，讲述故事和举行仪式都成为了游憩体验中不可分割的组成部分。

对于那些根源于一个特定游憩地点的游憩者和那些只依靠一个或者少数几个游憩场所的游憩者，管理者想凭借将游客分散到其他场所以此来减少相关的影响是不可能实现的。我们也不可能说服他们不要频繁地使用这些地区，或是选择其他的使用方式。由于这些特有场所的意义和概念超越了这个环境中它们资源和自然的地位，因此他们对游憩资源冲击的观点与对场所强烈的情结的看法是非常不同的。对那些场所情结非常强烈之地，其资源冲击的管理要依赖其他策略而不能依靠那些与分散使用相关的措施。我们将在第 13 章中详谈管理策略和技术。

旅行方式

游憩者在原野游憩区域的旅行方式也会对生态和社会产生重要冲击。例如，使用机动车旅行产生的相关影响与由骑马所造成的影响十分不同，同样，与游憩者采用远足方式产生的冲击也非常不同。即使是采用机动车旅行，陆地上的越野汽车、雪地车以及机动船所产生的冲击也存在明显的差异性。在第 2 章至第 5 章里我们已经阐述了不同旅行模式所产生的已知冲击。管理者们需要知道这些旅行方式之间的差别，因为限制旅行的方式也是一项重要的管理战略。根据荒原地的定义，除少数例外，要禁止一切机动游憩使用。而在其他区域，可以对某些旅行方式完全禁止，禁止在某些区域里使用，只允许在特定的区域里使用，或者使用其他的规范方式进行约束。在这一节里我们将对比管理者可能面临的一系列大众的旅行方式所带来的影响。这些方式有：① 雪地车和雪橇；② 机动船和非机动船（如筏、独木舟、划艇和皮船）；③ 越野汽车、牲畜、徒步游憩者。

雪地机动车、雪橇

雪上旅行产生的冲击不同于陆地上的旅行。如果雪层足够深，雪上旅行对土地、植被和水的影响都会非常小。如果雪层很浅，则对于生态系统组成部分所产生的冲击非常严重，就如同雪在地面上还没有积起来时使用产生的影响。通常，最严重的冲击是对野生动物的干扰。这一点在第 4 章里有具体的叙述。

很不幸，对雪地车和雪橇两者所产生的干扰的差异性研究甚少。然而，我们可以提供一些相关的推测。在道路上和建设良好的游径上，两者所产生的干扰的差异性可能并不是很明显。最大的区别就是雪地车会产生更多的噪声并且可以更容易地行驶很远（图 9.7、图 9.8）。因此，与雪橇相比，雪地车可能频繁干扰到一个区域的偏远地段。如果是离开道路和游径，两者产生的影响就非常明显了。因为雪地车在较短时间内会行驶更多的地方，因此干扰野生动物会更多并且将会有大面积的雪被压实。雪被压实会产生严重后果，它会杀死小型哺乳动物并摧毁雪与地面之间的隔层，而雪与地面之间空间内居住着许多小型哺乳动物。这也会影响到那些依靠小型哺乳动物存活的物种，如猫头鹰、老鹰、鸷鸟、狐狸、郊狼和山猫（Bury *et al.*，1976）。

图 9.7 在冬季，雪地机动车扩展了游憩冲击，它们能够达到更为偏远的地方，而这些区域在这个季节原本不会受到如此的冲击

图 9.8 旅行和越野滑雪作为原野地游憩活动越来越受到广泛的欢迎

通常，雪地车更有造成影响的潜在性，特别是在它们没有被限定在建设的道路和游径上行驶的情况下。然而，与陆上旅行和水上旅行产生的影响差异性相比，机动旅行和

非机动旅行的差异就非常小了。在一个区域内，每一种旅行方式对其他游憩者体验所产生的冲击的差异性可能比对造成的生态冲击的差异性更严重。

机动船、非机动船

机动船造成影响的潜在性要大于非机动船，主要因为它的燃料和汽油会对水质造成污染。就像第 5 章描述过的，外侧的发动机会向水中排放大量的石油和汽油残余物。它们不仅会影响水质，同时也会影响到水中的生物，非机动船显然没有这样的影响。然而，非机动船可以达到原野地区域更偏远的地方。这可能对游憩区域内偏僻落后地方产生更为显著的影响。例如，人们使用橡皮艇从大峡谷或者其他荒漠峡谷向下漂流已经对这些区域产生严重的影响。

在主要由非机动船使用的区域，最突出的影响区域通常是沿湖岸和溪岸地带，游憩者们在这些地方露营、野餐、垂钓和并将他们的船只抬进抬出。这些影响和那些徒步游憩者们产生的影响几乎没有什么不同。在主要使用机动船的地方，水质和水生生物受到的影响通常会更严重些。当然，这个概论也存在例外情况。例如，使用机动筏穿越大峡谷的旅行团体可能对陆地的影响要多于水的影响。

越野车、牲畜、远足

由于某些原因，越野车产生大量影响的可能性特别高（Webb and Wilshire，1983；Parikesit *et al.*，1995）。因为它们行驶迅速，可能在一次旅行中就会影响到大量的区域。如果地形有利于使用越野车旅行，它们就能够达到非常偏远的地区，甚至可能只需要一天的时间（图 9.9）。这种情况在大沙丘和沙漠区域相当多，因为这些偏远的地方可能是徒步或骑马无法到达的。由于板链轮胎的作用，滚动的轮子迅速去除了土壤和植被。这个破坏还伴随着越来越多的越野车使用者追求挑战悬崖、不稳定斜坡的趋势，而这些地方很容易发生侵蚀（图 9.10）。其他旅行方式一般避开悬崖和不稳定的斜坡。因此，侵蚀问题是影响最严重的问题之一，因为它具有不可逆转性并且即使不继续使用它也有逐步恶化的趋势——使用越野车旅行产生的影响比使用非机动要严重。机动游憩使用也会对水质造成破坏。被侵蚀的土壤、被扔进溪流中的沉积物，都会增加水中沉淀物的负荷量和浑浊度，而这对某些鱼类特别不利，比如鲑鱼。

马匹、骡子和其他类型的游憩使用的牲畜造成侵蚀的潜力较小。然而，也仍然比徒步游憩者要高得多。牲畜比人重得多，并且它们的重量集中在一个更小的承载表面积上，因此它们对地表施加的压力更大。践踏干扰很可能造成的问题是在于牲畜的蹄子的践踏致使土壤松散而呈现更加恶化的趋势，这使得土壤更容易被侵蚀（McQuaid-Cook，1978）。因此，马道更容易发生侵蚀，也就更可能需要使其坚固。在蒙大拿的落基山森林，戴尔和韦弗（Dale and Weaver，1974）发现马和远足者共同使用的游径比只有远足者使用的游径深 2.5 倍。牲畜也会破坏溪和湖泊的岸线。

在蒙大拿的一项实验研究中，韦弗和戴尔（Weaver and Dale，1978）检测了马匹、远足者和轻质慢速摩托车的影响。游径在经过 1000 次马匹踏过时其增加的宽度和深度分别是 1000 次远足者经过的 2～3 倍和 1.5～7 倍。摩托车的影响严重性居中。马道的

图 9.9　游径上摩托车的使用对原野地的游憩资源和其他类型使用者的体验都会产生影响

图 9.10　越野车的影响同时伴随着诸多户外游憩使用者寻求陡峭、不稳定斜坡的趋势，而这些地方极其容易发生侵蚀

土壤容重迅速增加，是远足游径土壤容重的 1.5～2 倍。同样，摩托车对土壤容重的影响居马道和步道两者之间。而马道和摩托车道上发生的植被丧失比远足者游径要迅速得多。调查者还发现当上山时摩托车破坏最大，而下山时骑马和远足破坏最大。因此，他们得出这样一个结论：如果摩托车游径在上坡阶段使用的是缓坡在下坡阶段使用的是陡坡，而马道和远足的游径应该是在上升阶段为陡坡，在下坡阶段为缓坡，则游径的损耗可以降至最低。

在营地，摩托车使用者、骑牲畜的团体和远足者们所造成的影响存在明显的区别。机车驶过营地时会对地表覆盖产生严重的干扰，同时导致土壤被特别严重压实。汽车的齿轮很多，这往往等同于产生的影响更大。篝火影响通常比较突出，树木的破坏比较严重，停留的时间也更长且团体规模更大，因此营地的面积开发力度也更高。

20 世纪 90 年代原野地区域增加了另外一种旅行形式，即山地自行车（Jacoby，1990）。虽然对于山地自行车的影响存在一些研究，但是这些研究只是聚焦于山地自行车使用对社会的影响，而很少关注其对生态影响（Ramthun，1995）。山地自行车游憩造成的最普遍的资源影响形式就是游径的侵蚀和扩张。威尔逊和塞尼（Wilson and Seney，1994）检测了在蒙大拿州远足者、马匹、摩托车和越野车所导致现存游径水土流失和沉积物产生的相对影响。他们发现马匹和远足者（马蹄和人脚）比轮胎（摩托车和越野自行车）造成的沉积物更多些，并且这个影响在预先潮湿的游径上最明显。然而，这个研究测试将四种旅行方式经过次数限制在仅 50 次和 100 次。

已经有两项研究对比了营地马匹和远足者的影响——并且这两个研究都是在蒙大拿州的荒原区进行的。在利镇梅特卡夫荒原，使用牲畜的游憩者营地其面积是背包族使用营地面积的十倍，其矿质土壤裸露的面积是背包族的七倍。科尔（Cole，1983）在鲍伯马歇尔荒原的研究也发现了同样的结果。使用牲畜的游憩者的场地是背包族场地的六倍，场地裸露的面积也比后者大四倍。使用牲畜的游憩者场地其树木遭受破坏的数量也是背包族的十倍以上，而且土壤被压实的更严重、引进的植物物种也更多（图 9.11）。

图 9.11　蒙大拿州鲍伯马歇尔荒原，骑马游憩团体使用的营地其被破坏的树木数量是远足者使用场地的十倍

使用牲畜的游憩者所占用的场地面积之所以大于背包族最主要是因为其需要在邻近营地的地方有一个饲养牲畜的区域。动物被频繁的拴在树上，这也造成了牲畜营地的树

木遭受到更严重的破坏（图 9.12）。树木也可能被砍下来作为帐篷的柱子、围栏、畜栏或用作燃火的木柴。而土壤被压实的更严重则是由于牲畜比人重得多，并且它们重量集中在地表的面积又比人小得多。通过马排泄的粪便、喂食或黏在马身上的草籽传播的而引进新的植物物种；这也使得被引进的物种在牲畜营地越来越多。

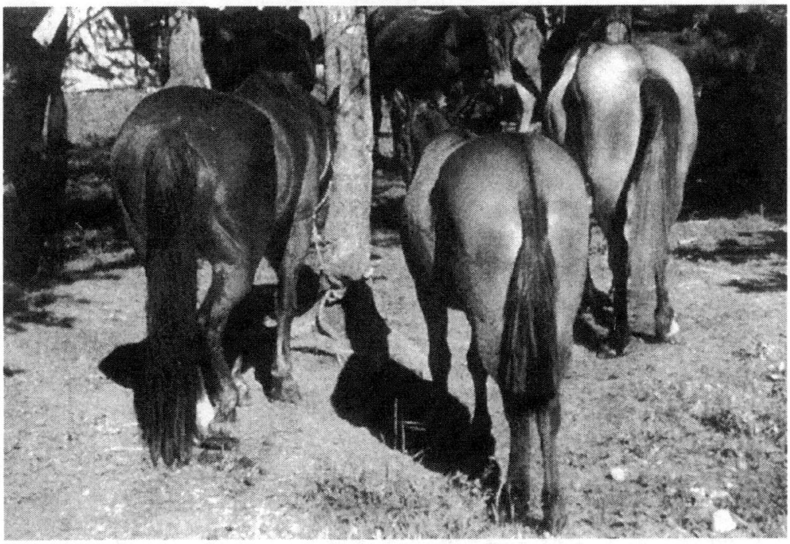

图 9.12 把马拴在树上是对树木的主干和根部系统造成严重破坏的主要因素

牲畜需要吃草，这会对营地造成更严重的影响。在允许放牧的地方（马匹不被关在畜栏里并不仅仅喂食饲料），马匹践踏致使植物叶子凋落。这同时也会使得被干扰区域面积增加。在伊格尔卡普荒原的一个区域，仅仅牲畜干扰的面积就达到了整个游憩使用干扰面积的四分之三，尽管牲畜使用的面积只是整个荒原使用面积的 20%（Cole，1981）。放牧区域经历了植被覆盖减少、植被组成被改变、土壤被压实以及许多加速侵蚀发生等诸多情况。

马匹排泄的粪便是与牲畜有关的另一个特有的影响，它是外来植物草籽的一个主要来源。它们自己能够找到进入溪流的途径，从而对水质产生污染。然而，它的主要影响还是社会影响，很多远足者对它出现在游径和营地表达了厌恶之情。在许多区域，管理者将马道和步道分开，让他们使用不同的游径，以此避免骑牲畜的团体和远足者团体之间产生冲突。

由于远足是最普遍的旅行方式，因此它的影响也特别明显和广泛。此外，野生动物往往更容易受到是来自远足者的干扰而不是机动车（MacArthur *et al.*，1982）。远足者更加不可预知性，也更可能接近动物，因此可能被动物认为是比较有威胁性的。同时远足者对野生动物的干扰可能也稍微多于骑马的游憩者，但是对此并没有进行过研究。然而每个远足者对土壤、植被和水的人均影响比其他类型的游憩者要小得多。

有些作者假定游憩者脚上所穿的鞋的类型对影响量也有很大的影响。游径磨损的增加被反复归咎于最普通的橡胶底靴子（Ketchledge and Leonard，1970；Harlow，1977；

Zaslowsky，1981）。到目前为止还没有人能够证明这种假设，但是在真实情况下确实如此。库斯（Kuss，1983）发现在实验性践踏的游径上两种远足靴所造成的有机质和土壤流失并没有很大区别，在经过600次或2400次践踏后，尽管两种类型的靴子都导致土壤表层严重瓦解，但是损失量也并不存在明显的差异性。此项研究证实了早期惠特克（Whittaker，1978）和桑德斯、霍华德和斯坦利-索德斯（Saunders *et al.*，1980）的结论。上述研究在靴子类型与产生影响的关系问题上未见明显分歧。

所有鞋子，无论是什么类型，都会对植物和土壤造成大量的影响。虽然严重磨损的游径在自然区域和城市公园都很普遍，但是在这些地方橡胶靴却并不常见。更多研究可能还是没有揭示不同环境下影响之间的重要差异性，也还没有对这些环境进行研究。然而到目前为止，要求远足者穿着任何特殊类型的靴子是不会被接受的。

小结

1. 游憩资源冲击是由游客的使用情况和资源场地的承受能力共同决定。例如，影响力随着团体的规模（大团体或小团体）、使用者的类型（过夜露营者或白天远足者）、使用者的行为（用木材取火点火或用露营地的炉子取火）以及旅行的方式（骑马使用者或远足者）的变化而改变。潜在造成的影响也因使用者的目的地而异。各种不同的使用者特征会对他们的行为产生影响，诸如对低影响技术的了解、游憩的动机、经验水平以及社会团体和结构。

2. 使用量与冲击量没有直接关系。使用量随着环境、活动、影响参数以及正在调查的使用水平范围的变化而改变。冲击也根据是否关注资源改变的速度、强度或区域范围而不同。

3. 把原野地区域集中露营的使用者分散化不总是一种很好的管理措施。例如，如果访问者是集中于耐影响的游径或露营地或者在非常受欢迎并且已经被严重影响的场地，管理人员就应该鼓励现有的集中使用方式。然而，在低使用的脆弱地区，管理人员则需要把集中使用的使用者分散开。

4. 由于逗留时间的长度、参与的活动类型以及对于他们在原野地资源的需求这些因素的作用，某些类型的使用者所产生的影响要多于其他团体的使用者。骑马团体就是典型的例子，他们一般团体规模比较大，需要在露营地有额外的地方安置马，因此产生的影响也超越了既定营地的边界。

5. 个人游憩背后的动因，团体背景下活动的实施和个人受教育水平、对某个活动的过去经验都会对原野地资源冲击量产生影响，如果游憩以适当的方式进行则对资源影响可以达到最小化。

6. 不同的原野地游憩方式会产生不同类型和不同程度的影响。驾驶越野车的人会比远足者到达的地方更远，并且在短时间内对区域产生巨大的影响。雪地车会极大地将雪压实，并且对下面的野生动物或土壤环境产生一定的干扰。已经有证据显示马道和营地的影响量是远足者冲击量的十倍。

参考文献

Bogucki, D. J., J. L. Malanchuk, and T. E. Schenck, 1975. Impact of Short-term Camping on Ground-level Vegetation. *Journal of Soil and Water Conservation* 30: 231—232.

Bratton, S. P., M. G. Hickler, and J. H. Graves. 1978. Visitor Impact on Backcountry Campsites in the Great Smoky Mountains. *Environmental Management* 2 (5): 431—442.

Brown, P. J., and J. H. Schomaker. 1974, Final Report on Criteria for Potential Wilderness Campsite. Institute for Study of Outdoor Recreation and Tourism, Utah State University, Logan, UT. Supplement No, 32. 50 pp.

Brown, P. J., B. L. Driver, and C. McConnell. 1978. The Opportunity Spectrum Concept and Behavioral Information in Outdoor Recreation Resources Supply Inventories: Background and Application. In *Integrated Inventories of Renewable Natural Resources: Proceedings of the Workshop*. USDA Forest Service General Technical Report RM-55.

Bury, R. L., R. C. Wendeing, and S. F. McCool. 1976. Off-road Recreation Vehicles—A Research Summary, 1969-1975. Texas Agricultural Experiment Station Publication MP-1277. 84 pp.

Clark, R. N., and G. H. Stankey. 1979. Determining the Acceptability of Recreational Impacts; An Application of the Outdoor Recreation Opportunity Spectrum. In R. Ittner, D. R. Potter, J. Agee, and S. Anschell, eds. *Recreational Impacts on Wildlands*. USDA Forest Service Conference Proceedings, No. R-6-001-1979.

Clark, R. N., J. C. Hendee, and F. L. Campbell. 1971. Depreciative Behavior in Forest Campgrounds: An Exploratory Study. USDA Forest Service Research Note PNW-161. 12 pp.

Cole, D. N. 1981. Vegetational Changes Associated with Recreational Use and Fire Suppression in the Eagle Cap Wilderness, Oregon: Some Management Implications. *Biological Conservation* 20: 247—270.

Cole, D. N. 1982. Wilderness Campsite Impacts: Effect of Amount of Use. USDA Forest Service Research Paper INT-284. 34 pp.

Cole, D. N. 1983. Campsite Conditions in the Bob Marshall Wilderness, Montana. USDA Forest Service Research Paper INT-312. 18 pp.

Cole, D. N. 1985. Recreational Trampling Effects on Six Habitat Types in Western Montana. USDA Forest Service Reseach Paper INT-350. 43 pp.

Cole, D. N. 1987. Effects of Three Seasons of Experimental Trampling on Five Montane Forest Communities and a Grassland in Western Montana, USA. *Biological Conservation* 40: 219—244.

Cole, D. N. 1990. Ecological Impacts of Wilderness Recreation and Their Managemengt. In J. C. Hendee, G. H. Stankey, and R. C. Lucas, eds. *Wilderness Management*. Golden, CO: North American Press. pp. 425—466.

Cole, D. N. 1993. Campsites in Three Western Wildernesses: Proliferation and Changes in Condition over 12 to 16 years. USDA Forest Service Research Paper INT-463. 15 pp.

Cole, D. N., and J. Benedict. 1983. Coverups—How to Pick a Campsite You Can Leave Without a Trace. *Backpacker* 11 (5): 40, 44, 87.

Cole, D. N., and R. K. Fichtler. 1983. Campsite Impact on Three Western Wilderness Areas. *Environmental Management* 7 (3): 275—288.

Cole, D. N., and T. E. Hall. 1992. Trends in Campsite Condition: Eagle Cap Wilderness, Bob Marshall Wilderness, and Grand Canyon National Park. USDA Forest Service Research Paper INT-453. 40 pp.

Coombs, E. A. K. 1976. The Impacts of Camping on Vegetation in the Bighorn Crags, Idaho Primitive Area. Master's thesis. University of Idaho, Moscow. 64 pp.

Crawford, A. K., and M. J. Liddle. 1977. The Effect of Trampling on Neutal Grassland. *Biological Conservation* 12: 135—142.

Dale, D., and T. Weaver. 1974. Trampling Effects on Vegtation of the Trail Corridors of North Rocky Mountain

Forests. *Journal of Applied Ecology* 11: 767—772.

Driver, B. L. 1976. Quantification of Outdoor Recreationists' Preferences. USDA Forest Service Mimeograph Paper, Rocky Mountain Forest and Range Experiment Station, Ft. Collins, CO. 22 pp.

Driver, B. L., and P. J. Brown. 1978. The Opportunity Spectrum Concept and Behavioral Information in Outdoor Recreation Resource Supply Inventories: A Rationale. In *Integrating Inventories of Renewable Natural Resources: Proceedings of the Workshop*. USDA Forest Service General Technical Report RM-55. pp. 24—37.

Dunn, A. B., B. G. Lockaby, and E. E. Johnson. 1980. Camping and Its Relationship to Forest Soli and Vegetation Properties in South Carolina. Department of Forestry, Forest Research Series No. 34, Clemson University, Clemson, SC. 20 pp.

Frissele, S. S., Jr., and D. P. Duncan. 1965. Campsite Preference and Deterioraton in the Quetlico-Superior Canoe Country. *Journal of Forestry* 63: 256—260.

Hammitt, W. E., and C. D. McDonald. 1981. Use Patterns and Impacts of Innertube Floating on a Mountain Stream. *Southern Journal of Applied Forestry* 5 (3): 119—124.

Hammitt, W. E. , and C. D. McDonald. 1983. Past On-site Experience and Its Relationship to Managing River Recreation Resources. *Forest Science* 29 (2): 262—266.

Hammitt, W. E. , and W. P. Stewart. 1996. Sense of Recreation Place: A Call for Construct Clarity and Measurement. Paper on file, Depatment of Parks, Recreation and Tourism Management, Clemson University, Clemson, SC. 11 pp.

Hampton, B., and D. N. Cole. 1995. *Soft Paths: How to Enjoy the Wilderness Without Harming It*. Mechanicsburg, PA: Stackpole Books. 22 pp.

Harlow, W. M. 1977. Stop Walking Away the Wilderness. *Backpacker* 5 (4): 33—36.

Heberlein, T. A., and P. Dunwiddie. 1979. Systematic Observation of Use Levels, Campsite Selection and Visitor Characteristics at a High Mountain Lake. *Journal of Leisure Research* 11 (4): 307—316.

Helgath, S. F. 1975. Trail Deterioration in the Selway-Bitterroot Wilderness. USDA Forest Service Research Note INT-193. 15 pp.

Hendee, J. C., and F. L. Campbell. 1969. Social Aspects of Outdoor Recreation—The Developed Campground. *Trends* (October): 13-16.

Hendee, J. C., G. H. Stankey, and R. C. Lucas. 1990. *Wilderness Management*. Golden, CO: North American Press. 546 pp.

Jacoby, J. 1990. Mountain Bikes: A New Dilemma for Wildland Recreation Managers. *Western Wildlands* 16: 25—28.

Ketchledge, E. H., and R. E. Leonard. 1970. The Impact of Man on the Adirondack High Country. *The Conservationist* 25 (2): 14—18.

Knopf, R. C. 1983. Recreational Needs and Behavior in Natural Settings. In I. Altman and J. Wohlwill, eds. *Behavior and the Natural Environment*. New York: Plenum. pp. 205—240.

Knopf, R. C. 1987. Human Behavior, Cognition, and Affect in the National Environment. In D. Stokols and I. Altman, eds. *Handbook of Enviromnental Psychology*. New York, Wiley. pp: 783—811.

Kuss, F. R. 1983. Hiking Boot Impacts on Woodland Tiails. *Journal of Soil and Water Conservation* 38: 119—121.

Legg, M. H., and G. Schneider. 1977. Soil Deterioration on Campsites: Northern Forest Types. *Soil Science Society American Journal* 41: 437—441.

Leung, Y. F., and J. L. Marion. 1996. Trail Degradation as Influenced by Environmental Factors: A State-of-Knowledge Review. *Journal of Soil and Water Conservation* 51 (2): 130—136.

Lime, D. W. 1972. Large Groups in the Boundary Waters Canoe Area—Their Numbers, Characteristics, and Impacts. USDA Forest Service Resarch Note NC-142. 4 pp.

Lucas, R. C., H. T. Schreuder, and G. A. James. 1971. Wilderness Use Estimation: A Pilot Test of Sampling Procedures on the Mission Mountains Primitive Area. USDA Forest Service Research Paper INT-109. 44 pp.

MacArthur, R. A., V. Geist, and R. H. Johnston. 1982. Cardiac and Behavioral Responses of Mountain Sheep to Human Disturbance. *Journal of Wildlife Management* 46: 351—358.

Manning, R. E. 1986. *Studies in Outdoor Recreation: A Review and Synthesis of the Social Science Literature in Outdoor Recreation*. Corvallis. OR: Oregon State University Press. 166 pp.

Marion, J. L. 1984. Ecological Changes Resulting from Recreational Use: A Study of Backcountry Campsites in the Boundary Waters Canoe Area Wilderness, Minnesota. Ph. D. dissertation, University of Minnesota, St. Paul. 279 pp.

Marion, J. L., and S. C. Brame. 1996. Leave No Trace Outdoor Skills and Ethics: An Educational Solution for Reducing Visitor Impacts. *Park Science* 16 (3): 24—26.

Marion, J. L., and D. N. Cole. 1996. Spatial and Temporal Variation in Soil and Vegetation Impacts on Campsites. *Ecological Applications* 6 (2): 520—530.

McDonald, C. D., and W. E. Hammitt. 1981. Use Patterns, Preferences and Social Impacts of Floaters on River Resources in the Southern Appalachian Region. Final Report, USDA Forest Service. Southeastern Forest Experiment Station, Asheville, NC. 241 pp.

McDonald, C. D., and W. E. Hammitt. 1983. Managing River Environments for the Participation Motives of Stream Floaters. *Journal of Environmental Managementl* 16: 369—377.

McQuaid-Cook, J. 1978. Effects of Hikers and Horses on Mountain Trails. *Journal of Environmental Management* 6:209—212.

Nagy, J. A. S., and G. W. Scotter. 1974. A Quantitative Assessment of the Effects of Human and Horse Trampling on Natural Areas, Waterton Lakes National Park. Unpublished Report, 145 pp. Canadian Wildlife Service, Edmonton, Alberta.

Parikesit, P., D. W. Larson, and U. Matthes-Sears. 1995. Impacts of Trails on Cliff-edge Forest Structure. *Canadian Journal of Botany* 73: 943—953.

Ramthun, R. 1995. Factors in User Group Conflict Between Hikers and Mountain Bikers. *Leisure Sciences*17 (3): 159—169.

Roberts, E. 1996. Place and Spirit in Public Land Management. In B. L. Driver. D. Dustin. T. Baltic, G. Elsner, and G. Peterson. eds. *Nature and the Human Spirit*. State College, PA: Venture Publishers, inc. pp. 61—80.

Saunders, P. R., G. E. Howard, and B. A. Stanley-Saunders. 1980. Effect of Different Boot Sole Configurations on Forest Soils. Department of Recreation and Park Administration. Extension/Research Paper RPA. 1980-3, Clemson University, Clemson, SC. 11 pp.

Schreyer, R., and J. W. Roggenbuck. 1978. The Influence of Experience Expectations on Crowding Perceptions and Social-Psychological Carrying Capacity. *Leisure Sciences* 1 (4): 373—394.

Singer, S. W. 1971. Vegetation Response to Single and Repeated Walking Stresses in an Alpine Ecosystem. Master's thesis. Rutgers University, New Brunswick, NJ. 69pp.

Stokols, D., and S. A. Shumaker. 1981. People in Places: A Transactional View of Settings. In J. Harvey, ed. *Cognition, Social Behavior and the Environment*. Hillsdale, NJ: Erlbaum Publishers. pp. 441—488.

Tuan, Y. F. 1974. *Topophilia: A Study of Environmental Perception, Attitudes, and Values*. Englewood Cliffs. NJ: Prentice-Hall.

Tuan, Y. F. 1980. Rootedness Versus Sense of Place. *Landscape* 24 (1): 3—8.

Vaske, J. J. , M. P. Donnelly, and T. A. Heberlein. 1980. Perceptions of Crowding and Resource Quality by Elderly and More Recent Visitors. *Leisure Sciences* 3 (4): 367—381.

Wagar. J. A. 1964. The Carrying Capacity of Wildlands for Recreation. *Forest Science Monogragh*. No. 7. 23pp.

Weaver, T., and D. Dale. 1978. Trampling Effects of Hikers, Motorcycles and Horses in Meadows and Forests.

Journal of Applied Ecology 15：451—457.

Webb，R. H.，and H. G. Wilshire，eds. 1983. Environmental Effects of Off-road Vehicles：Impacts and Management in Arid Regions. New York：Springer-Verlag. 534 pp.

Whittaker，P. L. 1978. Comparison of Surface Impact by Hiking and Horseback Riding in the Great Smoky Mountains National Park. USDI National Park Service. Management Report 24，Southeast Region，Atlanta. 32 pp.

Wilson，J. P.，and J. P. Seney. 1994. Erosional Impacts of Hikers，Horses，Motorcycles，and Off-Road Bicycles on Mountain Trails in Montana. *Mountain Research and Development* 14（1）：77—88.

Young，R. A. 1978. Camping Intensity Effects on Vegetation Ground Cover in Illinois Campgrounds. *Journal of Soil and Water Conservation* 33：36—39.

Young，R. A.，and A. R. Gilmore. 1976. Effects of Various Camping Intensities on Soil Properties in Illinois Campgrounds. *Soil Science Society American Journal* 40：908—911.

Zaslowsky，D. 1981. Looking into Soles and Other Weighty Matters. *Audubon* 83（2）：60—63.

第五部分

管 理 措 施

第 10 章　管理战略与概念

在这些描述资源要素影响的章节中，我们对游憩使用是如何改变自然环境的已经有所了解。然后，在第三部分和第四部分我们探索了对冲击的类型、程度和地理分布等有影响的因素。现在正是把这些知识运用到管理中的时机。管理不能够消除这些冲击，但也确实没有必要消除所有的冲击。例如，在很多游憩区域，游径和营地的清理都是令游客满意的环境改变。然而，管理应该通过操控冲击因素进而对冲击进行控制。首先，在本章中我们将学习一些基本原理，而这些原理总结概括了之前章节所学习的内容；然后，我们将讨论一些规划概念和框架以及管理战略，以便对管理进行有效的指导，并为接下来的第 11、12 和 13 章相关管理技术的详细描述做好铺垫。

基本原理

如下是在前面章节中探讨过的基本原理：

1. 变化是自然环境的普遍特性。未经开发的原野地总是在持续不断地发生变化，用生态学的术语来说就是演替。当人们进入自然环境，特别是成群结队的进入时，自然演替的方向和速度常常会因此而发生变化。在很多情况下生态系统过程由于人类的介入而加速，侵蚀就是一个很好的例子。在流水的作用下，很多河岸的土壤被持续不断地被冲走，这本身是一个自然的过程。然而，在那些木舟停靠的野餐点侵蚀会大幅度增加，本来需要数十年或是数个世纪完成的侵蚀可以在短短的几年中完成。又如对火的自然扰动的抑制可减缓其生态系统演变过程。这也会对生态系统产生严重的影响。而在其他一些情况下，演替过程的整个方向都可能被改变。道路的清理和建设，用平整的、压实的、裸露的并且是洒满阳光的路面取代未经开发的森林地表环境都是与自然演替过程相背离的。

改变是自然的，因此管理通常不致力于阻止改变发生，而是致力于阻止不利的变化。我们如何对于什么是不利的变化而达成一致呢？在荒原和诸多国家公园环境中，保护自然环境是一个很重要的目标，大多数人类造成的改变都是令人不满的，当然不是所有的。那些人类所造成的改变如果能够改善游憩机会，则其常常被认为是令人满意的。

判断一个影响究竟是否令人满意，其中一个重要的标准就是它是否倾向于能够自我限制。某些影响随着时间的推移当它们接近最大变化极限就会趋向于稳定。例如，建设良好的游径虽然离自然的形态相去甚远，但是它们很少会随着时间的推移而被破坏。其他的影响则会随着时间的发展而逐渐恶化。沿陡坡攀岩而上的游径由于缺少排水设施而持续不断的发生侵蚀，侵蚀作用直到土壤全部流失才会停止。那些没有自我限制能力的影响通常要比有自我限制能力的影响更加严重。

因此，令人所期望的改变和影响是否应该被管理所束缚不仅取决于游憩区的目标，同时，不幸的是，还要依赖于从事该区域管理人员的个人偏爱。所以，就令人满意的或是可被接受的变化类型和数量来制定一些客观限制是至关重要的。正如在第 1 章中所提到的，管理的首要任务就是制定可被接受改变的极限。

2. 冲击是游憩使用的必然结果。所有形式的户外游憩活动都将不可避免地导致土壤压实、植被破坏。因此，大部分自然环境都太脆弱以至于极少的使用便可造成极大的影响。使用量和影响量的关系始终是渐近线和曲线的形态，这是影响研究的一个重要结论同时也是达成共识的结论。所以，试图消除影响是不现实的，除非寄希望于禁止所有的使用。换而言之，管理应该力争限制影响。低水平的使用会导致巨大的影响，因此，控制一个地区的使用与受影响的范围是至关重要的。

3. 随着时间的变化，影响的空间和时间分布格局都展示出可预测性。游憩冲击在空间与时间上一般都是可预测的，空间上，冲击主要集中在景点、游憩设施（节点）以及游览路线（链式）周边（Manning，1979）。尽管这些区域内的影响比较严重，但是与大面积的原野地区域相比它们通常是微乎其微的。这是一个很幸运的情况，因为可以通过场地规划和设计将影响降至最低。时间上，一开始，区域对游憩使用开放时冲击会迅速发生，但是几年之后，进一步的冲击常常是非常轻微的（Marion and Cole，1996）。然而，这也存在一个重要的例外情况，即当场地被继续使用时会有不断扩展的趋势。因此，在场地规划和设计时就应该认识到这种情况并积极地去削弱这种趋势。

4. 不同环境下的冲击会因其周围环境的承受力的不同而有着巨大的差异性。并且不同环境下的抵抗力和恢复力也是不同的。大部分环境的抵抗力和恢复力都很低。因此，冲击发生非常迅速但是其恢复却很缓慢。然而，所有的组合情况都是存在的，也许同时具有高抵抗力又具有高恢复力的地区是个例外。如果在规划中首先考虑到这些环境的差异性，则游憩使用所造成的消极影响就可以降至最低。

5. 冲击因使用类型和交通方式而异，并且它们之间的差异性可能会很大。这在第 9 章已经有了详细的阐述。冲击的种类和数量这两者都随着使用类型的变化而变化。例如，马对游径造成的侵蚀要高于远足者所造成的侵蚀；同时，放牧的需要也会造成一定的冲击，而在不使用马的地区这些冲击不会出现。如上所述，最大的冲击往往发生在使用方式最多并且使用方式非常混合的区域。这表明分区制在降低冲击使其达到最小化方面可能不失为一个好的措施。

6. 环境中的所有元素都是相互关联的。这也许是生态上的最高准则。万事万物皆相互关联。它不仅适用于自然环境，也同样适用于自然环境中的游憩者。控制一种类型的冲击所采取的行动可能会影响另一种类型的冲击，或是会对另一个场所产生影响。此外，为减少冲击所采取行动也可能影响到使用者的体验，反之亦然。

总之，建立特定的目标——可被接受的改变极限是至关重要的，以此确定何种程度的冲击已经成为问题并需要采取相应的管理措施。因为冲击是因使用量、使用类型以及所在的环境状况而异，所以采取管理战略去控制冲击时会存在很多的变数。最后，因为万事万物都是相互关联的，所以考虑到所采取的任何管理措施对系统中的其他部分可能产生的结果都是非常重要的，如游客的体验和资源状况等。

管理规划

大量的方法被用于游憩使用的规划，力求使不令人愉悦的冲击最小化。我们发现两个特别有效的规划框架是游憩机会谱（Recreation Opportunity Spectrum，ROS）和可接受的改变极限（Limits of Acceptable Change，LAC）及相关的规划程序。

游憩机会谱

不同的游憩者在不同的物理-生物-社会-管理框架下参与各种各样的活动是为了寻求不同的体验。例如，一个游憩者可能会选择在一个自然的、人口密度低的、具有很少环境限定的偏远荒僻地区（背景）露营（活动）来感触自然和逃离城市生活一段时间（体验）；另一个游憩者可能会选择在一个发达的、人口密度高的环境中滑雪来寻求刺激和结识朋友。同一个人可能在不同的时间期望不同的游憩机会。因为多种游憩机会都是可能的和合理的，管理者应如何决定在什么地方提供什么样的游憩机会呢？

鉴于多种合理体验的存在，很明显应该提供丰富多彩的游憩机会。不是每一个区域都可以提供一系列广泛的机会，但是应该提高游憩机会多样性，至少应该提供一个幅员辽阔的游憩地域。对于多种户外游憩选择需求的文字记载最早出现在19世纪后半叶奥姆斯特德的著作中，当然也出现在很多有影响的思想家的著作中，包括联邦土地管理机构——阿瑟·卡哈特，奥尔多·利奥波德和罗伯特·马歇尔（Driver，*et al.*，1987）。早期户外游憩教育者瓦格（Wagar，1951）就倡导一种游憩系统，即“从窗台上的花瓶到原野地……以期获得变化的吸引力”，以满足不同的游憩目的。

虽然游憩机会谱的概念已经被认可很长时间，但是直到20世纪70年代末它才真正地被大量贯彻实施。在那时，数个研究队伍都建议为多样化的游憩机会提供系统化的规划从而形成合理的逻辑框架——游憩机会谱（ROS）。ROS框架的基本内涵就是界定不同类型的游憩环境，每一种类型所能够提供的游憩体验不同。它可以通过描述各个不同等级的游憩机会、明确各种游憩机会的指标、界定每个指标具体的标准，最终达到区分不同游憩机会的目的（Driver *et al.*，1987）。

选择合理的指标所秉承的原则来自于游憩机会的定义，即该游憩机会要求优先合适的场地（边远地区的河流）通过优先合适的活动（如皮划艇）来实现所渴望的游憩体验（体能锻炼和挑战）。所以，所界定的ROS游憩机会是由三部分组成：活动、环境和体验。此外，早期的研究还表明界定三种不同类型的环境性质是必要的。物理环境包括生物物理资源、文化历史资源和目前相对永久的人为的构筑比如说道路和堤坝；社会环境包括现有人口数量、行为和参与的游憩活动；管理环境涉及的是区域内发展的水平、现有的场地管理、所提供的服务、规则及标准（Driver *et al.*，1987）。通过活动、体验、物理环境、社会环境以及管理环境的多种多样的组合，提供多样化的游憩机会谱。

研究试图凭借经验来证实活动、体验和环境背景之间的关系，为已经产生的繁杂的ROS结果提供理论基础（Virden and Knopf，1989；Yuan and McEwen，1989）。然而，这个框架被广泛应用，而且已经高度发展不断完善起来。ROS的详尽程序已经成为美国林务局和土地管理局基本规划程序的一部分。基本的 ROS 概念已经在美国和全球范围内广泛使用。在 ROS 的正式实施中，林务局将机会等级进行分为六个级别，从城市的到原始的游憩机会。每一个机会等级都是根据环境的特征来界定的——管理类别、使用群体之间的相互交往、人类改造环境的依据、游憩机会的地域范围的规模和面积（表 10.1）。在这本书中我们主要考虑的是四个更加初级的类型，而不是乡村或者城市的环境类型。

ROS 框架至少有三个用途。最常见的用途是整理当前列出游憩机会的方法。例如，林务局的 ROS 使用指南（USDA Forest Service，1982）就关于如何把五个环境特征评估归入表 10.1 中所描述的六个 ROS 等级中提供了详细说明。这些等级分类可以绘制在地图上，同时可以提供场地的详细信息和游憩机会方便游客概览。

这个框架对荒原地管理方案的发展具有一定的作用。每个 ROS 等级根据适当的环境特征、游憩活动和适当的管理技术都具有明显的目标。越是靠近游憩机会谱的原始的等级，游憩冲击就越不能被接受，目标就越可能对低冲击的状态产生压力。同时，越是接近序列的原始底端管辖就越令人讨厌。这对于不同的游憩机会序列采取相应合适的管理措施有着重要的意义。最好的管理技术则是广泛使用的监督和说服。因此，任何游憩区域提供的游憩机会等级都将在很大程度上决定对游憩影响的可接受改变的极限和减少冲击问题的最合理的手段。

这也指出了为什么越是接近序列的原始底端对其冲击的管理越发困难，比如说原野地。越是接近序列的底端冲击越是不能被接受，但是使用限制技术的管理发挥的余地也越少。同时接近也非常困难，执行强制、巡逻以及其他的管理活动更加的困难重重。鉴于这些原因，说明原野地的管理是特别复杂的，以上内容将在下一章详细讨论。

可接受的改变极限规划框架

正如在第 1 章中所讨论的那样，早期管理者们试图通过研究游憩承载力去治理游憩冲击的方法被证明是存在一定问题的。对于使用游憩承载力的憧憬——限制使用可以解决大多数的管理问题，而且这种限制可以被客观的实际数据所决定——这业已证明是错误的。相反，限制使用只是众多可供选择的管理技术之一，并且它常常不在最有效的技术范围内。此外，关于适度使用等级的决定至少是依附于主观的评价（管理的目标）和科学家所提供的使用数量、冲击数量之间关系的描述（Shelby and Heberlein，1986）。因此，最新一代的规划框架主要关注于对某个具体的管理目标的明确表达。大量的项目已经设立了目标，并且这些目标足够详细地驱动游憩管理规划工程。利用工具的手段使项目设立可接受改变极限的概念。

“可接受的改变极限”这个概念是在一个毕业生的论文中被第一次提出，而这篇论文正是关于边界水域独木舟对荒原营地的冲击。弗里斯瑟尔（Frissell，1963）总结说：如果游憩使用被允许，则营地的冲击是不可避免的，而且必须被接受。然而，这个作者认为“极限应该设置为能够承受的改变量范围之内，当一个地区已经达到了事先所设定的破坏极限时，就应该采取一系列的手段去阻止进一步的恶化”。换而言之，即游憩使

表 10.1 对适合开展游憩机会谱的六个等级适宜环境描述

游憩机会谱等级					
原始的	半原始、非机动化的	半原始、机动化的	道路化的、自然的	乡村的	城市的
区域内的改造很少，主要还是未经改造的自然环境；使用者间的相互影响很低，使用迹象少，区域的管理不受人为的限制和控制；区域内禁止使用动力设施	区域以自然环境占主导地位或主要呈现自然状态为特征；使用者间的相互影响低，但是常常有使用过的痕迹；管理方式为对场地尽量较少的控制，但约束是仍然存在的；禁止使用动力设施	区域在中等到大尺度是接近自然的环境；使用者的集中度低，但是常常有使用过的痕迹；区域的管理有最低限度的控制，限制虽然存在但是很少；允许使用动力设施	区域在中等尺度上是接近自然的环境，同时具有中度的灯光和人类的声音，这些干扰常常是和自然环境相和谐的；使用者间的相互影响可能是低到中等的，但是使用的痕迹普遍存在；资源改变和利用是存在的，但是和自然环境相和谐；在建设标准和设施设计中提供传统机动车辆的使用	区域充分体现了改造自然环境的特征；通过资源的利用和改造来提高游憩活动、维护植被覆盖及土壤；人类的声音和灯光较多，使用者之间的相互影响是中高程度的；公共设施较多，设施常通常为特定活动服务；设施的分布密度适中，和发达地区有一定的差距；机动车量使用和停车场随处可见	区域充分体现出城市化的环境，尽管在郊区可能还有自然化面貌的元素；通过利用和改善可再生资源来加强特定的游憩活动；植被经常是外来物种并且经过修剪；灯光随处可见，人声处处可闻；不论是在场地上还是在附近的区域都有大量的使用者；为机动车的大量使用和停车需求提供基础设施，同时也为人们提供纵横交织的穿越场地通道

资料来源：USDA Forest Service，1982，游憩机会谱使用指南。

用和自然环境保护之间会存在着一定的冲突。关键就是要在这两个矛盾目标间界定一个最佳的平衡点，以使游憩机会和自然生态系统在一定程度上达到妥协（Cole and Stankey，未发表）。这个平衡可以被视为是退化（变化）的极限。

弗里斯瑟尔和斯坦利（Frissell and Stankey，1972）认为探求使用、环境质量保护和体验之间的平衡与探求承载量的内涵是相似的。因此，他们建议把“可接受的改变极限”的概念作为承载容量决策中的一个可选方法。他们的基本思想就是使管理集中于特定目标，而这个目标的界定要与以下两点的偏差最小：① 生态环境下的自然分布的变化；② 质朴的原野地体验。从 1980 年开始，一组林业部门的研究者对这个基本概念进行了更加深入的提炼，并形成了程序化的准则，“荒原地规划的可接受的改变极限系统”（Stankey *et al.*，1985）。因此相关的程序——游客影响管理（Visitor Impact Management，VIM）以及游客体验和资源保护（Visitor Experience and Resource Protection，VERP），随后被国家公园局进一步发展完善并加以应用（Graefe *et al.*，1990；Manning *et al.*，1996）。

LAC，VIM 和 VERP 理论都运用了略有差异的术语和步骤。然而，1997 年工作站的参与人员（McCool and Cole，未发表）认为这些理论在概念上是相同的，而且正在向形成更多一致性术语的方向发展。他们也指出该程序不需严格地刻板地执行，而且这项理论大部分是重复的、循环的而不是线性的。因此，我们选择在大的概念层面上保护这些规划理论。那些对个人的理论的深入详细步骤有兴趣的人可以参考之前所提到的更加详细的程序化描述。

图 10.1 就每个程序运用的规划框架提供了一个简单的蓝图。每个程序都包括以下几个部分：首先，设定管理所要维持的状态或是允许发生影响（多少影响是可被接受的）的情况；明确列出现有情况，并将其与可接受的情况相比较就像在目标中所陈述的一样；然后，对那些没有达到目标的现有情况采取管理手段；最后，监控，包括定期返回项目的清查阶段。

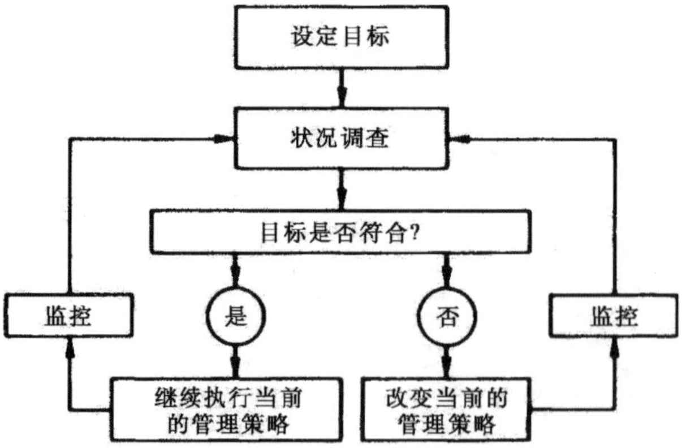

图 10.1 一个简单的规划框架（引自 D. N. Cole 文献）

设立目标：确定冲击的程度相对其他问题而言是比较简单的，尽管并不是很精确，用比较成熟的测量技术可以定量测定游憩地使用强度的变化。使用类似的技术，数个独立的观察者都可以使用同样的技术测定场地增加的强度，比如说，$0.10g/cm^3$。问题在于如何评价这个冲击的重要性，可能会有不同的意见。基于某个人的观点，密度增加$0.10g/cm^3$可能会导致毁灭性的破坏也可能是无关紧要的改变。此外，也许在某些地方建设一个自然的游径是受到高度欢迎，而它在偏远的道路稀疏的环境下是完全不能被接受的。只有在已经为具体的场所建立具体的目标时，人们才能对于一定数量的影响是否会产生问题以及是否需要加强管理、关注等问题上达成一致意见。

也许人们认为所有的冲击都应该被看作问题而且应该积极地进行处置。但是就如上文所提到的那样，在某些环境下有一些影响是所期望的。而且，所有的管理行为都需要付出成本，不论是管理者还是游客。游憩管理规划的目标就是在使用和保护之间寻求最佳的平衡点。鉴于预算的压力及对游憩使用和行为不必要限制的考虑，最好的策略就是只对那些超越特定管理目标的冲击进行处置，而非对所有冲击进行处理。

管理者应该为每个游憩类型可能产生的游憩冲击制定相应的限制目标。然而，这是不合理或者甚至是不被期望的。幸运的是，采取行动来避免某些冲击的同时也可能会保护其他类型的冲击。例如，减少使用限制对营地的干扰也可以减少对野生动物的干扰。因此，也许只需要为一些相当重要的和敏感的冲击设定目标。当然也可能还存在一些特殊的情况，诸如有必要为罕见的或是濒临灭绝的物种制定目标。正如前面所提到的一样，为处理那些没有能力进行自我限制的冲击设立目标是尤其重要的。这些目标可能会涉及的元素包括游径的状况、营地的密度和状况、水质、野生动物的数量和分布。在每一个大的分类中进行进一步且更为具体的划分是非常重要的。例如，营地状况目标可能还可以进一步划分为土壤的压实、土地的覆盖情况、树木的破坏、露营的区域或者基于当地重要影响的这些因素的总和。

在LAC的术语中，目标的变量因子被称之为“指标”。一些作者都拟出了一个“好的”指标特征。一个指标中最令人期望的七个特征包括：

① 可测量的——定量的和主观的测量；

② 可靠的——可被不同的人精确测量；

③ 成本经济化——使用便宜的仪器和技术进行测量；

④ 重要的——与影响相关，如果它们可能发生就应当视为严重问题；

⑤ 敏感的——提供早期的警报系统，使管理者有足够的时间处理问题；

⑥ 高效的——反映的状况能够多于其自身的信息，减少需要评估的指标的数量；

⑦ 有响应的——受管理控制的相关属性。

蒙大拿州的鲍伯马歇尔荒原为了限制游憩影响而建立了明确的管理目标。这一偏远的、广阔的（约100万acre①）、壮观的地域长期以来被利用牲畜旅行的大型家庭大量使用。这样长期使用的结果导致许多营地受到严重的影响。该地区的管理者认为如此高强度的冲击损毁了其被指定为荒原地的价值。因此，他们决定限制使用并为该地区设定具体明确的目标。具体包括：① 每个营地植被破坏的最大限度；②每平方英里②（mi^2）

---

① 英亩，$1acre=4840yd^2=0.404856hm^2$。

② 平方英里，$1mi^2=2.589988km^2$。

所能容纳的营地数量最大值；③ 使用的最大范围和使用范围的条件和趋势的具体标准。

每项冲击测量出的数量目标（LAC 标准）都会被记录下来。此外，多样性作为这个系统的一部分，如在前面的章节中所讨论过的 ROS，这些数量限制的建立是因不同地带的荒原而异（表 10.2）。当前，这个地区还存在相当大的差异，一些地区尚处在较为原始的、无路的状态，而其他很多区域被严重的使用，并且干扰之后留下大量的证据。为了保护、增加或者重新定向多样性，将鲍勃马歇尔荒原划分成四个区域。最原始的区域提出的目标说明：所有营地内植被破坏超过 $100ft^2$；在每平方英里内只能有一个露营地；使用范围不超过 20%，则范围内状况将非常好，使得区域范围趋势呈现是静态或者向着改善的方向发展。如果这些目标都满足了，则这个区域内的环境所受到的影响将比较低。否则，将要遭受更多的破坏。例如，在这连续减少的原始区域每平方英里可允许的野营点增加到 2 个、3 个、6 个，则露营地允许植被破坏的面积将分别增加到 $500ft^2$、$1000ft^2$、$2000ft^2$。

表 10.2　鲍勃马歇尔荒原资源指标的 LAC 标准

指标	Ⅰ区	Ⅱ区	Ⅲ区	Ⅳ区
任何营地植被破坏的面积	最大值 $100ft^2$	最大值 $500ft^2$	最大值 $1000ft^2$	最大值 $2000ft^2$
每平方英里营地的数量	最多有 1 个	最多有 2 个	最多有 3 个	最多有 6 个
饲料利用	最多为 20%	最多为 20%	最多为 40%	最多为 40%
范围趋势	静态的或提高	静态的或提高	静态的或提高	提高
范围内的状况	优	优	一般或者比较好	一般

第一个贯彻实施 VERP 项目的是拱门国家公园，它建立了八个不同的区域以供游客使用（1995 年国家公园管理局）。这八个区域范围从无开发设施、低使用、影响最小的原始区域至游览设施开发量最大的开发区域不等。在第九个区域内不允许任何游憩活动，即敏感的资源保护区。公园完善了八项不同的资源影响指标，其中三项指标最为重要。指标的运用和指标的标准在各个区域里也都是不同的。但是在大多数区域都对土壤结皮的状况进行了监控。从 5%的徒步者区域到 30%的行人和机动观光区，有坚硬表层的土壤样品可接受的最高指数小于 4（或苔藓地衣没有留在地壳，但仍有蓝藻存在）。在高度使用的偏远落后的区域和原始区域，这项指标被社会足迹的密度测量所代替。在半原始的机动区，两条简单的轨道之外被加宽的轨道处是被监测的指标。最后，在开发区资源高强度的影响是可以被接受的，因此无须对资源指标进行检测。这表明冲击指标是根据不同的区域而变化并且对这些不同的冲击进行关注从而使其纳入规划进程。

最后，值得重申的是对目标（LAC 标准）的判断——即协调资源利用和保护之间最佳平衡点的主观评估。管理者们希望科学家告诉他们在哪里设定标准，以避免主观决策的失误。一些科学家通过发表他们的研究成果，如在什么地方应该设定指标，以鼓励这一趋势（例如，Shelby *et al.*，1996）。虽然对于经验得来的数据是否可以直接转化成 LAC 标准的合法性还存在意见分歧，但我们认为标准应该由科学来定而不是源自科学。经验数据可以用来描述成本和代替 LAC 标准的效益。无论怎样，仍然由管理者来决定优选的取舍。

现有状况清单：一旦确立了目标，就要查看管理范围内哪些地方是符合目标的，哪些是不符合的，并列出现有状况的详细列表。在许多案例中，在建立现实的目标之前做一些初步调查是十分必要的。由于把目标指定的太苛刻导致可能永远都不能够达到，这样是没有任何好处的。但是把目标定的太低也不好，因为这样作用太小，起不到避免影响的作用。因此，在建立定量的目标之前，做一些抽样调查是很有必要的，它可以帮助管理者建立有意义且可以实现的目标。

调查是长期监控程序的第一阶段。监控为定期重复详细目录，比较当前的条件、目标和以往库存数据，监控在第 11 章有更详细讲解。在这一阶段，应完成以下两点内容。第一，对监控员来说最重要的是在目标范围内选择要素，其他数据可以不断收集，但监控要素必须一开始就明确。例如，在鲍勃马歇尔荒原，目标规定管理者必须收集露营地植被被破坏面积的信息，他们也收集了露营点的面积范围的信息，但这不很重要，因为在目标里并没有明确说明；第二，应该客观地、系统地列出现有状况清单，必须记录下技术流程以便对详细清单列表进行比较。

目标状况的比较：在详细目录完成后，确定哪些区域尚不能满足目标是件相对容易的事情；并可确认哪些存在问题的区域需要管理部门注意。同时，还可以辨别出在目前符合目标的区域中，哪些是有理由相信在不久的将来会达不到目标的。预测的能力将大大提高监测的进程并且能够提供一些趋势方面的数据。监测数据呈下降趋势的地方也需要管理部门的关注，甚至在达到目标的地方，在游客没有太大负担的情况下也可能需要改变或加强管理。例如，即使是在露营点的冲击和垃圾构不成问题的地方，改进低冲击的营地技术以及施行垃圾自带出的政策都更符合人们的愿望的，因为这些项目对游客而言并不构成负担。但是在目标已经达到的前提下严格限制游客数量或禁止某些游憩活动是非常不合理的。

减轻任何一个单独的问题都有许多可替代的管理方案，在下面的章节，我们将讨论如何决定一个适当的策略。第 12 章、第 13 章将讲解在可替代技术方面的细节问题和各自的利弊点。

问题管理

尽管我们关注的是生态冲击方面的管理问题，然而我们应当对游憩体验质量给予同等的关注。举个最简单的例子，使游憩冲击达到最小化的最有效的方法就是禁止游憩使用，但这明显违背了游憩区建立的初衷。提供最大化的游憩机会的同时想要最大化的避免游憩对环境带来的冲击是不太可能的；因此，在两者之间找到一个平衡点是十分必要的。在思索如何对冲击进行管理的同时，考虑任何行动可能对游憩体验产生的冲击也是非常重要的。

考虑到有许多其他的行动方针，管理人员仔细考虑所有可能的措施是很有必要的。现在有一种强烈的趋势，即人们常常选择一种熟悉的手段或者权宜之计而不是采用最理想的手段来应对眼前的局势。试图在众多需要考虑的因素中决定一个合适的行动方针是有效用的，诸如管理成本、游客成本以及可能产生的副作用。如果某一项措施取得成功，则就有必要支持这一行动，这些同样也是需要考虑的。最终，最好的行动经过精心挑选而得，不仅高效而且成本低。从不同角度着手解决一个问题常常是最好的手段，这正是关注行动战略目的价值之所在。

战略目标

正如我们在一些关于冲击所造成的因素章节中提到的，冲击量是使用量、使用类型、游客行为、使用分布、使用的时间以及环境共同作用的综合函数。所有这些变量都可以通过管理进行操控，因此，它提供了一个独特的战略方法对冲击问题进行控制。瓦格（Wagar，1964）是认识到可以利用一些战略来处理游憩影响问题的第一人。此后曼宁、彼得森和利姆，科尔、彼得森和卢卡斯（Manning，1979；Peterson and Lime，1979；Cole *et al.*，1987）等的论文也都提出了更为全面详细的战略目标类型。

最有效但同时也是最不被期望的方法就是通过减少使用来降低影响。一切都是平等的，使用越少则其影响必然会越小。但是，一个燃起篝火或者骑马旅行的团体会比几个使用背包和便携式炉灶的团体所产生的影响要大许多。另外还有一种方法可以减少影响，那就是保持使用的总量不变，但让每一个旅行者产生的冲击量减少。这可以通过以下几个途径来实现。

① 分散使用：尽可能分散使用以消除对区域的集中使用和冲击；

② 集中使用：相反，将使用集中在一个空间领域则只有很小一部分资源会被改变；

③ 使用类型：在使用类型上做到可控，这样使破坏性的使用减少到最低限度；

④ 游客行为：说服游客尽量采用能够将冲击降至最低的行为；

⑤ 使用时序：在资源环境对干扰特别敏感的时期要禁止或是不鼓励游客使用；

⑥ 场所区位：将使用转移到环境忍耐力极强可以承受极大使用量的地方；

⑦ 场所的硬化或屏蔽：一个地方承受使用的能力可以通过硬化或是屏蔽影响得以提高。

所有这些战略都是针对游憩冲击的根源而做出的，其他的战略则是通过场地的维护和复原来削减使用过程中所产生的冲击。但是，后者往往成本较高而且永无止境，因此需针对冲击根源加以完善管理策略。尽管如此，在一些情况下，削减其冲击的症结必然要作为管理项目的核心。一个最好的例子就是处理人类在集中使用区的垃圾。在这种情况下应该采取集中使用，通过建设室外公厕并且劝说游客使用它们从而保护资源。但是，很少有人选择建立冲厕系统、堆肥系统或将废物运送出去的方法。这些可能包含在如何减小露营者的冲击项目战略之中，见表 10.3。

表 10.3　减小营地游憩冲击的战略和方案

战略	可行性方案
减少食用量	限制进入区域的团体人数
减少人均冲击	—
分散使用	劝说团体游憩者，避免其在冲击严重的营地露营

续表

战略	可行性方案
集中使用	除了指定的营地之外禁止在其他任何地方露营
使用类型	禁止骑马的团体在营地露营
游客行为	教育游客使用低影响技术
使用时间	不鼓励在土壤遭到水浸泡的地方露营
场所位置	教育游客团体在耐干扰的场地露营
场所硬化和屏蔽	在营地建木质帐篷垫
复原	关闭并恢复被损坏的营地

这些战略大多数可以通过对游客的管理和场地的控制来实现，这将分别在第12章和第13章进行探讨。例如，使用集中战略可以要求旅客在指定的地点露营（游客管理），也可以使用栏杆、岩石和灌木丛来限制交通流量（场地控制）。只需要通过场地硬化（屏蔽战略）和场地维护（复原）战略是完全可以实现场地的控制。区分游客管理和场地管理并不像想象中那么泾渭分明，因为对场地操纵的目的往往就是为了管理游客。一般原则是最好的管理方法，即将游客管理和场地控制相结合，这样做非常有效。

关于战略的最后一点即任何单一的战略都可以用来解决一些不同的问题。这反映了世间万事万物之间都是相互关联的。现在的问题是，实施一项措施会产生另外一些新的影响，显然这是不可取的。就像曼宁（Manning，1979）所提出的：对各种公园管理手段的战略性应用必须明确认识之后才能执行，这样才会获得更大的利益，并在可能的情况下避免不必要的副作用。科尔、彼得森和卢卡斯（Cole，*et al.*，1987）研制了“故障排除”指南，列出了许多管理的战略和战术，这些战略和战术可以有针对性的用于不同类型原野地的管理问题。

不可取的游客行为类型

针对不可取的游客行为类型所造成的影响，管理部门应该作出不同的反映。卢卡斯（Hendee *et al.*，1990）总结了五种不可取的游客行为类型。

① 产生不利影响的非法行为；

② 因违反规章制度而产生不利影响的轻率行为；

③ 因技术不熟练而产生不利影响的行为；

④ 加剧使用影响的无知行为；

⑤ 不可避免的微小影响行为。

对于每种类型的游人行为的例子和恰当的管理反应如表10.4，但它的重点是需要针对不同的游人做出不同的管理反应。在一个地方所必要的管理可能在另一个地方就是矫枉过正—— 这些地方的使用者很可能更熟练或者更愿意遵守规章制度。

表 10.4 游客行为类型和恰当的管理反应

游客行为类型	例子	管理反应
违法行为	违法驾车	法律强制管理
无意行为	随地扔垃圾、使人反感的行为（尖叫）	劝说、影响教育，执行管理
不熟练行为	搭帐篷	主要进行低影响使用措施教育，实施轻度管理
无知行为	集中使用	给予信息教育
不可避免的影响	即使小心使用仍然存在人类垃圾和物理影响	降低使用频率以此限制不可避免的影响，重新选择更耐干扰的场地

资料来源：Hendee *et al.*，1990。

管理方法类型

通常来说，管理行动分为直接和间接两种（Gilbert *et al.*，1972）。直接管理主要是通过法规直接干涉游客的行为。例如，管理者规定游人只能在一个地区露营。游客只能在这一地区露营，若到别的区域露营就属于违法，自由选择完全被禁止。间接管理则通过影响人决定的因素而不是通过强制规定来限制人的行为。游人对自我的行为仍保持自主权。这通常是通过信息告知、劝说、选址处理来实施其对游人的影响。例如，可以告知游人哪些地方最合适露营（管理者希望他们去露营的区域）；建议游人到指定的地点露营；在这个特定的区域中建设一些设施来吸引游人前往露营。

通常认为间接管理优于直接管理应率先试用。实际上这种讨论需要考虑二方面因素：管理方法的有效性和游客成本。也有假设直接管理更有效率并节约了更多的游人花费。这些推断都把问题过于简单化并有误导性。比如，在一些已经禁止使用环形滑车的地方为了便捷还在继续使用。游线设计也是这样，如果按捷径设计就非常困难，用间接方法就可以更有效的解决问题。

当然在很多情况下对于游客而言直接管理比间接管理更为经济些。比如，我们宁可在进入一个区域之前就被告知有明确的规章制度规定不允许在某些地方露营（直接管理），也不希望在某处安营扎寨之后突然有管理员过来以场地比较脆弱或者过度使用为由要求我们离开（间接管理）。

直接管理与间接管理之间的区分对于管理者如何减轻游人的负担以及如何将管理化整为零是非常有用的。然而，目前还无法确定直接-间接连续群体的一维性概念是否过于简单化（McCool and Christensen，1996）。此外，受欢迎的概念在许多管理项目中无法正常运行，例如，比直接技术更为可取的间接技术。这是因为管理者很不希望运用直接管理，即使直接管理在这时是处理影响的唯一有效途径（Cole，1995）。我们建议管理者们与其思考如何在技术上达到直接管理-间接管理的统一，倒不如就技术可能产生的效果以及他们给游人造成的麻烦进行评估——行动效果如何。

效率：效率一开始是用来评价潜在管理行为的准则，管理者考虑如何在合理时间内解决不太可能解决问题的技术是毫无意义的。然而，对于“合理时间”的定义还存在很多的争论。在已经产生重大问题的地区，我们采取那些可能在近几年内就有成效的手法。在那些可能在未来发生问题的地区，更为合适使用可能是长期作用才能收到成效的技术（比如：对游客进行教育）。鉴于重建一个刚被毁坏的场地的困难和费用，那么选择一个万无一失的方案可能是错误的选择。然而，我们没有必要去选择一个最有效的方案，而是应该选择一个对游客负担比较小效率相对比较低下的方案。第12章和第13章中有大量关于不同管理方法效率的讨论，正如科尔、彼得森和卢卡斯（Cole *et al.*，1987）以及麦库尔和克里斯滕森（McCool and Christensen，1996）所做的。

游人负担：科尔、彼得森以及卢卡斯（Cole *et al.*，1987）认为有5个不同维数共同决定了一个管理行动的力度（表10.5）。自由选择权是最能反映直接管理和间接管理区别的因子。是否具有自由选择权区别在于管理方式和对游人行为的操控。正如卢卡斯（Lucas，1982）所说，游憩活动与管理在本质上是冲突的，因为游客所向往的正是原野地的自由和无拘无束的感觉。越是接近游憩机会序列的原始底端管理越不受欢迎，因为游客原本期望那些地方的管制稍微宽松些以此有个轻松的游憩环境。原野地游憩管理的目标之一就是提供一种不确定类型的游憩活动，而选择自由性是十分重要的，并需要在尽可能多的地方得到保护。

表10.5　管理行动影响游客负担的因子

因子	高负担	低负担
自由选择权	规范行为	影响行为
游客感受	游客意识到自己被管理	游客没有意识到自己被管理
管理发生的地点	现场控制	现场不控制
管理发生的时间	游客到现场后	游客计划旅行时
受影响游客数量	大多数的游客	少数的游客
放弃的活动的重要性	很重要	不重要

当然在一些情况下，管理扮演着一个重要和正当的角色。比如卢卡斯（Lucas，1983）所提到的一些例子，安全性（例如，将游船隔离在游泳区之外）、减低对其他游人的干扰（例如，规定晚上10点之后保持安静）、少数使用者独享游憩资源的情况（例如限制钓鱼与狩猎的人数）。通常，在大多数游客自觉遵守规章和法律能够强制其执行的地方，管理是有成效的。当制定条例时，以下几点是非常重要的：

① 解释制定条例的原因。这会督促游客执行条例，当游客认识到这些条例的制定是十分必要的时候，他们一般都会遵守条例，并且很少对此进行争论。

② 确保游客知道什么样的行为是管理者所期望的。有时游客可能没有注意到条例，或者条例本身含糊不清，这很可能使得有些人违反条例以及增加条例自身的混乱性导致失败。

③ 强制实施条例。这对严格遵守条例的游客是不公平的，如果强制性实施不可能实现，那我们最好建议游客举止适当就可以了。

④ 可进行小范围调节。不必恪守陈规而使游客们承受不必要的负担。

可能有一些情况下无须借助强制性管理也可以达到相同的目标。例如，劝说游客不要燃起篝火，这可能比禁止篝火更能让人接受。管理者只是提供建议，但游客保持最终决定权。其实就算是劝说，对游客而言也可能对管理者的要求感到压力和负担。管理者与游客在游憩活动区域进行交流，如果说服的手法缺乏灵巧性则可能对游客的干扰比直接管理更加莽撞。同时，也可能产生一些特殊的问题。例如，有责任心的游客放弃了对于他们而言比较重要的活动（例如，篝火）而看着没有责任心的人们享受这项活动。

也许游客的感受或者说管理者谦恭的行为与自由选择权同等重要。游客的感受取决于自己是否有感觉到被管理。区域负责人进入营地让游客不要去点篝火就是一个粗暴式管理的典型例子，这相对于管理条例明确规定禁止篝火而言更令人难以接受。游客虽然还保有选择的自由，但是不服从区域负责人的劝说而在心中产生的愧疚会使选择的自由性大打折扣。如果教育和告知没有告诉他们应该做些什么，那么管理者只好采取人为干涉这种比较敏感的管理方式。比方说，如果管理者想让游人在远离某些特殊的地方野营，诸如湖岸边，他们就可以告诉游人湖滨区域的生态平衡比较脆弱，或者在设计游径时绕过湖滨区而通向其他风景优美可以进行露营活动之处。这些措施都会比较有效，同时可以避免因规章制度而使得游客产生丧失自由的感觉。游客的感受，即少点的管理约束，也是游憩使用管理一个比较可取的方法。

第三、第四点考虑的是管理发生的地点和时间。按最先的推论结果，我们知道管理最好发生在活动区之外而非区内。这会使游客们更早地按照规章制度进行游憩规划，并避免了在游憩过程中被打断。比如在一个需要控制的地区，管理者应该在入口进行控制而不是在区域内对活动实施限制。我们区域管理者就是一个例子，管理者在游客们进入营地之前就劝说他们不要点篝火，这样对于游人来说可能更加容易接受。在游客旅行的计划阶段是管理介入的最佳时间，可以对一些限制与游人进行交流或者试图影响他们行为。在这个阶段，如果他们的活动与影响管理相冲突那么他们可以改变计划，他们有时间去接受这一事实同时进行调节并适应限制。

最后两点关注的是一个行动对游客数量的影响以及游客被要求或者需要放弃自由的重要性。这对于大多数偏远荒僻地区的使用者而言限制团体人数比不让他们篝火更容易接受，事实上很少有团队规模超过人数限制。同样，管理者让游客把垃圾带出游憩区域比不让他们篝火更轻松些。大多数游客宁可选择自己处理露营垃圾也不愿意失去篝火的权利，因此禁止篝火更令他们难以承受。管理者必须考虑规定所限制的活动数量总和。减少游客使用的频率可能是管理者最后不得已才拿出的一张牌，然而，毕竟偶尔停止区域的开放比一直不让游客进行他们想要进行的活动来的简单。

总而言之，衡量一个决策对于游客的影响是件复杂的事情。一切都需要平等相待，但不是永远都能够如此。非强制性的和比较巧妙的管理方法以及管理者在游人旅行计划阶段将游客拒之门外这些措施都是游客更喜欢的方式。很少有决策包含了以上所有因子，当有其他组合产生的时候，管理者需要重新权衡利弊。所有的因子要根据其不同的效力进行评估。

在靠近游憩机会谱原始的一端时，游客的感受可能是最重要的因子。然而，管理者很难判定到底是对内的非正式决策好，还是对外的正式决策好。但随着更深入的研究，我们发现法规与非敏感性的处理显得越来越重要。游客受影响而缩减的人员数量以及游客被迫放弃自由的程度也是非常重要的因子。但在所有区域内最大化的自由和自发性活动是至关重要的，因为这正是原野地游憩体验最核心元素。

参考文献

Cole, D. N. 1995. Wilderness Management Principles: Science, Logical Thinking or Personal Opinion? *Trends* 32: 6—9.

Cole, D. N., and T. E. Hall. 1992. Trends in Campsite Condition: Eagle Cap Wilderness, Bob Marshall Wilderness, and Grand Canyon National Park. USDA Forest Service Research Paper INT-453. 40 pp.

Cole, D. N., M. E. Petersen, and R. C. Lucas. 1987. Managing Wilderness Recreation Use: Common Problems and Potential Solutions. USDA Forest Service General Technical Report INT-230. 60 pp.

Cole, D. N., and G. H. Stankey. In press. The LAC Planning Framework: Implications of Its Historical Development to Current Controversies. In S. F. McCool and D. N. Cole, eds. *Proceedings—Limits of Acceptable Change and Related Planning Processes: Progress and Future Directions*. USDA Forest Service General Technical Report RMRS-GTR-in press.

DeLuca, T. H., W. A. Patterson IV, W. A. Freimund, and D. N. Cole. In press. Influence of Llamas, Horses, and Hikers on Soil Erosion from Established Recreation Trails in Western Montana. *Environmental Management*.

Driver, B. L., P. J. Broun, G. H. Stankey, and T. G. Gregoire. 1987. The ROS Planning System: Evolution, Basic Concepts, and Research Needed, *Leisure Sciences* 9: 201—212.

Frissell, S. S., Jr. 1963. Recreational Use of Campsites in the Quetico-Superior Canoe Country. Master's thesis. University of Minnesota. 66 pp.

Frissell S. S., Jr., and G. H. Stankey. 1972. Wilderness Environmental Quality: Search for Social and Ecological Harmony. In *Proceedings of the 1972 National convention*. Society of American Foresters, Washington DC. pp. 170—183.

Gilbert, G. C., G. L. Peterson, and D. W. Lime. 1972. Towards a Model of Travel Behavior in the Boundary Waters Canoe Area. *Environment and Behavior* 4: 131—157.

Graefe, A. R., F. R. Kuss, and J. J. Vaske. 1990. Visitor Impact Management: The Planning Framework. National Parks and Conservation Association, Washington, DC. 105 pp.

Hendee, J. C., G. H. Stankey, and R. C. Lucas. 1990. Wilderness Management. 2d ed. Golden, CO: North American Press. 546 pp.

Lucas, R. C. 1982. Recreation Regulations—When Are They Needed? *Journal of Forestry* 80: 148—151.

Lucas, R. C. 1983. The Role of Regulations in Recreation Management. *Western Wildlands* 9 (2): 6—10.

Manning, R. E. 1979. Strategies for Managing Recreational Use of National Parks. *Parks* 4: 13—15.

Manning, R. E., D. W. Lime, and M. Hof. 1996. Social Carrying Capacity of Natural Areas: Theory and Application in the U. S. National Parks. *Natural Areas Journal* 16: 118—127.

Marion, J. L., and D. N. Cole. 1996. Spatial and Temporal Variation in Soil and Vegetation Impacts on Campsites. *Ecological Applications* 6: 520—530.

McCool, S. F., and N. E. Christensen. 1996. Alleviating Congestion in Parks and Recreation Areas Through Direct Management of Visitor Behavior. In *Congestion and Crowding in the National Park System*. Minnesota Agricultural Experiment Station Miscellaneous Publication 1986-1996. pp. 67—83.

McCool, S. F., and D. N. Cole, eds. In press. *Proceedings—Limits of Acceptable Change and Related Planning Processes: Progress and Future Directions*. USDA Forest Service General Technical Report RMRS-GTR-in press.

National Park Service. 1995. The Visitor Experience and Resource Protection Implementation Plan: Arches National Park. USDI National Park Service. Denver Service Center, Denver, CO. 72 pp.

Peterson, G. L., and D. W. Lime. 1979. People and Their Behavior: A Challenge for Recreation Management. *Journal of Forestry* 77: 343—346.

Shelby, B., and T. Heberlein. 1986. Carrying Capacity in Recreational Settings. Corvallis, OR: Oregon State University Press. 164 pp.

Shelby. B., J. J. Vaske, and M. P. Donnelly. 1996. Norms, Standards, and Natural Resources. *Leisure sciences* 18: 103—123.

Stankey, G. H., D. N. Cole, R. C. Lucas, M. E. Petersen, and S. S. Frissele. 1985. The Limits of Acceptable Change (LAC) System for Wilderness Planning. USDA Forest Service Research Paper INT-176. 37 pp.

USDA Forest Service. 1982. *ROS Users Guide*. 38 pp.

Virden, R. J., and R. C. Knopf. 1989. Activities, Experiences, and Environmental Settings: A Case Study of Recreation Opportunity Spectrum Relationships. *Leisure Sciences* 11: 159—176.

Wagar, J. V. K. 1951. Some Major Principles in Recreation Land Use Planning. *Journal of Forestry* 49: 431—434.

Wagar, J. A. 1964. The Carrying Capacity of Wildlands For Recreation. Society of American Foresters. Forest Science Monogragh 7. Washington, DC.

Yuan, M. S., and D. McEwen. 1989. Test for Campers' Experience Preference Differences Among Three ROS Setting Classes. *Leisure Sciences* 11: 177—186.

第 11 章　游憩冲击监控

在第 10 章中我们讨论了在一个规划框架之下收集场地状况清单和监控的重要性。清单提供了一种基于管理目标对资源现状进行评估的思路，据此可以找出区域内主要的问题。长久以来，通过监控我们得以认知场地的发展趋势。现状和发展趋势有助于确立可接受的改变极限，同时也保证了管理项目的效率，从而评估和建议需要对哪些地方的改变进行管理。无论是成功的经验还是失败的经验，这两者都是值得学习的。问题特别显著地区或者现状正在急剧恶化的地区都要进行重点关注。这对于预算、人力分配和确定项目优先级别都具有参考意义。

游憩管理依赖于可靠的数据，正如其他资源管理需要可靠的清单一样，比如木材；不幸的是，管理者常常不具备这些数据。对于游憩活动，由于管理过于频繁不得不依赖于猜测或者个人经验以及管理者群体。虽然一个管理者的专业性意见是很重要的，但是这并不能代替可靠的和系统收集的清单及监测数据。这种情况尤其频繁于颠覆个人经验的案例中，比如很多政府土地管理机构所出现的问题。

在本章中，我们将研究的是对三种重要游憩设施和资源类型——露营地、游径和水体可行的监控技术。

露营地

露营是所有游憩活动中最广受欢迎的活动，大多数情况下是在使用高度集中的区域，游憩活动的影响非常显著。露营地有很多形式，有的是高度开发的大型露营地，为了迎合游客驾车出游的需要；有的则是在边远地区偏僻的、与世隔绝的营地，其干扰性比较小。不同的环境下这些露营的目标不同，因此要有对应的、适宜的监控措施。一个监控系统要想取得一定的效率，必须形成明确的监控目标，否则就难以获得重要信息。同时，监控系统会在收集那些看起来很好但是实际用处不大的数据上浪费时间和金钱。

虽然对于适应不同情况的各种监控技术之间会存在很大差异，但是有一些特征是所有监控系统都会具有的。一个露营地监控系统需要提供营地现有影响的准确和有意义的信息，这可以告诉管理者营地内已经产生多少影响。它同时也为之后的监控提供了一个可靠基础。如此，发展趋势才能得以确定。一个好的监控系统应该包括四个重要的特征：

① 测量的冲击是具有意义的；

② 测量技术是可靠和灵敏的；

③ 成本不能太高；

④ 测量的单元可以准确地进行再定位。

信息收集的价值取决于如何谨慎选择影响参数并以此测量冲击量。有些参数只能够反映营地的当前状况，但是却不能获知场地究竟已发生了多少冲击。例如，有的监控系统测量了地表面的植被覆盖，但是其自身并不能够测量出冲击量，因为植被的覆盖是由很多环境因素共同决定的，其中就包括了游憩使用。可能 50%的地表植被覆盖率是很理想的，但也可能意味着营地丧失了 50%的天然植被覆盖。因而，只有将其与类似环境下未受干扰场地的植被覆盖相对比才更具有意义，这两者的差异性能够提供对植被丧失量的可靠评估。

选择只用一个变量来衡量营地所遭受的干扰是非常困难的。一般来说，利用几个不同的影响参数指标来支撑一个监控系统是更为经济有效的。有些时候将这些诸多的影响参数聚集成一个场地的单独索引是比较方便的。可以采用分项评分的方式，比如每项有1～3 档值，然后采用中间值作为整体的评价指数。如果做到了这一步，保持分析数据的能力仍然很重要。这就可以对单个因子随时间的变化进行评估。

任何监控系统都应该具备的第二个重要特征，那就是可靠性。评估技术应该足够精确，这样才能使独立的观察者对于营地的研究得到近似的结论。如果不同的研究者对于营地状况做出截然不同的评估，那么监控就不存在任何价值。精确性依赖于仔细的技术测试、对于过程的详细记录以及对于评估者的连续训练。评估技术也应当足够灵敏，能够根据管理需求检测到场地和其随时间变化之间的差异。

当然存在着可靠性和敏锐程度与成本之间的一个平衡。方法越准确则消耗的时间越多，花费的成本也越高。这可能对于幅员辽阔的偏远荒僻区域并不适用，因为在这些区域内的场地不仅数量众多而且比较分散。例如，美洲杉和国王峡谷国家公园的偏远荒僻地区所列出的营地就有 7700 多个。清单的目标是确定场地的资源分布和基本情况以及它们是如何随着时间的变化而变化的，在能够保证对所有的场地进行了解的情况下最好尽可能使用精确的技术设备。只有对于所有场地完全的了解，才可以确定露营地的数量和资源分布情况——而这对于分散使用区域至关重要。如果为了能够监测全部场地而采用相对不太精确的快捷的监测技术，那么有必要对于一个较小的样本场地进行比较精确技术测量。这样就能够检测到一些微小的变化，进而能够将分析这个区域的变化与不同的特征相关联，如使用水平、环境特征和可能与影响量相关的一些其他变量因子。

最后，监测营地随时间的变化，详细记录所有测量区域单元的具体位置是十分重要的。这可以应用到所有的场地，或者小块方形土地、线性断面或者其他检测使用的样本单元。通常照片对于再标注检测样本单元也是很有帮助的。

很多有用的露营地检测技术已经形成。它们基于摄影、基地现状分类评估以及其他的等级划分和多个影响参数的测量可以很方便地进行归类系统化。一个理想的系统会或多或少使用这三种类型的技术。

摄像

在监控系统中经常使用到摄像，有时候它是非常系统化的，而有时候也是零散片段化不成系统的；某些时候它只是作为提高实地数据的一种测量工具，而在其他的时候它却是唯一的监控工具。作为实地数据，摄像资料一定要进行系统地收集，而且对它们所在位置需要认真详细地记录，否则它们可能就不具有任何价值。在我们的观点之中，摄像资料更多的是作为补充资料，而不是取代实地收集所取得的数据。想从胶片中捕捉所有的信息是不太可能的。但是，摄像资料还是传达了很多实地数据中没有的内容。它们可以被用来验证实地评估，并且特别重要的是，它们提供了传达关于基地现状的实地测量的信息。

定点摄影：使用摄影定点的技巧包括从一个位置拍摄照片，而这个位置可以在收集未来的数据时重建。建立和记录摄影地点是至关重要的，拍照点可以以地标为参照。比如，一块独特的石头、或者永久的金属标记、岩石上的星形标记、或者树上的标记。所有的位置都应该依据树和其他的地标的距离和方向进行标注（图 11.1）。参照点和拍照点都应该用素描地图和照片进行记录。

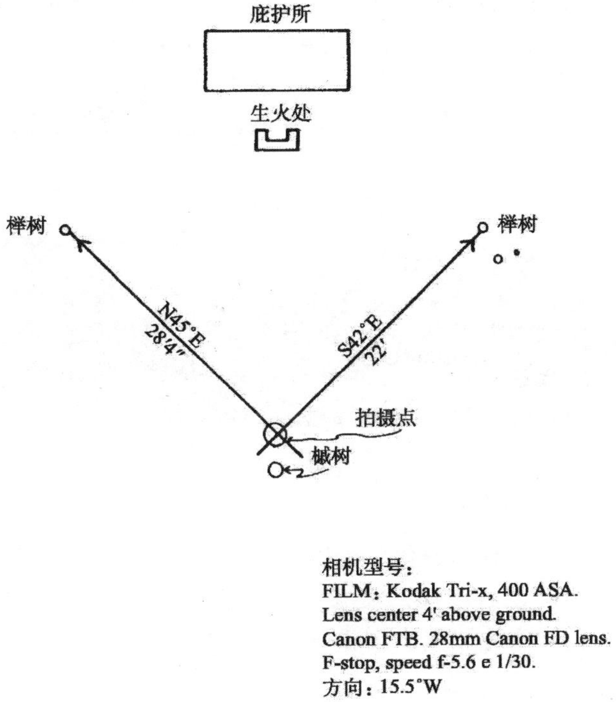

图 11.1 参照点分布草图（引自 Brewer and Berrier，1984）

拍照点的位置很重要。高处的拍照点可以提供很好的观察视野。然而，远距离拍摄的照片会失去很多细节。比如，拍摄森林地带的场地，最好是在有云的天气进行拍摄，这样可以降低阴影和阳光面的对比。在拍摄的同时要记录相机的型号、焦距和相机离地的高度，滤光类型以及每张照片的胶片类型。这些应该在以后很长时间内仍然可以尽可能还原和复制。携带着最初的拷贝会有助于对场地进行真实的还原复制。

样方拍照：样方拍照技术取代了实地植被覆盖的测量，它既存在一定的优点也存在一定的缺点。优点是专业分析师可以不必深入实地测量，他们只需在实验室分析照片就可以了。但是缺陷是通过照片他们无法准确判断某种特定的测量值，比如，单一物种的覆盖率，而且随着植被高度的增加和地表植被覆盖更加复杂化，诠释问题会越来越困难，因此很少会使用样方拍照法去取代实地准确的检测。

布鲁尔和贝里尔（Brewer and Berrier，1984）描述了拍摄系统中所用到的四脚架，它是用来安放相机在特定地点使之离地面一定高度的设备。一系列可复制的样方位置都需要设立四脚架，这样就可以对每个样方进行拍摄。印刷品或者幻灯片都可以放大，不同地表覆盖的区域（比如植被、裸露的地面或者某个单体植被）被记录在纸上作为整个地域的监测。可以对单个样方进行长期追踪观察，或者对场地每种地面覆盖类型的平均覆盖率进行长期测量和对比。

场地全景图：场地全景图技术是指将一系列图片拼凑在一起以此提供场地 360°的视野（图 11.2）。首先，要将一台相机安置在一个三脚架上，而三脚架一定要固定在场地上一个比较容易再次定位的一点，通常这一点是位于场地中心。其次，相机在进行拍摄时必须保持在同一高度（并且要记录重复拍摄的照片），同时相机必须保持水平，转动相机可以拍摄一系列的照片，每一张照片都需要至少覆盖原有照片范围的 25%。最后，在实验室，对照片中间重合的区域进行修剪，将修剪好的照片放在一张垫板上面。

图 11.2

利用全景照片不能准确计算退化状况以及对存在的问题进行精确的复制。它们可以提供最近树木的落叶情况或者设施的变化，而且它们也能够很好地提供场地变化的全貌。同时它们也是一种对实地测量的定量资料有效的视觉传达手段。

场地现状分类评估

在很多地域，虽然很希望对实地影响进行评估，但是花费几十分钟以上的时间来监控每一块场地是不切实际的也是不可行的。尤其是在幅员辽阔、使用分散的游憩区域，如大部分偏远荒僻的地区以及很多道路系统的区域，在这些地方人们可以在他们所想要的地方任意露营。虽然场地现状分类评估在这些情况下提供的信息有限，但是却十分有用。场地现状分类评估包含以下一系列场地现状描述。弗里斯瑟尔（Frissell，1978）提出了下列五种分类：

① 地表植被被压平但没有受到永久伤害，矿物质物理性质发生改变，其中一些简单的岩石生火之地除外；

② 生火处或者活动中心区的地表植被被完全磨损；

③ 场地丧失了大部分植被，人和垃圾会出现在所有的区域之中，只有少数例外；

④ 矿质土壤裸露很普遍，树根裸露在地表外；

⑤ 土壤侵蚀明显，树木因失去活力甚至死亡而减少的数量。

每一个营地都应该在地图上标出，同时对每一种营地都有最适合它们状况的描述。

弗里斯瑟尔系统是基于明尼苏达州边境水域独木舟荒原和蒙大拿州利镇梅特卡夫荒原的经验形成的。它适用于寒冷地区的落叶森林区域，因为这些地方树木生长期短、垃圾堆积明显，并且地表植被对于干扰高度敏感。在其他环境中，比如，山地、草地或者沙漠，这个体系就不太适用了。然而，可以根据那些其他环境中发生的影响进行不同的描述。

环境现状分类评估是解释一系列重要问题相对经济的一种方式。区域内有多少个露营场地，它们位于哪里。环境现状分类评估还可以表明哪些露营场地受到严重的影响。重复性的监控可以显示场地数量随着时间推移是增加了还是减少了。图 11.3 显示了一个湖泊的监测结果，选择两个时间段对湖泊区域内的露营地进行了现状调查。调查能够显示出哪些露营地是老化的、传统的以及哪些露营所遭受的冲击最为严重。更重要的是，它显示了在 1972～1988 年之间整体冲击量有所增加，主要原因是露营地的数量增加至原来的三倍。

环境现状分类评估有两个显著的缺点。一是，它们不能够提供关于何种冲击对露营地比较严重的信息，比如，是树的砍伐严重还是植被破坏比较严重？二是，这些分类评估不是十分的敏感，不能够监测场地状况随时间的变化。随着时间的发展，当场地状况已经发生足够多的变化并且使得分类评估能够显示出来时则场地已经发生很严重的改变，它的滞后性对于管理控制而言是十分不利的。

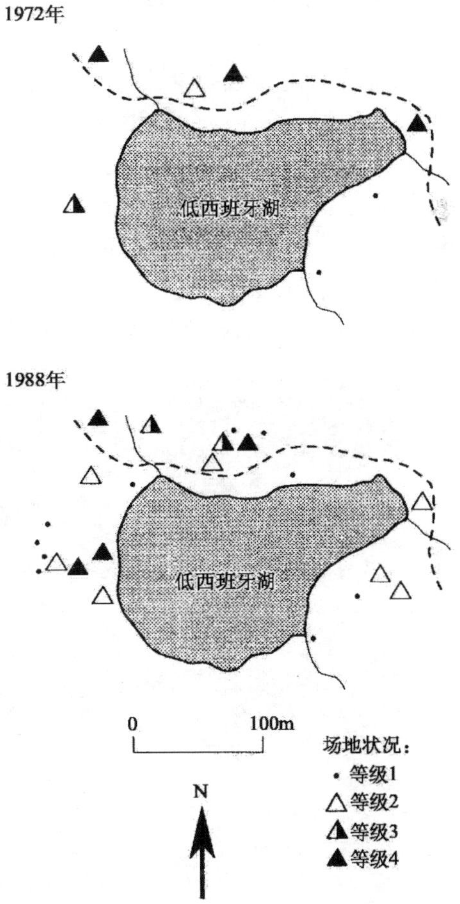

图 11.3 1972～1988 年蒙大拿州利镇梅特卡夫荒原低西班牙湖周围露营地数量和条件分布图

多参数系统

多参数系统涉及了上述的考虑，它要评估一系列单独的冲击参数因子。这个系统的精确度存在很大的差异性，因此，需要花费一定的时间去进行测量。有些可以利用评估系统而其他的则需要进行准确的测量。

多参数评估：美洲杉和国王峡谷国家公园的管理者收集了植被密度、植被组成、露营场地的面积、核心区裸露的场地面积、露营地的发展、有机物垃圾堆积和半腐烂的落叶堆、可达游径的数量、树木毁损数量等方面的信息。所有这些数量都是由估计或者统计而得来的，没有需要耗费时间去测量。每一个参数基于影响的数量都设置了一个等级，将各个等级评估加起来以此获得全局的冲击评估（Parsons and Macleod，1980）。这个系统存在以下几个方面的优点：

① 它考虑了场地中哪种类型的冲击比较大，哪些冲击比较小——在这种情况下，在一个现状分类系统下一个场地可能符合很多的分类描述。

② 它包含了更多的信息，因而可以追踪单个参数随时间的变化，比如随着时间的推移树木的破坏程度。

③ 它保持了变化参数的灵活性，或者可以在无须重新检查每块场地情况下重新评估每个参数的重要性。在现状分类评估体系中，管理者不能在没有重新检视整个清单的情况下来改变场地的标准。

科尔重新定义了帕森和麦克劳德（Parson and Macleod，1980）发展的系统。在他的系统中分别对每个参数进行了记录，并加强一些分类描述的评估目标。为了解释这个系统如何工作，图 11.4 显示了一个管理者可能会想要监控的露营地，图 11.5 显示了一个露营地的完整表格。下列说明详细的解释了如何使用这个表格。

图 11.4　俄勒冈伊格尔加普荒原营地的状况（已经记录在图 11.5 中）

第十九项，植被覆盖：

使用表格中植被覆盖分类系统，估计露营地地表植被覆盖比例——不包含已经死亡的植被或者比人还高的树木和灌木（需要注意的是对地表覆盖植被的内涵定义）。在合适的植被覆盖描述上面画圈，对于露营场地进行这样操作；同时对于周围没有被使用并与营地情况相似的场地（除了那些影响尤其严重的）进行同样的操作。

影响评估

	场地			未被使用的对比区域		
(19) 植被覆盖						
（确保与相似区域进行对比，相同的物种、坡度、坚硬度	1—0~5%	3—26%~50%	5—76%~100%	1—0~5%	3—26%~50%	5—76%~100%
和林冠覆盖）	2—6%~25%	4—51%~75%		2—6%~25%	4—51%~75%	
(20) 裸露的矿质土壤	1—0~5%	3—26%~50%	5—76%~100%	1—0~5%	3—26%~50%	5—76%~100%
（矿质土壤光秃场地占区域面积的百分比）	2—6%~25%	4—51%~75%		2—6%~25%	4—51%~75%	

	1	2	3	影响指数总和（在办公室做）
(21) 植被丧失	覆盖范围没有变化	覆盖等级有一个不同	覆盖等级有两个或者两个以上的不同	2×3=6
(22) 矿质土壤增加	覆盖范围没有变化	覆盖等级有一个不同	覆盖等级有两个或者两个以上的不同	3×2=6
(23) 树木损失： 有砍伐伤痕的树木数量：10 有伤痕或者被砍伐的树木	低矮的树枝都没有遭到破坏	1~8棵有伤痕的树木，或者1~3棵有严重伤痕或被砍伐的树木	伤痕>8棵，或者严重伤痕或砍伐的树木>3棵	2×3=6
百分比：50(估计值)	没有	1~6棵树木根部裸露	树木根部裸露大于六棵	3×2=6
(24) 树根裸露：___ 树根裸露的数量：5 ___ 树根裸露的树木百分比：25	没有	一个火环，同时可以存在一个原木坐凳	火环或者其他重大开发大于一个	2×3=6
(25) 开发	散开的木炭来源不超过一个火环	多于一个火环的灰烬，还存在一些垃圾或者粪便	大类废物存在，有较多的垃圾和粪便	1×1=1
(26) 清洁度 ___ 生火痕迹的数量 2	明显的游径不超过一条	最多有两至三条明显的游径，其中一条严重磨损	明显的游径大于三条，严重磨损的游径大于一条	2×1=2
(27) 社交游径 ___ 游径的数量 4	<500ft²	500~2000ft²	>2000ft²	3×2=6
(28) 营地面积 ___ 估计面积 1600 (ft²)	<50ft²	50~500ft²	>500ft²	2×4=8
(29) 光秃的营地核心面积： 估计面积 600 (ft²)				
(30) 照片记录				
(31) 备注：（场地区位、影响、管理建议等详细情况）				
			(32)影响指数 47	

图 11.5 这个表格记录了图 11.4 所显示的场地状况信息（引自 Cole，1983a）

第二十项，裸露的矿质土壤：

使用同样的覆盖分类评估露营场地比例和同样情况下未被扰动的参照场地，除了植被覆盖的天然场地及半腐烂的落叶堆——那么，就得出了裸露的矿质土壤所占的比例。

第二十一项，植被损失：

使用第十九项中得到的信息，记录营地和参照区域的植被覆盖分类数量的差异性。如果没有什么不同（例如，露营地和参照场地都属于四级，51%～75%），则在第一档画圈。如果露营地的地表覆盖情况低于参照区域（例如，露营地是三级，26%～50%，同时参照区域是四级，51%～75%），则在第二档画圈。如果差异多于一类，在第三档画圈。

第二十二项，矿质土壤的增加：

使用第二十项的信息，记录露营地以及参照区域矿质土壤裸露程度的差别。在这种情况下如果参照区域的矿质土壤覆盖是一类或大于一类，若其高于露营地则分别对应的就是二级和三级。

第二十三项，树木破坏：

清查有钉子、斧头痕迹、标记的树木数量以及其他人为造成伤害的树木数量。这其中也包括有残根或者砍断的树木。不要把一棵树重复计数一次以上，同时也不要把只损伤了枝干（作为木柴）没有损伤主干的树计进来。在计数之后，粗略评估场地中损害树木占总数的百分比。如果没有树木受到损伤，则评为一级。如果八分之一的树木被破坏，或者三分之一树木被砍断甚至有严重的伤痕（$>1ft^2$ 的伤疤），则评为二级。如果更多的数目被破坏，则评为三级。

第二十四项，树根裸露：

计数有暴露树根的树木，然后根据数目进行分类。

第二十五项，发展程度：

如果基地除了火环之外没有其他设施，就将基地评定为一级。只有在生火地方的周围有一群石头环绕着的时候才把它们定义为生火的场地；如果石头散开了，就当做是生火的痕迹。如果这里只有一处生火地，或者有原始的木头座椅，或者两者都有，就将基地评定为二级。如果有生火地在两个以上或者有更复杂的设施，那么指定场地就为三级。

第二十六项，清洁程度：

清点场地篝火痕迹的数量，其中把火环也作为篝火地。如果只有一处篝火的痕迹而且基本上没有垃圾、牲畜粪便和人的排泄物等，则将场地评定为一级。如果篝火的痕迹多于一处并且有少量的垃圾、牲畜粪便和人的排泄物等，则将场地评定为二级。如果垃圾或牲畜粪便遍地皆是，或者有明显的人类排泄物等，则将场地评定为三级。

第二十七项，信息通道：

信息通道是非正式的游览路线，它一般是用来指引从场地通向水体、主要游路、其他场地或者“卫星”场地的游径。可识别的游径是指游客可以看到但还有很多植被覆盖的游径。严重磨损的游径植被几乎全部丧失。清点游径的总体数量；指定场地的等级也要取决于可辨识的游径或者游径的磨损程度。

第二十八项，营地面积：

评估露营干扰的总面积，按照面积来评估场地的等级。

第二十九项，裸露的核心露营地面积：

评估场地中没有植被存在的面积。无论是否被腐烂的落叶堆覆盖，只要其看不到有生命的植被存在都记作为裸露的面积。但是如果植被稀疏，分散于区域内则不能被计算为裸露场地。基于裸地的面积来评定场地的等级。

在实地测量并完成表格之后，就可以开始计算整体影响指数（第三十二项）。各项参数的分数与一个权重相乘。每个指标的权重是由管理者基于他们对每个指标的相对重要性的认识而决定的。每一个分类评价的结果乘以权重总计得到总体的影响指数。在鲍伯马歇尔荒原的系统中，影响指数从 20（最小的影响）到 60（最大的影响）不等。根据影响的指数，将影响的区域划分成四个等级：较轻（20～29）、中等（30～40）、重（41～50）和严重（51～60）。根据每个影响的级别分类制作出场地的分布地图，直观展示哪些场地受到的影响最多、最严重（图 11.6）。

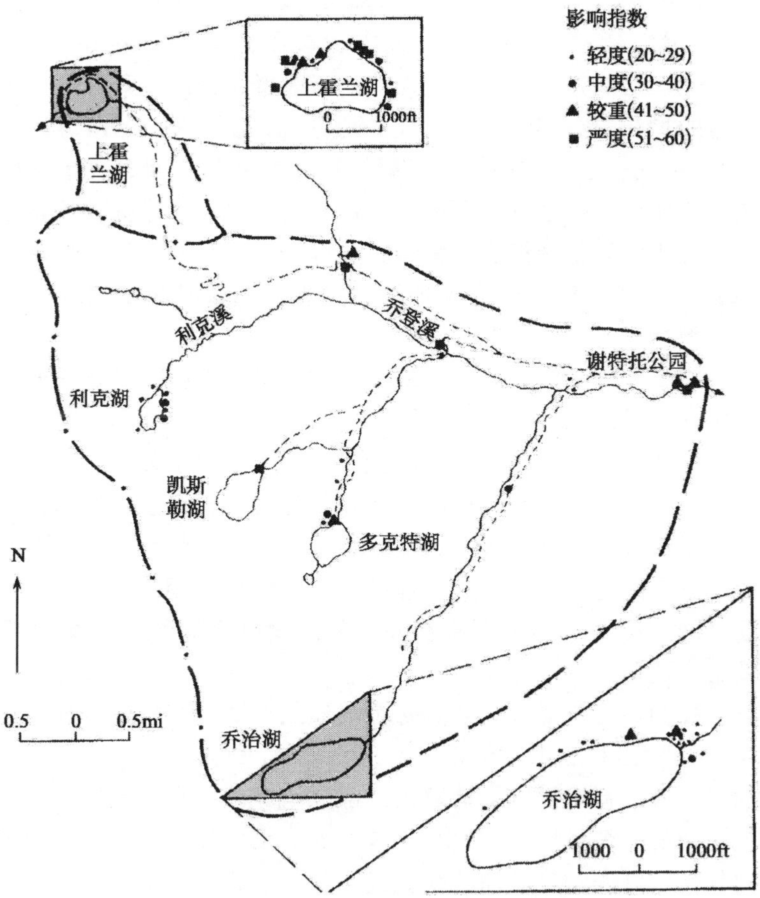

图 11.6　这张地图展示了蒙大拿州鲍伯马歇尔荒原部分区域内所有营地的状况（引自 Cole，1983a）

这个系统方法的关键之处在于选择有意义的参数，形成非常具体的定义（这样解释数据会有连续性），制定出可以合理分辨场地之间差异性的分类（如果90%的营地被评定为一级，这样就很难提供很多信息），然后进行投资培训。每个场地都可以适当调整当前系统来满足特殊的需要。俄勒冈州伊格尔加普荒原，其场地规模要小于鲍伯马歇尔荒原，并且由于场地很少使用牲畜因而植被的破坏相对比较轻，即使是使用同一影响参数但是其定义应该更加严格。例如：在伊格尔加普荒原，二级影响和三级影响之间的界线是在露营地面积为 $1000ft^2$ 的土地上仅存在一棵有严重的伤痕或者倒掉的树木（Cole，1983a）。相对而言，在鲍伯马歇尔荒原，两个等级之间的界线是 $2000ft^2$ 和三棵倒掉的树木。

在水域边界独木舟地区运用了相同的参数体系，但是还额外添加了一些参数。例如，船舶靠岸对岸线留下干扰痕迹的长度。大峡谷国家公园树木比较少，只有部分稀疏的植被和有机质，并且营地禁止篝火。选择数个不同的指标对营地进行监控。同时大峡谷国家公园的护林员需要对营地中心裸露的面积、土壤的压实、社交路线，营地周边受干扰的植被、树木的损伤、垃圾的堆积以及营地的篝火进行评估。

这个系统提供了大量的信息，并且成本比较低。运用这些技术，科尔（Cole，1993）详细记录了美国西部荒原内的场地影响的显著增长情况，而且这些增加的影响主要是由于营地数量的增长导致的。单个场地的监控需要花费一个训练有素的人员5～10min。但是这个系统也存在一定的问题，即信息并不是非常准确。这也并不是不同寻常的事情，例如，即使是同一个场地不同的评估者对某些单个指标的评定分级也是不同的。然而，我们发现不同评估者给出的整体指数等级的变化并不大。这也表明了这个系统收集的数据的不精确性是对于研究场地每一类影响随着时间变化时存在的最大的问题。比如，每个场地树木的损伤情况。

多参数测量：想要获得每个场地准确的、多次测量的数据，最好的方法就是对每个场地进行仔细的实地测量。当能够支付起这笔费用的时候，实地测量是最好的方式。但是，要时刻铭记，需要详细记录所有场地的状况。因此，对于整个区域场地的实地勘测只有在场地数量较少的情况下才是可行的。尤其是开发的营地或者偏远荒僻地区指定的营地。例如，在偏僻的大烟山国家公园，其只有113个合法的营地，其余的289个场地是不合法的，营地总体数量较少，因此上述的实地勘测很适用（Bratton *et al.*，1978）。相比大烟山国家公园，美洲杉和国王峡谷公家公园偏僻落后地区的场地超过7700个，显然这个方法就不太适用。

让我们来看看检测伊格尔加普荒原其每个场地的影响以及发展趋势所形成的一套方法（Cole，1982；Cole and Hall，1992）。

在伊格尔加普荒原，每个样本场地都由两部分组成，一个是需要评估的营地；另一个则是邻近未被扰动的一个场地。将这个未被扰动的场地作为参照体系，用以显示露营地未开发之前的状况。首先构建营地的线性横断面，然后以营地中心点向16个方向发散。随机测量第一处可观到的植被数量点到中心点的距离以及营地被干扰部分的外缘边界到中心点的距离（图11.7），这界定了核心区土壤裸露的面积和干扰的总面积，它们都是游憩影响的重要标志。统计整个干扰区域内的幼树和成材树的数量。同时对人类造成的任何一个破坏（例如，斧头的砍印或者标志，等等）也进行记录，清点统计临近参照区域 $50m^2$ 内的幼树的数量。营地和参照场地两者之间幼树密度（每平方米的数量）的差异就是游憩活动影响造成的。关于树木损坏的度量是依据被损害的树木的数量及其占营地所有被破坏的树木的数量的比例而定。

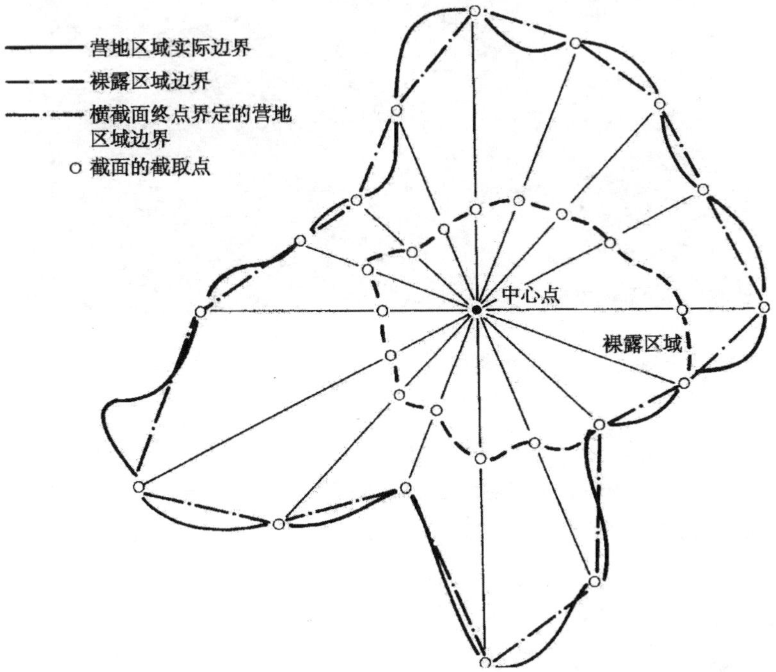

图 11.7　伊格尔加普荒原的营地测量系统，记录了营地裸露区域面积、营地面积、被破坏树木数量以及幼树数量等状况（引自 Cole，1982）

在每个露营场地，选取大约 15 个 1m×1m 的样方，沿着中心点向场地的边缘发散的四个横断面布置，而且这四个横断面两两之间相互垂直。随着离中心点距离的减少，相邻样方之间的距离相应地减少，如此，营地中心部分才不会重叠。评估每个样方中植被的覆盖率、矿质土壤的裸露比例以及每个物种的覆盖率（图 11.8）。如果覆盖率低于或等于 10%，则在 10%与 100%之间选取一个最接近的级别。每个覆盖率分类的中心值用来计算每种地被覆盖植被的平均覆盖率。将这些估算的覆盖率与参照组类似估算的覆盖率进行对比。同样，两者覆盖率的差别被视为营地游憩冲击量。例如，如果参照场地的平均植被覆盖率是 55%，而营地上的平均植被覆盖率是 8%，由此我们就可以推断出平均每个场地由于露营活动移除了 47%的植被。相对于前面提到的多参数分类系统中使用的测量方法，它在评估覆盖丧失率方面更加精确。

在营地和被参照的场地，同时采集四个土壤样本，测定土壤的容重、有机物的含量和化学组成。同时对水的渗透率、pH 以及土壤表层有机质层的厚度进行测量。土壤样本的分布应该是呈系统化的，以此避免收集的过程中发生偏差或者对场地的某一部分过度取样的情况。

图 11.8 使用样方调查法评估植被覆盖率和其他植被覆盖参数状况（引自 Cole 文献）

使用这种方式采集的数据，科尔和霍尔（Cole and Hall，1992）能够识别出不同影响参数在长达 11 年的监测期间的微妙变化，尽管事实上这种状况在大多数营地都相对比较稳定。例如，虽然 1990 年的植被平均覆盖率实际上要高于 1979 年；然而，矿质土壤裸露程度在这段时间内大幅度增加（表 11.1）。根据参照组所反映出的场地状况的变化，这些数据对于辨别场地的变化究竟是由于游客使用造成的还是自然变化的结果也是非常有帮助的。因此，这个系统提供了大量的准确的营地状况信息，甚至是每个独立场地的状况。这个系统也存在一个问题，即它监测每一个场地都需要耗费 1～2 小时。

表 11.1 伊格尔加普荒原 20 个营地的地表覆盖状况的平均变化

状况	植被覆盖率		矿质土壤覆盖率		有机层的厚度	
	营地/个	参照场地/个	营地/个	参照场地/个	营地/个	参照场地/个
1979 年	15	60	33	1	0.2	0.9
1990 年	19	60	44	3	0.2	0.9
场地数量						
增加	12	4	16	7	5	8
减少	7	4	3	3	7	9
未变	1	11	1	9	8	2

折中方案：马里恩（Marion，1991）提供了一个分步骤详细的方案来实施多参数监控系统，在这个方案中利用了测量和快速获取的数据。它虽然没有伊格尔加普荒原测量程序精确和敏感，但是它比多参数分类评估体系更加准确。它只需要两个专业的评估人员每人花费 30min 来监测一个场地，从这个方面来看，它的要求也是居于测量和分类评估两种方法之间。马里恩已经成功地在数个国家公园中使用了这个系统，特别是在美国的东部地区。

马里恩的方法涉及确定场地的边界线以及测量一个固定的中心点到场地边界的距离。他采用多种不同的角度来确定一点发散的横截面，代替了原有的用固定角度来确定横截面的方法（如伊格尔加普荒原程序中所描述的方法），角度的选取依据于它是否能够为场地提供更加准确的信息。它可以更加准确地测量营地的面积（Marion，1995）。按照这个步骤，树木损坏的评定方法如伊格尔加普荒原采取的方法；对于整个露营地和参照场地的植被覆盖和矿质土壤裸露进行粗略的估算（采用多指标分类评估系统中方法）；快速清点计算了社交路线和篝火场的数量，同时对垃圾和人类排泄物也进行了快速的估算。

游径

对游径状况的监控是非常有用的，原因如同对营地的监控。游径状况和发展趋势的信息可以用来评估对当前状况的接受能力以及是否需要对其实施管理项目，包括维护和重建。对于游径而言，建立游径状况的具体目标是特别重要的。游径的很多影响（例如：土壤的压实、植被的丧失，等等）本就是在规划范围之内，并且也是被人们所期望的。因此，界定哪些状况将被认为是有问题的并且对这些状况进行监控是至关重要的。

游径监控能够提供关于游径状况和环境状况以及设计特征之间关系的非常有用的信息。当游径位于少数仅有的环境状况下（例如：高侵蚀性的土壤或者位于水位季节性高涨的地方）或者某些不合适建设游径的地方（例如：游径超过了临界角度或者缺乏足够数量的水坝把水从路面上转移开），游径的大部分路段经常都会发生退化。监控可以用来寻找游径问题和这些状况之间的相关性，并且所获得的知识可以用来指导未来的设计以及新的游径或者重新选址建设游径。

可以利用的技术能够简单地归纳为三类：可重复测量的较短路段的样本；可以快速调查的较长路段的样本；以及游径状况、问题和解决方案的完整普查统计。

重复测量

使用可多次重复测量的详细定量方法能够检测到微小的改变。然而，需要准确记录和重新安置固定的测量位置，获得其随时间流逝的发展历程，而那些微小的变化可能不总是值得增加人力物力去检测的。因此，重复的测量对于管理者而言可能并没有快速测量技术有用。

上述两个方案都需要重新安置重复样本的位置。首先，样本点可以沿着游径随机分布也可以以系统有机化的方式排列。样本设计作为一个整体在评定游径状况的时候需要避免顾此失彼。后期重复测量的数据能够使得管理者评估整个游径上发生了多少的改变，同时，也能够评估单个样本地的变化。另外，样本点可以有目的地设置在管理者特别感兴趣的路段。例如，管理者可能对监控已经发生过严重侵蚀路段的变化，或者使用新的游径设计类型的路段特别感兴趣。在这些情况下，有目的设置样本的位置可能比随机或者系统有机化安排样本点使得研究更加有效率。然而，它不能够评定整个游径的状况。

管理在考虑游径路况并且决定应该测量哪些方面的数据时常常会遇到问题。可能某个位置最严重的问题就是侵蚀。通过测量游径路面之间的截面积可以成功确定土壤的侵蚀，截面积的测量是首先在游径路面的两端固定两个点，然后再两点之间拉一根弦线，通过面积的增减从而确定截面积的变化。连续测量之间截面积的变化就能够记录材料的侵蚀（如果面积增加）或者分解的情况（如果面积较少）。

伦纳德和惠特尼（Leonard and Whitney，1977）详细叙述了这个技术，而且采用把钉子钉在树上的方式以此固定路面两端的选点。但是这种定位固定点的方法只是限制于森林区域内的样本场地。还可以采用其他的方式固定点定位，如在地表上树立棍子或者将棍子临时插在在永久性埋于地下的容器之内。如此，样本点就有很大选择范围，它可以位于各种不同的环境状况之下。

在定位两个固定点之后，在两点之间拉一根弦线，或者利用卷尺测量。固定点之间应该总是保持足够的远，从而能够满足未来游径的拓宽。沿着卷尺标记线与游径路面之间固定间隔的垂直测量距离。间隔应该短到足够允许每个横截面至少有 20 个垂直测量点。度量如果采取以下几个措施将会更加精确，如：① 线是由沿着游径边缘上的植被或者表面细微结构向上拉升；② 弦线要紧绷；③ 使用铅锤进行垂直测量。紧绷线下的截面积使用图 11.9 的垂直测量计算公式进行计算。

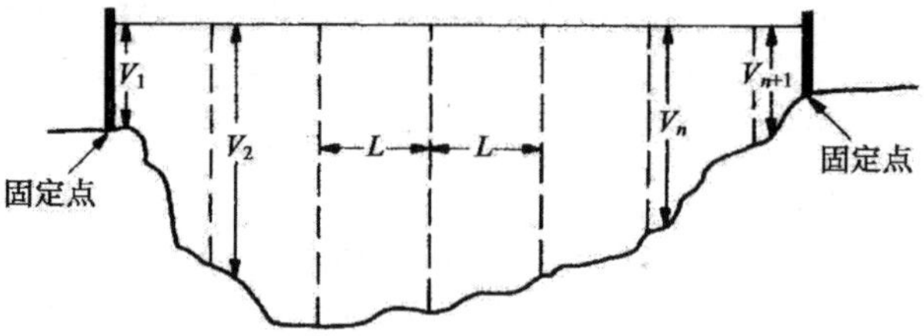

图 11.9 图示游径的横断面以及横截面面积的计算公式（引自 Cole，1983b）

$A=\frac{V_1+2V_2+\cdots+2V_n+V_{n+1}}{2}\times L$，$A$ 为横截面积；V_1-V_{n+1}为从第一个固定点 V_1 到最后一个固定点 V_n+1 的垂直距离；L 为弦线间的距离

当对游径路段进行重新检测的时候，需要重新安置固定点，同时弦线也要精确保持在原样本固定点上方相同的高度。垂直测量之间的间隔也应该采用相同的距离，并且从原测量相同的一侧开始进行检测。这样做的目的就是达到对每个垂直测量进行重新精确的测量。随着横截面垂直测量数量的减少，准确重新定位的重要性也越来越高。结构能够显示游径的横截面积随着时间变化的情况（图 11.10）。使用这项技术，科尔（Cole，1991）发现蒙大拿州的整个游径系统在过去 11 年期间横截面事实上并没有发生改变。然而，在一个有目的性选择的路段，横截面积增加了大约 2ft^2。这说明从随机样本和与其相对的目的性样本的监控可以得出不同的结论。

莱因哈特、哈迪和罗西瑙（Rinehart *et al.*，1978）使用立体摄影发展了一项新的测量横截面积技术。由于监控营地的状况运用了四脚架摄影方法，因此这项技术不仅不能够节约时间，而且对其结果的诠释也比较困难。

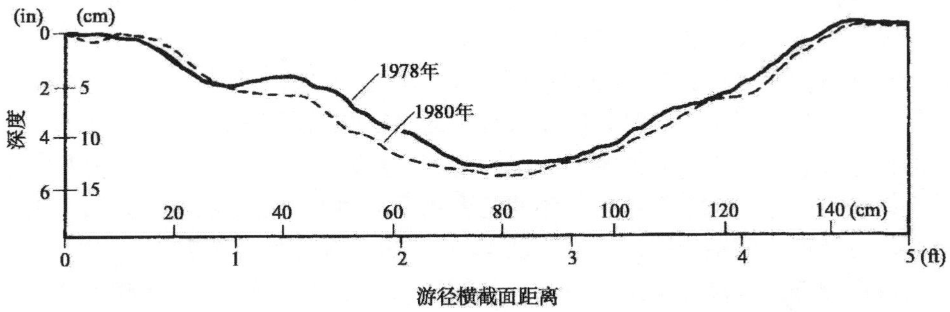

图 11.10　同一游径断面在 1978 年和 1980 年的横截面轮廓在两年的时间里，材料被侵蚀了 17in²（引自 Cole，1983b）

固定点的位置需要被详细准确的记录下来。想要做到详细记录可以采用以下方法，即使用测量轮（记转器）测量游径入口端到游径横截面的距离，可能有必要存在一个能够明显识别固定点的标记；也可以采取埋设金属桩这种比较不太显眼的方式，它可以使用针形定位仪（一种金属探测器）进行重新定位。通过横截面的记转器和照片可以识别出横截面的大概位置；确切的位置需要借助于明显的标志，同时针形定位仪可以找到金属桩所在的位置。

此类型详细的测量技术对于研究者调查游径状况和其影响因素之间的关系非常有帮助。管理者可能会发现它在评估游径建设和设计各种技术方案时权衡利弊也是非常有用的。例如，如果尝试使用一种新的方法对游径进行硬化处理，则硬化处理的路段和相似情况下未进行硬化处理的路段都会随之发生变化。通过比较两者之间改变量的差异性，就可以在广泛应用之前评估硬化处理的益处及其相关成本。

样本快速调查法

对于营地而言，只需要有效测量少许地方随时间变化的样本就能够对很多游径的路段进行快速评估。这个方法对于游径系统特别有用，因为通常有很多游径路段都需要进行评估。此外，简单测量游径的宽度和深度往往比测量游径横截面积更有意义，同时其所花费的时间也比较少。由于不需要重新定位样本点，所以快速调查节省了大量的时间。但是在相同的时间内其有能力对更大规模的样本进行测量，这是以牺牲一定的精确性为代价的。监控涉及对两个独立的样本单元进行对比，每组都有大量的观察者，从而取代对场地单一小块样本的重复检测。

在实施一个快速调查时，只需要沿着游径精确测定的距离简单地行走，收集游径状况的数据，然后再如此收集下一个样本点的数据。样本点之间的距离从 50m 到 500m 不等，样本点之间最合适的距离取决于要调查的游径里数和所涉及游径路段位置的复杂性，每个考虑的位置都至少应该有 100 个观察者。例如，如果对比游径一个低使用部分和一个高使用部分这两者之间的差异性，则需要 200 个观察者。每个样本点测量最普遍的就是游径的宽度（游径的路面或者整个干扰区的土壤和植被）、地表裸露之处的宽度以及游径的最深值。贝菲尔德和劳埃德（Bayfield and Lloyd，1973）还记录了平行游径的数量，以及是否存在下面一些“损坏特征”，如车辙、台阶、表层的退化、沟渠 、侧蚀排水较差、美学污染、恣意破坏公物以及垃圾。

根据这些数据可以计算出游径的平均宽度和深度，以及游径的哪些部分存在明显的损坏特征。它们提供了关于游径状况非常有用的特征和问题的信息，以此能够评估游径随时间的变化并且可对比不同游径的状况。例如，科尔（Colo，1991）曾公布的蒙大拿州游径系统在 1980 年至 1989 年这十年间的变化。从他的研究中我们得知在过去十年期间游径平均总宽度（践踏干扰的区域）从 1980 年的 100cm 增加至 1989 年的 125cm；然而，裸露地区的宽度（没有植被的地带）和深度都没有巨大增长。其他学者使用快速调查法对一些样本进行调查，结果记录也显示了其他地方的游径宽度存在类似增长的情况（例如，Lance *et al.*，1989）；还可以从这些数据中判断出游径超过某个标准的深度和宽度值所占的百分比。例如，如果目标的状况是超过标准值不到 1ft 深的游径且占整体游径数量少于 1%，则可以很容易地使用调查技术对其进行监控。

普查技术

萨默（Summer，1980）对落基山国家公园的马道进行研究，她将每条游径划分成数个路段，然后再将每个路段归类为四个侵蚀等级中的其中一类（表 11.2）。她使用这些数据寻找游径侵蚀的范围、分析严重性、从而建立与游径所在位置的地貌表层之间的相关联性。例如，萨默发现位于冲级台地上的游径其大部分路段存在两种情况，要么是微不足道要么是侵蚀等级比较低；冲积扇的大部分游径路段通常属于高侵蚀等级。她利用这些信息就可以做出建议——应该在哪些地方设置游径，不应该在哪些地方设置游径。虽然这些措施可能不会被采用，但是它可能也有助于限制游径系统高侵蚀比例形成目标，然后监控游径每个侵蚀等级路段的状况。在发生退化的路段，尤其是部分超过目标的高侵蚀等级的路段，可能需要实施一些管理行动来阻止其继续恶化下去。

表 11.2　落基山马道的侵蚀等级

侵蚀等级	现状稳定性的评估
微	游径没有明显的干扰；一些碎石和土壤可能沿着下坡有细微的移动；在监控的场地，切口的最大平均值低于 2cm，拓宽低于 25cm
低	游径存在一些深化和拓宽；卵石和土壤可能沿着游径的边缘累积；在监控的场地，切口的最大平均值为 2～6cm，路面被拓宽 35～50cm
中	游径明显变深和变宽；马蹄印深度低于 5cm；巨砾和卵石可能显示出移动的迹象，也可能没有；土壤和植被混乱；在监控的场地，切口的最大平均值为 6～8cm，路面被拓宽 50～100cm
高	游径的变深和拓宽非常显著；马蹄印的深度在 5cm 以上；巨砾和卵石明显沿着下坡移动，或者被移出游径边缘之外；土壤和植被混乱，并且沿着下坡移动；在监控的场地，切口的最大平均值大于 8cm，路面被拓宽为 100cm 以上

资料来源：Summer，1980，摘自水土保护杂志，版权所属美国土壤保护协会，1980 年。

另一个有用的方法就是普查所有游径存在的“问题”。这第一步就是界定精确的项目，即什么样的状况可以准确地认定为是问题。当在我们走过游径的时候就可以记录问题游径的数量和长度，然后将每个游径有问题的路段绘制在图纸上。这些信息对于游径的维护预算以及对不同路段应该分配多少人力是非常有用的。通过记载“问题游径”的路段、场地、设计以及每个问题的使用特征，它可能识别出问题发生方式的一致性。而这些发生方式方面的知识可以用于指导游径的选址、设计以及维护。

例如，在塞尔韦-比特鲁荒原的游径系统，科尔普查了所有游径路段，不仅是切口大于 10in 的路段还有至少在使用季节泥泞长达 13ft 长的路段。在每个存在问题的路段，他对所在路段的最深值和最宽值、栖息地的类型（植被、土壤以及地貌）和游径的坡度都会进行记录。大约三分之二以上的泥泞路段都拥有同一植被类型。如果未来的设计中避免使用这个植被类型，大部分泥泞问题将会被消除。切口问题与游径的坡度强烈相关；几乎 90%路段存在切口问题的游径坡度都超过了 4.7°。在陡坡不能避免的地方，解决这个问题最好是使用水闸进行分流。如果能形成这样的指导方针，则能够极大增加游径建设和维护的成本从而提高效益。它基本上相当于从以往的错误中学习。

利用普查也可以定位游径状况和目标之间的关系。但是如何进行操作，这要取决于所设定的目标。假设，如果选择的目标是深度要低于 1ft 的游径路段。在这种情况下，游径所需要进行普查的就是是否存在比 1ft 还深的路段。通常设定的可能发生的目标都是比较有现实意义和有效率的（例如，深度大于 1ft 的不超过游径总数的 1%）。在这种情况下，可以对游径进行普查，也可以利用快速调查技术。

最近，马里恩（Marion，1994）使用普查技术评估了美国东部一些公园内游径的状况。他效仿科尔的方法，用测量的轮子沿着游径行走，记录先前界定好的“问题”游径路段的起点和终点。此外，还记录了某些游径的设计、建设以及维护特征的起点和终点，这些特征包括：碎石维护、超过的程度（大于 20%）以及游径的木板。他记载了斜坡排水、水闸、横向排水、仍然保留的墙、排泄管以及台阶的位置，还对其中的这些特征也进行效率评估。从这些数据，他能够描述出这些设计特征的数量和长度，并且对它们的效率尝试着进行总结归纳。例如，他断定大烟山国家公园沿着游径最需要的维护就是路面的排水，并且在处理这个问题的时候水闸比斜坡排水更为有效。

在其他一些地方，威廉和马里恩（Williams，Marion，1992）阐述了指定工作日志的价值。当沿着游径遇到这些问题的时候，评估人员意图为减轻每一个问题而描述游径所需要进行的维护、修复等措施。评估人员沿着游径记录了从测量的轮子到问题所在地的距离，使用一个袖珍听写设备描述问题以及解决方案。它的信息可以被用来区分游径工作的优先次序以及相关预算。很显然，我们只有对游径的设计和维护具有高度了解才能对游径的问题进行准确的描述，并且给出合理的解决方案。

水体

在很多环境中，水体监控是一个关键问题。在提供饮水的地方及游泳的地方，水质量的健康状况是非常重要的。在目标强调维护大量自然状况以及维护敏感鱼类物种种群的区域，水体质量的物理和化学性质尤其重要。在某些环境中，水体质量监控还有必要包括自然和人工湖泊（在这些地方经常有大量的船只使用从而可能对水体造成污染）、道路区域（道路的游憩使用导致水体的恶化）以及荒原区域（重点强调自然环境，反映在严格的水体质量标准）。

很多水体监控技术都需要借助于精良的设备、实验室分析以及训练有素的技术人员。然而，近来“用户友好”技术和设备的发展正在改变这种状况。例如，现在发明了一种探测器，评估人员只需把这个仪器插入水中就可以读出水体的化学成分（图11.11）。目前已经把水体监控写进书本，以此来供广大人员使用（Mitchell and Stapp，1994）。

图 11.11　由于健康的威胁，对原野地游憩区域大量使用的地方的水体状况进行监测

调查时，样本的选址、频率、承受能力以及所要测量的类型的考虑都是非常重要的。而且这些考虑都是取决于区域的管理目标。例如，对湖泊监控就要选择在出水口，因为在这个位置它能够很全面地提供整个湖泊状况的指标。然而，人们期望在有污染的地方也设置监控，如在停船的驳岸或者营地就应该设立样本监控点。假如怀疑溪流某些地方存在污染，就应该把样本监控点设置在临近被怀疑的污染源的直接上下游以及离污染源较远处的下游。如果目标是为了描述整个河流的特征，则它可能有必要沿着河流建立数个样本监控点。

通常，人们希望对未受干扰地方的水体进行质量检测，以此建立一个与干扰状况下的水体相对比的参照体系。对于湖泊而言，涉及在湖泊入水口和远离湖泊中被大量使用部分的地方设置样本。某些时候可能还有必要对河流进行检测，但是在整个河流不同路段设立样本点是不可取的。样本设置的频率以及样本的承受能力只用在获得一些理想可变性的数据之后才能够确定。例如，细菌污染会由于游憩使用的时间和降雨作用的不同而存在极大的差异性（Flack *et al.*，1988）。样本的频率和承受能力必然会充分地揭示出这些使用方式。

最后的总结是关于应该测量哪些参数。测量的程序以及饮用水和游泳用水的质量标准都得以良好的发展，并且使其一般都达到相同的认可。主要的测量技术涉及计算样本水体中大肠杆菌的数量。大肠杆菌，其本身并不是致病因子，但是发现它不仅存在于人类的粪便之中而且出现在伴随着能够威胁人类健康的生物体中。之所以选择查点大肠杆菌的数量，主要是因为它们比较方便研究，同时它们也是很好的细菌污染的指示剂。标准薄膜过滤器技术装备的功能还包括水体样本的过滤和培养，然后合计每个样本内指示剂生物体的数量。如果需要详细知识，可以参考美国公众健康协会的资料。可以将发现的生物体的数量与提出的各种健康标准进行对比，从而可以了解水质状况。对于饮用水，能够接受的大肠杆菌数量通常在正常情况下是每100mL水中有1～2个细菌菌落(取决于是使用联邦政府的标准还是各州标准)。有些专家认为评价健康最好的标准是基于粪便大肠杆菌的数量而不是总大肠杆菌的数量而定。在目标已经存在并且已经明确采取哪种测量比较合适的情况下，管理者需要确定应用哪一个标准——是联邦政府的标准、各州的标准或是地方的要求。

虽然水体监控不像营地和游径那样简单，但是它现在可以通过购买设备去实施膜过滤器监控，成本低于1500美元。培训也只需要一天的时间。

最近，被原生动物梨形鞭毛虫污染的水体数量有所增加，即使在偏远的地区也出现了类似的情况（Suk *et al.*，1987）。目前在原野地游憩区域，这种生物体对人体健康的威胁已经远远大于细菌。此外，还很难对其进行检测。改善贾第鞭毛虫（Giandia）污染的监控程序正在发展中（Hibler and Hancock，1990）。然而，监控贾第鞭毛虫（Giandia）的样本必须要大于其他的样本（正常情况下是数百个加仑），并且通过专家使用显微镜才能够鉴定出水体中是否有贾第虫囊肿存在。

可以对水质中种类繁多的物理和化学参数进行检测，这对于抽样调查水体中的浮游生物、水藻以及其他的水生生物群也是有益的。国王峡谷国家公园的一些亚高山湖泊，在确定环境的基底和游客使用可能产生的影响的指定研究中，西尔弗曼和艾尔曼(Silverman and Erman，1979）测量了磷酸盐和硝酸盐的浓度、pH、电导率、温度、溶解氧、浮游生物以及水生附着生物。在大多数情况下，使用的技术不是美国公众健康协会（American Public Health Association，1985）所推荐的标准方法就是具体实地分析测试配套元件所描述的技术。

虽然监控的参数越多对信息的收集越有帮助，但是这可能浪费了大量的人力物力，尤其是如果成本的增加会导致相关的样本测量频率和样本点的数量发生不良减少。如果出现这种情况，则必须重新检查目标，并且评估哪些参数可以作为水质不利影响的最好的指示剂。在道路材料极易发生侵蚀的地方，沉淀物的增加可能对鱼的种群数量产生不利影响；在这样的地方，监测固体悬浮物是特别有价值的。游憩践踏，即使在偏远荒僻的地方，也会导致某些元素浓度的增加。有时候，先前抑制植物生长的某些元素的浓度增加可能会促进水生植物的生长。例如，在国王峡谷国家公园，游憩使用导致铁元素浓度的增加，从而促进水生昆虫、蠕虫和体量较小的蚌的增加以及硝酸盐的耗损（Taylor and Erman，1980）。在魁北克加蒂诺公园一个小湖泊，践踏导致磷浓度的增加，因而促进了浮游植物的生长，并且同时降低了水的清澈度（Dickman and Dorais，1977）。因此，在这种情况下，监控湖底的铁元素浓度和生物群是最为重要的；而在其他的一些情况下，磷元素的浓度和悬浮的浮游生物可能是监控最为重要的组成部分。

这些案例的研究充分说明水质监控的复杂性，它需要相对较高水平的专门技能，而不仅仅是简单地监测细菌含量。在对水质进行研究时，可能最好是选择在不同的时间和地点内对诸多参数进行监控。这将会对抽样的时间和空间变化有一点启示作用，以此帮助决定在什么位置设置样本以及样本的监控频率多少时监控效果才是有效的并且是高效率的。它可能能够让研究者清楚哪些参数是不利影响的最好指示剂。虽然在开始的时候需要一些“鸟枪方法”，但是随着时间的推移监控的项目会越发的高效。

遥感

在有些情况下，遥感（特别是航片）是监控影响比较有用的方式同时也是比较经济的手段。如哪些地方缺乏植被覆盖，利用航片是监控植被退化区域的数量和面积最好的方式。普赖斯（Price，1983）展示了航片是如何用来监控班夫国家公园阳光滑雪场的游客对草地的影响。对某地进行跟踪拍摄，则从一系列的航片中就可以发现哪些地方建设了新的游径及哪些地方原已存在的游径被拓宽或者呈交织状了。

在大峡谷国家公园内，偏远地区的营地经常簇拥在水源处。围绕着这些场所又形成了迷宫般的次生游径和帐篷垫。只通过实地测量和上述提到的快速评估技术，很难对这些复杂的游径和帐篷发展变化进行监控。然而，利用航片，游径和帐篷垫的数量和面积都可以清晰呈现在航拍上；将不同时段拍摄的航片叠加在一起，就可识别确定它们随时间的变化情况；剔除重复照片中的重叠部分，根据后面的数据就可以识别其发展历程；新的地理信息系统技术提供了新的和更加专业的分析附件。然而，GIS 的应用价值在游憩影响管理方面可能没有在很多其他自然资源实际应用方面意义深远。

最后一点要提的是，航片在监控没有密集树冠覆盖的区域越野车辆使用所造成的影响方面是非常有益的。这种使用会导致大量车辙形成，并且在集中使用的区域会造成大片的植被丧失。这种情况类似于大峡谷的游径和营地所描述的复杂性。重叠的地图和 GIS 技术也可以用于监控车辙和植被裸露区域的数量和规模的发展变化。

监控系统的发展

科尔和马里恩（Cole，1989；Marion，1991）在营地资源监控手册中都强调了在监控系统的形成过程中下面一系列步骤的重要性。首先，避免冲动地听取朋友或同一圈内人士所推荐的监控系统并匆忙之间加以应用是非常重要的一点；其次，在应用监控系统之前必须仔细调整，使其适应目前的状况，还需要对它们进行维护和培养。否则，时间只会白白浪费在没有收益的活动，关键的数据没有收集到，并且也丧失了质量控制，更甚者将会放弃整个项目。典型地，在遗弃项目之后就将会把责任归咎于监控技术的不足，而事实上这种责任应该是由于没有足够注重监控系统形成的程序。

科尔和马里恩所建议的步骤稍有不同。通常，它包括以下几个方面：① 评估系统的需求和限制；② 检查和选择监控方法以及影响评估的草案；③ 测试和完善这些草案；④ 记录草案并对评估人员进行培训；⑤ 形成实地收集程序；⑥ 指定数据分析和报告程序。这些作者都注明了是决定如何使用监测数据是至关重要的——在确定系统之前，你想能够回答什么样的问题。同时，分配足够的时间进行人员培训也是非常重要的。马里恩（Marion，1991）是个杰出的研究者，他提供了详细的培训指南，这方面的花费要高于数据质量自身改进的成本。最后，试图评估你所收集的数据的精确性也是很重要的。评估两个不同时间点状况的任何差别时，都将包括已经发生改变的变化量和一定的测量误差。只有当你知道可能存在的误差程度时，你才可能准确评估出真正改变的量。

参考文献

American Public Health Association. 1985. *Standard Methods for the Examination of Water and Wastewater*. 16th ed. Washington, DC: American Public Health Association. 1268 pp.

Bayfield, N. G., and R. J. Lloyd. 1973. An Approach to Assessing the Impact of Use on a Long Distance Footpath—The Pennine Way. *Recreation News Supplement* 8: 11—17.

Bratton, S. P., M. G. Hickler, and J. H. Graces. 1978. Visitor Impact on Backcountry Campsites in the Great Smoky Mountains. *Environmental Management* 2: 431—442.

Brewer, L., and D. Berrier. 1984. Photographic Techniques for Monitoring Resource Change at Backcountry Sites. USDA Forest Service General Technical Report NE-86. 13 pp.

Cole, D. N. 1982. Wilderness Campsite Impacts: Effect of Amount of Use. USDA Forest Service Research Paper INT-284. 34 pp.

Cole, D. N. 1983a. Monitoring the Condition of Wilderness Campsites. USDA Forest Service Research INT-302. 10 pp.

Cole, D. N. 1983b. Assessing and Monitoring Backcountry Trail Conditions. USDA Forest Service Research Paper INT-303. 10 pp.

Cole, D. N. 1989. Wilderness Campsite Monitoring Methods: A Soursebook. USDA Forest Service General Technical Report INT-259. 57 pp.

Cole, D. N. 1991. Changes on Trails in the Selway-Bitterroot Wildernesses, Montana, 1978—1989. USDA Forest Service Research Paper INT-450. 5 pp.

Cole, D. N. 1993. Campsites in Three Wastern Wildernesses: Proliferation and Changes in Condition Over 12 to 16 Years. USDA Forest Service Research Paper INT-463. 15 pp.

Cole, D. N., and T. E. Hall. 1992. Trends in Campsite Condition: Eagle Cap Wilderness, Bob Marshall Wilderness and Grand Canyon National Park. USDA Forest Service Research Paper INT-453. 40 pp.

Dickman, M., and M. Dorais. 1977. The Impact of Human Trampeing on Phosphorus Loading to a Small Lake in Gatineau Park, Quebec, Canada. *Journal of Environmental Management* 5: 335—344.

Flack, J. E., A. J. Medine, and K. J. Hansen-Bristow. 1988. Stream Water Quality in a Mountain Recreation Area. *Mountain Research and Development* 8: 11—22.

Frissell. S. S. 1978. Judging Recreation Impacts on Wilderness Campsites. *Journal of Forestry*76: 481—483.

Hibler, C. P., and C. M. Hancock. 1990. Waterborne Giardiasis. In G. A. McFeters, ed. *Drinking Water Microbiology: Progress and Recent Developments*. New York: Springer-Verlag. pp. 271—293.

Lance, A. N., I. D. Baugh, and J. A. Love, 1989. Continued Footpath Widening in the Cairngorm Mountains, Scotland. *Biological Conservation* 49: 201—214.

Leonard, R. E., and A. M. Whitney. 1977. Trail Transect: A Method for Documenting Trail Changes. USDA Forest Service Research Paper NE-389. 8 pp.

Marion, J. L. 1991. Developing a Natural Resource Inventory and Monitoring Program for Visitor Impacts on Recreation Sites: A Procedural Manual. USDI National Park Service Natural Resources Report NPS/NRVT/NRR-91/06. 59 pp.

Marion, J. L. 1994. An Assessment of Trail Conditions in Great Smoky Mountains National Park. USDI National Park Service, Southeast Region. 155 pp.

Marion, J. L. 1995. Capabilities and Management Utility of Recreation Impact Monitoring Programs. *Environmental Management* 19: 763—771.

Mitchell, M. K. , and W. B. Stapp. 1994. *Field Manual for Water Quality Monitoring*. Dexter, MI: Thomson-Shore Printers. 272 pp.

Parsons, D. J. , and S. A. MacLeod. 1980. Measuring Impacts of Wilderness Use. *Parks* 5 (3): 8—12.

Parsons, D. J. , and T. J. Stohlgren. 1987. Impacts of Visitor Use on Backcountry Campsites in Sequoia and Kings Canyon National Parks. California. Cooperative National Park Resources Studies Unit Technical Report No. 25. 79 pp.

Price, M. F. 1983. Management Planning in the Sunshine Area of Canada's Banff National Park. *Parks* 7 (4): 6—10.

Rinehart, R. P. , C. C. Hardy, and H. G. Rosenau. 1978. Measuring Trail Conditions with Stereo Photography. *Journal and Forestry* 76: 501—503.

Silverman, G. , and D. C. Erman. 1979. Alpine Lakes in Kings Canyon National Park, California: Baseline Conditions and Possible Effects of Visitor Use. *Journal of Environmental Management* 8: 73—87.

Suk, T. J. , S. K. Sorenson, and P. D. Dileanis. 1987. The Relation Between Human Presence and Occurrence of *Giardia* Cysts in Streams in the Sierra Nevada, California. *Journal of Freshwater Ecology* 4: 71—75.

Summer, R. M. 1980. Impact of Horse Traffic on Trails in Rocky Mountain National Park. *Journal of Soil and Water Conservation* 35: 85—87.

Taylor, T. P. , and D. C. Erman. 1980. the Littoral Bottom Fauna of High Elevation Lakes in Kings Canyon National Park. *California Fish and Game* 66 (2): 112—119.

Williams, P. B. , and J. L. Marion. 1992. Trail Inventory and Assessment Approaches Applied to Trail System Planning at Delaware Water Gap National Recreation Area. In Proceedings of the 1992 Northeastern Recreation Research Symposium. USDA Forest Service General Technical Report NE-176. pp. 80—83.

第 12 章　游 客 管 理

辨别游客管理技术和场地管理技术的差异性是非常有用的，然而，目前对这两者之间的差异性的研究并不是十分完善。通过场地操控，管理者可以有效地控制游客的使用量和游客分布，并且在控制游客去向方面也是一种非常有效的方法。为了达到我们的目的，我们会采取一些措施对游客进行一系列的管理限制，如规章制度、信息通告、指定影响使用量和使用类型、使用时机的教育、游客行为以及确定分散使用和集中使用的程度。场地管理涉及对使用发生地的管理以及资源的物理操控。

虽然当我们想到冲击管理时，游径和设施的建设画面会第一时间浮现在我们的脑海中，但是通常游客管理才是防护的第一线。规章制度（公园标记牌上的“请”和“请不要”）及从小册子或与护林者交流得来的信息在控制游客冲击中起到了至关重要的作用。这对于法律指定的荒原地更为适用。在荒原地，大量的工程和环境改变以及对使用发生地点的严格控制都不是人们所期望的。当我们越是远离原始的游憩机会谱末端，适当的设施、工程和环境改造都会相应地增加。例如，在已开发的营地，场地管理和游客管理是同样重要的。尽管如此，游客管理技术，如人数限制、禁止狗或马的进入，仍对管理冲击具有决定性的作用。

虽然使用者数量、类型和行为的管理通常对游憩冲击的有效管理是至关重要的，但是管理者必须时刻谨记他们的游憩的兴趣和愿望。毕竟，管理者的多数工作应该是直接使得游客满意度达到最大化。关注资源保护的同时注重促进游憩机会是十分重要的，这两个关注点的相对重要性随着地域和管理目标的改变而改变。

本章中所描述的游客管理技术是根据战略目标构建的，就如在第 10 章中所讨论的那样，更广泛的游客管理技术种类在面向原始的游憩机会谱末端的广大游憩区域时可能十分有用。因此，本章中所描述的许多技术最适用于偏远荒僻的地区。事实上，大多数例子都来自于原野地，在这些地方，如何利用游客管理来降低冲击的研究已经特别取得一定的成果。而与此正相反的是场地管理案例，第 13 章中描述的很多技术对原野地而言效用有限，因为在这些地方并不适于进行高强度、大范围的场地调整。

使用限制

虽然限制使用将会是第一个讨论的技术，但它不应该是对抗冲击的第一道防线。减少使用是限制冲击的一个便捷方法，它既不用搞清楚问题的真正起因，也不用涉及更直接和有效的问题管理。然而，使用限制与游憩管理的一个主要宗旨相冲突——为游憩使用和享受提供机会。在某些情况下可能对使用进行限制是唯一可行的办法，如某个地方的游憩需求太大而又没有其他的地方可以代替它，为了减小游憩冲击唯有实施禁止使用；或是其他的选择也需要无数个限制来阻止很多受欢迎地方的大量使用才会如此。但是，首先应该尝试其他选择。只有经过全面的分析，证明限制使用是不仅可以避免游憩地受到不可接受的冲击而且在实施限制使用之后能够消除大量游客对这个区域的喜爱时才会应用这个措施。

使用量和冲击量两者之间并不呈现线性关系，因此减少使用并不一定会大幅度地降低冲击。在某些情况下，较低水平的使用也会引起相当大的冲击，而使用的进一步增加对资源的额外冲击却会越来越小。已经受影响的场地，如果其能够恢复则在其恢复发生之前也许不得不削减所有的使用。事实上，在某些情况下，诸如正在发生侵蚀的有切口的游径，即使排除所有的使用也可能无法阻止其继续恶化。在任何恢复发生之前，是有必要进行积极的场地复原活动。

在受大众欢迎的地方，往往也是高水平使用的地方——这些地方已经普遍应用了使用削减策略——使用量的变化主要是在改变受冲击场地的数量方面起到一定的作用，而不是使得单个场地被冲击的严重性发生改变。例如一个非常令人欢迎的原野地湖泊盆地，其共有十处营地，限制每晚最多有五个团体使用，但是即便是如此也不太可能把这些场地的任何一个使用降低到能够使其恢复的临界点。如果管理者关闭其中五个场地，使用的削减最终会使受冲击的场地的数量减少，但是单个场地受冲击的程度不会降低。高使用率地区的使用削减是避免拥挤现象的合理办法，但是它无益于避免生态方面的冲击。一旦在某些地方采取这种方法，就必须采取集中使用计划用以弥补生态方面产生的问题。在已开发的游憩地，使用限制也是确保一个地区的物理容量（例如可用营地的数量）在可容纳范围之内的一个方法。

在轻度游憩使用的地区情况十分不同。记住在低使用水平的地方，使用量的不同对冲击程度有重大的影响。如果使用水平可以一直保持很低，则冲击的严重程度也会很低。在这样的情况下，使用限制可以充分地发挥作用，使影响保持在较低的水平，诀窍是保持所有场地的低使用量并确保游客远离脆弱场地以及不进行高破坏性的行为。在低使用区域的使用限制———只有得到游客选择轻度使用、在使用抵抗力的游憩场地以及实践低冲击技术等项目的支持，保持冲击低水平才会很有效。我们以后会更细致地讨论利用传媒和游客教育等措施减少冲击。这样的计划可能对于那些只能接受非常低冲击水平的原野地类型的区域才是合理的。

围绕使用限制展开的主要研究和大多数辩论都涉及应该在什么时候以及怎样执行使用限制的决定。如果游客认为保护资源必须限制使用，那么他们通常都会给予支持（McCool and Christensen，1996）。但是，当游客被问及面对现在的冲击问题实施使用限制是否比较合理时，他们通常又持否定的态度。例如，雪湖（一个被大量使用的华盛顿高山湖泊荒原地湖泊）的游客，当被问及他们对是否有必要限制使用的观点时，只有18%的人回答不管使用量或者冲击量有多大都不应该限制使用。在那些认为某些时候或许需要限制使用的人中，48%的人认为现在就需要实施使用限制而另外 52%的人回复现在不需要，但是那 52%的游客认为如果未来发生过度使用则限制使用是合理的。此外，那些认为现在就需要限制使用的人分成相等的两组，一组认为应该减少使用，另一组认为应该让使用保持在现有的水平（Cole *et al.*，1997）。

一旦决定需要限制使用，必须有人能够决定使用量可接受的最大值是多少。在设置这些限制时应该应用了许多不同的标准并对其进行诸多的考虑。关于实验和研究所的数据在什么程度上可以直接转化为使用限制存在着很大的争论。一些科学家已经利用了社会行为准则概念作为设置使用限制的基础。他们认为大多数游客对于游憩地环境应该存在的社会准则具有一致的观点（这称为准则），这些准则可由从游客的调查结果决定，且可以成为使用限制的依据（Shelby *et al.*，1996）。另一些科学家则表达了不同的观点，他们质疑游客关于环境的观点是否就是真正的准则（Noe，1992），是否多数游客“仅仅是猜测”他们认为的环境应该是怎样的（Williams *et al.*，1992），而且现有游客的观点在多大程度上应该成为使用限制的主要依据。

位于边远地区的加利福尼亚约塞米蒂国家公园，其每个旅游区域都设置了使用限制，这些限制是基于区域的面积、游径的长度以及生态脆弱性等因素——源自于生态系统稀有性、脆弱性、恢复能力及可修复性的评估（van Wagtendonk，1986）。在邻近的加利福尼亚红杉和国王峡谷国家公园，使用限制主要是依据于现存营地的分析（Parsons，1986），它对于每个区域在受影响之后状况还比较良好的营地数量进行了跟踪记录。场地25ft范围内有水，100ft范围内还存在另一状况良好的营地，否则的话就被认为是不可接受的并从记录上删除。这种“可接受的”营地记录被用于确定同一时间一个区域内所能够容纳的最大群体数量。

我们的观点是——使用限制是一种主观的评价。它们必须由管理者来确定，在使用限制的制定过程中必须要考虑到合法相关者的利益。科学家只能提供给这些决定的信息，包括资源状况的评估、游客的意见以及描述不同的决定方案可能产生的后果。我们提倡采用诸如可接受的变化极限的过程方法，一旦管理者作出关于可接受冲击水平的最大值主观决定，科学家可以评定使用量和冲击量两者之间的关系。如果没有超过确定的冲击限制，则游憩地就能够可实现持续发展。仿真模型和电脑程序可以发展到能够让管理者限制进入具体游径入口的人数，如此原野地区域内的冲击水平就可以保持在最大可接受限制之下（van Wagtendonk and Coho，1986）。

一旦建立了使用限制，就面临分配的问题。在白水河商业使用者和私人使用者之间有限数量的许可分配是一个极具争议性的问题（McCool and Utter，1981）。在其他地方，大多数争论围绕的主题是把许可分配给私人使用者的几个机制问题。许可可以提前通过一些预定系统进行申请，例如，约塞米蒂国家公园的露营许可可以通过商业预订服务进行预订。还有另一种选择，那就是在游客到达该地时基于先到先得的原理发放进入许可证。当达到了游客容量限制时，必须拒绝额外的游客进入；当许可需求量远远大于容纳量时，有时会用抽签的方式来决定谁有机会进入，这是分配水上旅行许可的常见方法。渴望得到许可的人们提交申请，标注他们选择好的出发日期。然后，随机挑选申请，直到达到允许的最大数量值，那些被挑中的人们就可以得到进入的许可。通过附加许可费用以及一些得到许可必须达到的最低水平的技能和知识的要求，可以降低需求量。这些也可以成为限量（限制）使用的一种方法。

每一种方法都有一定的优点和缺点，一些利益保证了某些使用者能够享受到他们的游憩需求，但对于其他人却是代价昂贵。管理成本是不定的，就像游客对这些方法的可接受性一样。斯坦基和巴登（Stankey and Baden，1977）提出评估这些限制使用每个方法的利弊，虽然它们是与特有的原野地限制使用相关，但是它们的结论也同样适用于其他原野地游憩区域，表 12.1 总结了它们的结论。斯坦基和巴登提出了在考虑限制使用时的五个指导通则：

① 基于对使用、使用者和冲击正确无误的了解；

② 只有当较少的限制性方法不大可能解决问题时才降低使用水平；

③ 结合限量供应技术（例如，一半的许可通过提前预订发行，一半在到达后第一时间发行）使得使用者和管理者的成本达到最小化和公平化；

④ 建立一个能够把许可分配给那些使其产生最大价值的人的系统；

⑤ 监测使用限制项目以确保它不仅能够解决问题并且是公正地解决问题。

被限制的使用类型和应用限制的地区并不是永远不变的。在许多地方，限制夜间使用但是并不限制日间的使用。在限制使用的区域中，偏远荒僻地区的国家公园占到了 2/3，而这些地区的限制只是针对过夜的使用者（Marion *et al.*，1993）。从生态学观点来看，这也许是无可非议的，因为在营地存在冲击问题的地方步道却没有受到冲击。营地冲击几乎完全是由过夜使用者造成的，而游径冲击则是由过夜使用者和日间使用者共同引发的。在同一地区，限制漂流许可但允许背包族旅行也是常见的，这是对沿着河流廊道有限空间的高需求和对其他地方的低需求所导致的结果。

在大面积没有铺路的区域内，它们主要的区别在于：① 限制进入但一旦进入就允许自由旅行；② 区域内某些特定营地或地带的许可数量有限。在后一种情况下，区域内自由的以及自发的行为被剥夺，因为游客必须遵守他们在进入区域前同意的行程。

在一些游憩热点地区控制使用量上限制进入人数不及限制游程有效。场地使用水平不仅受进入场地人数影响，同时也受到他们在区域内的旅行路线以及选择在什么地方露营的影响。然而，在限制之后，使用的分布格局是一致的且也是可预测的。因此，可以设计游径入口合理的限额，以此使得内部场地的使用水平保持在接近期望水平（van Wagtendonk and Coho，1986）。尽管有效性比较低，但是这种分配方法还是具有一定的优势，如允许游客根据自己的喜好自由选择旅行地以及根据遭遇到的情况（例如出水疱、坏天气或者从地图及某些视点上看到新的目的地）相应地改变路线或活动。

当游客被要求遵守固定的行程时（无论是特定营地还是区域，这些地方已经公布了限制许可），上述的自由都将会被剥夺，这是偏远地区一些广受欢迎的国家公园所普遍采取的措施，例如冰河国家公园、黄石国家公园、落基山国家公园、大烟山国家公园以及雷尼尔山国家公园。到这些公园旅游的游客必须先指定他们每晚打算在偏远荒僻区域的什么地方野营。假如这些地区正在向外开放，则游客会得到在他们预订的特定地点露营的许可。然而，如果游客高估了自己的能力或遭遇到坏天气，从法律的角度而言他们是没有改变主意的机会。在这样的一个纲要下，管理费用会由于护林者必须更大范围地进行巡逻以确保游客遵守既定的行程而攀升。在大峡谷国家公园，大约一半以上的群体会因偏离他们的行程而面临法律传票（Stewart，1989）。

表 12.1 冲击评价和不同限量使用系统引发的效应

定量供给系统	评估标准			
	受益于系统的顾客群	受系统不利影响的顾客群	原野地使用该系统迄今为止的经验	对原野地使用者的系统的承受能力
申请（预订）	那些有能力并且（或）乐于提前安排的人，例如，有组织的生活方式的人	那些没能力或不乐于早做安排的人，例如，拥有不允许长期计划的职业的人，众多专业人才	使用该系统的主要类型有国家森林和国家公园荒原地	通常较高，在使用地区有良好接受度，被视为由未被分配地区的使用者分配的最好方法
抽签（机会）	没有确定的受益群体，那些仔细检查不同地区成功的可能性的人有更大的机会	对所用的群体一视同仁，可能会对那些视荒野非常重要而又没有申请成功的人存在一点差别	无，然而，它是分配狩猎大型动物活动许可的常见方法	低
排队（先到先得）	那些明知机会较少却也愿意消耗大量的时间等待的游客（如没有固定工作的人员）；有利于居住在附近的人	时间机会成本很高的游客以及居住地距离游憩区较远的人，时间的消耗不能被任何人弥补	在圣圣哈辛托荒原地与预订系统结合使用；也在一些国家公园荒野区使用	低到中等
定价（费用）	有能力或愿意支付进入成本的人	没有能力或不愿意支付进入成本的人	无	低到中等
特长（技能和知识）	有能力并愿意花时间和努力以达到要求的人	没有能力或者不愿意花时间和努力以达到要求的人	无，特长被用于与其相匹配的一些相关活动，如水上竞技	目前还不明确，可以根据训练要求所必要达到的熟练程度和理解水平而进行较大幅度的改变

续表

定量供给系统	评估标准			
	管理者的难度	效率——系统将次优化问题降到最小的程度	控制使用影响的原则性方法	系统是如何影响使用者行为
申请（预订）	中等程度，需增加员工和工作时间；工作记录量非常大	低到中等，因为“没有出现”会产生利用不充分现象，同时还因此拒绝了其他人的进入；对申请人的许可的分配与申请人评定的体验价值是无关的	降低游客数量；通过改变在不同游径入口处或不同时间得到的许可数量，从时间和空间上控制使用分配	同时影响了空间和时间上的行为
抽签（机会）	难至中等程度，在整个使用季节分配许可会非常麻烦	低，因为许可是随机指定的，那些不重视荒野人与高度重视这样的机会的人具有同等的获准进入的机会	降低游客数量；通过不同地点或时间可得到的许可数量来从时间和空间上控制使用分配，从而改变成功的可能性	同时影响了空间和时间上的行为
排队（先到先得）	低到中等程度，可能需要开发支持游客排队的设施	中等，因为系统主要通过时间的成本进行限量，这需要参与者估量是否值得排队等待	降低游客数量；通过不同地点或时间允许进入的人数来从时间和空间上控制使用分配	同时影响了空间和时间上的行为；使用者必须考虑排队等候的时间成本
定价（费用）	中等程度，可能有一些关于进入荒原地强制性收费的法律上的问题	中到高等，强制性收费需要游客判断体验与费用的价值；关于使用与价格的匹配程度也是不确定的	降低游客数量；通过不同的定价来控制空间和时间上的使用分配	同时影响了空间和时间上的行为；使用者必须考虑经济成本
特长（技能和知识）	困难到中等难度，建立许可程序的初始投资是重要的	中到高等，要求使用者花费时间和努力（也许是钱）来获准进入	有时需要减少使用人数；也可以通过时间和空间上的转换满足需求，主要减少平均影响	影响使用者的行为类型

资料来源：Stankey and Baden，1977。

如果要提高效率，则管理费用的增长以及游客自由度的丧失都是不可避免的。因为在受关注的内部场地，使用分布控制非常严格，超过期望使用水平的机会也就更小。然而在多数情况下，由于承载力有着充分的随意性使得这种效率上的差异性显得并不是非常重要。既要保持低水平利用又要严格控制使用分布，这种观念是不切实际的。游径入口处的游客数量限额也许具有同等的效率，执行更加简便，游客的负担也会减轻（Stewart，1989）。

有数个研究都征询了游客对各种不同使用限制技术接受度的观点，尤其是在荒原地和白水河。多数游客表示如果这些措施是阻止过度使用所必要的方式则能够接受限制使用。在加利福尼亚的圣哈辛托和圣戈尔戈尼奥荒原地，甚至没有得到许可和被拒绝进入该区域的群体通常也认为使用限制是合理的（Stankey，1979）。游客通常偏好他们所熟悉的分配技术。在大多数荒原地，抽签是不受青睐的（Stankey and Baden，1977），但是抽签在诸如萨蒙河的中间分叉处则是可以接受的，在那已经成功应用了多年（McCool and Utter，1981）。在没有许可系统的荒原地，固定行程是所有管理选择中最不受欢迎的方法之一（Lucas，1980）。然而在大峡谷国家公园，对现存的固定行程系统有消极感受的游客少于10%。

最后，管理者和使用者可能对于不同的限量使用技术持有不同的观点。在对一个河流使用者和管理者的研究中，威尔克（Wilke，1991）发现使用者比管理者更能接受预订和考绩制度，而管理者偏好抽签做法，但是两个群体都不喜欢建立于价格基础上的体制。

许可用来实现限制使用以外的其他目的。它们可以提供关于使用者的有价值的信息。例如，在林务局的荒原地应用许可收集数据，包括群体规模、群体领导者居住地、旅行的主要方式、进入和离开的日期及位置。获得群体旅行路线的大致意向也是可能的，尽管没有一定要遵守行程的义务。

这样的信息有助于针对特定客户群体开发适合的管理程序。同时它也提供了一个与使用者建立联系的方式，用以传递信息或在区域中清楚表明规章的有效性。它们也可以用以达到安全目的。如果群体中的成员在区域内走失，许可可以使管理者注意到他们的窘境并帮助他们定位。然而，这种潜在许可的使用或登记系统通常达不到其应有的优势，因为管理者不对返还的游客进行检查。这应该可能使游客清楚一点，即如果他们不能在规定的某个日期内出来他们可能会认为将会对其实施营救。

如果游客比较容易得到进入许可，则他们通常易于接受不受定量限制的许可。例如，在蒙大拿州和加利福尼亚州的九个荒野区和没有道路的区域，认为强制的登记是不受欢迎的使用者不超过15%（Lucas，1980）。但是，对许可体制的遵守是极其容易发生改变。当许可是强制执行并且游客也比较容易达到许可的要求时，游客的遵守一般会达到最大化。游径入口处的自发行许可证也是一个便捷的措施，它要求游客在特定时间内到办事处办理（图12.1）。亨迪、斯坦基和卢卡斯（Hendee *et al.*，1990）公布了原野地区域其自身发行许可证的遵守率为91%～95%。

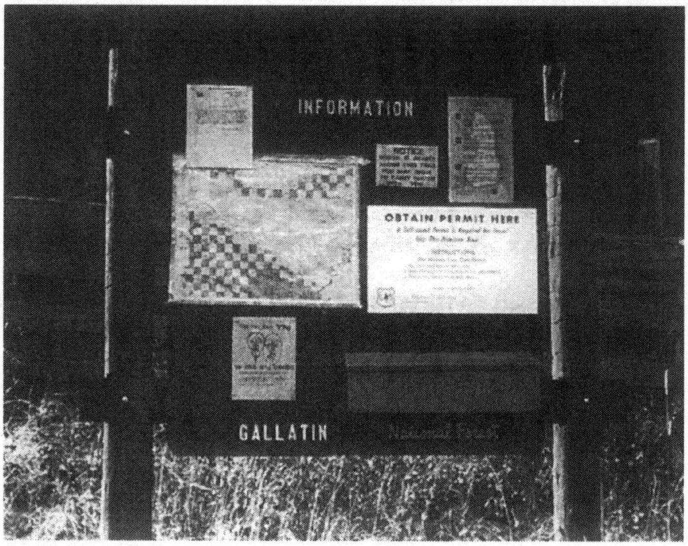

图 12.1　游客可以在游径的入口处的站点获得免费但是强制性的许可（摄影：R. C. Lucas）
同时和游客交流有关低影响使用技术、游客安全问题、条例和规章制度等方面的信息

限制停留时间

使用水平也可以通过限制游客在区域内逗留的时间来降低。停留时间长度的限制既可以限制游客在整个的游憩区域所停留的时间，也可以对其在区域内的某个特定场地所逗留的时间进行限制。全区域限制不可能对场地影响产生作用。当对有限使用量的需求很高的时候，这样的限制才有可能是合理的。如果停留比较短暂，则就可以接纳更多的群体——进而减少被拒绝进入的游客数量。在加利福尼亚国王峡谷国家公园，对被大量使用的雷伊湖盆地进行一日游的限制，从而使得更多的人能够有机会游览这片区域，并且总的使用量和影响反而降低了（Parsons，1983）。

如果某个特定场地很受游客欢迎，那么对在这些场地内停留时间长度的限制也可能起不到任何作用。例如，场地被一个群体使用七天和场地被七个群体使用一天，这两者之间对场地所产生的影响并不存在什么差异性。限制的主要作用是防止某些人在特定场地“定居”。如果对某个特定场地的需求很高，则停留时间的限制将可以使得有更多的群体能够有机会使用该场地。因此，禁止定居及允许更多群体进入，可能是实施限制停留的时间长度的最常见理由，尤其是在高度开发的游憩区域。

就生态影响管理方面，强加使用限制的最重要地区是适于轻度使用的地区，尤其是在原野地区域。在那些以分散为政策的区域——避免对所有场地的造成大量的影响，长期在一个地方逗留会造成不可接受的影响。分散政策则要求单个场地的停留长度应该限制在一至两个晚上。然而，没有必要对全区域进行限制，并且也不需要使用法律强制的规章制度进行约束。只有当游客对最小化影响高度负责时，分散政策才会生效。保持在某个单独场地短时间停留应该是所有负责任的露营者用于使他们的影响维持在最小化的技术之一。

分散使用

在实施分散使用的区域，其生态影响问题经常归咎于区域内广受欢迎部分的高度集中使用。例如，在一个荒原地管理员的调查中，沃什伯恩和科尔（Washburne and Cole，1983）询问了他们最显著的问题是哪些。最频繁的回答就是“由集中使用引起的本土资源退化和荒僻区域的缺乏”。在面对处理这些严重的问题时，最频繁被提到的“最有效”的管理技术就是与游客进行私人接触，引导增加分散使用。然而，分散对于不同的人可以意味着不同的东西。例如露营，分散可能牵涉：① 在同等数量的营地中分散使用人群，但是群体间的距离更大；② 在更多的场地中分散人群，可能会增大群体间距离，也可能不会增大群体间的距离；③ 从时间上分散人群（增加淡季使用），可以改变使用空间的分布，也可能维持原状。每一种类型的分散对生态影响管理都具有不同的内涵。作为减少拥挤的每一种适当方法，或许也非常不同于它们作为降低影响的适当方法。

分散人群通常使得他们之间的距离更远，但是使用同样数量的游憩场地，对土壤、植被或水产生的积极影响或消极影响并不会减少（图 12.2）。只要受影响的场地数量保持恒定，场地之间的距离则无关紧要。与这种类型的分散适应相关的主要的负面生态影响就是可能增加对野生生物的干扰。某些动物（如灰熊、麋鹿、大角羊）会退避到与人类接触很少的部分游憩区域。但是当它们所退避的区域被越来越多地频繁使用时，这些野生物种的“安全的”栖息地会越来越少，并且它们的种群数量很可能会减少。这种使用分散类型的主要优点就在于降低了某些场地的社交性拥挤，在这些地方人群一般喜欢成群扎推在一起。甚至在社交方面，那些曾经那些使用频率的场地目前也日益拥挤起来，对那些想体验高度孤独感的人来说，因此这种分散使用会对他们产生消极影响。

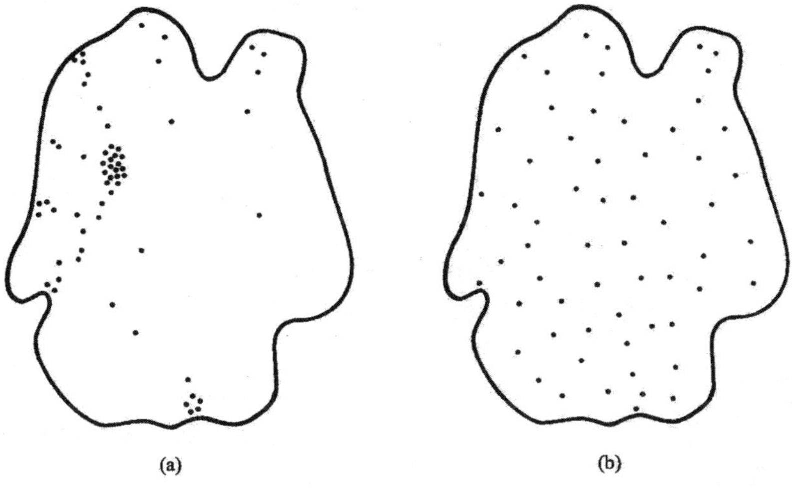

图 12.2　(a) 使用集中在游憩区域内的一小部分，每个点代表一个露营群体和 (b) 使用分散增加了场地间的距离而未改变场地数量（引自 Cole 文献）

这种分散类型可以在多种不同尺度的区域进行实践。管理者可以试图将使用分布在游憩区域的每个角落。但是这种布置最有可能对野生动物造成干扰，并且使得孤独感高度丧失。如果使用分散只是在局部区域内进行而不是整个的大面积的区域，则对这两个问题可能不会产生非常严重的影响。例如，管理者可能围绕整个湖面分散露营场地，而不是将诸多场地集中在湖的某一端。这会降低区域内的拥挤程度，并且只要不企图将这些使用分散到其他湖或不接受使用增长的区域的其他部分，则它不会对野生动物或高度的孤独感产生消极影响。通常，如果只是在局部的尺度上进一步增大游憩群体之间的距离，则它是一个积极的措施，尤其是在幅员辽阔的诸如荒原地类型的区域。但是如果是在全区域的尺度上扩大群体之间的距离，则会产生一些潜在的消极后果。

当分散使用必然使得场地数量增加时（这可能是使用分散的最常见形式），则其中的利弊会变得更加复杂，因此也难对其进行评价（图 12.3）。这种分散类型是否恰当要取决于使用量、使用的类型、使用者的行为以及环境的抵抗能力。在具有抵抗力的环境中，将使用分散到更多的场地以此降低影响是最有可能性的措施，当然这是在这些地方使用水平很低且使用的类型和大多数使用者的行为几乎对环境不存在潜在破坏的前提之下。但是如果频繁被一些大规模的群体、骑马的群体或对低影响露营知识知道很少的群体使用，则它可能对于那些广受欢迎的区域而言是个灾难，尤其是如果这些区域非常脆弱的情况下。让我们来探究为什么会出现这种状况。

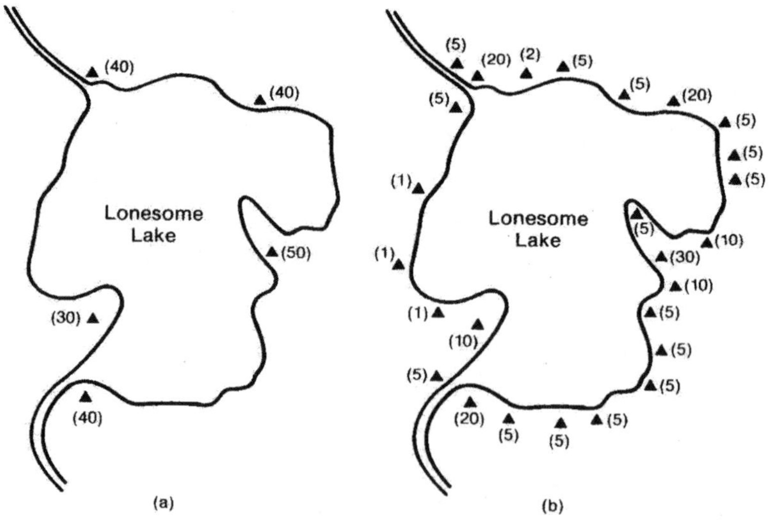

图 12.3　(a) 伦瑟姆湖有五个集中的营地，圆括号里的数字是每年场地的夜间使用次数和 (b) 相同数量的使用已经被分散到 26 个以上的营地中（引自 Cole 文献）

就如通常的案例一样，这些管理启示反映了使用量和影响量两者之间的关系性质。这种使用分散类型之后所包含的思想就是想把使用水平降低到足够低的水平，以使其产生的影响可以忽略不计。从使用—影响的关系我们知道：在使用量的减少可能会引起影响的大幅度降低之前，使用水平必须很低。我们也知道减少一个场地的使用，则另一场地的使用会必须增加。此外，增加轻度使用或不使用区域的使用则会造成影响的快速增长。

让我们用伊格尔卡普荒原地中的亚高山森林湖边营地的研究来作为上述所表述内容案例（Cole，1982a）。它是一个脆弱的环境；生长季节短，且植被容易遭受践踏破坏。研究检测了营地在接受三种不同使用水平之后的状况。基于露营的面积和树木的破坏、地表覆盖植物及土壤的影响等级，计算了每个场地的状况。没有被使用的场地评定为为1.0，影响最严重的场地评定为3.0。它们是与低使用场地的平均值1.6相比较得出的，低使用的场地是指每年只使用数次；2.0是中度使用的场地，每年使用10～20次；2.1是高使用的场地，每年使用25～50次。

为了评估在这个区域实施分散使用措施是否合理，假设在2～3个月的夏季我们需要围绕这些湖安排4000个群体的在此露营，可供选择的高度使用场地数量少于100个；中度使用场地多于250个；低使用场地大约有2000个。鉴于场地数量的巨大差异和影响等级差异相对较小（即使低使用场地的影响大于高度使用场地的一半影响），似乎最合理还是把使用集中在100个高度使用场地。

伊格尔卡普荒原地记录了试图把大量重度使用场地分散在区域内所造成的后果。围绕两个325acre① 广受欢迎湖面，设置了220个以上的营地（Cole，1982b）。一半以上的场地失去了25%以上的植被覆盖，并且多数是在游径上看得见的地方。尽管这只代表了这个受欢迎区域内仅1.3%的干扰，但它还是让游客产生一种冲击随处可见的认识。此外，从实际情况出发也并不需要这么多的场地。群体使用场地的平均次数是每晚大约10次，其使用次数可能是使用高峰期夜间使用次数的数倍。研究期间的管理制度是要求人们不要在受高度冲击的场地露营，换而言之，就是将使用分散在更多的场地。相反，把使用集中在几个挑选出来的场地，干扰会被限制在这些场地的其中五分之一的场地，有效减少了大约80%的冲击。不管怎么说，大多数群体偏爱使用遭受高度冲击的场地。

如果把大量的营地分散在那些轻度使用区域内会是怎样的情况呢？如果我们每年只安排30个群体露营又会是什么状况？一种选择是把所有的使用集中在一个高度使用、高度冲击的场地。然而，另一个选择则是把使用分散在30个甚至是更多的场地。如果可能有30个以上的场地可供使用，则一些场地甚至每年都使用不到一次。我们没有伊格尔卡普荒原地的研究数据来预测每年只使用一晚所引起的影响。然而，对于很多有具抵抗力的场地而言，这样低的使用水平基本上不会产生什么冲击。如果群体的潜在破坏力很低的话（例如，如果这个群体规模很小、采取的是远足旅行方式，且有了解露营低冲击方面的知识），这一点尤其正确。因此，在使用水平比较低、环境又具有一定的抵抗力并且使用者懂得低影响技术的情况下，把使用分散在更多场地内是明智之举。

这种类型的管理结论主要适用于对游径和营地植被和土壤的冲击管理，尤其在大面积的区域内。单个场地无论被怎样频繁地使用其对水和野生动物产生的冲击可能都比较小。某些动物只是在高度使用的场地才会受到高度的干扰。例如，约塞米蒂国家公园，在高度使用的区域对黑熊的干扰非常严重（Keay and van Wagtendonk，1983）。黑熊的

---

① 英亩，1acre=4840yd^2=0.404856hm^2。

问题由于一些场地的集中使用而加剧。然而，相比于一些高度冲击的场地，许多中等程度冲击场地的建立可能对小型动物产生的冲击更加不利。在社交方面，这种分散类型对与游憩者之间交流频繁程度相关的拥挤性问题没有一点影响，这将意味着游憩者会看到更多被冲击的场地。

通常，接下来通过促进对未使用或轻度使用的游径、营地或场地的利用，使得游憩使用分散在诸多场地中。这样做不仅不能对原本就广受欢迎地方的状况不会起到补偿性改善作用，同时还可能会造成后者冲击的持续增长，而这恰恰又是问题的渊源所在。这种分散类型典型地增加了冲击的增殖，这也正是许多地区游憩冲击不断增长的主要方式（Cole，1993）。但是这种普遍现象也存在例外情况，即在低使用区域，在采取分散使用的同时结合对人们的露营地址（非常轻度使用的、有抵抗力的场地）和游客行为的管理从而能够帮助将冲击维持在较低的水平。

第三种类型的分散，是把使用分散于更长的使用季节，这在减少拥挤方面肯定十分有益。然而，生态冲击又变得非常复杂。把使用从夏季转移到春季或秋季通常牵涉到把使用移到一个环境较为脆弱的季节。较高的降雨量和融化的雪水浸湿土壤，使其更容易被压实和发生侵蚀。在植物开始生长的春季，或者在木本植物更加脆且容易被折断的秋季，植物也更加脆弱。野生动物在刚从冬季恢复过来正在重新获得体力的春季，或者在它们正在为冬季做准备的秋季之时都是比较脆弱的。这些冲击虽然因地而异，但是在促进淡季使用之前应该对它们进行慎重的考虑。

总而言之，分散使用是一个具有不同类型和内涵的措施，而不是人们想象中的万能药，甚至在减少拥挤方面，它也存在一定的缺点；尤其在生态方面，其缺点通常更加突兀。然而，在某些情况下，分散是也十分有益的。关键是在什么样适当的尺度和地点应用才会取得良好效果。一般而言，其应用于局部区域或使用水平较低的地方是最有益的。通常需要通过对游憩地点及游憩项目参与方式的设计来支持游憩分散使用。并且在分散使用的同时也应该对项目的冲击进行监控，因为仅仅分散使用出现问题的潜力也是非常高的。

在需要分散使用的地方，它可以以一种监控方式来实现。监控方法与那些用于限制使用量的方法相似。在广受欢迎的游径、营地或区域设置可进入的定额，当这些地方满额时，额外的使用者必须到其他地方旅行。这项技术可用来增大群体间的距离，并（或）避免一定区域的集中使用。通过这种途径和要求使用指定的分散营地可以达到最高水平的控制，就像偏远荒僻的黄石国家公园所采取的措施。在这样一个体制下，游客必须遵守固定的行程，在指定的营地露营，而且场地之间相距甚远。在许多国家公园，都有要求游客必须在指定的场地进行露营。营地设置了名额限制，但是营地都集中在聚集成一个群体。这意味着使用是局部集中但是分散于整个公园。正如之前所讨论过的原因，这对于两种情况是最糟糕的：营地露营的游客不能体验到孤寂感，并且公园的各个部分都会受到影响。这常常是由于提供一些服务设施而造成，诸如厕所。

将使用分散在更多场地内可以通过对单个营地设定限额（营地在使用了一定数量的夜晚后关闭）或者通过要求游客在没有受到高度冲击的场地露营来实现。弗吉尼亚州的谢南多厄国家公园早在20世纪70年代初期的荒原地管理项目中就采用了后一种方式，为荒原地的管理项目提供了少数案例之一。他们要求游憩团体在道路视野之外的地方露营，或者在那些不允许露营的区域设立一些禁止露营的标志牌，同时也不允许在单个场地连续使用两晚。一旦这些地方开始显现出实质性的影响，营地就会立马公告其为“禁止露营”的区域，以此使其能够得到修复。对于这些分散使用应用于大量的场地，20世纪90年代早期一个营地评估结果（Williams and Marion，1995）表明在限制营地影响方面，分散制度并不是十分有效。对700个以上的营地进行了研究，结果发现其中三分之一的场地明显出现植被丧失和土壤裸露。威廉斯和马里恩（Williams and Marion，1995）提出在公园内广受欢迎的区域使用集中战略比分散战略更加有效。他们建议只有在公园内使用水平非常低以至于实际上可以忽略不计的情况下可以局部区域实行分散使用战略。

也可以通过在时间上分散游客访问从而达到限额的效果。如果在游憩旺季得不到许可，游客们别无选择只能在淡季才能够有机会进入。许多私人群体会选择在冬季漂流科罗拉多河穿越大峡谷，因为相比于夏季冬季更容易获得漂流许可。

分散也可以通过告知和劝说的方式来实现。这种管理模式在高度重视自由和自发性的林务局荒原地尤为常见。其中，告知比劝说更受欢迎，因为它更有技巧性，游客在遵守时不会感到有压力，或者不会察觉这违背自己的意愿去满足了管理者的期望。告知可以发布在小册子、标志牌上，或通过私人接触进行宣传（图12.4）。如果在旅行或线路规划过程中早一点提供信息，使用的再分散会更有效（Roggenbuck，1992）。当游客到达了旅游地，则想要改变他们的目的地通常已经太迟了。这意味着除了人们打电话询问信息的情况之外，书面材料通常是最主要的信息媒介。

图12.4 护林者的私人接触是告知游客信息特别有效的方法（摄影：R. C. Lucas）

游客似乎也想要获得更多的信息，而不是简单的不同地方所能够容纳的使用量。在数个研究中发现提供不同地方使用量的信息在使用再分配方面没有起到任何作用（Lucas，1981）。克鲁姆皮和布朗（Krumpe and Brown，1982）开发了一个新的使用再分配工具，并且在黄石国家公园成功地应用。他们提出了一个决策树，它将允许游客把他们所偏爱的不同类型的旅行与他们可能在各种不同游径上遭遇的情况相匹配（图12.5）。这种技术把23%的受大众欢迎的区域的使用再分配到这些选定的游径。

用户友好型的微型计算机程序可以成为再分配使用特别有效的方法。例如，在落基山国家公园，60%的偏远荒僻区域的远足者群体可以从计算机获取29条游径的信息，并可以从中选取了一条游径。相比情况下，38%的群体从小册子获取信息并选择游径，同时，只有17%的群体在没有任何信息提供的情况下选择游径（Huffman and Williams，1987）。

公园冬季魅力的宣传在提高许多国家公园的淡季使用方面非常有效。事实上，这项活动非常成功，以至于一些公园——像黄石国家公园——正在努力处理因冬季大量使用而引起的问题。完全建立于冬季的低使用基础上的吸引力可能效用不大，尽管提供这样的信息是诸多游客所期望的，但是管理者必须避免提供太多信息，防止其夺走了许多游憩者所注重的发现和探索的意义。他们也必然对提供的信息进行慎重筛选，并且当然永远都不应该提供错误的信息。

标记和私人接触是在游客进入区域之后提供信息的方式，它最有可能对局部分散使用产生影响。例如，利用提供的信息，罗格伯克和贝里尔（Roggenbuck and Berrier，1981）能够减少聚集在北卡罗来纳州光辉岩石荒原地内广受欢迎的光辉岩石隘口场地的群体数量。这些信息提供了隘口场地的拥挤和影响状况，也包括附近（1mi内）一些其他露营区域的游径和营地状况。在隘口场地露营的群体数量从每周末62个（不提供信息）降至44个（利用小册子上提供信息）再降至33个（同时应用小册子和护林者的私人接触提供信息）。对于有经验的远足者而言，小册子已进行足够用于重新分配使用；而对于新手而言，私人接触则更为有效。大多数研究显示之前缺乏经验或对公园知识了解较少的游客最可能受信息的影响。并且，在提供客观信息的时候结合私人接触则相对仅仅提供客观信息而言更有效（Roggenbuck，1992）。

集中使用

集中使用正好与分散使用相反。而如同分散使用一样，集中使用也可以通过多种方式进行操作，如减小群体间的距离而不改变场地的数量可以使用集中更少的场地或减小集中使用的时间。第一种和第三种选择可以在特定情况下用以减少对野生动物的影响，然而，通常情况下它们会使游客的代价增加，尤其在拥挤性方面，并且它并不太具有能够充分减少影响的可能性。所采用的最常见的方法就是把使用集中在少数营地，并且使用的区域在每个营地中所占部分要尽可能小。

集中使用的空间也是管理已开发游憩区域最重要的原则之一。空间集中可以应用于多种尺度。例如，露营者通常被要求在已开发的营地露营，而不是在他们自己选择的一些未受干扰区域露营。在指定的营地内，通常管理者会提供帐篷垫并鼓励露营者在这些垫子上搭帐篷。这些行为都是使用集中策略的变化形式。场地的管理战略是趋向于把使用限制在每个营地中的一小部分的地域，这将在第13章中详细阐述。

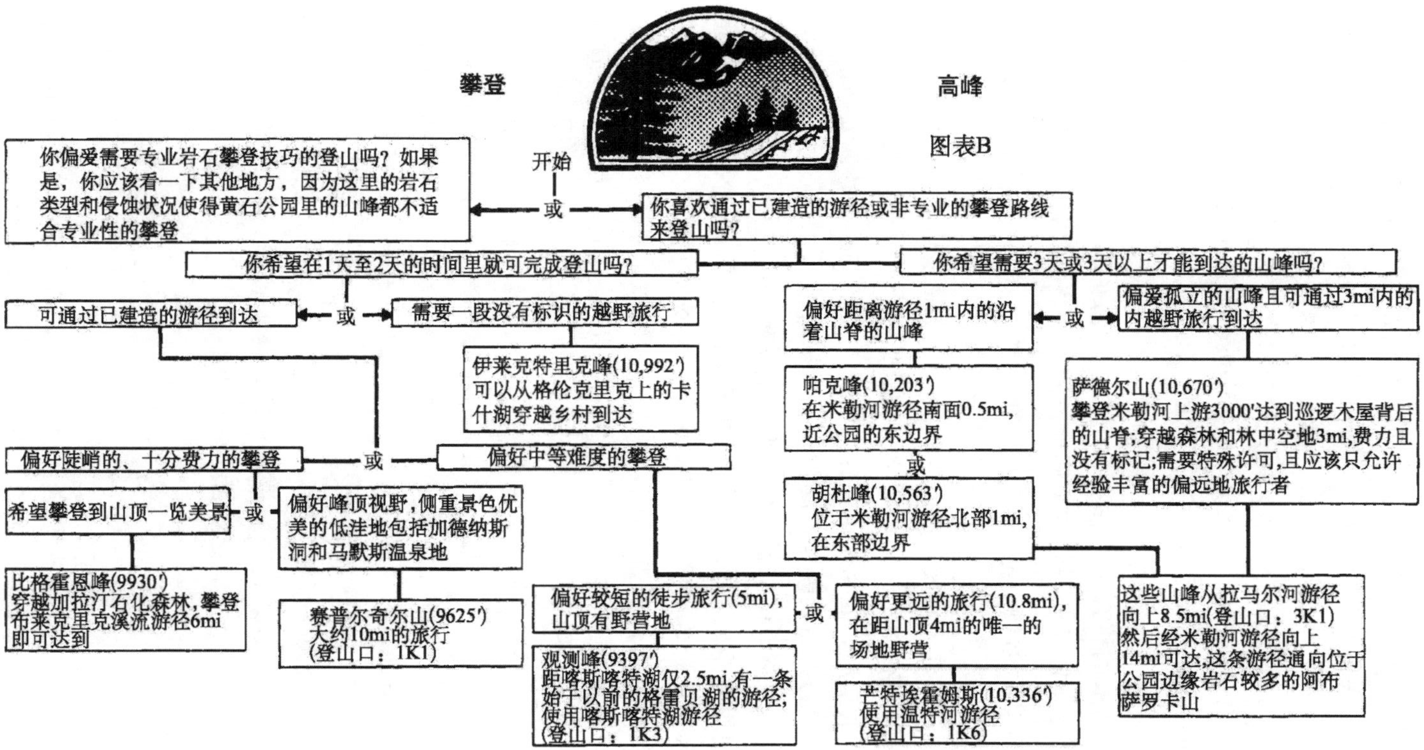

图 12.5 黄石国家公园的选择游径的决策树（引自 Krumpe and Brown，1982，授权转载）

图示说明了怎样帮助游客选择更可能符合他们的偏好的旅行

正如在分散使用中所讨论的那样，集中使用甚至在大面积的荒原地也是适用的，尤其是在一些被大量使用的地区，它可能是阻止影响广泛扩散的唯一方法。分散使用可用来维持受轻度影响的区域，但在广受欢迎的地方除了集中使用之外没有别的选择。游径建设就是使用集中的一个很好的例子，它可以避免大量游客踩踏形成纵横交错的游径，同时也避免了对大地景观的破坏。为了提供多样化，荒原地的大部分区域都应该维持无游径的状态。但是，在使用恒定的区域，必须建造游径。区域内提供更便捷的通道是必然的，但也要避免大量游客任意践踏形成诸多的游径。保持游客在路面上行走，并阻止他们裁弯取直超捷径或在邻近的交织游径上行走也是集中游径使用从而避免资源被破坏的又一例子。

集中使用对营地的管理尤为重要。例如，索恩伯格（Thornburgh，1986）已经在华盛顿的北喀斯喀特国家公园的数个偏远荒僻地区监控营地影响几十年了。这些年里他运用了许多不同技术来控制营地的影响。研究结果显示唯一成功的方法是集中使用策略——“指定营地”系统。

集中使用可以通过法律规章制度强制实行，或通过劝说方式实现。法律强制实施的选择是指只允许游客在指定的场地露营。劝说是要求游客只使用现存的场地。一般是不会采取法律强制的措施，因为无论在什么情况下大多数游客都偏爱在已经使用过的场地露营（Cole，1982b）。如果教育不起作用，管理者就可以借助法律强制实施集中使用。如果非法场地继续发展，则降低使用水平可能是唯一的选择。

一旦集中使用策略成功执行，就有可能使得场地的数量减少。因此可以关闭某些场地——那些区位比较差或已经遭到高度破坏的场地更适合。一旦限制了这些场地的使用，就可以对它们进行积极地修复重建。在短时间内，将场地标记为“禁止露营”或使用其他禁止游客接近技术。第 13 章将会提供关于这方面场地管理技术的更多细节。

随着使用者破坏潜力的提升，集中使用也变得越来越重要。它在游憩管理中对使用牲畜和越野车辆的游客群体也是一个尤其重要的策略。在许多地方的特定游径或场所，这些使用是被禁止的。例如，红杉和国王峡谷国家公园，在那些从未接受过适当牲畜使用的地方是禁止牲畜进入的（McClaran，1989）。还存在另一种选择，即它们只可以在为它们使用特别建立的特殊的区域内使用，这也是越野车使用采取的普遍策略（图 12.6）。在黄石国家公园，摩托雪橇只允许在路面上行驶。在田纳西流域管理局管辖下的湖泊地区之间的土地是禁止使用越野车的，除了特别指定的 2350acre 的土耳其湾越野车区，在那里是允许相关不受限制的车辆使用。

使用类型限制

另一个管理办法是将不同类型的使用者分开，或者在部分地域阻止特别具有破坏性的使用者使用。分区制是解决不同旅行模式产生不同影响的最常用的办法。最常见的措施是就将不同的区域按照所有的使用类型进行划分，如过夜使用的区域、供带有牲畜的团体使用的区域以及禁止机动车入内的区域（图 12.7）。国家林地根据机动车的使用情

图 12.6 加利福尼亚的摩托车集中使用区域，植被消失并对基岩产生侵蚀（摄影：D. N. Cole）

况划分为荒野区和非荒野区。在荒野区内禁止一切机动交通（只有少数例外）。即使在荒野区之外，部分区域也会出于社会或生态的原因而禁止使用机动车辆，并且这也是减少对野生动物的干扰和防止水质恶化所采取的常见的措施。为了保护野生动物和水体质量，不论是拒绝全天使用或还是只是禁止夜间使用都是最为恰当的措施。例如城乡结合区和那些有大灰熊出现的地区的保护就是一个问题。

图 12.7 对特定使用者和使用关闭的区域是常用的管理手段（摄影：D. N. Cole）

蒙大拿的拉特尔斯内克国家游憩地允许远足、骑马和自行车使用；在游径入口处 3mi 内禁止摩托车、狩猎和野营使用禁止牲畜进入某些特定区域可以有益于各个方面，如它为那些不愿遇到牲畜的远足者提供了游览的机会；并且这些区域不会产生牲畜使用所带来的附加影响；同时游径的建设和维护费用也会随之而降低。在美洲杉和国王峡谷国家公园，大面积的草场都禁止牲畜使用，因此其成为提供原始草地生态系统的典型实例（McClaran，1989）；蒙大拿州的冰川国家公园只允许在某些特定的游径和营地之内使用牲畜。

另一个可选办法是不允许特定类型的使用或使用行为在游憩区的任何地方发生，例如，国家公园内40%的荒原地禁止使用牲畜（McClaran and Cole，1993）。那些允许使用牲畜的荒原地，其中，55%要求不许饲养活动，73%禁止将牲畜拴在树上。另外一些常见的管理制度包含不能够篝火、不能乱扔废弃物、不能对植被和人类遗迹方面进行干扰。在白水河，经常要求游客携带一个火盆（将营火影响降低到最小）和一个便携式的马桶（把人类的粪便带出游憩区域）。

关于分区制和完全禁止某些活动的一个重要关注点就是拒绝合法使用者的游憩机会是不公平的。游憩区域不能满足所有游客的全部需要，管理者应该尽量满足那些适合在他们区域活动的使用者，在某种程度上游憩活动是否恰当是建立在特定使用区域机会之上的。例如，通过一条关于局部限制机动车辆使用的禁令就可以很容易地确认区域内是否有供机动化的游憩机会。

团体规模限制

限制团体的最大规模是关于限制使用类型的一个普遍但有争议的管理措施。常识和少量的调查表明，相比小型团体，大的旅游团体对其他游客和环境所造成的影响更大。在很多调查研究中，游客表明在相遇次数相同的情况下，大规模团体对他们的体验有着更为消极的影响。然而，如果团体规模人数减少，则小规模团体的数量必然会增加，这可能会使得团体之间相遇的机会增加。斯坦基（Stankey，1973）向荒原地的游客征询了他们对于相遇次数和团体规模这两者之间的权衡。询问的问题是：他们是愿意一天内只看到一个30人组成的大规模团体，还是更愿意看到十个由3人组成的小规模团体。在他所调查的四分之三的地方，游客能更倾向于选择与小规模团体的相遇。另外，减少团体规模的人数可能不会对相遇率产生太大影响，因为大规模的游憩团体本来就很稀少。例如，在加利福尼亚州的遗弃荒原地只有7%的过夜游客团体规模超过6人（Cole *et al.*，1995）。将少量的大规模旅游团体拆成数个小规模团体，其对团体的总数并没有什么影响。这表明对团体规模进行强制限制常常可以改善游憩区内的社交状况。

团体规模对生态的影响存在两个方面。首先，当大规模团体作为一个单元露营时，他们比小规模团体占用的区域面积更大，当然他们对区域干扰的面积也更大（图12.8）。蒙大拿州的鲍伯马歇尔荒原地，为了迎合那些带着马的游憩团体，旅行用品商业营地平均是那些主要供私人骑马使用者营地（小规模的代表）的十倍（Cole，1983）。其次，相对于小规模团体，仅仅是因为有更多双脚践踏在土壤和植被之上，大规模露营团体单元会更加迅速地影响到未受干扰的营地。相比那些在游径和营地已经大量开发的地方旅游团队而言，前面的这些考虑对脱离游径且进入相对原始区域的团队显得更加重要。

图 12.8 这个庞大的团队盘踞了大面积的用地，给游憩地带来了异乎寻常的巨大冲击（摄影：美国林务局）

一些研究表明当团队人数减少时，人均影响将会随之增大。最有代表性的是篝火，人均木柴消耗量将随着团队人数的减少而增加（Davilla，1979），同时由于野生动物与大规模团体相遇的频率较低因而其所受到的影响要小于高频率与小规模团体相遇所遭受的影响。然而，因为大规模团体其本身就较为稀少，因而对这一论点的关注也比较少。限制团体人数最大的代价可能存在两个方面，分别是：① 限制了少数喜欢或者需要以大规模团体形式访问荒原地的人群的进入；② 减少了以更大规模团体中一员的身份游览荒原地的体验质量。很少有相关荒原地的游客受到团体规模限制的影响，一般人数最大值严格控制在 6 人以内。然而，对那些受到影响的人来说，代价可能是很显著的。对于旅行用品商而言代价尤其巨大。体验教育和其他需要依靠团队互动学习交流的机会也可能因为严格的团队人数规模限制而不能进行。不幸的是，我们对群体的规模与真正从这些经验中所能够摄取的益处这两者之间的关系知之甚少。

大多数的荒原地游客——大约四分之三在遗弃荒原地接受调查的游客支持对团队规模人数进行限制（Cole *et al.*，1995）。此外，支持团体规模限制的游客认为许可进入的人数门槛应该相当低。遗弃荒原地四分之三以上的团体规模限制支持者认为上限不应该大于 10 人。类似的结论在其他一些地方也曾报道过。然而，管理者应该认真的解读这一信息。大部分的荒原地游客选择以 2～4 人的组合进行游览，他们并不喜欢遇见大规模游客团体。他们典型地拥护限制那些团体人数高于自身人口数量的团体。如果采纳了这个建议，则大部分的团体将获得全部利益并且不用负担任何费用。所用的支出将转加到那些少部分的使用者身上——那些喜欢以大规模团体形式出游的游客。

管理者在面对团体人数限制时很难做出决断。他们应该只听从大多数人的意见（那些从限制政策得利而并无损失的人），还是也尝试着给那些少数的使用者提供一些有限的机会呢？人数限制究竟应该是 6 人、20 人还是 30 人？那么关于那些带了牲畜来的团体的限制又该做如何处理呢？

很明显，团体人数限制有利有弊。优点在状态相对原始的区域可能是最显著的。区域内早期的游径和营地可能是由一个脱离游径旅行的大规模游客群体留下的，而小规模游客团体则不会造成这些问题。离开游径的远足者常常对遇到大规模游客团体十分敏感。这表明在较原始的环境下，限制团体人数尤其重要。然而为了限制达到更加好的效果，上限设置应该相当低，要比现在荒原地内常采用的每个团体单元限制为 15～25 人要低很多。

关于团体规模低限制的争论，在广受欢迎、影响严重的场地并不是非常引人注目。面积很大且又已经受到影响的营地通常能够容纳相当大的规模游客群体。如果他们足够小心，即使是人数众多的团体也能够使用这些场地而不造成额外的影响。例如，在大峡谷国家公园，在比较受欢迎的偏远荒僻的区域已经指定了一些特殊的大规模游客团体使用的场地。如果他们能够待在建设的游径上活动，就不必担心会产生新的影响。

不同团体人数限制指标可以达到一定的目的，如：① 保持足够低的人数限制对游憩区较原始的地区是有意义的；② 满足大多数使用者和少数使用者的需要。例如在约塞米蒂国家公园，在有引导的区域范围内群体规模的最大值可高达 25 人，而在越野区域群体规模的最多为 8 人。

最后需要考虑的是对群体规模进行限制时如何处理驮畜这个问题。如果限制团队规模是为了限制每个团体可能带来的冲击，那么带有牲畜的团队的标准应该比远足者的团体低很多。这是从马对生态所造成的冲击要远远大于远足者这一事实所得出的结论（DeLuca *et al.*，未发表）。另一些人认为管理应从到达的难易程度公正的对待牲畜使用者和远足者，并仅仅对人的数量进行限制。因此，如果允许 15 人进入，如果他们愿意，这 15 人便可以带入 25 头帮助他们的驮畜。争论的双方观点各有可取之处，最好采取折中的方法。目前有一个合理的折中方法，并且已经在一些地方实施，即限制生物个体的总数——人和动物。将总数限制在 15 人，则其既可以是 15 人、也可以是 6 人和 9 头牲畜或是所有加起来为 15 的其他组合。虽然带牲畜的团体仍会比不带牲畜的团体所造成的影响要多，但是这些影响相对于将对人和动物进行分别单独限制情况下要少许多。

低冲击教育

在整个讨论过程中我们频繁提到利用强大的教育项目来支持某些行为。低冲击教育是减少从最原始的到开发力度最大的所有游憩地内冲击的真正关键所在；但它也不是万灵丹，也不能够解决所有的问题。然而，如果没有受教育的且关怀环境的使用者，冲击管理实质上将会主要起到反作用，因而管理者针对环境问题也只能治标不治本。教育是建立一套完整管理方案的基础。

在我们第10章关于游客行为类型学的讨论中，区别了由不合法行为、疏忽行为、技术不熟练以及无知行为等各方面所造成的冲击和不可避免的冲击之间的差别。教育可以减轻前四种行为引起的冲击问题；并需要一些其他的措施来控制不可避免的冲击。在营地内，通过教育有效地消除对树木的破坏及营火灰烬、残留的食物、肥皂和其他废物带来的场地污染都是有可能。在利用木筏穿越大峡谷的过程中，收集木柴是不被许可的(可以收集浮木的淡季除外)，并且必须在火盘内生火以此来保护地面，所有的灰烬、垃圾和人类排泄物都要带出大峡谷。即使是洗碗水也要先经过滤网才能再倒入河中，不能通过滤网的杂质需要带出去。采取这些措施之后即使是几乎每天都有大型团体使用的海滩也没有被污染，并且几乎也没有树木遭到破坏。

与一些可避免的影响相反，植被和土壤的践踏在很大程度上是不可避免的。在大峡谷海滩，因为大部分使用都是发生在裸露之地，所以植被和土壤的退化不太严重。然而，践踏确实可以导致海滩侵蚀（Valentine and Dolan，1979）。在不具有抵抗力的地方，即使是低强度的践踏也会剧烈地改变土壤和植被的状况。在这种地方，必须对使用量和使用分布进行管理。

在发展低冲击教育项目时，荒原地游憩管理者不仅应考虑到教育信息的内容，同时也应考虑传播教育信息所使用的媒介。

信息内容

在过去的几十年里，伴随着个人经验和游憩生态学研究的积累，有关于适当的低冲击技术的知识已经缓慢形成。直到目前为止，这方面的知识虽然广泛传播但是还是缺乏一致性。在20世纪80年代，这种情况随着低冲击技术研究成果《软途径》的编辑出版和国家“不留痕迹”（Leave No Trace，LNT）低冲击教育项目的建立而有所改变(Cole，1989)。《软途径》——世界上第一本完整介绍低冲击技术的畅销书，现在正在发行第二版（Hampton and Cole，1995）。LNT是一项联邦政府土地管理机构、非营利教育组织以及游憩产业间的合作产物。它的任务是“发展一项全国性公认的冲击最小化的教育系统，通过训练、刊物、电视和网络对联邦土地管理者和普通群众进行教育”(Swain，1996)。

通过LNT项目，低冲击教育系统开始形成一致性，这种一致性明显体现在下文中的作为LNT核心项目的六条原则上。

1. 提前计划和准备。花费一定的时间去研究你想要参观的地区，了解对于访问目的地应该期待些什么。以小规模团体的形式出游并带好合适的装备。在偏远荒僻的地方旅行中尤其要注意对食物重新包装，以此减少可能产生的垃圾。最后，如果要到有熊出没的旷野旅行，事先准备好并了解相关知识。

2. 在耐用的地表露营和旅游。这是一条非常复杂的准则，它在很大程度上是源于本书所涵盖的游憩生态学原理。在广受欢迎的区域，采取集中使用和集中影响的措施。在建成的游径上活动，并选择已经受到严重影响的场地露营。选择一个足够容纳你们团体的场地，在已经被干扰的地方架设帐篷和“厨房”。离开时保持你用过的场地的干净和具有吸引力诱人，令接下来的团体也想在此露营。在偏远的相对原始的区域，选择分散使用分散冲击的措施。远足时在区域内分散进行，选择一块上一次使用没有留下痕迹的营地露营。尽量选择抵抗力较强的旅游路线和营地。当你在较原始的区域露营时，要记得将帐篷分散搭建且活动也要尽可能分散开来，并在你要离开时要使其自然化——那么碰巧经过的另一队游客团体将不会认出它曾是个营地。最后，远离受到轻微冲击的游径和营地。它们可能正处于不稳定的状态。如果继续利用它们，情况可能会大幅度的急转直下——场地迅速恶化且冲击剧增。然而，如果不继续使用它们，使其顺其自然发展，则通常它们能够自我修复。

3. 打包带进来，打包带出去。把垃圾和食物残渣打包带离场地，在有熊出没的荒原地需格外注意。

4. 适当处理那些你不能打包带走的东西。合理的处理人类排泄物，如果提供厕所设施则尽量选择厕所处理，否则，选择那些离水源、游径和营地至少 200ft 的猫洞处理。把排泄物用纸带走，或者至少把他们埋掉。清理营地，不要让废物直接进入溪流、湖泊或泉水。

5. 留下你所发现的东西。不要在树上刻记号，不要留下小旗或沿路堆石作为标志。不要在营地旁挖沟或建造“改进设施”。避免破坏活着的乔木和植物，不带走自然物品和文化产品。

6. 火的使用和冲击最小化。用火炉做饭，尽量少使用营火。如果在高度使用的区域，选择在那些已经存在的火环处生火。只用那些已经死掉或者用手就可以折断的倒下的木头，让火持续燃烧直到只留下灰烬或小煤块。在你离开之前确保火已经完全熄灭，并把灰烬广泛分散，留下一个干净又具有吸引力的火环。在偏远地区，选择耐用的地点生火。可以使用火盘生火，或在矿质土壤堆砌的土堆上上火，也可以在矿质土壤上挖个浅坑生火。不要往火里扔岩石。在你离开时，要对生火点进行移植，使其呈现自然化的面貌。

LNT 项目认识到程序需要根据不同的地点和使用群体进行调整。某些行为，可能在一个场地是恰当，而对另一场地而言可能是灾难性的。这在第二条原则“在耐用的地表露营和旅游”中体现的最明显。在广受欢迎区域推荐的行为（适于集中使用）恰恰正好与偏远地区（适于分散使用）相反。并且不同的场所也存在更多微妙的差异。为此，LNT 项目为美国七种不同生态区域和六种特定游憩活动（漂流、骑马、攀岩，雪地露营、岩洞探险和海上皮划艇）发行了相关的户外技能小册子。拓展资讯和国家户外领导学校把 LNT 准则整合到国际项目之中，毫无疑问，这项技术需要进一步的修正。

有效交流

许多不同的媒介可以并且已经在努力地说服参加游憩活动的游客采纳所推荐的低影响惯例。杜彻特和科尔（Douchette and Cole，1993）发现全国一半以上的荒原地都使用了 6 种不同的教育媒介：小册子、机构工作人员、地图、标志牌、偏远荒僻地区的职员以及游径入口处的展示。还一些不常用的媒介，包括电脑、商业期刊、广播和电视。

关于如何成功地教育游憩使用者几乎没有什么具体的书面资料。然而，社会心理学家对劝说交流怎样打动人心已经研究多年。罗格伯克和曼夫雷多（Roggenbuck and

Manfredo，1990）描述了三种管理者可以用来说服游憩旅游者的概念性方法，从而促进了这项工作的开展。

第一种方法，应用行为分析，试图通过提供行为提示、环境管理以及对恰当行为进行奖赏或对不恰当行为进行处罚等措施来提高期望行为出现的频率。例如提供奖励物，如果游客使用行为得当，则他们就可以从户外装备商店领取折扣优惠券。为了使游客一直保持恰当的行为，需要和他们进行持续的联系，这表明这种方法对建立地区永久性道德规范的促进作用很小，这种方法在形成较完善的游憩环境可能更适用。

第二种方法，中途劝说。利用这种方法，将仔细构想的信息传递给游客；游客收到信息并对其进行处理，他们会接受其中比较合理的建议，并相应地改变自己的行为。他们行为上的变化可能一直延续到将来，因为这种改变是源于游客内在化的信念和态度，并因此而得到加强。大部分原野地教育工作都会采用这种方法。然而，这种方法所面临的艰巨性又常常使人气馁。为了能够使得这个方法获得成功，游客必须有较高的积极性，有能力处理好信息，并愿意接受信息中的观点，同时还要具有合理的响应技能。这意味着施教者必须投入尽可能多的时间和游客在一起，并且“他们必须了解他们的听众，根据游客的兴趣和知识层次调整信息，发展有趣的、切题的、良好支撑的信息，利用可以同步调整信息进程（通常是书面语）的媒介，从而掌控提高游客注意力的情势，并使信息准时传送给接受者”（Roggenbuck and Manfredo，1990）。

第三种方法，外界途径劝导。此方法以极少关注信息本身，并且普遍情况下其信息过于繁多极度分散游客的注意力。如果有劝导发生，其一般是由一些其他的事情或者事物所引起而不是信息本身。讯号常常来自于信息源——比如某个篮球明星代言一双鞋，如果你希望和他穿着同样的一双鞋，那么这就会迫使你去购买它。这种方法可能在喧哗的游客中心、在游客急切期待开始旅程的游径入口处、或仅仅是在游憩者没有很高的积极性去关注这些信息的情况下才会有较多成功的机会。不幸的是，这种方法不太可能引起长期的行为改变。

这个理论的主体表明低冲击教育是一项艰难的任务。而这项工作的价值——不只是仅仅出去告诉人们应该做什么的一些假象——它在于指出了增加成功可能性的方法。管理者应该尽其所有可能多的情况下应用这些方法。也应该更多的了解提高成功可能性的可变因素。罗格伯克和曼夫雷多（Roggenbuch and Manfredo，1990）吸取了社会心理学家关于成功影响他人五要素的发现，分别是：信息的时机、信息内容、接受者特点、信息来源的特点和交流渠道的特点。

在尝试应用行为提示、诱因或外界信号这些措施时，时机是至关重要的。提示（如烟灰熊的标志，附注：美国森林机构创造的吉祥物，2001 年 4 月，它的主题信息是“你可以防止野火”）必须和想要的行为学习的结果（例如留下一个干净的营地）紧密联系。在做决策的时候必须能够提供外界信号，例如当游客在判断选择哪条游径、是否要使用火炉以及是否在湖岸露营时，需要提供一些外界的信号来支配他们做出正确的决定。有些决定的时机容易把握，而有些事实上则不可能把握。对中途劝导而言时机并没那么重要，但是在游客处理和使用信息的时候它应该及时达到。很明显，当游客已经到达游径入口处时，再告诉他们使用火炉的重要性就为时太晚。

信息内容很重要。如果管理者使用中途劝导，信息所提供的理由应该非常强大、切题、新颖，并且足够简单游客能够理解。用征询游客还存在什么问题结束劝导而不是仅仅陈述信息，如此可以提高接收者对信息进行思考的可能性。信息的重复提示可能会增强接收者的理解和接受程度。

游客的特征也会影响到成功与否。如果游客持有以下的观点，则他们更愿意接受这些信息，① 把自己作为问题的一部分；② 先前具有相关的初级知识和经验；③ 是小团体的一部分。团体的领导者可能比成员更善于接受这些信息，除非他们已经有非常丰富的经验（Roggenbuck and Manfredo，1990）。

在借助外界途径进行劝导或者在游客对听取和思考信息的积极性不高时，施教者的特点或者说信息源就成了最重要的影响因素。下列几种情况下可能对施教者的要求比较高，如“接受者急着赶路、因为环境分心、疲惫之时、身处大团体之中，或者复杂的信息流强制灌输或节奏太快（比如一些录像节目）”——组织机构应该找有吸引力或备受尊敬的人来传递信息（Roggenbuck and Manfredo，1990）。

最后的可变因素是交流渠道。在外界途径的学习中，以员工为基础的沟通技术或某些的视听技术比那些依赖书面材料的技术信息更为有用。前两者对信息本身的关注和对信息源的关注程度一样高，而在游客有时间处理信息的情况下才应该分发书面材料。毫无疑问，管理者应该使用各种渠道来确保游客能够获得信息。因为教育项目太复杂，所以将其集中在少量新信息上是非常重要的，而不是乱枪打鸟。例如，科尔、哈蒙德和麦库尔（Cole *et al.*，1997）研究了游客对张贴在路边公告栏上低影响信息的关注度和从中获得多少新知识，发现游客确实从张贴出的信息中增加了知识。然而，贴 8 张和贴 2 张的效果是一样的，即他们从两者之间所获得的知识量是相等的。因此他们得出结论：在这种情况下，大部分游客愿意对两页的信息分配足够的注意力，或者说只能够处理两页的信息。

有关教育项目对减少游憩冲击问题的效用研究甚少。唯一被广泛研究的不恰当的行为就是乱丢垃圾。很多研究表明乱丢垃圾的现象可以通过劝导沟通得以减少。成功的项目一般都是基于奖励和惩罚政策、垃圾桶等的环境提示（应用行为分析）以及关于保持场地清洁的书面呼吁（中途劝导）和拾起垃圾的榜样示范（外界途径劝导）等一系列措施的实施（Roggenbuck，1992）。书面信息效果经常是最差的，而具有惩罚导向的方法最有效。在雷尼尔山国家公园，仅仅是穿着制服的护林员出现便会使得草地上的游客待在建设的游径之上，并且是众多技术中最有效的一种方式（Swearingen and Johnson，1995）。

在发展低冲击教育时需考虑以下几点：

1. 聚焦信息。相比于用海量的材料淹没游客，只处理少量关键问题和表明所期望的行为的做法则更为可取。清楚的陈述问题，列举会使问题恶化的行为和怎样改变行为才能够使状况得以改善是非常重要的。如果将建议行为的观点和原因罗列清楚，游客就更能够在不同的情况下适当调整他们的行为。这其中重要的一点是所建议的行为应该是合理的，并且能够充分地与游客进行沟通。尽管员工与游客的面谈常常可以促进最初的接受程度，但是书面材料也有助于记忆。

2. 识别听众。通过了解游客群体使用哪些区域，根据这些特定的群体而调整信息，从而使得信息和游客之间相适应。辨认出那些会产生最严重后果的“使用者问题”是非常有价值的，因为管理者可以通过这些信息找到解决的方法。针对不同的使用群体传递不同的信息，比起千人一面的做法可能更有效。例如，没理由用低影响牲畜使用的细节来麻烦背包族游客。

3. 选择沟通方法。员工与游客之间面对面的交流通常被认为是最有效的沟通方法，尽管小册子也可以达到同等的效果（Oliver *et al.*，1985）。如果有游客中心，则其可以成为有效传递教育信息的地方。电视、广播、报纸以及其他方式的大量媒介，它们常常不能把信息传递给真正需要的人。示范和实地项目在城镇、大学、俱乐部聚会和游憩区内已经使用。除了后者，它们都具有适应特定群体和在旅游计划阶段提供信息的优点。对于越来越多的附在导游和引导手册上的低影响信息而言也具有同样的优点。管理者应该争取对提到他们的区域书籍进行资料核查，并在核查通过之后捐献给游客。最有效地利用多种媒介，并调整每种媒介以适用于特定的使用群体和信息。

4. 决定在哪里与听众接触。这也取决于目标使用者群体和选择的沟通媒介。如果游客提早申请信息或必须获得某项预定许可，他们可以选择在家中进行接触。这个方法在白水河（如穿越科罗拉多河流之上的大峡谷）非常有效。当进行某些特殊活动需要使用到装备器材时，提前告知信息是非常关键的。当地居民——大部分游憩地的最常使用者——可以通过社区内的具体项目得知信息，如广播、电视或者报纸。管理者可以在校园内与大学生交流；也可以与赛马俱乐部、童子军和其他有组织的团体直接联系。

使用季节限制

正如我们在第 8 章讨论的，很多环境在一年内的某些时期会格外脆弱。最常见的例子就是野生动物十分脆弱的时期和当土壤被水浸泡和易干扰的时期。因此，在这些时段期间常常是限制游憩使用。为了防止对野生动物产生干扰，关键的区域可能会向所有使用，夜间使用以及游憩牲畜或机动车使用关闭。当使用牲畜或机动车时，土壤的干扰则是最显著的。因此，在土壤有机会变干硬的一些夏季开放日前，通常关闭道路并禁止携带牲畜旅游。季节性的牲畜禁令减少了对游径和放牧草场的破坏。

例如，在红杉和国王峡谷国家公园，驮畜使用草场有着永久的历史。他们也有研究驮畜所造成影响的传统，并处在意图控制放牧影响实践的研究前沿。他们采取的一个方法是在园内每个水系区域建立牲畜使用的开放日（McClaran，1989）。设立开放日期可以确保在允许使用牲畜之前，草场内的草皮已经干燥到能够承受践踏冲击。一旦开放日期确定，对每年的变化情况进行评估。在干燥的年份，开放日期可能比潮湿的年份早三周。用每年 5 月 1 日积雪场的含水量水平确定该年的开放日期是提前、正常、还是推迟。如果开放日期设在 5 月上旬，游客们将有足够时间提前计划他们的旅程。

营火管理方案

为了说明有多种技术可供解决一些特殊问题，让我们来看看营火管理项目中的可选方案。表 12.2 列出了适用于将禁止营火作为最后手段的政策内的一些方法（Hammitt，1982）。即使可能会出现除了全面禁止在偏远荒僻地区篝火之外别无选择的情况，这样的政策也应该在考虑采取其他一些低限制性方法之后再执行。所提供的方案从最间接的控制使用者体验篝火活动的机会到最直接的控制都存在。

表 12.2　偏远荒僻的游憩区域营火使用的管理方案

管理方式	方案	具体例子
间接管理（强调规范游客行为，保证营火机会）	告知方案	宣传期望的营火政策
		向使用者普及营火影响知识
		分流使用者到未充分利用或更耐用的区域
	替换燃料	鼓励使用轻质火炉，灯笼和其他燃料
	海拔分区	禁止在高于树木生长线和在邻近高海拔植物群落的地区生火
	森林类型和场地分区	禁止在缺乏薪材的森林类型地生火（如云杉林）
直接管理（强调对使用者进行管理，削减营火机会）		禁止在无森林覆盖的地区生火（如覆盖草本的山顶，山毛榉林间空地）
		禁止在缺乏薪材的特定地域或有火灾危险的地区生火
	临时分区	禁生营火直到入夜（需要使用火炉烹饪）
	季节性分区	限制用火直至冬季和凉爽季节
	共用营火	要求数个团体合用营火
	定量配给	要求团体只能在 1/2 或 1/3 的露营夜晚使用营火
	全面禁止	在全园范围内禁用营火

告知方案：最间接的方法是向公园使用者提供有关营火影响和它们的合理使用的信息。很多公园已经通过解释性程序和低冲击使用指南来实施这种方法。它的目的不是对使用者行为进行限制而是对其进行规范。有关营火冲击、低冲击露营技术、公园营火管理的政策、资源保护和对营火冲击考虑甚少的未被充分利用区域等这方面的信息，都可以作为规范使用者行为的措施，以此达到大幅度减小营火冲击的目的。

替换燃料：一项与提供营火冲击及使用常识紧密相关的活动正在大力提倡替换燃料。如果露营者了解使用轻质炉子烹饪的优点，他们就可能会选择少用开放式的营火。同时也鼓励使用轻质灯笼，从而替代社会营火。

海拔分区：作为营火管理中一个更直接的方案，管理者可能想禁止在一定海拔之上使用营火。因为树木生长线之上薪材较少以及邻近亚高山带植物群落的作用，所以在这些地区禁用营火可能是十分必要的。由于这一海拔之上植被生长季节短且木材生长速率缓慢，薪材产品不足以供应营火使用。

林地类型和场地分区：作为海拔分区的拓展方案，某些类型的森林区域和原野地未被森林覆盖的区域必须被划为禁火露营区。禁止使用营火的区域可能是那些薪材产量不足以满足露营者需求的地区。这种方法还可以应用到那些使用负担重、薪材严重耗尽或火灾季节内森林火灾高发的场所或地区。

临时分区：临时分区的原理是基于将营火限制于入夜后使用的美学功能。很多偏远荒僻地区的游客已经开始使用轻质火炉进行烹调。它比营火更加可靠和有效。然而，火炉的出现并不能抵消篝火的渴望。大多数露营者仍然认为在露营中体验营火是一个重要的美学和社交元素。通过要求露营者利用火炉烹调，并且只能在入夜之后才可以生起营火，这样可以节约大量的薪材。营火不再是每天生起三次（早饭，午饭，晚饭），或者不再是随时点燃以及燃烧一整天，而是将被限制在入夜后的几个小时内，构成了典型的夏日夜晚。这一举措可能会在那些能够为露营者提供足量薪材的地方减少薪材的需求。

季节性分区：关于营火使用的进一步限制是控制冬季和凉爽季节的露营使用。在这些季节燃料被用来取暖保持舒适，但需求量较少，因为每年这个时候游人量较低。这可以带来鼓励淡季使用的附加效应。

共用营火：另一个减少偏远荒僻地区营火数量和薪材消费的方法就是使得数个团队共享一堆营火。例如密歇根州大睡熊国家湖畔风景区的南曼尼岛，它为每6～10个露营场地提供一个公共的营火坑。除了指定的营火坑外，其他地方都禁止生火。这项技术似乎是十分成功，主要是在每个单独的营地内或两个营地之间没有砍伐树木或移除地被植物的迹象。尽管这种方法不能满足所有类型的露营者的需要（即那些习惯独处的人），但是它确实在营火管理方案序列中为更多露营者提供了体验营火的机会。

共用营火观念应该在各种偏远荒僻的地区得到进一步普及。高山湖泊和其他露营者一般集中的目的地也是尝试共用营火方法的适宜地区。

定量供给：管理者可能希望限制团体只能在露营的二分之一或三分之一的夜晚使用营火，而不是完全取消露营活动中的营火体验。营火的定量供给可能发生在得到远足许可后，通过让露营者选择他们希所期望的夜晚来满足营火体验。尽管执行这一方案存在一定的困难，但是这样做一个潜在的好处是可能会提高营火的体验质量。因为这将使围坐在篝火旁的情景成为更加不寻常的体验，定量供给可以令露营者在得到许可生火时更加珍视篝火体验机会。

全面禁止：全面禁止无须多做解释（图12.9），然而，在采取这一手段前需要深思熟虑。游憩资源管理应该提供一系列的游憩机会来满足使用者的不同需求。营火是露营体验中的一重要组成部分，因此在时间地点允许的情况下我们有必要为游憩者提供这种机会。

管理游憩冲击所需要的游客信息

为了有效地管理游客，需要详细了解某些类型的信息。最显而易见的是要清楚有多少人会使用该区域。了解该区域内游客数量的空间和时间分布是如何随着时间变化的也

图 12.9 正如这个画面所示意的，大量营火冲击导致偏远荒僻地区的游憩地禁止营火使用（引自 Hammitt 文献）

是非常重要的。游客特性（如他们旅行的方式、团体规模和停留时间长短）可能会对管理决策产生影响，并且了解游客从哪来也会对教育项目有所帮助。最后，了解游客关于场地状况的态度和他们更偏好的管理方式对完善相关的游客愿望和需求的管理项目而言也大有裨益。

正如前文提到的，大部分这些信息都可以通过许可证的发放得到。一般能够从许可证收集的信息包括使用次数、游憩的时间和空间分布、旅游方式、团体规模以及停留时间的长度和许可证拥有者的居住地。登记和许可证作用类似，但是通常它是非强制性的，其遵守率经常都比较低（Lucas，1983）。登记率情况可以通过对非登记者的惩罚而得到调节，但是这需要独立的登记行为研究的支持。进入某区域的人数可以通过自动计数器清点。它有时和低分辨率的相机相连，这使得确定旅游方式和团体规模成为可能。然而，它不仅成本高，而且由于涉及侵犯个人隐私问题因此也成为关注的焦点。也可以随机抽取时间和地点观察清点人数，但是这么做的成本也非常高，而且获得的使用评估可能并不十分精确。目前已经使用航拍来清点人数，尤其是那些参加水上运动或越野区的游客。在这些方法中，许可证法最便宜、最精确，并且所获信息也更全面。

关于游客选择和偏好的具体信息则更加难以获得。最常用的方法是采用调查或问卷的方式。这需要根据现有的抽样理论，以系统的方法仔细构想和实行。否则，结果会出现偏差，并且不能为管理者提供其所需要的信息。由联邦机构实施或发起的调查需经管理局和预算局的批准，这是个非常艰难的过程。其他可选择的办法包括对游客行为和使用的直接观察，以及某些种类的日志或游客留给管理者的关于其兴趣项目的自我陈述表格。观察法被用于测定诸如人们在湖边花多长时间钓鱼之类的项目。日志用来记录那些日后可能很难回忆的信息，如一天中的高峰点和某地捕获的鱼的数目。

所有这些信息的获取代价都很高；所以，对每一点信息的收集都有特定理由是很重要的，通常系统地收集少量类型的信息要强于随意收集很多类型的信息。最后，对游客保持敏感性是非常重要的。要全力避免对游客带来不必要的麻烦或打扰。在很多情况下游客非常乐意提供信息，但是在其他一些情况下这些信息非常重要以至于管理者不得不借助强制的手段来获取。关注于仅仅有效和敏锐地收集那些有用的信息，这将会避免大部分次要的问题，并且会大大促进管理项目的进一步发展。

参考文献

Cole, D. N. 1982a. Wilderness Campsites Impacts: Effect of Amount of Use. USDA Forest Service Research Paper INT-284. 34 pp.

Cole, D. N. 1982b. Controlling the Spread of Campsites at Popular Wilderness Destinations. *Journal of Soil and Water Conservation* 37: 291—295.

Cole, D. N. 1983. Campsite Conditions in the Bob Marshall Wilderness, Montana. USDA Forest Service Research Paper INT-312. 18 pp.

Cole, D. N. 1989. Low-impact Recreational Practices for Wilderness and Backcountry. USDA Forest Service General Technical Report INT-265. 131 pp.

Cole, D. N. 1993. Campsites in Three Western Wildernesses: Proliferation and Changes in Condition Over 12 to 16 Years. USDA Forest Service Research Paper INT-463. 15 pp.

Cole, D. N., T. P. Hammond, and S. F. Mccool. 1997. Information Quantity and Communication Effectiveness: Low-impact Messages on Wilderness Trailside Bulletion Boards. *Leisure Sciences* 19: 59—72.

Cole, D. N., A. E. Watson, and J. W. Roggenbuck. 1995. Trends in Wilderness Visitors and Visits: Boundary Waters Canoe Area, Shining Rock, and Desolation Wildernesses. USDA Forest Service Research Paper INT-483. 38 pp.

Cole, D. N., A. E. Watson, T. E. Hall, and D. R. Spildie, 1997. High-Use Destination Areas in Wilderness: Social and Biophysical Impacts, Visitor Responses, and Management Options. USDA Forest Service Research Paper INT-496. 30 pp.

Davilla, B. 1979. Firewood Production, Use, and Availability in the High Sierra. In J. T. Stanley Jr., H. T. Harvey, and R. J. Hartesveldt, eds. *A Report on the Wilderness Impact Study: The Effects of Human Recreational Activities on Wilderness Ecosystems with Special Emphasis on Sierra Club Wilderness Outings in the Sierra Navada*. San Francisco: Outing Committee, Sierra Club. pp. 94—128.

Deluca, T. H., W. A. Patterson IV, W. A. Freimund, and D. N. Cole. in press. Influence of Llamas, Horses, and Hikers on Soil Erosion from Established Recreation Trails in Western Montana. *Environmental Management*.

Douchette, J. E., and D. N. Cole. 1993. Wilderness Visitor Education: Information About Alternative Techniques. USDA Forest Service General Technical Report INT-295. 37 pp.

Hammitt, W. E. 1982. Alternatives to Banning Campfires. *Parks* 7 (3): 8—9.

Hampton, B., and D. Cole. 1995. *Soft Paths*. 2d ed. Mechanicsburg, PA: Stackpole Books. 222 pp.

Hendee, J. C., G. H. Stankey. and R. C. Lucas. 1990. Wilderness Management. 2d ed. Golden. CO: North American Press. 546 pp.

Huffman, M. G., and D. R. Williams. 1987. the Use of Microcomputers for Park Trail Information Dissemination. *Journal of Park and Recreation Administration* 5: 34—46.

Keay, J. A., and J. W. van Wagtendonk. 1983. Effect of Yosemite Backcountry Use Levels on Incidents with Black Bears. In E. C. Meslow, ed. *Bears— Their Biology and Management*. International Conference for Bear Research and Management 5: 307—311.

Krumpe, E. E., and P. J. Brown. 1982. Redistributing Backcountry Use Through Information Related to Recreation Experiences. *Journal of Forestry* 80: 360—364.

Lucas, R. C. 1980. Use Patterns and Visitor Characteristics, Attitudes and Preferences in Nine Wilderness and Other Roadless Area. USDA Forest Service Research Paper INT-253. 89 pp.

Lucas, R. C. 1981. Redistributing Wilderness Use Through Information Supplied to Visitors. USDA Forest Service Research Paper INT-227. 15 pp.

Lucas, R. C. 1983. Low and Variable Visitor Compliance Rates at Voluntary Trail Registers. USDA Forest Service Research Note INT-326. 5 pp.

Marion, J. L., J. W. Roggenbuck, and R. E. Manning. 1993. Problems and Practices in Back country Recreation Management: A Survey of National Park Sercive Managers. USDI National Park Service Natural Resources Report NPS/NRVT/NRR-93/12. 48 pp.

McClaran, M. P. 1989. Recreational Pack Stock Management in Sequoia and Kings Canyon National Parks. *Rangelands* 11: 3—8.

McClaran, M. P., and D. N. Cole. 1993. Packstock in wilderness: Use, Impacts, Monitoring, and Management. USDA Forest Service General Technical Report INT-301. 33 pp.

McCool, S. F., and N. A. Christensen. 1996. Alleviating Congestion in Parks and Recreation Areas Through Direct Management of Visitor Behavior. In *Congestion and Crowding in the National Park System*. Minnesota Agricultural Experiment Station Miscellaneous Publication 1986-1996. pp. 67—83.

McCool, S. F., and J. Utter. 1981. Preferences for Allocating Rever Recreation Use. *Water Resources Bulletin* 17: 431—437.

Noe, F. P. 1992. Further Questions About the Measurement and Conceptualization of Backcountry Norms. *Journal of Leisure Research* 24: 86—92.

Oliver, S. S., J. W. Roggenbuck, and A. E. Watson. 1985. Education to Reduce Impacts in Forest Campgrounds. *Journal of Forestry* 83: 234—236.

Parsons, D. J. 1983. Wilderness Protection: An Example From the Southern Sierra Nevada, USA. *Environmental Conservation* 10: 23—30.

Parsons, D. J. 1986. Campsite Impact Data as a Basis for Determining Wilderness Use Capacities. In R. C. Lucas, comp. *Proceedings— National Wilderness Research Conference: Current Research*. USDA Forest Service General Technical Report INT-212. pp. 449—455.

Roggenbuck, J. W. 1992. Use of Persuasion to Reduce Resource Impacts and Visitor Conflicts. In M. J. Manfredo, ed. *Influencing Human Behavior: Theory and Applications in Recreation, Tourism, and Natural Resources Management*. Champaign, IL: Sagamore Publishing. pp. 149—208.

Roggenbuck, J. W., and D. L. Berrier. 1981. Communications to Disperse Wilderness Campers. *Journal of Forestry* 79: 295—297.

Roggenbuck, J. W., and M. J. Manfredo. 1990. Choosing the Right Route to Wilderness Education. In D. W. Lime, ed. *Managing American's Enduring Wilderness Resource: Proceedings of the Conference*. St. Paul, NM: Minnesota Agricultural Experiment Station. pp. 103—112.

Shelby, B., J. J. Vaske, and M. P. Donnelly. 1996. Norms, Standards, and Natural Resources. *Leisure Sciences* 18: 103—123.

Stankey, G. H. 1973. Visitor Perception of Wilderness Recreation Carrying Capacity. USDA Forest Service Research Paper INT-142. 61 pp.

Stankey. G. H. 1979. Use Rationing in Two Southern California Wilderness. *Journal of Forestry* 77: 347—349.

Stankey. G. H., and J. H. Baden. 1977. Rationing Wilderness use: Methods, Problems and Guidelines. USDA Forest Service Research Paper INT-192. 20 pp.

Stewart, W. P. 1989. Fixed Itinerary Systems in Backcountry Management. *Journal of Environmental Management* 29: 163—171.

Swain, R. 1996. Leave No Trace (LNT) —Outdoor Skills and Ethics Program. *International Journal of Wilderness* 2 (3): 24—26.

Swearingen, T. C., and D. R. Johnson. 1995. Visitor's Responses to Uniformed Park Employees. *Journal of Park and Recreation Administration* 13: 73—85.

Thornburgh, D. A. 1986. Responses of Vegetation to Different Wilderness Management Systems. In R. C. Lucas, comp. *Proceedings—National Wilderness Research Conference: Current Research*. USDA Forest Service General Technical Report INT-212. pp. 108—113.

Valentine, S., and R. Dolan. 1979. Footstep-induced Sediment Displacement in the Grand Canyon. *Environmental Management* 3: 531—533.

van Wagtendonk, J. W. 1986. The Determination of Carrying Capacities for the Yosemite Wilderness. In R. C. Lucas, comp. *Proceedings—National Wilderness Research Conference: Current Research*. USDA Forest service General Technical Report INT-212. pp. 456—461.

van Wagtendonk, J. W., and P. R. Coho. 1986. Trailhead Quotas: Rationing Use to Keep Wilderness Wild. *Journal of Forestry* 84: 22—24.

Washburne, R. F., and D. N. Cole. 1983. Problems and Practices in Wilderness Management: A Survey of Managers. USDA Forest Service Research Paper INT-304. 56 pp.

Wilke, T. A. 1991. Evaluating the Acceptability of Recreation Rationing Policies Used On Rivers. *Environmental Management* 15: 389—394.

Williams, D. R., J. W. Roggenbuck, M. E. Patterson, and A. E. Watson. 1992. The Variability of User-based Social Impact Standards for Wilderness Management. *Forest Science* 38: 738—756.

Williams, P. B., and J. L. Marion. 1995. Assessing Campsite Conditions for Limits of Acceptable Change Management in Shenandoah National Park. USDI National Park Service Technical Report NPS/MARSHEN/NRTR-95/071. 138 pp.

第 13 章　场 地 管 理

场地管理试图通过控制使用活动的发生和操控场地本身从而将冲击降至最低。如果使用活动是发生在相对承受力较高的场地则其所产生的冲击要小于承受力低的场地。换而言之，脆弱的场地可能需要全部关闭。通过对场地的设计和处理也可以将冲击控制在可接受的限度内。场地管理对游客的数量、类型和分布会产生影响，其中也包括资源的承受力，并且还可以用于作为保护那些过度破碎的场地的措施。一般而言，场地管理会加强对游憩机会谱开发比较高的底端以及使用强度较高的地方。各个原野地游憩区域如果想要取得有效地管理则都需要游客管理和场地管理的通力合作。

在场地管理计划发展阶段，力求保持区域的自然面貌是非常重要的，尤其在原野地游憩区域。然而，即使在荒原地，如果管理是阻止“非自然”资源的破坏唯一手段，则管理者不应该在顾虑避免工程建设时束手无策。令人奇怪的是，很多荒原地的管理者认为高强度的步道建设并不存在什么问题，但是他们却会反对在营地和牲畜使用区域进行同等建设强度的建设。场地的强制性管理需要认真权衡其所产生的影响和其他解决问题的方法。

场地管理需要考虑的另一个问题就是成本，其中既包括游客的花销也包含管理成本。关闭湖边的所有场地进行恢复以及关闭一条道路使游客可达的范围退后 16km，这些对于游客而言都要付出昂贵的代价。但是考虑到当前问题的严重性、其他方案的有效性以及游客的花费，在它们之间进行取舍时也许上述的措施是合理的。许多场地的管理行动就意味着需要大量资金的支持。从安装高额的灌溉系统来提高露营地上植被的生长，到低成本的畜栏、障碍建设都需要资金的支持。有些措施可能在建设阶段就需要资金，而其他方案则可能需要大量的后期持续维护成本。如果没有足够后期维护费用，初期建设将是是毫无意义的，这已经在很多地方得到证实。

定位使用具有抵抗力的场地

将大部分使用集中于承受力高的地方是减小冲击的一条有效途径。例如，科尔对 18 种不同的植物种类进行抗践踏能力的研究。经过 600 次踩踏后高山莎草的植被覆盖率还能够达到 50%，而林下层是由蕨类植物主导的亚高山森林在经过 20 次踩踏后其植被覆盖率就丧失了一半。这意味着在没有别的冲击存在下，莎草的抵抗力是森林的 30 倍。想要概括总结出是什么构成了场地的承受力是比较困难的，因为研究发现一个适合做游径的地方可能并不适合做露营的场地。即使是露营场地，一个耐低使用的场地也不一定就能承受高强度的使用。此外，承受能力是要针对每个具体的场地而言，因为不同的区域所具有的承受力是不同的。然而，鉴于场地承受力的重要性，有必要提供一些特定环境下承受力普遍存在的特点。关于不同场地承受力的更多信息已经在第 8 章进行了介绍。

对于高强度使用的营地，林冠、土壤流失性、排水性及厚度是影响承受力的重要的因素。当然也应该对其他考虑到的美学要素进行评估。由于树木的更新受到营地的限制，因此在那些相对比较年轻、寿命长、不易受病虫害影响的树林中设置露营地是最佳的选择。这会延长露营地森林存活的时间。在西部，应当尽量避免使用白杨树丛，因为它们在受到机械损伤（例如最初的砍伐）时极易得溃疡病（Hinds，1976）通常白杨林中露营地的寿命为 20 年。里普利（Ripley，1962）对 27 种南阿巴拉契亚的乔木和灌木的病害、虫害、衰退的敏感性进行评估（表 13.1）。树木的承受力对于露营地的选址至关重要。而地表覆盖植被的重要性相对次之，这是因为在大量使用的情况下即使是耐践踏的植被也很难存活。

表 13.1 树木能够经受游憩使用冲击的等级划分，由上而下为从强到弱

阔叶树		针叶树
1. 山胡桃木	12. 红枫	1. 短叶松
2. 柿树	13. 美国冬青	2. 铁杉
3. 美国梧桐	14. 酸叶石楠	3. 白松（华山松）
4. 美国白蜡树	15. 黑桦	4. 北美脂松
5. 山毛榉	16. 白栎	5. 弗吉尼亚松
6. 檫木	17. 黑胡桃	
7. 七叶树	18. 红橡木	
8. 北美鹅掌楸	19. 洋槐	
9. 荚	20. 木兰	
10. 黑桉树	21. 黑樱桃	
11. 加拿大桦	22. 蓝山毛榉	

资料来源：Ripley，1962。

因为露营地需要被长久地使用，所以减小潜在的侵蚀问题是至关重要的。最好将露营地选在土层相对比较深、土壤颗粒大小不一致以及至少有机质含量中等适量的地方，因为这样的土壤具有良好的排水性。如果土壤排水性良好，则应该不会出现洪水或水土流失这些严重的问题。但是土壤中有机体含量过高，则也应当避免使用。然而，有一定厚度的有机层可以使得露营地使用导致的底层矿质土壤的裸露降低到最小的程度。为了使深层土壤能够合理的排水，仍需要很多就地分解的人工废处理系统。伦纳德、斯宾塞和普拉姆利（Leonard *et al.*，1981）制造出了一种方便过夜使用设施的桌子，并且这种桌子具有场地限制所带来的某些物理特性。一些这样的指导方针的应用只需要向北阿巴拉契亚提出申请，像开发的桌子；其他的地方一般也都普遍适用。

对于使用率很低的营地，诸如荒原地内实施分散使用的地方，这时在考虑场地承受力时最为重要的一点应该是地表覆盖植被的耐践踏能力。如果管理得当，这些地方土壤的破坏应当很小，同时也不会出现树木破坏现象。而最主要的顾虑则是避免植被的丧失，一旦植被丧失，会导致人们对场地的进一步使用。最好的办法就是选择那些没有植被的地方进行活动，例如裸露的岩石、沙滩、砾石滩或是茂密的森林。当植被存在时，对场地承受力的评估需要考虑到大量的信息或经验。很多在第 3 章提及的植被的耐干扰特征可以用于评估不同植被类型所具有的抵抗力。最有用的通用的指导原则就是：草原或牧场的抵抗力要高于森林的林下灌木丛，旱地植被的承受能力通常要高于湿地植被（图 13.1）。

图 13.1 蒙大拿州鲍勃马歇尔荒原地一家运动用品商店门前植被基本未损，因为它位于具有抵抗力的干草地上（摄影：D. N. Cole）

选择一条耐用的路线是在管理道路影响中所采取的最重要的策略。这无疑是成本最低的措施，同时也应当预防的第一道防线，而且在这些地方那些主要的管理办法——工程手段是需要尽量避免的，尤其是荒原地。游径的坡度和拦截上坡流失物的能力尤其重要，坡度较大则游径可能会迅速被毁坏，除非能够采取控制侵蚀的相应措施。如果游径过于平整则雨水会直流而下渗入地表，如此也容易引发问题。一方面，这样的游径会拦截地表径流而且很快会被流水侵蚀；另一方面，如果游径完全没有倾斜度则通常又会遇到排水问题。理想情况下，游径应该有一定适宜的坡度，并且在游径的两侧应该存在与游径相平行的排水边沟。这些游径路线的重要性是随着游径等级的增加而增加（Leung and Marion，1996）。当游径选址不能继续维持时，必须运用工程技术减小潜在问题以期达到理想效果。

在很多山区，从使用者的角度出发则最常引起游径破坏的问题应该是土壤过度潮湿，土壤过度潮湿会导致其发展形成泥泞的小道（图 13.2）。泥泞的延伸阻碍了行走穿越。然而，远足者和骑马者经常绕开一段路，试图避免泥泞的路段，而这样做就会进一步扩大了影响范围，在鲍勃马歇尔荒原地过膝的泥浆大约 100 码（91.44m）长也差不多有 100 码宽。

图 13.2 游径穿过一片潮湿的地表土壤，这条道路不断被拓宽并形成多条平行道路，成为一条远足者难以行走的游径

融雪晚的区域、地下水位较高的区域以及水体经常被排放到游径路面的地区常会出现道路泥泞现象。在北半球，选址在南向斜坡上的游径通常会避免积雪问题。在选址前，通过现场勘察或图片的帮助，观察哪里的雪融化持续的时间最长是非常必要的。

高地下水位可以通过植被指数进行鉴定。以塞尔韦-比特鲁特荒原地道路系统为例，大于三分之二的泥泞问题都发生在一种植被类型区域，而且在这种植被类型中有四种单个物种生长旺盛，它们能够非常准确显示出哪里可能会发生泥泞问题（Cole，1983）。土壤的颜色同样可以作为潜在的泥泞问题的指示剂。灰蓝色及深色有机质的颜色通常表明土壤排水性很差；而黄色及红色土壤通常表明土壤透气性好，因为其排水性也比较好。富含有机质及质地良好的土壤通常因为排水性差而可能变成泥泞游径。再者，如果需要的话，工程技术可以再次弥补不良选址导致的问题。

某些土壤通常比其他土壤少受到侵蚀的影响，如果土壤排水较好并且有能力抵抗土壤颗粒的分散则一般不会发生侵蚀问题。富含有机物的肥沃土壤具有这些优良的性能；沙土排水性能好，但它同样容易流失。游径的选址最好位于两者之间。黏土抗分离性能强，但排水性很差，它比沙土更不可取。最容易发生侵蚀问题的土壤是那些质地均匀、颗粒大小中等的土壤（例如：细砂和粉砂）。在高山草甸最突出的游径寝室问题都是发生在性质相同、细质地的土壤区域，那些在冰水沉积或湖泊沉积形成良好质地的土壤优于这些高山草甸的土壤。

加兰（Garland，1990）在1990年开发了一种评估南非山间游径侵蚀危害的技术，这项技术可以在游径规划和建设之前识别出哪些地方是比较适合作为游径的选址。在对降雨量、岩石性、地形坡度的综合考虑后将侵蚀风险等级划分，划分为1～

4 级。通过对比选取的现存游径的风险等级和侵蚀状况，这项技术的效用已得到证实。这种预言与事实高度相似，说明这项技术对选择低维护需求的路径选址具有潜在的辅助作用。

永久性关闭

本章节讨论的不是专注于在抵抗力较强的场地进行游憩使用，而是管理者也可采取禁止某些场地或生态类型使用的方式。最常见的禁止方式就是禁止在水体周围一定范围内设置露营地，尤其在湖边。在国家公园中，后退距离控制在 1.5～805m 的范围内；多数采用 30.48m 的距离（Marion *et al.*，1933）。不论是从社会的角度还是生态的角度出发，这种做法都是恰当的并且受到支持的。社会原因包括：① 保持湖的观赏质量以吸引那些第一次到访的游客来；② 减小露营者被看到的几率，他们在湖边很容易被看到；③ 避免由于露营地设置地离湖边太近而产生大量的路网。

毫无疑问，从社会角度出发的合理性因素是很重要的，然而生态的理由却值得质疑。湖滨并不比水岸退后的地方抵抗力差。科尔发现在伊格尔卡普荒原地湖边与距湖边 60.96m 外的地方所受到的影响并没有什么差别（Cole，1982）。水质很少会出现问题，当然大量使用的地方除外。因此，在很多偏远荒僻的地区，采取永久性关闭并不是个很合理的措施。某些地方避免使用靠近水体的场地也很重要，但在其他一些地方也是没必要采取如此的措施。因为它的禁止使得很多游客不能够在他们所向往的地方露营，所以这种措施应该在那些只有需要的地方才实施。很多类似的情况应当通过教育游人不要破坏岸线以及污染水体的方式来完善。从社会角度出发的场地后退使用是最有说服力的，后退使用范围在高使用强度地区比低使用地区更适合。

永久性关闭已经在某些过去受到严重影响的地方开始执行，因为在这些地方破坏的太严重，实行永久性关闭是使其恢复的唯一可行的方法。布尔弗罗格湖是加利福尼亚国王峡谷国家公园中风景最为优美同时也是最脆弱的游憩目的地之一，正是由于破坏太严重而在 1961 年关闭了所有的露营地。虽然烧烤和露营仍有发生的迹象，但是一些地方仍然未能够恢复（Parsons and DeBenedetti，1979）。国家公园管理局计划继续禁止在布尔弗罗格湖露营——一方面是因为游憩地尚未完成恢复，另一方面，也是为亟待管理介入的用地提供示范性案例。

关闭场地、禁止所有的使用或者某些类型的使用（如露营）最常见的原因就是为了保护易受干扰的动物以及珍惜濒危植物，例如，泉水对于动物是至关重要的，大角羊就会在非限制区域避开游客夜间才到水洼边饮水。众所周知的 3 种紫云英中的一种哨兵紫云英出现在大峡谷国家公园中最受欢迎的水边俯瞰观景点。该物种数量的急剧下降导致公园护林员不得不在种群周围竖起围栏，同时把游径线路调整到远离该植物的地方。经过 4 年的保护，该物种虽然仍然比较脆弱但是其数量比以往更加稳定了（Maschinski *et al.*，1997）。可以用解说演示的方法教育公众濒危物种保护的迫切性，并引导人们对保护植物免受践踏的强力措施的支持。

暂时性关闭

在一些区域，影响严重的地方需要通过暂时性关闭进行场地恢复。这些地方一旦得到恢复将会重新对外开放，以供游客使用。这些场地在关闭期间，其他场地可以供给游憩使用直到关闭场地重新开放。由于场地在开放和关闭之间交替运转，因此这项措施被又被称为“轮休”。这与将使用分散在更多场地的措施有些相似。主要的区别在于管理者可以依法控制哪些场地开放哪些场地需要关闭。通常，轮休中场地会开放或关闭的时间可能比那些管理者试图分散使用的场地所持续的时间要更长一些。因此，场地在使用一段时间后所受到影响也更严重些。轮休策略可以应用于多种游憩的环境中，但是在营地的管理中最为重要。露营地的暂时性关闭已在开发的露营地和偏远落后地区的露营地的环境中投入使用。

评估轮休是否合适的决定性因素在于恢复期周期长度与游憩影响发生期长度之间的关系。如果恢复期所需要的时间远远长于衰退期，则轮休的系统就会要求关闭开放的场地或减少普通游客的承载量。

如前所述，露营地的衰退期发生在营地开放使用最初的数年时间之内，这一理论已经在边界水域独木舟荒原地的营地（全美唯一的原始泛舟露营区）（Merriam *et al.*，1973）、特拉华峡谷国家游憩区独木舟达到的场地（Marion and Cole，1996）以及宾夕法尼亚州的汽车营地（LaPage，1967）中被证实。在这些实例中，在最初的一两年内冲击急剧增加然后趋于停止。

对于一个至少承受中度使用水平的场地而言，两年的衰退期可能是一个相对的标准值，然而恢复期的可变性却更大。恢复率因生长季节长度和水文状况等因素而存在很大的差异性。帕森斯和德贝内代蒂（Parsons and DeBenedetti，1979）发现国王峡谷国家公园中的湖边缘地区压实的土壤在关闭五年后可以恢复到使用前水平。然而，有机质的含量仍然较低，地表植被受冲击的状态仍然表现明显。明尼苏达州橡树地土壤压实恢复到使用前的水平仅用了不到十年的时间（Thorud and Frissell，1976）。在特拉华沃特加普，大多数露营地的冲击迹象在六年内消失（Marion and Cole，1996）。然而，即使在这些不寻常的具有恢复能力的环境中，恢复期所需要的时间也远远要长于其恶化的时间。

在荒原地实施轮休制度是存在很大困难的，因为这些地方植物的重生非常困难，而且很多人认为轮休不适合大规模开展。此外，恢复期通常由于生长环境严酷而需要很长的时间。暂时性关闭所带来的成效在蒙大拿的大河湾湖得到证实，在那里15个露营地被暂时性关闭了七个，以此使得它们得到恢复。经过8年关闭期后地表覆盖的植被仅恢复到正常水平的三分之一，但是对比土地裸露仅有0.1%的控制区其仍有25%的土地裸露。八年中最巨大的改变就是关闭场地附近的7个新露营地的开发和衰退。八年之中，七个新建立的露营地在开放之后其植被丧失和土壤裸露程度同长期开发建设的场地一样明显。认识到这一点，场地管理者立即重新开放了关闭的露营地，并放弃了场地轮休的想法。

在具有恢复力的环境中，积极的重建措施是可行的，轮休也可以起到一定作用。莱格、法纳姆和米勒（Legg *et al.*，1980）记录了在越冬期间是如何关闭得克萨斯州开发的露营地，并在同时通过旋耕将有机质添加到土壤之中，使得压实的土壤迅速恢复到正常的水平。即使在具有恢复力的开发的场地，谨慎利用轮休是有先见之明的。通过实验关闭和再生一个场地，可以估计恢复期所需要的时间。如果恢复足够的迅速，则可以通过人力和财力的供给使得植物再生。同时，在场地数量足够容纳开放和关闭的前提下，轮休是值得在一个较大尺度范围内实施。

暂时性关闭场地的另一个原因就是避免在动物比较脆弱的时候遭到人类活动的干扰。例如在海龟筑巢时关闭海岸，灰熊出没时暂时性关闭游径以免遭到人类的干扰。

场地管理对游客使用空间分布的影响

通过场地操控既可以影响游客使用的空间分布，还可以增强那些发生使用的地方的承受力。游径的设置就是一个能够很好说明如何通过场地控制来影响使用格局的例子。游客很少会冒险离开游径，所以管理者只要认真考虑在什么地方建设游径就可以轻而易举控制大多数人的行走方向。影响游客使用的方式主要有三种，它们分别是：控制易于访问的地方、在特定的地方设置设施及设计集中使用的场地（例如，包括交通流线在内的设计）。

易于访问地主要是与公路和游径的数量、分布及状况有关。关闭道路可以只允许非机动工具使用者使用或者增加到达核心目的地的难度。这一措施很可能会减少该地区总的使用量，并且它能够迅速平衡使用的类型。由于其禁止了机动工具的使用，减少了对野生动物和水质的影响，因而对于这两者的保护是非常有利。内部目的地由于使用量的减少，则拥挤状况会得到缓解，并且所受到的影响也将会随之而降低。主要成本是由机动车的使用者以及那些希望在较短时间内就能够到达核心目的地的人承担。周边区域可能由于使用的增加导致影响增加，从而受到不利的影响。可以通过交替使用的方式和更具吸引力的地区来转移游客以减小这方面的成本，而在这些使用逐渐增长的地区应该很好地进行规划并使之能够容纳使用量的增长。

还有一些效力低些但较为温和的方式也可以达到同样的目的，即对入境道路不进行维护，或者使它们的质量降低。这可能会使得不具有机动交通工具使用能力的合法游憩者不能进入，但同时它却允许了不合时宜的使用者进入，这些使用者到访的主要目的就是要挑战这些路况比较恶劣的游径。这样的项目也可能导致资源破坏的问题，尤其是道路表面的侵蚀以及水体质量的下降。如果管理者希望转移这些游径的使用，则另一个选择方案就是建设新的入境道路或者提升现存道路的质量。

通过控制游径系统也能够达到同样的目的。建设新的游径或提高现有道路的质量都可能增加使用量，而关闭游径或者对游径不进行维护都可能使得使用量减少。同样，也可以改变使用类型。低标准维护的道路阻止了机动车辆和牲畜的进入。原始区域如果没有道路则更可能继续保持它原本的状态。通常情况下，如果结合告知道路和游径的分布以及状况的信息，则上述操控使用分布的措施所取得的效果可能会更好。

没有进行维护的游径，对于某些使用者而言是一个“物理屏障”，这种措施在一些偏远荒僻的地方被广泛地应用。如果移走或者没有其他能够取代的游径标志和跨越小河的木桥，则这也是降低使用的方法。当这些措施应用于管理上，游客就应当注意到它们，因此他们就会根据这些情况来安排他们的行程。

游径入口处的设施同样影响游客的易于达到性，从而影响游客的使用。开发船舶停靠的下水滑道会吸引汽艇到访，而撤除下水滑道就会减少汽艇的使用（图 13.3）。同样，如果有能够从卡车和游径卸下马匹的斜坡则将会增加马的使用。如果在游径的入口处提供营地和过夜拴马的设施则将会增加游径的使用，甚至提供的停车点的规模都会影响使用量。

图 13.3　在游径起点处提供上马或下马设施的供给都可能增加游径冲击量（摄影：R. C. Lucas）

在游憩区域设置一些设施也将会改变使用的格局。例如，在河边建一个马厩就可能吸引更多骑马的人前往，尤其是对于那些高度依赖这样设施的新的使用者。而那些不喜欢与马接触的远足者如果他们知道这些设施的存在就很可能避开这些区域。大量的实例证明，因为一些使用者很可能被吸引，而另一些人总会避开，因此设施的开发可能在使用类型上产生的效果比使用总量更为显著有效。在偏远落后的地区，道路、小屋和庇护所、马厩设施、改善适于饮用水的供给都是吸引游客前来的最为普遍的内在设施。道路区域的标志牌、开发的游泳水岸及野餐地和露营地都是比较普遍的吸引物。在湖中放养些鱼，改善鱼类和野生动物的栖息地也是增加特别类型的使用的有效途径。拆除设施或者不对湖泊进行供给则都会产生相反的结果。为了达到改变的效果，告知公众做哪些措施是非常重要的。口头传授是比较有力的，但是这种只有在广告吸引物、设施或者管理改善方面才比较可取。

设施可以通过一些其他的途径减少资源的破坏。通常情况下，它们能够使得使用集中发生在某个区域，而集中使用在很多情况下是比较适宜的一种减少影响的措施，正如我们在上一章节所探讨的。最好的实例是露营地和野餐区，桌子和烧烤区集中了与准备食物和吃东西所产生的相关影响。厕所使得人类的粪便集中，而如果提供垃圾桶则可以使得废物聚集。拴马的设施使得马对环境的影响集中发生在一个地方（图 13.4）。设施也能够保护资源免受影响；我们后面将详细讨论这一点。

图 13.4　拴马的木栏可以使得马的践踏局限在很小的范围内，同时避免了将马拴在树上所产生的冲击（摄影：D. N. Cole）

设计连接场地间的道路可以尽可能减少区域被频繁践踏的几率，它对减少冲击也是非常重要的，这尤其与设计开发多点式露营地相关。冲击总发生在那些人们穿越的休息区、餐饮区、水源地、厕所、垃圾桶和吸引物之间的地方。总的冲击与经常践踏部分的区域密切相关。但是这些部分的区域可以通过使用路障、标志和吸引物的操控、游径的选址以及提供设施的位置等方式使其达到最小化。人们一般都会在设施间抄捷径行走，尽管这样做会受到能见度、标志、游览的舒适度以及吸引物的影响。设施间的道路如果符合他们的标准则就会被使用，因此如果设施和吸引物尽可能多的沿道路设置则冲击将会减小。正是出于对这个原因的考虑，伦纳德、斯潘塞和普拉姆（Leonard *et al.*，1981）提倡在东北部偏远落后的密林中带形设置设施（图 13.5）。

如果在设施之间建设捷径，则最好试着将它们纳入现有的道路系统之中（McEwen and Tocher，1976）。有时游客不能够接受这样的安排，这时就需要管理者借助设置障碍或者标志，甚至是更为粗鲁的管理手段。例如设置一系列带有钢刺的不受欢迎的金属围栏，栽植有灌木及树木的土质围墙进行处理。而诸如“请待在路面上”的标志是除此以外很少期望的选择。强制性和效力是管理需要平衡的另外两个方面。

贝菲尔德和贝斯尔（Bayfield and Bathe，1982）在苏格兰灌木林中评定了六种关闭不期望被使用道路的技术，它们分别是：带绳索的、有铁丝网、有木栅栏的、有箭头的、木质的以及有灌木的路。该障碍计划包括一些提醒标志，如“整修道路关闭”。有

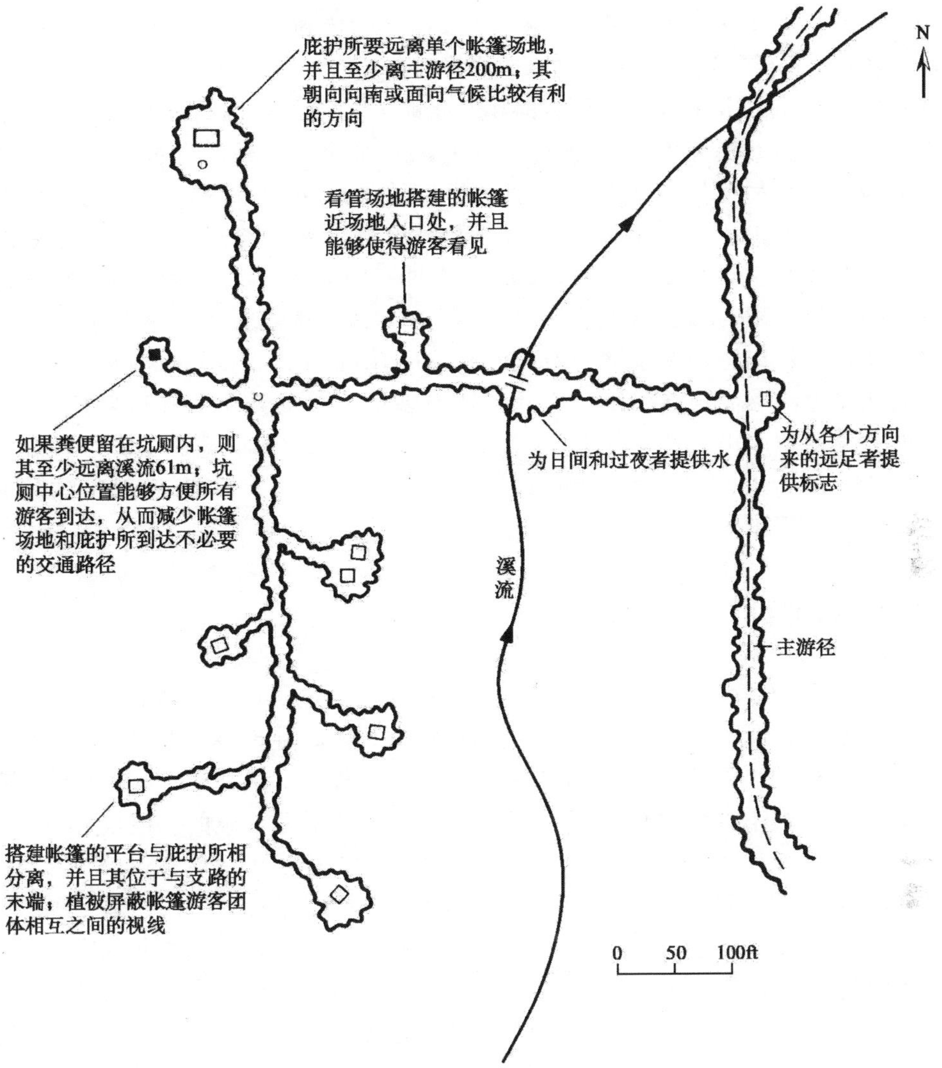

图 13.5 过夜设施设置呈线性化，这样可以集中车流和影响，但是同时也将游客团体隔离和分散开了

标志的木板能够阻止 90%的游人，木桩和灌木仅能阻止 50%的游人不离开道路。在华盛顿雷尼尔山国家公园，斯韦林根和约翰逊（Swearingen and Johnson，1995）发现敏感的亚高山草甸标志在减少车辆离开游径的频率方面还是非常有效的，而最有效力的标志就是带有一定处罚性质的威胁。此外，他们发现着制服的工作人员出现时游客特别喜欢待在道路上，即使这些工作人员并没有行使的权利。

限制使用分布也可以减少游径的影响，最常见的问题就是之字形的捷径和道路的拓宽，它们会导致形成一个持续的裸露地带或纵横交错的游径系统。避免这种问题产生的关键点就是要使得游客待在游径上，这对于远足者而言是最简单的选择。之字形捷径可以保留一部分削减一部分从而减少总量，并且要使彼此之间互相看不见，利用较宽的转弯点在高低不平的捷径中设置障碍。但是实施以上的措施必须考虑到游径的排水状况，平衡两者之间的利弊，这将在下面的章节中进行讨论。

道路拓宽主要发生在那些游径路面相对于毗连的地面而凹凸不平的地方。这种情况会导致徒步者离开道路在其毗连地面行走，从而使得游径的路面逐渐被拓宽。拓宽问题也与山上马的使用有关，马一般会沿着路的外边缘下山，这样它就会损坏道路外面的边界从而扩大了道路面。道路的粗糙度可以通过移开岩石或平整路面的表层来减缓。换而言之，可以通过在沿着游径两侧用岩桩来增加毗连地面的粗糙度。由于马匹的大量使用导致游径的外围不断变宽，则普遍会选择采用上述岩桩技术来解决这个问题。杜彻特和金博尔（Douchette and Kimball，1990）报告了新汉普夏脆弱的高山栖息地沿着游径建设限制交通的矮石墙所产生的效果。在矮墙建设 12 年之后，路面的平均宽度由 3.6m 缩减至 2.1m，虽然在开始的时候对矮墙的存在有非常强烈的抗议，他们认为矮石墙的侵入破坏了高山景观，但是 12 年后 81%的游客发现它们并不是十分不引人注目。

场地硬化和屏蔽

在选定合适的位置后，工程技术是防止游径衰退的主要管理防御措施。但是应该避免大量的工程建设，尤其是在比较原始的游憩区域，工程建设解决方案只有在必需以及合适的状况下才应该采用。毕竟，道路有很强的人工性，一条平整、裸露和压实带在环境中穿越，它与周围的景观格格不入，对于游客而言是非常显眼的。但是大多数游客并不介意人工化的道路，他们之所以会接受它是因为它增加了可达性。

大多数需要工程解决的问题主要有两个方面，一个是游径的侵蚀；另一个就是那些排水比较差或者比较的潮湿场地。而解决侵蚀问题最为简单、低成本并且所需维护也最低的技术就是抬高游径的路面并且使其倾斜一定的角度有利于排水。抬高路面涉及建设游径的外侧要低于游径的里侧，这会引导水流迅速排离路面。为了便于排水防止游径的侵蚀，采取将游径分段化，使得游径在一定的长度内保持倾斜然后一段内保持平坦，这样的措施可以阻止流水的骤降。例如，在游径的爬坡阶段，如果周期性提供一段较短长度的下坡路则其会切断连续奔流而下的水体，从而降低游径侵蚀的发生。如果斜坡的低点的材料是粗糙不堪凹凸不平则会很好帮助阻止侵蚀的爆发。

另外两种控制侵蚀的工具则是水闸和台阶（Birkby，1996），它们都应当是属于最初游径建设设计的一部分；但是一旦侵蚀已经大量发生则它们将失去原本的作用。用木头或者石头做成的水闸，如果能够与斜坡和游径保持一定合适的角度，则其就可以把水从路面上转移到其他的地方（图 13.6）。台阶与斜坡垂直，它们可以缓解流水的速度同时能够保持水土。水闸和台阶的设置通常紧密相连，而且在坡度越陡、路面上的水流量越大、土壤越不稳定的地方则它们越重要。

图 13.6　约胜美地国家公园这条游径上的岩石坝引水流出游径，
降低了潜在的侵蚀（摄影：D. N. Cole）

水闸安置在斜坡顶部附近尤其重要，在那些地方可以在水能转化为动能之前将其分流到其他的地方。它与游径路面保持一定合适的角度也很重要（通常为 20°～40°），角度过大则会促进侵蚀的发生，角度太小则容易导致过度沉积，只有合适的角度才能够使得游径等级上升（Birkby，1996）。

水在被转移离开路面之后会发生什么情况呢？对此的考虑也是很重要的。有时候需要一个沟渠来处理被转移的水。邻近游径、接受被分流的水的地方，如果是峭壁、岩石则可能帮助削减转移的水的能量。这同时也有助于避免沟渠发生侵蚀和避免游径被切断。水闸需要进行频繁的维护，避免其内被沉淀物充满以及变成高侵蚀性的小瀑布。受到破坏的水闸（尤其是马会习惯性将它们拉出来）和腐朽的木质水闸都需要定期更换。

防止水流到道路上与将水从路面上转移走是同等的重要。当排水沟渠的横截面比较狭窄的时候水特别容易流淌到路面上。在这些地方应该将路面的水引导到道路下面的暗渠里，或者如果水流比较小则可利用岩石排成的渠道引导水流穿越游径。即使使用暗渠，则需要足够大的系统能够应付洪水也是至关重要的。如果有很多地方的水都渗入路面并且无法把游径抬高时，就需要沿着游径的两侧建设一条平行的沟渠。如果游径倾斜度太大延伸至沟渠，则一般都可能发生侵蚀，除非沟渠是利用岩石堆砌的或者定期对大坝进行检查以及将沟渠内的水排干。

那些侵蚀现象特别严重的地区，主要都是越野车辆集中使用的地方，控制这些地方侵蚀材料的分解是非常重要的。否则，它们将会被水流卷走流入溪流，从而降低水体的质量并且对鱼类产生不利的影响。在加利福尼亚的越野区域，已经建立了碎石盆地去截留沉淀物。起初没有采取工程时候，很多早期的沉淀物盆地都被冲走形成了洪水。如果想要盆地仍然起到一定的作用，则适宜的工程技术是至关重要的。

桥，出于对游客的安全考虑，确保跨越溪流不发生侵蚀。在任何一个容易发生侵蚀的陡峭岸边都应该考虑搭建桥梁，从而确保游客的安全。各种类型的桥都是避免资源严重损害的唯一途径，在那些需要搭建桥的地方游径可以拦截泉水或者跨越潮湿的区域以及高水位的地方。一旦土壤水分到达饱和状态时，则任何形式的践踏都会造成搅动以及土壤的压实。最终的结果就是导致沼泽游径随着时间的推移越来越宽也越来越长。

如果潮湿地带不是太深也不是太宽，则可以利用阶石做跨越泥泞路段的小桥。对于如何处理穿越潮湿地带存在三个比较详细的建议方案，它们分别是：架设公路、设置短柱或者搭建木栈道。架设公路涉及使用来自边沟中的材料建设平行的路基，道路的材料被用岩石和木材固定在制定的地方。这种路的基础应当高于水面。道路的材料应当取自当地的原木或者岩石（图 13.7）。道路的底部应该高于旁边沟渠的水面，同时游径的材料应当具有很好的排水性。可能有必要使用沙砾或者其他一些排水性好的材料来建设游径。在排水问题严重的地区，可以利用短柱抬高游径跨越潮湿地区，这个措施还可以避

图 13.7　架设公路可以抬升游径部分路段穿越周围潮湿的区域，道路的表面是由原木圈固的沙子构成，暗渠引导水从路面下方通过（摄影：D. N. Cole）

免中断排水。短柱小桥是由原木或者木材做成的桥面架设在两排原木或者木材的短桩上构成的。处理好游径下的排水以及将其延伸只排水较好的另一末端区域是非常重要的。木栈道原野地区域最为普遍的造桥方式，它是仅用短柱支撑的一种原生态的小桥，利用当地的原木进行纵横交织排列就构成了简单的木栈道，但是它排水控制不够详细，木栈道会迅速地恶化，必须定期更换，否则将会很危险。

抬升游径能有效减少对一些敏感环境的影响。它常被用于海岸环境，它可以在不干扰破坏中间沙丘的情况下使得游客从公园区域进入海滩（Carlson and Godfrey，1989）。通过抬升游径并在每块木板之间留下一定的空隙，这些空间可以让沙积聚并且能够使得阳光达到游径下生长的植物。游径的使用同样能够减少脆弱环境中大量交通带来的破坏，例如蒙大拿的冰川国家公园的洛根通道。

在大量使用的地方修建游径路面可能是非常必要的，尤其是在马匹和机动车使用的地方。当游径需要跨越潮湿的区域或者岩石崩落的地方则必须铺设游径路面，而且应该使用碎石铺垫。关于被大量使用的游径选择什么材质的基面还存在另外一些观点，其中包括：木片、水泥土以及块石路面（图 13.8）。游径的坚固性也可以通过在土工材料下面填埋土壤和碎石而增加。这个措施尤其是对于过度潮湿和不稳定的土壤特别有用，土

图 13.8 这个摩托车小道已经使用水泥土进行了硬化处理，路面并不显眼（摄影：R. F. Washburne）

工合成材料可以作为底层淤泥与上层干燥、粗糙路面之间的隔离物。同时它们也需要添加拉伸强度来支撑沉重的负荷（Hesselbarth and Vachowski，1996）。

提升露营地和野餐区资源承受力的主要途径在于提高地表的集中使用，并且建设一些保护资源的设施，诸如帐篷、庇护棚、火炉和厕所。在高强度使用地区，可以通过在场地表面铺设砾石、建立野餐区以及在各个安置的设施之间铺设碎石或者木片以此达到减少土壤压实、提高排水性能、同时避免产生泥泞和沼泽地等现象。它们也将会提供集中使用，避免对核心区造成破坏。虽然这样游径道路铺面通常在原野地是不合适的，但关于这些使用区的地表究竟是缺少点“自然化”的工程设施好还是裸露的、布满灰尘的以及泥泞的退化区域更胜一筹仍然存在很大的争议。

保护场地地表的措施还有一个更好的手段，即建设搭建帐篷的平台和庇护棚，这在北美的应用特别广泛。帐篷的平台一般都是木质结构，它是用来抬升帐篷并使之与地表分离。它可能是可以随意拆卸的也可能是固定的，一般能容纳一个或者数个帐篷（Leonard *et al.*，1981)。庇护棚一般首先是在平台上竖立几根柱子，然后在柱子上面搭上屋顶，如此就搭建了一个简易的庇护棚。庇护棚的四面可以是敞开式的也可以进行一定的围合。庇护棚吸引游客前往，这会导致使用的集中，因而影响也集中在这片区域（图 13.9）。在美国大烟山国家公园，庇护棚接受了偏远地区 37%的使用量，但是它总计只占了露营地 10%的干扰量（Marion and Leung，1996）。过夜营地的开发设施一般体量都比较大，同时其产生的影响也比较高，但是合理的设施设计可以将影响控制在可接受的范围内，并且能够保持人均影响在很低的水平，这主要是因为使用和影响都只是集中在庇护棚场所。

图 13.9　偏远区的庇护棚将使用和影响都集中在这一地带内，但是如果设计合理则可以使得每个游客的过夜使用产生的影响维持在很低的水平（摄影：W. E. Hammitt）

在水边游憩区建设集中的停船泊岸是很必要的，它不但能够减少侵蚀的发生还可以增加公众的可达性和安全性。图 13.10 是爱达荷州萨蒙河中段驳岸的场景，船椽借助驳岸在没有对河堤造成过度的损害之下就可以使得木筏顺利进入河流。

图 13.10 爱达荷州萨蒙河中段船只停靠的驳岸，
其可以降低对河流岸线的损害（摄影：D. N. Cole）

提供火炉是另一种将影响集中化或保护场地的措施。地上的火坑将生火影响集中在一点，防止露营影响的扩散以及阻止对更大的区域产生干扰，并且火炉与地面存在一定的距离从而避免火对场地的影响。在特拉华峡谷国家游憩地，管理者在仅仅五年的时间内将使用独木舟达到的营地的干扰的面积减少了一半（Marion，1995）。之所以会取得如此的成效，主要的原因就在于为每个露营地都安装火炉，它为露营活动提供一个焦点，因而使得外围的区域得以恢复。

最后一个集中影响保护资源的设施就是厕所。厕所是开发区域的标志，并且它在荒原地大量使用的地方也越来越普遍。几乎 50%的国家公园至少在一些偏远的地方都会设置厕所（Marion *et al.*，1993）。一些厕所系统仅仅将垃圾集中在坑中，当坑满后将其覆盖上，然后在别的地方新建一个坑。在另一套系统中，可以将垃圾从场地中运走或在附近先进行处理然后再重新放置。垃圾会被用来堆肥或进行化学处理。表 13.2 展示了两种垃圾处理方式，它们适用于各种不同的场地，并且能够被游客接受。

表 13.2　偏远游憩区域人类排泄物的处理方法

方法	维护需求	合理的使用	成本和游客的接受情况	备注
猫洞：每个游客自己挖个浅坑填埋粪便物，它们会在通过土壤之前就会分解	不需要	在游憩区域分散并使用土壤对其进行覆盖，游憩区域只会遭到轻微的干扰	游客教育和处理不当的清理费用；游客接受良好	如果使用水平很低并且对游客进行这方面的知识教育，则这种方法很少会出现问题，但是问题会随着使用的增加而增加
运走：将排泄物放置在塑料袋，尤其是指定的塑料容器，或者是专门的便携式厕所；这些容器可运输至游憩区域外倾泄	物主会对容器进行维护，但是分解的设施需要维护；必须把塑料袋中的排泄物燃烧成灰烬；可循环使用的容器能够利用SCAT机器或者拖车转运处理	只有游客能够被劝说遵守，则无论在任何地方都是比较有成效的；在一些河流区域使用已经获取极大的成功，同时也被运用于广受欢迎的登山路径	塑料袋燃烧的成本大约是1美元/磅；SCAT机器和垃圾处理站的安置成本是20000美元至100000美元，随后的每年维护费用是3000～5000美元；在河流区域被高度接受，但是在其他的地方则都比较低	一旦这个系统可以运转起来，则可以达到理想的结果，可以做到游客“不留痕迹”；然而，获得游客的遵守相当困难，并且它需要专门的分解设施
坑厕：排泄物在挖的坑中分解，坑大约5ft深，通常还会设置蹲位和一些遮蔽的物体；排泄物会在通过土壤过滤之前就会分解	坑和遮蔽的物体需要定期转换地点；应该提供卫生纸，并且可以在其内添加一些石灰以此减少气味	如果使用水平是低至中等则适用任何地方；场地的供给受到土壤类型和深度、表层水位、地形以及地下水的深度的限制	安置成本一般为500美元至5000美元，随后的成本取决于定期移动坑和遮蔽物费用，如果提供卫生纸和石灰，则还需要加上这两者的费用；游客的接受水平相当高	主要的问题就是气味和苍蝇，有使用没有足够的场地安置厕所；如果选址不当则可能会对水体造成污染；除此之外，这个系统是有绩效的，而且成本也比较低
可移动的厕所（附注：古时用法）：一个厕所的蹲位和遮蔽物是由可移动的鼓状物和小型玻璃纤维的拱顶构成；当厕所内的粪便满了之后，就重新换配一个新的，并清空原来的可移动厕所，通常是通过牲畜驮运，或者使用直升飞机和车辆运输	可移动的厕所一旦满了则需要更替；可能必须要储藏一定数量的容器；排泄物也必须倾泄进污物处理设施之中进行处理	随着使用的增加更替的频率也随之增加；这个技术可能最适合于坑厕受限制、水体潜在污染性较高或者使用水平较高却有可能频繁转移的地方	遮蔽物和鼓状物或者小型拱顶的初始费用为500美元至5000美元，实验费用除外；运输费用较高，其取决于使用的水平和距离的遥远程度；接受水平高，虽然在荒野地使用直升机运输还存在争议	场地本身的影响比较低，但是对于厕所的选择存在一定的限制；然而，维护的成本比较高，并且使用直升机或者车辆运输比较合适

续表

方法	维护需求	合理的使用	成本和游客的接受情况	备注
堆肥厕所：排泄物在消化池或者腐殖质沼气池分解；排泄物的体积和重量都可以减少80%；可以将分解后的物体运出区域，也可以就地分散或者在回收项目中再利用	需要频繁的维护；通常必须将木屑与粪便混合从而得到碳的来源，有时候一个星期需要混合两次；完成的堆肥必须定期运走	使用水平超过了使用其他排泄物管理系统的承载力；但是除非能够保证提供充分的维护，否则没有什么作用	商业堆肥厕所的安置成本为10000美元至30000美元；需要供应直流电或者通过光电板、风力涡轮发电机以及热电发电机供应能量；积极堆肥法成本比较低，并且可供低使用水平的地方应用；接受水平较高	这项措施在高使用的地方效用显著，但是频繁移走材料比较困难；缺点是安装成本和维护成本太高
脱水厕所：排泄物是在吊舱或者箱子容器里分解，这些地方把粪便中液体成分蒸发掉；粪便的体积和重量可以减少75%。当容器满了之后，必须将废物挖出来，可以使用牲畜、直升飞机或者车辆把它们运走	商业脱水器不需要预期那样的维护；当调节恰当时，它们每周只需要维护一次，主要是移走残渣物质；干燥的废渣可以焚烧、掩埋，或者利用污染物处理设施处理	适用于气候湿度低的区域；某些商业产品需要对场地进行一定的调整，并且需要频繁地维护；这项技术可以处理使用容量较高的地方	典型的安装成本在10000美元至20000美元，同时还有定期维护和移走废物残渣的成本；接受水平高	如果场地上需要更改的单元处理的妥当、维护恰当、同时气候也比较适宜则这项技术是比较有效的
低容积抽水马桶：排泄物被冲进厕所粪池系统中，它需要定期抽水；污水要经过过滤地、沙土堆或者人工湿地处理；水的供给可以重力压水或者泵抽	系统可能需要冬化处理。泵需要维护，同时粪池系统需要抽吸，把废物移到污染物处理系统中	适用于高使用区域，在这些地方泵化系统可以被接受	成本大概在15000美元至30000美元；维护成本较高，尤其是系统需要进行冬化处理的地方；游客的接受能力良好，除了在偏远地方用泵抽吸被认为不恰当之外	在认为合适的地方系统运转良好，但是系统需要维护

资料来源：Land，1995。

除了荒原地和那些以自然环境的保护为首要目的的地区之外，植被的承受力可以通过选择更有抵抗力的物质进行植物种群搭配增强，它也可以通过运用种植治理使得现有的植物承受力增强。这两者都是开发游憩区域普遍采取的措施，并且在很多使用程度较高的原野地环境下也有一定的应用。

另一个物种替换的例子是在野餐区种植草皮，以此取代那些受践踏而消失的本地物种。一般说来，可用的承受力强的植物有：① 草，常常和一些外地经济物种混种；② 灌木和乔木，需要体量大到可以避免被践踏。带刺的灌木在一定条件下是非常有用的，例如，在大峡谷国家公园，通过种植仙人掌类植物来控制偏远地区营地的扩张。这些移植的仙人掌长势良好，有效地阻止了游客对生态恢复地的擅用。当决定使用哪些物种时，重要的是要选择那些适合本地环境条件的植物，特别是要考虑光照、土壤肥力以及水分条件。乔木应该选择那些长寿树种，并且要对昆虫、疾病和风有一定抵抗力并且形体相对较小的树木，是否鼓励使用外来物质的决定也很重要。外来物种一般很具有吸引力、承受力强并易于种植；然而，它们常常需要更多的维护并且是“非自然”的。

植被的承受力也可以通过使用各种不同的种植治疗法来增强。或许最简单的办法就是清理上层林冠。很多研究都表明上层林冠覆盖和地表覆盖植物的影响两者之间的关系呈现负相关性。一般来说，树影减少则下层植物覆盖面积就会增加，并且游憩活动造成的植被丧失量也会随之减少（Marion and Marriam，1985）。树荫抑制了地被植物的生长，而地被植物常常是比一般植物种类更能抵御外界的影响。即使是同种植物，在背阴环境下生长的植物相对于在阳光环境下生长的植物其承受力相对偏低，因为它们为了追逐阳光而蔓延生长。在南阿巴拉齐亚山脉，60%～90%上层林冠的清理使草本覆盖面积增加了一倍，之后进一步清剪使得上层林冠降到 30%，则其地表覆盖面积增至 3 倍（Cordell *et al.*，1974）。间伐树木，不仅可以增加地被植物的数量，并且使其更加强壮。同时它也可以增加留下的上层植被的活力，改善野生动植物栖息地，提高美学价值和游憩机会。然而，在场所保持适当的植物屏障，减少大风带来的损害影响，这也是很重要的。

其他一些种植治疗法还包括灌溉和施肥。在处理干旱天气中培养和维护外来草种的棘手问题上，这两种手段可能都是相当重要的，气候比较潮湿的地区可能并不需要灌溉。

施肥的重要性是随着土壤条件而异的。在微量元素含量有限的地区，它们在土壤改良过程中可以极大提高植被的生长。对土壤进行测试确定其所缺乏的营养成分，这是非常有意义的，也是比较值得做的一件事情。甚至对那些不清楚缺乏哪些营养元素的土壤施以全营养素的氮磷钾肥，常常都会使得外来物种生长得更好。

土壤的酸碱性也很重要。针叶林内的本地植物在酸性适度（pH 大约为 5.0）的土壤中长势最好，而外来草种更偏爱中性的 pH 环境。如果需要进行草种更换，针叶林土往往需要撒些石灰来降低酸性。在自然酸性的针叶林地区，由于游憩使用其 pH 被中和（注意营火往往可以使得 pH 增加），使用泥煤苔来改良土壤会促进喜酸性条件的本地种的生长。

浇灌植物则有两种措施——漫灌和喷洒灌溉（Jubenville and Twight，1993）。漫灌时，水体通过沟渠系统分流到游憩地，而在游憩场地水一般是在地面全面浸漫的。大峡谷底部开发的营地就是利用漫灌来养护三叶杨和场地之间的灌木屏障。喷洒灌溉则更加灵活，无论是便携式的陆上洒水器或埋于地下的滴灌系统都可以利用。

但是这两种系统成本都非常昂贵。20世纪60年代后期在爱达荷州一个开发的营地内每套装置每年大约要花费100美元（Beardsley *et al.*，1974）；到了20世纪90年代这个数字达到了400美元以上——每参观日1美元。另一关于灌溉的问题就是土壤浇灌之后比较潮湿的情况下压实的敏感性是否会发生改变。灌溉应发生在高强度利用之后，而不是之前。在可以做到的情况下，最好每周关闭营地或关闭营地的一部分（循环）实施灌溉。

尽管存在诸多问题，灌溉和施肥的价值还是在前文提到的爱达荷州营地的实验性整修和维护程序中体现出来（Beardsley *et al.*，1974）。大面积植被退化的营地每年都会进行重新种植，并且是与外来草种混合播种。在某些场地播种就是种植治疗法唯一的应用手段。其他的场地或者一年施一次肥；或者一周灌溉一次——比率是夏季正常雨量的3倍；或者，两者兼而有之，植被覆盖以四年为一个时间区段进行监控。你可以从图13.11中看出，播种本身对提高植被覆盖率影响并不大。这样的结果也没什么可吃惊的，因为外来物种很难适应针松林环境。而灌溉和施肥本身可以明显地增大覆盖率，并且两者同时实施时其效果是只实施一种方式时的两倍。

在犹他州一个山杨林内的营地也发现了类似的结论（Beardsley and Wagar，1971）。灌溉和施肥同时实施则使得地被植物覆盖率发生极大的增长。施肥就其本身而言其效用比灌溉低，仅仅施肥而不同步进行灌溉或播种，则其不会达到什么效果，甚至可能会和没有施肥的状况一样。在这个研究中发现一个有趣的结论——尽管这些种植治疗法确实增加了山杨林下的地被植物覆盖率，但是在密集的针叶林冠层下使用相似的措施却收效甚微。如果不进行间伐或清理有机层，任何方法似乎都不能够促进浓密的针叶林冠下地被植物的生长。

在英格兰，施肥在减少由于植被践踏而形成的裸露地表方面是有一定成效的，所以直到现在，在80%的情况下仍然采取这种措施（Bayfield and Aitken，1992）。然而，邻近的一些植物类型仅仅从施肥中获得了适中的改善，而还有一些种类根本没有能够从中获得少许的一点益处。

从对这些种植措施的评价我们可以得到最终一个结论：只有将它们与巧妙的场地设计和集中使用区域相结合才能取得绩效。就像本章节前文提到的，要有良好的道路交通设计才能减少被频繁践踏的面积。植被和有机层被完全破坏的高度使用的地区应增强排水、减少压实、同时使得尘土和污泥问题达到最小化。

某些情况下场地的承受能力可以通过改良土壤状况得到提高，特别是通过缓解土壤的压实和增加有机物含量。在得克萨斯州的一个露营地内，莱格、法纳姆和米勒（Legg *et al.*，1980）试验检测了缓解土壤压实状态的各种不同方法，在进行这项实验的时候并没有关闭整个营地。这些方法包括对场地实施不同时间长度和不同季节的关闭，用旋转碎土机碎土、将木屑和草种的混合物一起添加到土壤中等一系列的措施。如果不与其他两项（关闭场地以及将木屑和草种的混合物一起添加到土壤中）结合，仅仅用旋转碎土机碎土则会产生不利的影响，这已经从实验的结果中得到了证明。因为它不仅破坏了土壤结构，而且很明显阻止了这些土壤通常冬季的自我恢复。仅仅在冬季季节性关闭营地促进其恢复，就可以使土壤压实程度恢复到接近自然的状态。将木屑添加到土壤中则可极大地降低土壤的容重，而种植草皮则可减少冬季期间的土壤的侵蚀。作者断定至少在这个区域营地的轮休制是适宜的，而且在轮休的期间如果在土壤中施加有机物则效果更佳。在施加有机物的地方，土壤中可以分解有机物的微生物含量增加。这些生物体可能会占用大量土壤中可利用的氮，并抢夺植物的氮元素。所以除了有机改良外，补偿施加高氮肥也是很重要的。

在马里兰州公园，在地表撒些木屑（护根）可以有效促进了关闭日间使用野餐地内的植物生长（Little and Mohr，1979）。地表施加覆盖物则可以增强场地的保水性，并能够抑制地表径流。作者认为在森林覆盖的地区用旋转碎土器或手工农具松土可能会引起一些问题，因为其会对树的根系产生干扰。此外，在他们的研究中发现松土并不能够促进植被的生长。他们对恢复重建的主要建议是将使用限制于场地内比较硬的地方，并且尽可能少地使用区域内的面积。

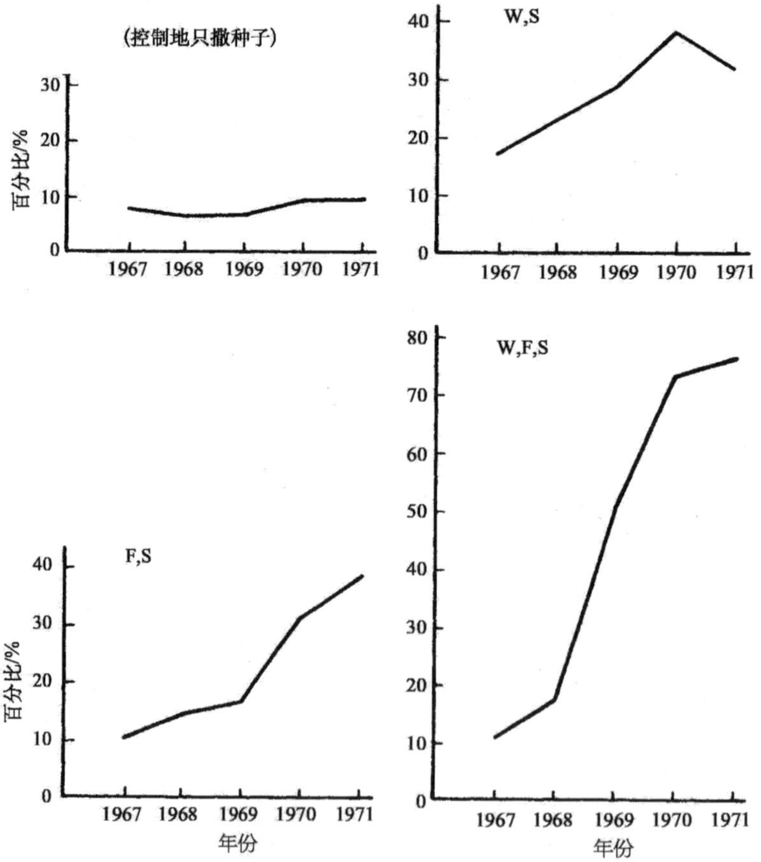

图 13.11 应用灌溉、施肥以及播种等各种不同措施组合后营地内地被植物的可用生长空间的比例（引自 Beardsley *et al.*，1974）

实验开始于 1967 年，并持续进行了四年；数据来源于爱达荷州的露营地点

关闭场地的修复

在某些情况下如果要恢复游憩场地则除了永久性关闭之外没有别的办法。采取如此措施的普遍原因就是场地内资源的过度损坏（对它们的控制也不能够维持持续的使用），或是将设施迁至更耐用和理想的地点，或是修复原有的损坏（在未来通过使用类型或管理的转变来杜绝同样情况的再次发生）。很多我们讨论过的种植治疗法，如灌溉、施肥、播种以及覆盖护根物质等也可以用来修复关闭的场地。但是同时有些措施是不可取的，如引进外来物种和耐践踏的物种取代本地物种，或清理上层林冠来促进草的生长，如果场地本身使用量不减少则这些措施都是收效甚微。另外一些技术，尤其是取消场地的一切使用，变得愈加重要。

对营地、野餐地和游径的恢复是最常见的。其他游憩地可能需要进行恢复的是过度放牧的草地和越野区域。尽管已经做了大量的恢复工作，但是只有很少的一部分进行了详细的记录；大部分关于场地恢复的经验来自于矿山和牧场的植被恢复。

不考虑设施的恢复，场地的恢复涉及以下五个基本步骤：

1. 限制使用。必须提出一些有效的方法使得游客远离关闭的场地。尤其是那些生态脆弱的地区，即使是低频率的使用也可能使多年的工作成果毁于一旦。提供另外的有吸引力的使用区域具有决定性的作用。引导使用可以使人们远离这些场地，通过使用吸引物或栅栏也可以对此有所帮助。一个远离关闭区域的到观景点的指示牌也可能起到一定的作用。在游径上放些树枝或种植些灌木也许可以阻止游客使用它。而在场地“种植”岩石或木材可以阻碍夜间的使用但是阻止不了日间的使用。必须有关于关闭情况、关闭原因以及替代设施的位置的指示牌或其他通告信息（图 13.12）。如果关闭的区域之间混合开放的区域，则有必要使用一些围栏标示出哪些部分是关闭的区域，从而达到禁止使用的目的。这些围栏材料可以是绳索或者是些更坚固的材料，如原木。

在荒原地，将使用者拦截在关闭的场所之外是个尤其严肃的问题，因为在这些地方管理力求尽可能客气一点。因为即使人们只是从场地经过去钓鱼也可能毁掉修复的工作，所以在获得大量的恢复之前可能除了采取强制的围栏措施之外别无选择。同时说明场地修复项目的位置以及解释修复的原因的信息将会使得更多的游客遵守这些管理措施，因为游客预先知道这些相关的信息则他们明白该期待什么也知道为什么和怎样去做。研究表明荒原地游客赞成在需要降低冲击的区域实施较强制性的场地管理技术，例如指示牌、栅栏和植物拦隔（Cole *et al.*，1997）。

2. 控制场地内的排水和水土流失。在营地和野餐区，防止排水通道淹没场地是很重要的；也必要采取一些护根措施进行固土，从而达到控制场地内发生片状侵蚀。相对于场地的侵蚀，控制游径的沟渠侵蚀（雨水冲击所致）则更加困难。前文中所提到的减少使用游径的侵蚀技术全都是适用的。对关闭区域内的大坝进行定期的检查、在游径的廊道中建设一些跨越易于发生侵蚀路段的设施都可以减轻侵蚀并促进其进入大坝之后沉降。护根措施也可以起到一定的作用。

3. 准备土壤。土壤需要准备的类型是多种多样的；从在轻微干扰的偏远场地几乎

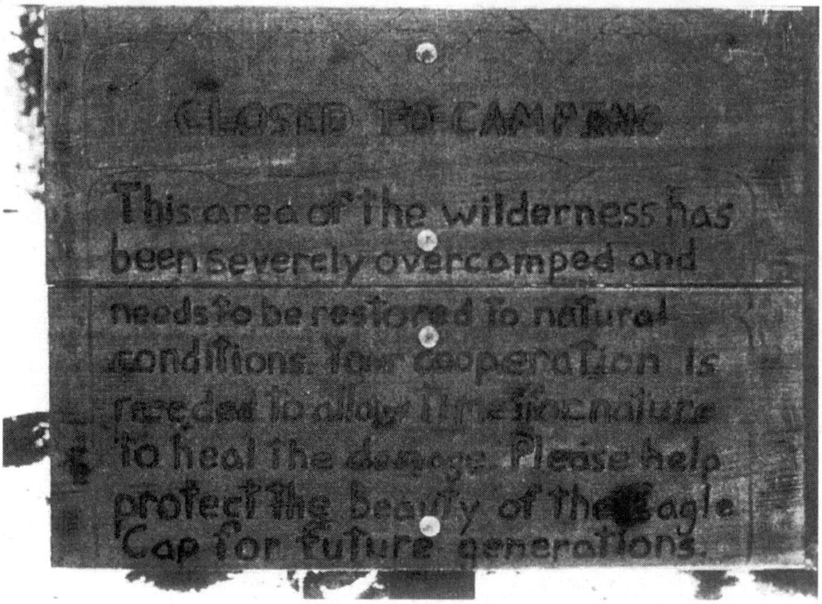

图 13.12 俄勒冈州伊格尔卡普荒原内使游客一般不会接近有指示牌表明正在恢复的营地（摄影：D. N. Cole）

不发挥任何作用的类型到在严重侵蚀的越野区域各种广泛不同等级和从外地运输进来的类型不等。这个阶段最主要的目标就是减轻土壤的压实以及提高土壤的有机物含量、肥力、含水量和生物完整性。具体需要采取哪种措施是要同时根据未受干扰和已遭破坏的两类土壤的特性而严格确定的，此外，对重建的植被类型也需考虑。松土，打碎压实的土壤，常常对种子的萌发、根系和植株的生长具有决定性的作用。首先利用铲子、锄头和旋转碎土器把压实的土壤打碎成大的土块，然后用手或耙子将其进一步打碎成细小的土粒（Rochefort，1990）。应该对所有被压实的土壤都进行松土，然而松土的时候需要小心谨慎使其对植物根系和能够生长再制造的部分的破坏降至最低。同样，正如莱格、法纳姆和米勒发现的那样，只有将有机物添加到土壤中或者撒在地表松土才能发挥作用，否则不会获得任何绩效。通过降雨或者其他自然动力将有机物添加到土壤中可能在降低土壤被压实的趋势方面非常卓有成效。

有机物增加到土壤的价值以及所需要增加的最佳类型取决于土壤的 pH 和重建植被的最适宜的 pH。泥煤苔和针叶林地会增加土壤的酸性，而牛粪对碱性土壤很有好处的（Schreiner and Moorhead，1981）。生石灰也可以降低土壤的酸性。可以放置一些腐败的木材在地表，其可提供源源不断的有机物并且庇护种植的植被。在落叶层物质被全部移除的场地补充大量的木材碎片是很重要的，因为这些碎片在很多生态系统的功能中扮演着至关重要的角色（见第 2 章）。而在添加大量有机物的场地，追加氮肥也是很重要的。因为土壤中的氮很可能由于微生物数量的增加而减少甚至是耗尽，这些微生物能够分解补给的有机质。

土壤生物，包括菌根真菌，对土壤的健康而言是非常关键的，因为它们常常与植物形成共生关系。在场地植被消除的数年之后，很多与植物密切相关的生物也都会消失。重新引种植物并不能够自动地将它们也带回来，因此长久之后很多植物的生长并不会如它们表面所呈现的那样好。通常，仅仅通过混合一些来自毗邻区未受到干扰的"本地"土壤覆盖于被松过的土壤表层就可以重新引进这些微生物。

施肥对于外来物种是很重要的。但是在永久性关闭的场地，施肥并不常见，而且相对于持续进行游憩使用的场地而言它也没那么重要。但是相对于移植的植物，施肥在播种种植的植物成长中起着更为关键的作用。如果在施肥的同时不加以灌溉，只是仅仅实施施肥则其常常不会取得什么价值（Beardsley and Wagar，1971）。通常，肥料应谨慎施用，尤其是在荒原地，因为它们一般都会促进入侵物种的生长并导致附近水体的富营养化。合理的土壤准备信息可以从以下渠道获得，它们分别是：政府赠地学院、联邦土壤保护机构、国家土壤检测实验室，或者国家土壤保护部门以及当地的规划办公室。

4. 在场地种植植被。在某些有利的环境条件下，自然的再生长可能不需要太多的人为帮助就可以迅速地进行。这最可能发生在低海拔地区，因为低海拔地区生长季节较长、土壤生产力较高，并且在这些地区拥有适量的阳光和降雨。而在其他的地方，复原可能需要借助于一些促进手段，如移栽苗木或邻近地区的植物，或通过播种。这一步涉及决定使用哪些物种、准备种植所需的繁殖体以及然后进行的实际种植情况。

在决定使用哪些物种时，最重要的考虑是这些物种是否于场地相适应。正如前文提到的，在浓密的树荫下或酸性土壤上种植草本是非常困难的。同理，森林地被植物也很难在牧场上存活。所以最好是利用当地物种或类似环境下生长的物种。有时即使是相同的物种，在不同的地区或者在不同海拔下也很难适应场地。那些成功开拓邻近的自然干扰区域的物种是人为干扰区域植被再生的特别好的选择。具有抵抗力的植被可能比较适合那些难以避免被不断持续使用的地方，其中包括外来物种。

播种在很多场地是促进自然再生长进程的比较经济的方法。一般，它包括将种子播撒在松过土的土壤表面——也可以用手直接播撒，或者利用手执式播撒器或利用一台液态播种机器进行播撒。然后将种子轻轻犁进土壤并轻轻地把土壤压实以此确保种子和土壤之间的良好接触。播种的最佳时间因场地而异，这可能是成功播种关键性的一步。例如，在多山的西北太平洋国家公园，播种的最佳时机是晚秋。因为在此阶段是阻断种子休眠的最佳时机，并以此确保在较短的生长期地区提早萌芽。

最后，用护根覆盖地表对防止种子被掠食或冲蚀以及促进种子萌发通常是非常有帮助的。在进行护根覆盖的时候，既可以利用一些商品护根物质也可以采用天然的护根物质。商品护根垫呈卷筒状，可以平铺于播种的地块，并以岩石或木头碎片固定。护根的材料是由可光降解的网联结的护根纤维（通常是纸、木刨花、稻草或椰壳）组成。理想状况下，护根材料和网丝可以在2～5年内降解消失。天然护根物质是由能够保护下层种子的任意植物材料（垃圾、肥料、植物的组成部分）组成。相比商品护根席垫，它们更为便宜，视觉上也不那么显眼。同时它们也可以提供有机物，有时其自身甚至就是可以发育的种子。然而，它们不能够有效地制止游憩使用，可能也更难固定于一个地方，对于防止水土流失效果较差，而且可能不能够满足大量的需求。

种子有时可以通过商业途径获得，但是常常必须是在本地收集的。与外来物种混合的种子很容易得到，但是对于大多数的荒原地而言它们并不适宜播种。本地物种与外来物种相混合的商业种子的供给也越来越多，但这种混合种子成本昂贵而且其并没有包括需要恢复的整个系列的生态系统类型。当在本地收集种子时，种子应该从那些和恢复地十分相似或相近的地区收集，种子必须是已经成熟的。如果它较易脱离植株，可以使用捕蝶网和装电池的真空吸尘器进行收集，或者仅仅在植物所在地铺上一块布将种子摇落到布上（Birkby，1996）。应从多种不同的植物收集种子以此来维持遗传多样性。一旦收集完毕，种子可以立即播种或外运和贮藏起来。如果要把种子贮藏起来，则应该先要进行清洁，这包括通过摇动、鼓风或通过滤网筛选将种子与其他的废物（谷壳、打碎的干草和稻草）分离。然后对种子进行仔细的标号，并把它们贮藏于一个阴凉密闭的容器中直到准备好播种（Birkby，1996）。

在有利的环境条件下，播种能够取得很好的成效，很多不同的品种每年都有着较高的萌发率。在萌芽和生长季节期间，频繁的降雨似乎是播种成功的关键。而在其他的环境下，成功的播种繁殖是很少见的。确实如此，例如在高海拔地区，大部分自然干扰之后植物的重新繁殖是通过植物蔓延（附注：利用根茎繁殖的方式）而不是播种萌芽和生长。尤其是在这些高海拔的地区，移植可能是快速恢复植被的唯一可行的办法。

移植是指把一个已经生长好的植株从一个场地移到另外的场地，将其置所需要移栽地点的一个挖好的土坑中，坑的宽度和深度都需要比植物根球多几英尺。根球的顶部应稍稍置于地表之下，让水可以聚集于植物周围的轻微洼地中（Rochefort，1990）。然后在坑中填入土壤并紧紧把它们拍实。如果这些土壤就是来自于本地，作为预防措施则可以加入一些合适的微生物。喷洒水和维生素 B-1 的混合物也能减轻移植的影响。最后，对一致的植物常常以护根覆盖。

移栽的困难之处在于获得植物的来源，可以选择从邻近区域挖掘植株或在苗圃内种植所需的植株——从收集种子、插枝或减少地下茎或者根茎也能存活的植株部分；然后将植株移栽到场地。本土植被的移栽是最简单，但是却会对植物的供给区产生干扰。移植的植物应该从较大的区域获取，而且仅限于植被覆盖有一定的密度的区域。很显然，这项技术对于复原大面积区域是很少有效的。当挖掘植物时，关键要将对根的损害降至最低。在大多数情况下移栽一个区段的草皮块要好于对很多个体植株的移植。一般而言，在移栽禾本科植物、莎草以及整片形态植物时保存藤蔓会极大增加移植的成功率（Birkby，1996）。移植植物的理想状况是植物还处于休眠的状态，而且天气凉爽又多云。挖出后，应尽可能迅速地进行移植，对供给区的破坏应进行修复。植物群应自由散布模仿自然的生长而不是布置成规则图案状。

无论由种子、扦插还是根部发育而来，温室植物在移栽到恢复地之前应首先令其受冷而变得耐寒（以适应户外严酷的生存环境）。移植运输的成本可能比较高，包括直升机和牲畜的使用，如果他们不能用车辆运输还需要使用人力运输。运输过程中应保持植物潮湿。使用湿麻袋或装有湿苔藓的塑料袋包裹植物有利于植物的存活（Birkby，1996）。一旦到达恢复的场地，温室植物会更加强壮并比本土植物更容易栽植（Rochefort，1990）。把它们从容器中倾倒出来，并直接放置于地面。

5. 种植维护。需要进行的持续维护措施因地而异，某些环境下需要每年施肥，每周进行灌溉；而有些环境下几乎不需要维护。“请给我一点水”的标语可能是从游客那里得到帮助的一个好方法。所有的区域都能从恢复技术的详尽记录中获益，同样有益的还有对成功修复所付出的努力的监控。照片和植物数目的清查可以帮助评估成功与否。在开始启动全面的工程前，进行不同物种、土地准备类型和种植技术的实验从长远的角度出发去可以最终节约大量的时间和金钱。

尽管进行了如上述的诸多努力，恢复可能仍然是个极其缓慢的进程。在很多情况下虽然移植存活率很高，然而成长和繁殖蔓延却很慢。落基山国家公园高山区的路边移栽的植物存活了40年，然而仍未繁殖传播（Stevens，1979）。在气候严峻和生长季节较短的地方类似的缓慢生长和传播的情况非常普遍（图13.13）。在约塞米蒂国家公园已关闭的亚高山带湖区营地，移植植物在三年后仍然存活的只有19%，而总的植被覆盖率增长了不到1%（Moritsch and Muir，1993）。这强调说明了我们需要避免破坏，而不是在破坏后再计划对其进行修复。

图13.13 俄勒冈州伊格尔卡普荒原某营地内的移栽植物已经存活了五年，但并没有繁殖蔓延（摄影：D. N. Cole）

游径恢复所需要的技术与场地存在稍微差异，主要因为侵蚀问题对于游径而言更为严重。然而，一旦解决了这个问题，游径的修复常常比营地或野餐区会更加成功。这要归功于受干扰区较为狭长。因此，植被可以快速占领老的游径——不论是通过播种繁殖还是通过植物蔓延生长繁殖。成功的关键是在于对侵蚀的控制，并且将游径路面用土壤填平使之与周边地形的高度达到一致。

帕尔默（Palmer，1979）采用了多种方法对位于加利福尼亚约塞米蒂国家公园图奥勒米草场的多条游径进行了修复实验。最成功的技术为将游径上的脊状凸起部分铲平至与路面一样的高度，并把这些铲下的东西堆垛在阴影处。铲平游径和脊状凸起地方下面的土壤可以消除土壤的压实，并添加一些沙子将整个区域提升至与周围草地一样的高度。最后，将脊状凸起地方上的植被分选出可移植的部分并种植到土壤上。利用这种技术，游径各种痕迹不再那么明显，移植使植物在几年内蔓延生长起来。事实证明这种技术可以成功消除几乎老的游径上的所有痕迹。

最后一个关于修复的例子是加利福尼亚州的红杉和国王峡谷国家公园内草场的复原。这些草场曾由于游憩和家养牲畜的过度放牧而受到严重干扰破坏。过度放牧导致了植被覆盖的丧失并改变了物种的组成，不合牲畜胃口的草和杂草物种更具有生存优势。最严重的问题就是它加速了侵蚀的爆发。同样，凸起部分的破坏和河岸的践踏也加快了侵蚀的发生。溪流引起的不断增强的下切侵蚀降低了地下水位，使草场变得干旱。这使美国黑松的幼苗萌芽成长，并逐渐占领草场。当树种入侵时，很多草场面积显著缩减。草场复原还涉及对游客和场地的管理。同时需要对牲畜使用的数量、使用分布和使用时间都进行控制。除此之外，通过建设阻碍侵蚀爆发的大坝、修整溪流河岸以及在岸边扦插柳树等这些措施都会有效控制侵蚀问题（DeBenedetti and Parsons，1979）。

参考文献

Bayfield，N. G.，and R. Aitken. 1992. *Managing the Impacts of Recreation on Vegetation and Soils：A Review of Techniques*. Banchory，Scotland：Institute of Terrestrial Ecology. 100 pp.

Bayfield，N. G.，and G. M. Bathe. 1982. Experimental Closure of Footpaths in a Woodland National Nature Reserve in Scotland. *Biological Conservation* 22：229—237.

Beardsley，W. G.，and J. A. Wagar. 1971. Vegetation Management on a Forested Recreation Site. *Journal of Forestry* 69：728—731.

Beardsley，W. G.，R. B. Herrington，and J. A. Wagar. 1974. Recreation Site Management：How to Rehabilitate a Heavily Used Campground Without Stopping Visitor Use. *Journal of Forestry* 72：279—281.

Birkby，R. C. 1996. *Lightly on the Land：The SCA Trail-Building and Maintenance Manual*. Seattle，WA：The Mountaineers. 267 pp.

Carlson. L. H.，and P. J. Godfrey. 1989. Human Impact Management in a Coastal Recreation and Natural Area. *Biological Conservation* 49：141—156.

Cole，D. N. 1982. Wilderness Campsite Impacts：Effect of Amount of Use. USDA Forest Service Research Paper INT-284. 34 pp.

Cole，D. N. 1983. Assessing and Monitoring Backcountry Trail Conditions. USDA Forest Service Research Paper INT-303. 10 pp.

Cole，D. N.，1995. Experimental Trampling of Vegetation. I. Relationship Between Trampling Intensity and Vegetation Response. *Journal of Applied Ecology* 32：203—214.

Cole，D. N.，and B. Ranz. 1983. Temporary Campsite Closures in the Selway-Bitteroot Wilderness. *Journal of Forestry* 81：729—732.

Cole，D. N.，A. E. Watson，T. E. Hall，and D. R. Spildie，1997. High-Use Destination Areas in Wilderness：Social and Biophysical Impacts，Visitor Responses，and Management Qptions. USDA Forest Service Research Paper INT-483. 38 pp.

Cordell，H. K.，G. A. James，and G. L. Tyre. 1974. Grass Establishment on Developed Recreation Sites. *Journal of Soil and Water Conservation* 29：268—271.

DeBenedetti，S. H.，and D. J. Parsons. 1979. Mountain Meadow Management and Research in Sequoia and Kings Canyon National Parks：A Review and Update. In R. M. Linn，ed. *Proceedings of the Conference on Scientific Research in the National Parks*. USDI National Park Service，Transactions and Proceedings Series 5. Washington, DC: U. S. Government Printing Office. pp. 1305—1311.

Douchette, J. E., and K. D. Kimball. 1990. Passive Trail Management in Northeastern Alpine Zones: A Case Study. In *Proceedings of the 1990 Northeastern Recreation Research Symposium*. USDA Forest Service General Technical Report NE-145. pp. 195—201.

Garland, G. G. 1990. Technique for Assessing Erosion Risk from Mountain Footpaths. *Environmental Management* 14: 793—798.

Hesselbarth, W., and B. Vachowski. 1996. Trail Construction and Maintenance Notebook. USDA Forest Service, Missoula Technology and Development Center. 9623-2833-MTDC, Missoula, MT. 139 pp.

Hinds. T. E. 1976. Aspen Mortality in Rocky Mountain Campgrounds. USDA Forest Service Research Paper RM-164. 20 pp.

Jubenvile, A., and B. W. Twight. 1993. *Outdoor Recreation Management: Theory and Application*. 3d ed. College Station. PA: Venture. 315 pp.

Land, B. 1995. Remote Waste Management. USDA Foreat Service, San Dimas Technology and Development Center. 9523 1202-SDTDC, San Dimas, CA. 31 pp.

LaPage, W. F. 1967. Some Observations on Campground Trampling and Ground Cover Response. USDA Forest Service Research Paper NE-68. 11 pp.

Legg, M., K. Farnham, and E. Miller. 1980. Soil Restoration on Deteriorated Campsites in Texas. *Southern Journal of Applied Forestry* 4: 189—193.

Leonard, R. E., E. L. Spencer, and H. J. Plumley. 1981. *Backcountry Facilities: Design and Maintenance*. Boston: Appalachian Mountain Club. 214 pp.

Leung, Y., and J. L. Marion. 1996. Trail Degradation as Influenced by Environmental Factors: A state-of-the-Knowledge Review. *Journal of Soil and Water Conservation* 51: 130—136.

Little, S., and J. J. Mohr. 1979. Reestablishing Understory Plants in Overused Wooded Areas of Maryland State Parks. USDA Forest Service Research Paper NE-431. 9 pp.

Marion, J. L. 1995. Capabilities and Management Utility of Recreation Impact Monitoring Programs. *Environmental Management* 19: 763—771.

Marion, J. J., and D. N. Cole. 1996. Spatial and Temporal Variation in Soil and Vegetation Impacts on Campsites. *Ecological Applications* 6: 520—530.

Marion, J. L., and Y. Leung. 1996. An Assessment of Campsite Conditions in Great Smoky Mountains National Park. USDI National Park Service, Ggreat Smoky Mountains National Park. Gatlinburg, TN. 127 pp.

Marion, J. L., and L. C. Merriam. 1985. Recreational Impacts on Well-Established Campsites in the Boundary Waters Canoe Area. University of Minnesota Agricultural Experiment Station Bulletin AD-SB-2502, St. Paul. MN. 16 pp.

Marion, J. L., J. W. Roggenbuck, and R. E. Manning. 1993. Problems and Practices in Backcountry Recreation Management: A Survey of National Park Service Managers. USDI National Park Service Natural Resource, Report NPS/NRVT/NRR-93/12. 48 pp.

Maschinski, J., R. Frye, and S. Rutman. 1997. Demography and Population Viability of an Endangered Plant Species Before and After Protection from Trampling. *Conservation Biology* 11: 990—999.

McEwen, D., and S. R. Tocher. 1976. Zone Management: Key to Controlling Recreational Impact in Developed Campsites. *Journal of Forestry* 74: 90—93.

Merriam, L. C. Jr., C. K. Smith, D. E. Miller, C. Huang, J. C. Tappeiner II, K. Goeckermann, J. A. Blomendal, and T. M. Costello. 1973. Newly Developed Campsites in the Boundary Waters Canoe Area——A Study of Five Years'Use. University of Minnesota Agricultural Experiment Station, St. Paul, Bulletion 511. 27 pp.

Moritsch, B. J., and P. S. Muir. 1993. Subalpine Revegetation in Yosemite National Park, California: Changes in

Vegetation After Three Years. *Natural Areas Journal* 13：155—163.

Palmer，R. 1979. Progress Report on Trail Revegetation Studies. In J. T. Stanley Jr.，H. T. Harvey，and R. J. Hartesveldt，eds. *A Report on the Wilderness Study：The Effects of Human Recreational Activities on Wilderness Ecosystems with Special Emphasis on Sierra Club Wilderness Outings in the Sierra Navada*. San Francisco：Outing Committee，Sierra Club. pp. 193—196.

Parsons，D. J.，and S. H. DeBenedetti. 1979. Wilderness Protection in the High Sierra：Effects of a 15-Year Closure. In R. M. Linn，ed. *Proceedings of the Conference on Scientific Research in the National Parks*，USDI National Park Service，Transactions and Proceedings Series 5. Washington. DC：U. S. Government Printing Office，pp. 1313—1318.

Ripley，T. H. 1962. Tree and Shrub Response to Recreation Use. USDA Forest Service Research Note SE-171. 2 pp.

Rochefort，R. M. 1990. *Mount Rainier National Park Restoration Handbook*，Ashford. WA：USDI National Park Service. Mount Rainier National Park. 57 pp.

Schreiner，E.，and B. B. Moorhead. 1981. Human Impact Inventory and Backcountry Rehabilitation in Olympic National Park：Research and Its Application. *Park Science* 1（2）：1—4.

Stevens，D. R. 1979. Problems in Revegetation of Alpine Tundra. In R. M. Linn，ed. *Proceedings of the Conference on Scientific Research in the National Parks*，USDI National Pairk Service，Transactions and Proceedings Series 5. Washington，DC：U. S. Government Printing Office. pp. 241—245.

Swearingen，T. C.，and D. R. Johnson. 1995. Visitors' Responses to Uniformed Park Employees. *Journal of Park and Recreation Administration* 13：73—85.

Thorud，D. B.，and S. S. Frissell. 1976. Time Changes in Soil Density Following Compaction Under an Oak Forest. Minnesota Forest Research Note 257. 4 pp.

第14章　国际冲击研究和管理

之前的章节以北美人的视角聚焦于游憩冲击以及它们的冲击因素问题。虽然北美人的经验无疑是有价值的，但是我们也总能从别的国家获得启示，这些国家也曾在不同的环境、社会经济和管理背景下遭遇类似的问题。最近蓬勃发展的山水旅游与生态旅游就是典型的一例。“山水旅游”这个术语包含了主要依赖未经开发的自然环境和它们的资源的任何一种旅游模式，例如风景、水源、植被、野生动物和地理特征（Cellabos-Lascurain，1996）。它又与大众旅游不同，因为大众旅游主要是基于人类创造的吸引物，比如游乐公园、度假酒店、夜总会或赌场。而生态旅游的定义则比较广泛，它既可以同义于“山水旅游”，又可以指环境上敏感又负有责任的旅游形式，它可以促使生态和社会文化融合的可持续发展（Cater，1994）。

原野地环境是吸引生态旅游者的主要因素，包括这一地区的植物群和动物群。为了可持续发展，生态旅游需要旅游业对其进行规划，并且同时从旅游基础设施（道路，酒店和餐馆）的发展与运行和保护区域中的旅游者活动两方面确保对自然环境和过程的保护（Wall，1997）。旅游业的发展和游客的活动可能会对植被、土壤、水资源和野生动物资源产生严重的冲击甚至是不可逆转的冲击。这样的资源破坏可能导致游览和相关经济利益的损失。这一章特别参考了生态旅游学相关的知识点，回顾了国际上针对旅游者或者与游憩相关的资源冲击研究的文献。下面章节所呈现的4个案例是用以描述地理范围、焦点以及游憩生态学文献与它们相关的生态旅游资源管理的主要成果。国际保护区域和生态旅游资源管理的含义将在小结部分进行讨论。

案例1：苏格兰Cairgorms国家自然保护区

在欧洲，人为干扰对山地造成的压力是由旅游开发导致的，并且游憩活动长久以来就是一项资源保护的主要争端。在苏格兰东北部的Cairgorms山地就提供了一个典型的例子（Edwards，1996）。鉴于Cairgorms的资源保护价值与科学价值，它于1954年被指定为国家自然保护区。它包含了著名的北极—阿尔卑斯山地带冻原，同时拥有独特又脆弱的山地植物体系，并且为稀有动物提供栖息地，诸如金鹰和雷鸟（Nethersole-Thompson and Watson，1974）。

旅游类型及其冲击

这个像荒原地的半自然区域已对外开放，每年吸引了成千上万的国内外游客。广受欢迎的游憩项目有滑雪、远足和打猎。而其中旅游与资源保护的冲突早在1960年滑雪设施的建立时就已十分激烈。随着旅游业的发展人们开始担忧其所带来的问题——旅游设施的建设和随其增加的观光量会对保护区产生实质性破坏，进而威胁到景观与生态系统的整体性（Watson，1984c）。

针对上述情况，一项综合性游憩生态学研究项目应运而生，其用以鉴别、评估和监控来访者的影响，并且对遭受破坏的栖息地进行恢复重建（Bayfield *et al.*，1988）。这个项目围绕着一些实验性研究，其中包括：人为践踏对植被、地衣和土壤的影响，对于游径的衍生和恶化的评估和监控，以及对机动车轮胎痕迹和滑雪场地土壤侵蚀和游憩活动对野生动物产生的影响的评估。

作为这个项目的一部分，它涉及了针对步道和与狩猎相关的车辆痕迹冲击的评价与监控（Watson，1984a，1984b；Lance *et al.*，1989）。监控结果显示达到风景点的步道和机动车辆痕迹有所增加，特别是在滑雪场地和停车场的附近。不仅一些先前建立的步道变得更宽了，而且同时也创建了许多次游线。当务之急主要是土壤侵蚀的风险以及风景质量和生态系统健康的污染性恶化。遭受影响的区域在逐渐扩大，经过估算其中受到干扰的土地达到了整个保护区的17%。

游憩生态学的研究

使用量与冲击强度两者之间的关系一直都是调查研究的主要焦点。我们已在植被损害（Watson，1985）、地衣破坏（Bayfield *et al.*，1981）和步道拓宽（Lance *et al.*，1989）中找到一些使用-冲击之间的不利关系。许多这样的关系呈现的都是曲线型，这表明许多破坏在使用较低的时候就会发生。游憩生态学文献也支持了这一观点，正如先前章节所详细陈述的内容。然而，使用-冲击这两者之间关系的精确形式是因植物种类而异的，因为植物体本身具有内在不同的抗践踏能力。

目前也已经针对使用和环境因素的影响进行了研究。例如，我们发现某些斜坡促进了人们行走从而导致游径变宽或者土壤侵蚀事件发生（Bayfield，1971）；植被的恢复力与海拔高度具有一定的相关性（Bayfield，1973）。同时研究发现仅仅1cm深的积雪覆盖就足以大大减轻践踏的作用（Bayfield，1971）。不同植物种类的抗病力和恢复力也是践踏研究的证据。在这些研究中，一致发现地衣是最易遭受践踏破坏的地被植物（Bayfield *et al.*，1981）。

研究结果发现植被从游憩冲击中恢复的速率一般来说都比较缓慢，除了少数健康物种之外，它们在两个生长期内恢复量可达50%以上（Bayfield，1979）。在积极恢复的项目中，通过移植和施肥也可以加速恢复过程，尤其是在低海拔地区（Bayfield *et al.*，1988）。

从Cairgorms的经验中可以获益有关保护区生态旅游管理方面的知识。早期精心设计的游径和管理对防止由使用者踏出的步道和机车痕迹引起的广泛生态扰乱具有重大意义。管理对于有着敏感资源地区的关注尤其至关重要。根据不同等级的敏感度划分不同的管理区域，从而确定区域可以容纳与其资源类型相匹配的来访者数量和游憩类型。某些情况下协助性恢复是非常有效的。最少积雪量标准也可以帮助开发与滑雪相关的各种游憩活动。

案例 2：大堡礁

沿着澳大利亚东北大陆昆士兰就是大堡礁所在的区域，它拥有着世界上最大的珊瑚体系。大堡礁大概覆盖了 350000km^2，其中包括了大约 2900 个珊瑚个体，并散布着 300 个低等珊瑚岛或沙洲以及 600 个更高等的岛屿（Craik，1992）。澳大利亚在 1975 年通过了大堡礁海洋公园法令，其用于保护和指导区域内的发展，并且创建了一个海洋公园机构。它负责处理执行多用途管理方法，强调大堡礁的保护、合理使用和可持续发展。这个法令制止了商业开矿和石油钻井，同时通过区域规划的准备给其他活动的管理授权。

旅游类型及其冲击

大堡礁地区每年吸引着将近 500000 名游客，这些游客每年为当地带来大约 1000 万美元的收入（Craik，1992）。旅游者对于这些珊瑚礁的喜爱多年来已成为构成澳大利亚和昆士兰旅游增长的基础支柱（Kenchington，1991）。旅游者活动包括在珊瑚礁上散步(一项在低潮期普遍的活动)、潜水、跳水、观赏珊瑚礁和鱼群以及划船等。在珊瑚岛上露营也已成为一项广受欢迎的活动。为潜水和跳水提供的商业支持作为回应已经形成巨大的旅游价值，从钓鱼和收藏迅速转向自然观光，以此迎合旅游者的兴趣。造船和引擎设计的技术进步也已使我们能更快地到达珊瑚礁处的外线，为指导的跳水和通气管潜水旅游提供了一个扩张的市场（图 14.1）。

图 14.1　船只的高速发展和技术的进步为指导跳水和潜水旅游提供了一个扩张的市场（摄影：C. Scott Shafer）

正在膨胀的旅游观光业和旅游发展有可能对自然资源和旅游者游憩体验同时造成破坏（图 14.2）。防护我们所无法接受的生态干扰在海洋公园当局的旅游发展管理中占有最重要的地位（Crain，1992）。然而，公园当局也负责管理为公众提供观赏和游玩大堡礁的机会。旅游者活动的影响包括由船抛锚和搁浅、潜水和跳水以及在珊瑚岛散步对珊瑚礁自身造成的物理损伤（图 14.3）。过度的捕鱼、珊瑚组织的收集以及对海鸟、鲸鱼和鱼群的扰动也是我们担忧的所在。旅游设施的影响则包括与设施的建设和运行相关的生物体影响，比如小艇船坞和度假胜地。这些旅游发展经常以广受欢迎的景点和旅游设施为中心，因此使用者组团之间的拥挤和冲突也足以让公园当局堪忧。

图 14.2 正在膨胀的旅游观光业和旅游服务使潜水游客到达珊瑚礁外部区域成为一个普通体验活动（摄影：C. Scott Shafer）

图 14.3 旅游者活动的影响包括由船抛锚和搁浅、潜水和步行对珊瑚礁自身造成的物理性损伤，这些是珊瑚礁体系管理的担忧所在（摄影：C. Scott Shafer）

游憩生态学研究

已经开展数个评估大堡礁内旅游活动冲击的游憩生态学研究。而早期一个由伍德兰和霍珀（Woodland and Hooper，1977）进行的研究记录了脆弱的珊瑚礁其对散步的易损性；如一个 12m 宽 125kg 的活珊瑚 4 人步行 18 次后就会折断。

此外，在地形研究中普遍存在的践踏量和影响量的曲线关系也被用于珊瑚礁践踏研究。27％的破损珊瑚在前两次行走过程中被除去，而之后附加的行走所造成的破坏比较少且比较均衡，并且在 18 次践踏之后进一步的行走被认为已几乎造成不了额外的破坏。凯和利德尔（Kay and Liddle，1987）进行的后续研究也支持这个研究结果。他们得到的数据显示：大部分珊瑚礁破坏是发生在最先的五次践踏之内，并且后续的践踏只能将损坏的珊瑚破坏至更小的碎片。但是，凯和利德尔发现将近 100％的破坏珊瑚体幸存下来，并且损坏区域在三个月内恢复程度为 33％～88％不等。

与陆地植物群落相似，珊瑚礁体系由成千上万的珊瑚种群组成，它们形态各异差别较大。凯和利德尔的研究表明大量盘根错节的珊瑚明显比精致的珊瑚更能抵抗践踏破坏。此外，在礁石区域内必须饱受每日海浪冲刷的珊瑚体系的践踏抵抗能力是外部平坦珊瑚礁区域内珊瑚体系的 16 倍以上。

潜水者的行为也被认为是影响珊瑚礁破损的重要因素（Harriott *et al.*，1997）。观察发现大部分潜水者在潜水时几乎不与珊瑚礁底层发生接触，并且即使发生了接触也几乎不会损害到珊瑚。然而，极小一部分不具备漂浮能力控制和精湛技巧的潜水者在 30 分钟内与珊瑚礁底层发生了多达 304 次接触。同时，在仅仅一次的潜水活动中就破坏了多达 15 块珊瑚礁。

人类在管理大堡礁的活动及其影响时充分运用了各种各样活动空间、活动时间、许可证、设备和限额等控制策略（Kenchington，1991）。例如，广泛实施教育和信息项目，其中包括分发打印材料、直接做广告以及在学校进行课程教育（Zell，1985）。许可证、规范和强制令主要针对的是旅游的提供者而非旅游者。管理措施可以通过将观光者聚集在有限的但具有抵抗力的珊瑚礁区域进行游憩活动，以此使得活动对珊瑚礁造成的冲击降至最低。而在地理环境中，研究表明游憩冲击发生迅速但是比较稳定，因此在现存游憩地点增加使用量其所产生的冲击要远远低于开辟新的游憩地点。另外，珊瑚对损坏的不同抵抗力表明将游览集中在具备抵抗力的珊瑚会使冲击减小。马里昂和罗杰斯（Marion and Rogers，1994）回顾了这些特点，并且针对珊瑚礁使用和冲击的管理提出了一些其他的建议。

案例 3：美国中部热带地区

热带地区的许多生态观光旅游者将注意力都聚焦在沿海滩涂和珊瑚礁上。然而，渐渐发觉和喜爱上热带雨林中的丛林植被和野生动物的生态旅游者逐渐增多（图 14.4）。这些生态旅游目的地由脆弱的生态系统组成，而且这个生态系统具有极大的生物多样性，其中包括一些稀少或者濒危的植被和冻原。这些敏感环境中旅游者的增加使得资源破坏的可能性也随之上升，特别是那些积极追求的活动，比如远足和野生动物观赏（图

14.5)。而我们对这些行为产生的后果知之甚少，例如，大多数旅游者冲击研究已在温带地区展开，比如美国和欧洲。如此看来，在热带地区进行的少量研究不足以指导管理者有效地减少不断增加的使用所产生的冲击。

图 14.4　马丘比丘，一个古老的印加城市，位于秘鲁高海拔荒漠植被带，是生态旅游热点地区（摄影：W. E. Hammitt）

图 14.5　生态旅游冲击不是单一的徒步旅行带来的冲击，这张照片中向导正在靠近秘鲁印加游径附近的草丛中搭建临时帐篷准备露营（摄影：W. E. Hammitt）

旅游类型及其冲击

在沿海保护地区，主要的旅游活动包括与沙滩有关的游泳、散步、日光浴、珊瑚礁潜水和跳水以及野生动物观赏。海滩对许多游憩活动都具有自然的抵抗能力，但是重大的影响一般都是与基础设施建设相关，特别是外部保护区域边界上的工程设施建设。野生动物观赏也是一项广受人欢迎的活动，包括观看鲸鱼、观察海鸟栖息的岛屿、海狮和海龟。譬如，哥斯达黎加的托尔图格罗国家公园是海龟主要的栖息地区域，绿海龟多达 23000 只。在过去十年中，观光量增加了 24 倍，导致管理者和生物学家开始为那些为了想看 1～2 小时的筑巢过程的游客所带来的影响而担忧（Jacobson and Lopez，1994）。厄瓜多尔加拉帕戈斯岛的独特野生动物每年吸引 50000 以上的游客。研究者已经注意到许多游客的影响，包括对鸟巢和海狮的干扰、随意丢弃的垃圾和道路侵蚀（Boo，1990）。伯格和戈茨菲尔德（Burger and Gochfeld，1993）记录了三种布比鸟和在海岛地面筑巢的海鸟行为的改变以及它们避免在游径附近筑巢的行为。

在热带雨林和相关保护区域，游客主要依靠游径参加各种各样的活动，比如观赏热带雨林的植被和野生动物、火山的地理特征以及古代遗迹等的文化特征。这些远足行为主要发生在白天，几乎没有旅游者会过夜露营。最普遍的资源影响是广受人欢迎景点和沿着游径两侧的植被干扰、植被组成的改变和丧失以及土壤的裸露、压实和侵蚀。在文献中提到的其他影响包括随意乱丢垃圾、乱涂乱画、扰乱野生动物、摘花和偷窃文化工艺品等（Boo，1990；Andereck，1995）。但是并未对这些影响进行仔细的研究，并且资金的限制往往妨碍了有效的管理对策，例如设施的发展、教育以及规章制度和强制条款。

游憩生态学研究

野生动物消极生态影响的评估研究几乎没有公开出版的资料，因此唯一能够提供可用信息都是一些非正式的频繁观察的结果。对这个观察最完整的调查研究由鲍展开的（Boo，1990）。其中包括游客避开游径导致野生动物栖息地发生改变，随意乱丢垃圾（它们对野生动物不利）、引进外来动物、喂食野生动物以及对野生动物的干扰和骚扰，特别是由摄影者拍摄所造成的影响（图 14.6）。格里格斯和范查克（Griffiths and Van Schaik，1993）检测了印度尼西亚苏门答腊岛山洛伊泽国家公园里热带雨林大量观光使用所产生的影响。他们记录了野生动物对影响的各种各样的反应；一些物种从游径附近转移出去或者它们的活动时间发生了改变（如在游览者观光季节变成夜间活动），而其他的物种仍然没有受到影响或者对影响逐渐适应。他们同时也注意到人类的出现可能导致栖息地物种捕食活动的减少，这对它们的竞争者会带来不利的影响。

检测热带雨林与游径相关影响的有限研究已经展开。格雷厄姆、赫帕金斯和雷德尔（Graham *et al.*，未发表）检测了在澳大利亚北昆士兰雨林地区四种土壤类型在遭受践踏之后所产生的反应。研究结果显示道路和非道路区域在生物和物理性质方面存在显著的差异性。土壤受到践踏之后，压实更为严重，并且水的渗透率明显降低，在这些众多的变化中最主要的改变是优质根系密度更低。土壤压实导致游径侵蚀爆发率增加。厄瓜多尔和哥斯达黎加的两个生态旅游保护区雨量模拟研究的结果显示，游径地表径流率是非游径区域的 12～40 倍（Wallin and Harden，1996）。具有重要意义的是，土壤更多

图 14.6　生态旅游者喂食野生动物是很多热带公司面临的严重的管理问题
（摄影：W. E. Hammitt）

的是被雨水分散，并且路面土壤会被地表径流带走。

澳大利亚热带森林植被和土壤践踏效应的研究发现其践踏反应与那些温带和阿尔卑斯山地区的结果相似（Sun and Liddle，1993）。具体地说，践踏导致植被覆盖率、物种多样性、高度、叶长、叶宽以及枝叶密度降低。直立的草本和木本植物最易受到践踏损伤，而匍匐生长和丛生的生长方式的物种最具有抵抗力。与此类似，鲍彻、多明格斯、切波特和比尔切斯阿（Boucher *et al.*，1991）详细记录了在哥斯达黎加一个热带森林游径使用和植被影响之间的曲线关系，而这是温带地区研究得出的普遍的结论。他们总结出，虽然关闭游径之后两侧的植被恢复率很高，但使用量下降并不会明显阻止植被受到影响，它也许是因为植被还处于不断成长的季节。

许多热带保护区域可能被认为是“纸上的保护区域”，它们存在于保护区系统图中并且有着管理计划，但是却得不到积极的管理（Wallace，1993）。例如，多米尼加是位于加勒比海西印度岛的一个小岛，它已经建立了两个国家公园，这两个公园从 1986 年起就已被选定为国家公园但是却一直都缺乏管理。公园发展受限于破损的道路系统、一些游径入口处和公园边界的信息指示牌以及在省会的管理办公室的教育性小册子（Selin，1994）。公园中也没有游客中心或者永久性职工办公室。类似的情况也发生在哥斯达黎加、巴西和厄瓜多尔的保护区。在哥斯达黎加，公园长期缺乏支付公园员工工资和基础设施建设的资金（Norris，1994）。道路缺乏减轻其环境影响的恰当设计和维护，同时，员工也未受过游客管理的培训（图 14.7、图 14.8）。最近的一项研究对旅游增长进行了排序，并且结合了公园无法有效管理游客的情况，而它恰恰是哥斯达黎加公园体系最严重的威胁之一（Norris，1994）。

图 14.7　热带雨林暴雨频繁，步行游径通常需要使用工程踏石，图片是哥斯塔黎加蒙特梅洛游径使用具抗腐蚀的代表性的本地树种的树干作为踏路（摄影：W. E. Hammitt）

图 14.8　在热带雨林湿滑条件下，为了减少湿气，营火网罩通常放在上图圆盘树干上面（摄影：W. E. Hammitt）

案例 4：肯尼亚保护区的野生动物观赏

东非的塞伦盖蒂——玛拉热带稀树草原和它壮丽的野生动物栖息地是世界最珍贵的自然遗产之一，但是这个生态系统的健康在不断受到土地使用竞争、资源掠夺和不断增长的人口压力等方面的威胁（Western，1976；Myers，1992）。在寻找提升可持续发展的方法过程中，这个区域的很多国家都认为以野生动物为基础的旅游就是答案，因为它能够同时满足游憩和保护的需求。然而，当未经控制的旅游发展和游客活动所带来的环境影响变得越来越明显时，野生动物旅游业发展的可持续性也愈加受到质疑。

例如，肯尼亚的游猎型野生动物观赏每年吸引了 650000 名游客，同时产生 3.5 亿的收入，这超过了肯尼亚其他所有产业收入（Olindo，1991）。野生动物观赏主要由国家的 37 个保护区提供，在这些保护区中安博塞利国家公园和马赛马拉国家保护区是最受欢迎的。但不幸的是，致力于了解它的用途以及其相关的环境影响的研究十分稀少。

旅游类型及其冲击

迈尔斯（Myers，1972）和朱厄尔（Jewll，1974）提供了一些早期肯尼亚野生动物和旅游冲突的相关观察。由于野生动物观赏通常需要使用机动车，因此大部分影响都与机动化的使用以及乘客的行为有关。其中一个明显的影响就是由机动车聚集和环绕对动物造成的直接骚扰。在动物的栖息地，车辆数量超过动物数量这种情况十分普遍，而且在某些情况下，正在睡觉的动物会被入侵的旅游者吵醒。在马赛马拉，旅游者的机车干扰了猎豹的活动和捕食行为。一般情况下狮子和豹很少受到干扰，但是它们在机车太靠近的情况下也会跑开（Muthee，1992）。

越野行驶也是另一个明显与旅游观光相关的影响。在为了得到更近拍照机会的动机驱使下，寻找动物的游客经常向司机施加压力或者给他们小费让他们驶离公路。在安博塞利，亨利（Henry，1980）估计越野行驶车痕总长为 150000km，或者说，平均每车越野行驶了 5km。越野行驶已经导致了机动车车辙的增加，大量植被、土壤和栖息地被破坏，同时存在灰尘的污染和美景的丧失（Jewell，1974；Onyeanusi，1986）。

游客设施的发展对野生动物和土地干扰也负有责任（Lusigi，1981；Sindiyo and Perter，1984）。小屋、宾馆、露营帐篷甚至是公园管理设施都会与野生动物栖息地产生矛盾，导致对于某些物种的栖息地产生严重的破坏，并且产生一些新的其他问题，例如有些物种适应了以人类食品或垃圾为食。

旅游影响总体上是集中的。在安博塞利，亨利（Henry，1977）估计 80%以上的机动车使用占领的区域达到公园总面积的 10%。在空间范围方面，奥尼亚努斯（Onyeanusi，1986）总结研究结果显示马赛马拉由越野行驶导致的植被损失并不显著。由于游客设施也是高度集中的，所以导致越野行驶产生，并且同时导致垃圾处理、水体污染和美景质量丧失等问题（Kenya Wildlife Service，1996）。

游憩生态学研究

使用量和影响强度的关系已经在野生动物和土地干扰问题中做过一定的调查研究。研究结果发现机车数量和猎豹的散步行为两者之间的关系呈正相关性（Muthee，1992）。基于一些模拟实验，奥尼亚努斯（Onyeanusi，1986）和穆特（Muthee，1992）公布了机动车通过的次数和植被破坏两者之间的正曲线关系。两位作者都发现，大部分植被破坏都是由最初的50～60次的机动车碾压造成的。在本书的其他章节和本章节的其他案例都支持了这两者之间的关系。

游览车司机和乘客的行为也会对土壤和植被破坏的程度和类型产生影响，同时野生动物也会受其干扰。譬如，越野行驶搜寻的范围和行驶速度同环境恶化存在着强烈的相关性。当许多机动车聚集并且围绕着目标动物时，他们对野生动物造成的骚扰也更加强烈。摄影者可能会靠离动物太近，或者故意把动物弄醒并对它们进行骚扰，或者长时间追逐着动物。

环境因素可能会调节野生动物、植物和土壤对旅游影响的敏感性。例如，在开放的热带稀树草原越野驾驶比在森林茂密的环境中更容易，因而也更为流行。某些野生物种，比如狮子和大象，对靠近的机动车和游客相对不敏感。由于这些野生动物对人类干扰具有不同的敏感性，因而这些低敏感的物种受到了人工选择的压力（附注：在场地的发展中它们可能被淘汰）。植物物种对干扰的敏感性也存在差异性。在一项与来自世界其他地方的研究中的草地对比的观察中，朱厄尔（Jewell，1974）注意到在安博塞利的草地由于矿物质含量丰富而易被压倒。此外，奥尼亚努斯（Onyeanusi，1986）报告说，马赛马拉越野驾驶车辙上的植被恢复迅速，而这与其他研究所显示的干旱植被类型的恢复率低相反。

由于肯尼亚保护区的大部分旅游影响都是与越野驾驶相关，因此限制使用机动车、禁止越野驾驶以及区域划分是采取的主要管理手段（Lusigi，1981；Western，1986）。从拥挤区域或敏感栖息地区分散机车也可减轻旅游对那些地区的影响，尽管这个空间解决方法经常因其可能向更大区域散布从而产生更大的影响而受到指责（Henry，1980）。通过各种信息和教育使得观光者能够明白自己的行为对野生动物所产生的影响也是一个管理选择方案。例如，旅游者现在被要求遵守“野生动物守则”，而这个守则其中就包括了低影响行为指导条例（Kenya Wildlife Service，1996）。其他建议性管理方法包括提高旅游操控者、旅游机构对环境的认识，并且对司机进行培训。

非洲在关于旅游对野生动物和其他生态学组成部分影响的游憩生态学研究方面的记录和了解是非常稀少的。尽管这类研究最近有所增加（Garland，1990；Newmark and Nguye，1991；Stephenson，1993；Obua，1997），但更重要的是，我们仍需要产生更多的知识来量化旅游者冲击和各种冲击管理行动的有效性。

生态旅游资源管理的启示

这些案例提供了生态旅游的复杂性和管理挑战的有限说明。其他与这种新旅游形式相关环境影响的探讨可以在米茨科威凯（Mieczkowski，1995）、埃丁顿（Edington，1990）以及巴克利和潘内尔（Buckley and Pannell，1990）的研究中找到。大部分游憩生态学研究都是集中在温带地区，尤其是在美国。热带地区或发展中国家很少有这方面的研究，因为其中许多国家为了经济利益而大肆开发自然生态旅游。然而，正是在这些地区进行的有限研究不断地证明着在温带地区的研究结果（Liddle，1997）。例如，使用—影响曲线关系貌似普遍适用，甚至对于热带森林的践踏、越野驾驶对植被的影响以及珊瑚礁步行等都适用。这一发现的管理启示也是通用的。在观光量巨大的环境中，影响应该通过集中旅游的方式使之降至最低，特别是具有抵抗力的自然表层或者用于支持大量交通建设的表层。当然，也存在一些例外和差异，而正是由于这些例外和差异的存在才表明需要对在这些通常情况下敏感的环境做进一步的研究。例如，在肯尼亚安博塞利国家公园里的草地，由于它们矿物含量较高而容易被压倒，但是在世界其他地区的研究发现这类的草对交通具有一定的抵抗力。

游憩生态学研究能够帮助管理者记录旅游观光所造成的环境改变类型和程度。当它被作为监测项目的一部分而进行重复实验时，这些数据能够描述资源状况的发展趋势，也便于确定和量化可接受的改变极限，并且以此还能够评估管理手段的有效性。此类研究也能帮助保护区管理者了解这些改变的潜在原因，以及认识到与使用相关的影响和环境影响因素。这些知识为选择恰当和有效的管理手段提供了必要基础，从而可以避开某些类型的影响或者将一些类型旅游影响减少至最小的程度。

可供选择的管理方法

在以前的章节中用以控制游憩影响的管理方法也可运用于对生态旅游资源管理（如第 10 章表 10.4）。生态旅游影响的类型和程度主要存在于两个方面的因素，并且它们服从于管理者的操控：① 使用因素，包括旅游者使用的类型和数量以及旅游者行为；② 环境因素，包括随着地理情况、气候、植被、土壤类型和海拔等因素变化而变化的生物特性。

通过了解导致或影响游憩影响严重性且与使用相关的因素和环境因素，保护区的管理者能够制定各种制度和具体的行动，这些制度和行动能够在提供游客使用的同时也能够避免产生负面的生态后果或者将其降至最低。例如用以限制游径影响的场地管理手段，包括在游径设计的形成过程中它侧重利用具有抵抗力的植被和土壤，并且避开了潮湿区域和陡坡。适当的道路建设和定期的维护能够确保路面排水正常，从而减轻土壤的侵蚀。场地的管理技巧也能够影响旅游者的行为，例如道路边界的使用或用以阻拦在非道路区域远足的篱笆。游客管理技巧，比如在抗践踏的游径限制马的使用或者通过旅游地区块划分限制使用也都能够对游径的恶化起到一定的控制作用。通过教育或者规章制度提升低影响道路使用度也是另一个可行的选择。

然而，许多生态旅游保护区对旅游者影响的管理中存在着重大的差别，特别是在发展中国家。尽管与生态旅游相关的经济利益为保护区的划定提供了物质基础，但它们同时也为旅游的发展和提升提供了强有力的动力。通常来说，将游客送到公园的基础设施正在飞速发展，它左右着公园员工的发展能力或基础设施的扩大以及旅游者的管理和教育项目。有限的公园预算一般抑制了公园招聘、培训和基础设施的发展。很少有管理机制用以有效地为保护区的管理或职业公园管理培训募集资金。这些限制严重损害保护区许多管理者为预防环境影响计划和参观管理的能力。

许多国家仍然保留着有价值的风景以及淳朴的和适合生态旅游的土地。从其他国家和公园的研究和管理经验中所获得的知识也能更成功地指导对此类区域的规划和管理，如此他们也可以避免许多他们前人所犯的错误。在热带地区高大植被的恢复力和在生态旅游者中的不断发展的环境公德也能够降低产生重大环境影响问题的潜在可能性。

最终，在保护区生态旅游的管理中，经常在使用标准解决办法对待独特情况时反而使得问题更加复杂化，或者指定需要创造性的新方法。例如，因为语言障碍和文化差异，多国观光显著地增加了向游客传达公园守则和其他信息的难度。典型地，预算限制阻止了公园的发展、多语言宣传册的有效分发以及能够使用多语言解说的公园职工的雇佣。其他控制影响的场地管理行动也频繁地受到预算限制。游客设施和游径的建设和维护也可能由于资金不足而被推迟，导致对环境产生更严重影响。

直接以这些普遍存在的问题为目标的特别成功的管理方法就是使用导游。自从1971年，厄瓜多尔已经要求许多到国家公园和保护区旅行的旅游者团体要接受由政府认可的课程培训的私人导游服务（Moore，1981）。通过与旅游公司合作，这些导游接受培训以提升公园管理目标，包括向游客传达公园守则和使用方法，并且确保他们能够遵守这些准则。同时他们被寄予希望充当着老师和警察的角色。大龟群岛国家公园大型船只的导游人员必须使能够用两种语言（英语和西班牙语流利）或者多种语言。这样的项目保证了游客知道并且能够遵守低影响准则和推荐的使用方法。他们也减少了对一些解说和监督员工或活动的需要，将以上的花费直接转移给旅游公司和观光者。额外关于导游项目的优点和问题的信息可在穆尔、雅各布森和罗布尔的研究中找到（Moore，1981；Jacobson and Robles，1992）。

小结

正像其他原野地的游憩活动一样，生态旅游可以对生态系统及其单个组成要素造成大量不利的结果。然而，生态旅游和野外游憩活动的关键区别在于生态旅游对生态系统的威胁通常是具有全球威胁性的——也就是说它具有世界意义。生态旅游发展中的疏忽与忽视行为将会造成巨大的损失。目前，还极大地需求游憩生态的调查研究，尤其是具体到生态旅游目的调查研究。从这些研究中获取的知识，结合原野地游憩管理的经验，可以将生态旅游和自然保护有机结合起来，对保护我们珍贵的自然遗产起指导作用。

参考文献

Andereck, K. 1995. Environmental Consequences of Tourism: A Review of Recent Research. In S. F. McCool and A. E. Watson, comps. *Linking Tourism, the Environment, and Sustainability-Topical Volume of Compiled Papers from a Special Session of the Annual Meeting of the National Recreation and Park Association*, October

12—14, 1994, Minneapolis, MN. General Technical Report INT-GTR-323. Ogden, UT: U. S. Department of Agriculture, Forest Service, Intermountain Research Station. pp. 77—81.

Bayfield, N. G. 1971. Some Effects of Walking and Skiing on Vegetation at Cairngorm. In E. Duffey and A. S. Watt, eds. *The Scientific Management of Animal and Plant Communities for Conservation*. Oxford, England: Blackwell. pp. 469—485.

Bayfierd, N. G. 1973. Use and Deterioration of Some Scottish Hill Paths. *Journal of Applied Ecology* 10: 633—644.

Bayfield, N. G. 1979. Recovery of Four Montane Heath Communities on Cairngorm, Scotland, from Disturbance by Trampling. *Biological Conservation* 15: 165—179.

Bayfield, N. G., U. H. Urquhart, and S. M. Cooper. 1981. Susceptibility of Four Species of Cladonia to Disturbance by Trampling in the Cairngorm Mountains, Scotland. *Journal of Applied Ecology* 18: 303—313.

Bayfield, N. G., A. Watson, and G. R. Miller. 1988. Assessing and Managing the Effects of Recreational Use on British Hills. In M. B. Usher and D. B. A. Thompson, eds. *Ecological Change in the Uplands*. Oxford, England: Blackwell. pp. 399—414.

Boo, E. 1990. *Ecotourism: The Potentials and Pitfalls*. Vol. 2. Washington, DC: World Wildlife Fund.

Boucher, D. H., J. Aviles, R. Chepote, O. E. Dominguez Gil, and B. Vilchez. 1991. Recovery of Trailside Vegetation from Trampling in a Tropical Rain Forest. *Environmental Management* 15 (2): 257—262.

Buckley, R., and J. Pannell. 1990. Environmental Impacts of Tourism and Recreation in National Parks and Conservation Reserves. *Journal of Tourism Studies* 1 (1): 24—32.

Burger, J., and M. Gochfeld. 1993. Tourism and Short-term Behavioral Responses of Nesting Masked, Red-footed, and Blue-footed Boobies in the Galapagos. *Environmental Conservation* 20 (3): 255—259.

Cater, E. 1994. Introduction . In E. Cater and G. Lowman, eds. *Ecotourism: A Sustainable Option*? Chichester, England: Wiley. pp. 3—17.

Cellabos-Lascurain, H. 1996. *Tourism, Ecotourism, and Protected Areas*. Gland, Switzerland: IUCN-World Conservation Union.

Craik, W. 1992. The Great Barrier Reef Marine Park: Its Establishment, Development and Current Status. *Marine Pollution Bulletin* 25 (5-8): 122—133.

Edington, J. M., and M. A. Edington. 1990. *Ecology, Recreation and Tourism*. New York: Cambridge University Press.

Edwards, R. 1996. Downhill All the Way. *New Scientist* 150 (2026): 36—39.

Garland, G. G. 1990. Techniques for Assessing Erosion Risk from Mountain Footpaths. *Environmental Management* 14 (6): 793—798.

Graham, A., M. Hopkins, and P. Redell. In press. The Effects of Recreational Walking Tracks on Four Rainforest Soils in North Queensland, A ustralia. *Environmental Managemnet*.

Griffiths, M., and C. P. Van Schaik. 1993. The Impact of Human Traffic on the Abundance and Activity Periods of Sumatran Rain Forest Wildlife. *Conservation Biology* 7 (3): 623—626.

Harriott, V. J. D. Davis, and S. A. Banks. 1977. Recreational Diving and Its Impact in Marine Protected Areas in Eastern Australia. *Ambio* 26 (3): 173—179.

Henry, W. R. 1977. Tourist Impact on Amboseli National Park. *Wildlife News* 12: 4—8.

Henry, W. R. 1980. Patterns of Tourist Use in Kenya's Amboseli National Park: Implications for Planning and Management. In D. E. Hawkins, E. L. Shafer, and J. M. Rovelstad, eds. *Tourism Marketing and Management Issues*. Washington, DC: George Washington University. pp. 43—57.

Jacobson, S. K., and A. Figueroa Lopez. 1994. Biological Impacts of Ecotourism: Toutists and Nesting Turtles in Tortuguero National Park, Costa Rica. *Wildlife Society Bulletin* 22 (3): 414—419.

Jacobson, S. K., and R. Robles. 1992. Ecotourism, Sustainable Development, and Conservation Education: Development of a Tour Guide Training Program in Tortuguero, Costa Rica. *Environmental Management* 16 (6): 701—713.

Jewell, P. A. 1974. Problems of Wildlife Conservation and Tourist Development in East Africa. *Journal of South African Wildlife Management Association* 4 (1): 59—62.

Kay, A. M., and M. J. Liddle. 1989. Impact of Human Trampling in Different Zones of a Coral Reef Flat. *Environmental Management* 13 (4): 509—520.

Kenya Wildlife Service. 1996. *Wildlife-Human Conflicts in Kenya*. Nairobi: Kenya Wildlife Service.

Kenchington, R. 1991. Tourism Development in the Great Barrier Reef Marine Park. *Ocean and Shoreline Management* 15: 57—78.

Lance, A. N., I. D. Baugh, and J. A. Love. 1989. Continued Footpath Widening in the Cairngorm Mountains, Scotland . *Biological Conservation* 49: 201—214.

Liddle, M. J. 1997. *Recreation Ecology: The Ecological Impact of outdoor Recreation and Ecotourism*. London: Chapman and Hall.

Liddle, M. J., and A. M. Kay. 1987. Resistence, Survival and Recovery of Trampled Corals on the Great Barrier Reef. *Biological Conservation* 42: 1—18

Lubeck, L. 1991. East African Safari Tourism: The Environmental Role of Tour Operators, Traval Agents, and Tourists. In J. A. Kuler, comp. *Ecotourism and Resource Conservation: A Collection of Papers*. Berne, NY: Ecotourism and Resource Conservation Project. pp. 115—133.

Lusigi, W. 1981. New Approaches to Wildlife Conservation in Kenya. *Ambio* 10 (2-3): 87—92.

Marion, J. L., and C. S. Rogers. 1994. The Applicability of Terrestrial Visitor Impact Management Strategies to the Protection of Coral Reefs. *Ocean and Coastal Management* 22: 153—163.

Mieczkowski, Z. 1995. *Environmental Issues of Tourism and Recreation*. Lanham, MD: University Press of America.

Moore, A. W. 1981. Tour Guides as a Factor in National Park Management . *Parks* 6 (1): 12—15.

Muthee, L. M. 1992. Ecological Impacts of Tourist Use on Habitats and Pressure-point Animal Species, In G. C. Gakahu, ed. *Tourist Attitudes and Use Impacts in Maasai Mara National Reserve*. Nairobi: Wildlife Conservation International. pp. 18—38.

Myers, N. 1972. National Parks in Savannah Africa. *Science* 178: 1255—1263.

Nethersole-Thompson, D., and A. Waston. 1974. *The Cairngorms: Their Natural History and Scenery*. London, England: William Collins Sons.

Newmark, W. D., and P. A. Nguye. 1991. Recreational Impacts of Tourism Along the Marangu Route in Kilimanjaro National Park. In W. D. Newmark, ed. *The Conservation of Mount Kilimanjaro*. Gland, Switzerland and Cambridge, England: IUCN-World Conservation Union. pp: 47—51.

Norris, R. 1994. Ecotourism in the National Parks of Latin America. *National Parks* 68 (1-2): 33—37.

Obua, J. 1997. The Potential, Development and Ecological Impact of Ecotourism in Kibale National Park, Uganda. *Journal of Environmental Management* 50 (1): 27—38.

Olindo, P. 1991. The Old Man of Nature Tourism: Kenya. In T. Whelan, ed. *Nature Tourism: Managing for the Environment*. Washington, DC: Island Press. pp. 23—38.

Onyeanusi, A. E. 1986. Measurements of Impact of Tourist Off-road Driving on Grasslands in Masai Mara National Reserve, Kenya: A Simulation Approach. *Environmental Conservation* 13 (4): 325—329.

Selin, S. 1994. Marketing Protected Areas for Ecotourism: An Oxymoron? *Trends* 31 (2): 19—22.

Sindiyo, D. M., and F. N. Pertet. 1984. Tourism and Its Impact on Wildlife Conservation in Kenya. *Industry and Environment* 7 (1): 14—19.

Stephenson, P. J. 1993. The Impacts of Tourism on Nature Reserves in Madagascar: Perinet, a Case Study. *Environmental Conservation* 20 (3): 262—265.

Sun, D., and M. J. Liddle. 1993 A Survey of Trampling Effects on Vegetation and Soil in Eight Tropical and Subtropical Sites. *Environmental Management* 17 (4): 497—510.

Wall, G. 1997. Is Ecotourism Sustainable? *Environmental Management* 21 (4): 483—491.

Wallace, G. N. 1993. Wildlands and Ecotourism in Latin America: Investing in Protected Areas. *Journal of Forestry* 91 (2): 37—40.

Wallin. T. R., and C. P. Harden. 1996. Estimating Trail-related soil Erosion in the Humid Tropics: Jatun Sacha, Ecuador, and Lco Selva, Costa Riea, *Ambio* 25 (8): 517—522.

Watson, A. 1984a. A Survey of Vehicular Hill Tracks in North-east Scotland for Peannisg. *Journal of Environmental Management* 18: 345—353.

Watson, A. 1984b. Paths and People in the Cairngorms. *Scottish Geographical Magazine* 100 (3): 151—160.

Waston, A. 1984c. Wilderness Values and Threats to Wilderness in the Cairngorms. In V. Martin and M. Inglis, eds. *Wilderness: The Way Ahead*. Middleton, WI: Lorian Press. pp. 262—267.

Waston, A. 1985. Soil Erosion and Vegetation Damage Near Ski Lifts at Cairn Gorm, Scotland. *Biological Conservation* 33: 363—381.

Western, D. 1976. A New Approach to Amboseli. *Parks* 1 (2): 1—4.

Western, D. 1986. Tourism Capacity in East African Parks. *Industry and Environment* 9 (1): 14—16.

Woodland, D. J., and J. N. A. Hooper. 1977. The Effect of Human Trampling on Coral Reefs. *Biological Conservation* 11: 1—4.

Zell, L. 1985. The 2, 000 km Challenge-An Extension Programme for the Great Barrier Reef Marine Park. *Proceedings of the Fifth International Coral Reef Symposium*. Tahiti. pp. 611—615.

第六部分

结　　论

第 15 章　持久冲击

在先前的 14 章中，我们已经描述了原野地的游憩使用、资源冲击和需要长期进行资源管理的现象。首先，我们指出了原野地游憩及资源冲击的重要性；接着，我们强调了结合原野地的 4 个基本资源组成因素（土壤、植被、野生动物和水）了解生态参数和冲击的必要性；在此基础上，我们提供了了解资源冲击所需要的基本生态学知识，并且基于空间——时间分布讨论了游憩地的格局影响以及其随着时间推移而产生的影响趋势；然后，我们考虑了能够对资源产生冲击的其他两方面因素，即环境承载力和游客的使用；建立在对生态影响以及环境和来访者与冲击之间关系的了解这一基础之上，我们接着提供了环境冲击管理和原野地游憩活动使用的工具；同时，我们也提供了游憩使用冲击的重要性和国际上各国的管理水平。在最后的这一章节中，我们要来总结一下有关原野地游憩使用及其冲击的要点。

原野地游憩和资源冲击：必需品

由于原野地游憩发生于自然环境中，因此不可避免地会导致一些自然条件的恶化。即使在轻度或中度使用的原野地游憩也会造成大部分原野地环境中资源状况发生改变。这些变化从生态学角度考虑通常是消极的，由于游憩使用造成原野地发生变化时就称之为游憩资源冲击。

原野地的使用总是不可避免地对资源产生冲击，所以对游憩和冲击的管理这两者都是原野地生态系统所必不可缺少的。废除原野地游憩使用这一选择是不可行的，也不是大众所期望的。公共政策允许了这些区域的游憩使用，而资源管理者则必须旨在满足公共使用利益的同时能够保护提供这些利益的资源基础。

游憩资源管理者的工作并不简单，因为游憩活动造成的资源冲击是非常复杂的，并且各方面冲击之间也是相互关联的——通常是协同作用或者一种冲击对另外其他冲击具有补偿作用，它们在空间和时间分布上也不是均匀的。同时它们还随着环境的类型和使用类型的变化而变化。此外，这些冲击很少与游憩使用量直接相关，而且两者也很少呈现线性的关系。为了使得游憩资源管理者能够尽到职责，他们有必要来了解资源冲击和资源的空间、时间格局与游客使用之间的关系。一旦管理者了解了这些知识，资源状况的可接受变化极限将会得到很大的改善，而且通过操控应用这些知识原野地可以在提供游憩活动的同时把冲击降低到最小的程度。

了解资源

在管理者能够对原野地游憩使用产生的冲击进行资源管理之前，有必要先了解一些生态学方面的知识和资源状况是如何对人类使用做出反应的。在“可接受的变化极限”的框架指导下对资源状况进行管理，设想提出了资源生态学、生态影响和对资源状况变化进行监控等工作知识构架。

作为原野地游憩的结果之一，植被首先会发生改变，对游客而言也是最显而易见的变化。游憩者的践踏会很快破坏或损坏草本植物和地表覆盖的植物，这将导致植被覆盖率显著下降和物种组成的改变。地表覆盖植被在遭到践踏之后，其产生的众多结果中最为紧密相关是落叶层物质的粉碎和地表土壤的压实。大部分对植被和表层土壤的冲击将在游憩使用的最早几年中发生。然而，其他冲击，诸如树木破坏、场地裸露和场地扩张将会在未来的长时间内逐步增加。土壤压实处的幼树几乎是不可能再进行繁殖的，同时营地的树木又会长期遭到破坏，这就意味着在当前的植被死亡之后营地上的树木将会消失。这种冲击对场地状况有持久的作用。

原野地游憩对野生动物的冲击鲜为人知，因此需要对其进行更多的研究。如果我们想要获得野生动物所受到的游憩干扰，则对一块场地其在作为游憩区域的前后阶段的对比研究是十分必要的。通常野生动物对游憩的反应主要体现在两点：① 典型性行为的改变；② 从原始生境迁移出去。这两种反应都会导致野生动物的组成和结构发生变化。游憩者是野生动物受到冲击的一个主要来源，他们会在无意中对野生动物的生存环境造成压力，其中最主要是对野生动物无意识的骚扰。压力，无论是使用者有意识的行为还是无意识的行为，在每年的特定时间内其对野生动物的干扰特别不利，如野生动物已经处在各种生理压力期间（如寒冬和繁殖季节）。因此必须在每年重要时期和关键地点对游憩区域进行管理，以此才能避免对野生动物产生严重的干扰。

由于与水相关的冲击相比于土壤、植被和野生动物的冲击而言，它与我们人类的健康问题更紧密相关，因此它也成了原野地游憩的一个关注焦点。水作为吸引游憩者的一个重要元素更加重了人们对水质和健康的关注程度。尽管村落前后和开发的游憩场地对水已经进行了处理，但在偏远荒僻地区很少会如此。然而，尽管水质是一个主要问题，但它并不是原野地区域游憩使用造成的普遍问题。最新的研究已经表明原野地游憩没有出现健康问题，至少没有出现大规模的健康问题。此外，被污染水的病原体主要是来自野生动物。因此，作为预防措施的手段，游客们把水煮开或者选择其他的处理方式比对游憩者进行管理更为有效。在游憩者的眼中，可能悬浮的土壤颗粒和浑浊度的水质问题比细菌更为普遍，因为水的清澈度直接与人们的使用欲望有关。

环境和游客的冲击

环境的类型以及游客的类型和数量它们都会对资源冲击程度产生影响。不同的环境状况其所具有的抵抗力和恢复力也不同。游客也会因其行为和他们可能改变的资源而不同。此外，环境状况和游客行为的相互作用形成了资源冲击的稳定模式。冲击模式、冲击随时间的变化、环境的忍耐力和游客的使用特征必须在管理措施执行前就应该了解。

游憩使用和游憩冲击通常是可以预见的，并且表现出空间格局的一致性。同时，游憩场地和冲击也并不是一成不变的，它们是随着时间的变化而在发生改变。偏远荒僻地区的营地通常都集中在靠近湖泊、溪流和吸引人的地方。随着时间的推移，这些营地的规模在逐步地扩大、数量在不断增加，甚至还经历了其他新的类别影响。可能在众多的游憩使用方式中最与众不同的就是高度的集中使用。这种集中使用就意味着先前提到的资源冲击只会在特定的地域里发生，而且其在任何一个原野地都只是占据极其小的一部分区域，但是其局部冲击会比较严重。营地冲击通常由三个部分组成：① 核心区域或者裸露的地面；② 营地之间的区域；③ 周围的缓冲区域。不同种类和程度的冲击都集中在这三个区域。然而，将所有受冲击的营地面积和整个原野地面积相比，会发现受到大量干扰的区域通常只是游憩区域非常小的一部分（通常不到1%）。

冲击也同样集中在短暂的时间内发生。在许多地方，大量的土壤和植被冲击发生于春季和初夏。如果所受到的冲击不是十分的严重，则这样的地方通常在冬季（淡季）中能够恢复一部分。在游憩使用初始数年就会导致大部分的土壤受到压实，并且对植被也会产生冲击。其他诸如营地扩建和水体系统的富营养化则会在更长的时期里发生。

为了对游憩冲击进行长期趋势研究，原野地游憩使用和冲击变化的调查已经长达10年至20年，这些研究结果显示了一些有趣的趋势。在经历了20世纪70年代末到80年代初的暂时性的一段低潮期后，荒原地和相关的原野地使用又开始增长。例如，90年代初期，几乎每个荒原地的使用量都呈现直线增加的趋势。相比于20多年前的使用者，当今的使用者更多的是年长的日间使用者、短途旅行者和女性游客。游憩资源冲击最明显的趋势就是营地规模的扩张和营地数量的激增。营地激增在重度使用区域最为严重，这些地方的露营者明显都参与了“场地开拓”活动，以发现更多的可用的场地。甚至使用了12～16年以上的场地也经历相似的使用水平，统计显示当今的露营者比15～20年前的人们更可能去开创新的营地。

在游憩资源管理中，环境的耐久力、场地资源的抵抗力以及从生态破坏中的恢复力是一些关键的组成部分。因此，如果将游憩使用场地安排在对冲击抵抗力高同时恢复力也高的场地是最为理想的。选择忍耐力强的场地并且通过对场地因素的操控是控制游憩冲击的主要手段。当然，游客管理也是其他主要的管理措施选择。尽管环境耐久力是使得游憩冲击最小化的一个关键部分，但它同时也是十分复杂的对象，我们目前对它还没有完全了解。环境耐久力涉及许多因素，包括场地的内在情况（例如，土壤种类和植被形态）、天气情况、海拔和坡度、栖息地的种类，甚至是生态系统特征。某些动物物种和水体资源也比其他的场地更能忍受游憩使用。由于场地环境的忍耐力影响变量因子众多，因此不能够为管理者提供明确的答案。然而，如果管理人员可以了解到环境的容忍力和耐久力，则就可以将许多冲击降低到最小的程度。

游客使用和环境耐久力的相互作用，对原野地游憩区域的冲击程度、种类和资源分布都会产生影响。尽管使用的量与冲击的程度和模式明显相关，但旅游的方式、规模、最小影响体系的存在与否也很重要（如果不比前者更重要）。例如，一个大型骑马的旅行团体在一个敏感的环境中露营数个晚上，并且他们用木材取火，在他们所产生的冲击肯定要比一个小型团体的背包族使用便携炉在每个耐久力强的营地露营一个晚上所产生的冲击高很多。这并不是说骑马所造成的冲击不能够控制在可接受的极限下；而是它反映了一个事实，即骑马和机动化的旅游会比徒步旅游更容易对环境产生不利影响。许多游客使用的特征可以通过管理将冲击降至最低。事实上，对游客实施管理是许多原野地场地最重要和最有效的管理手段，尤其是公共政策所禁止大范围资源控制的指定的荒原地。无论在任何地方，提供给游客有关恰当的且冲击最小的行为方法的相关信息对限制资源恶化是非常必要的。

一些管理工具

既然我们了解了资源冲击的生态基础和产生冲击的主要因素，那么是时候将这些知识应用于管理。管理不可能、也确实不应该消除原野地游憩区域的所有冲击。例如，清洁的游径和营地是许多游憩区域所期望的环境变化。管理可以通过对冲击因素的控制从而将冲击控制在可接受的极限内——它们的自然性、重要性和地理分布。因为变化是自然环境的正常规律，所以通常管理寻求的不是阻止变化，而是设法阻止消极的变化和由于人类的游憩使用造成场地的加速变化。

原野地场地资源管理的第一个任务就是确定哪些是不期望发生的变化，并设置一些限制令人欢迎的或者可接受的变化的种类和数量目标。建立具体的管理目标——可接受变化的极限——来判定什么程度的冲击需要进行管理，这是至关重要的。一旦管理声明了它将会提供的状况（在哪里？有多少冲击?），那么就有必要清查所有环境状况，并将其与目标中声明的状况进行比对。如果清查的结果与目标声明不符合，那么管理部门就必须采取行动改善现有的状况。第 10 章的图 10.1 总结了这个过程。

当确信清查的状况继续满足了管理目标中所声明的状况，则有必要对游憩环境中正在发生的变化进行监控。随着时间的推移，通过监控的结果我们就可以认识到游憩地状况的发展趋势。这将进一步有助于我们确认有效的管理措施，同时也可以表明需要对哪些变化进行管理。那些问题比较显著的区域或者状况趋势显示出急剧恶化的地方可以被确定为需要关注的区域。

一旦定义了可接受的变化极限和冲击管理目标，并且已经清查和监控了场地资源状况，那么管理部门就应该对影响资源冲击的两个因素进行控制——游客使用和场地资源。尽管对这两个因素的管理会有部分交叉，但是游客管理通常是防御冲击管理的第一线，这尤其适用于原野地游憩机会序列的原始底端。在游客管理方面，使用间接手段是非常重要的，它可以在采取适当的管理措施同时能够对游客的行为不施加约束。关于资源冲击敏感度和游客行为的最小化冲击的信息是非常有力的管理工具。在耐用的场地上进行分散使用是非常有效的战略，使用者是集中还是分散的重新分布也是一样有用的(决定于场地情况和管理目标)。正如我们在第 12 章中所指出的，如果耐用场地不能用于重新分布使用，那么集中使用在业已存在的影响场地远胜于开辟新的场地，从而使得冲击的区域集中化。有时候对来访者实行直接的管理措施或者直接禁止某种行为也是十分必要的。然而，管理部门应该一致努力来解释实施管理行动背后的理由，以此来改善民众接受这些措施。

越是接近原野地游憩机会谱的底端，则对场地资源的管理和对游客的管理越发同等的重要。通常，场地管理所承担的就是增强资源的耐久力或者作为恢复的一种手段。通过造林学和园艺学的措施可以极大地提高场地对冲击的承受力和场地从冲击中的恢复能力。作为一种设计工具，场地管理可以用来引导使用和冲击场地所接受的使用类别和数量。然而，许多场地管理的问题和技术需要巨大的成本，这不仅是管理需要很多成本，游客也同样需要支付很多。这些成本从为改善营地种植而安装高成本灌溉系统到对游客关闭场地的社会成本。无论计划任何管理措施，在执行前对以下几点进行评估都是很重要的，这评估包括：① 当前问题的严重性；② 不同措施可能产生的效果；③ 游客和管理成本——在实施之前。

持续到未来

原野地区域的游憩资源冲击是人类过去和现在对这些区域使用的一种迹象。原野地游憩是一种当前非常流行的游憩方式，并肯定会持续到未来。当我们展望原野地游憩和资源冲击的未来，哪些是主要问题呢？以下五个重要点就是需要关注的问题：

1. 原野地游憩不是一时的风尚。它在未来也会一直广受欢迎，而且它的冲击也会继续存在。许多冲击都会迅速发生，只要有使用发生这些冲击就会持续并不断累积起来，而且冲击容易被扩散到新的区域中去。冲击会和自然环境保育的目标相互妥协，这可能使得区域更加没有吸引力、向往力和功能性。当今的、也是会在未来发生的一个问题，就是：“对于场地和区域的状况而言，多少资源冲击是可以接受的？”必须对场地状况进行可接受变化的极限研究。每一个区域都必须尽力权衡涉及的分散和集中使用以及资源冲击之间的平衡问题。

2. 大部分资源冲击的监控技术都已经具有了，但是在很多原野地游憩区域都缺少监控项目和系统地实施。在未来，必须一致努力于对主要资源冲击的开发和执行详细监控程序。冲击管理的这些项目是依赖于可接受变化的概念。

3. 关于游憩活动对野生动物的冲击的基础信息相当少，而原野地区域的水资源的信息更少。因此未来尤其需要的是关于野生动物——人类相互作用的研究。目前，我们有很多野生动物对游憩使用的反应的猜测假想，但不幸的是，这些猜想几乎都没有科学资料的支撑。而且在了解野生动物行为和生物复杂性之前，遥测和重点生理学技术有待长足的发展。淡季使用的促销应该谨慎地进行，直到我们所知野生动物冲击更多。

4. 在许多开发了的原野地游憩区域中已经执行了大部分的工程设计技术和管理技术。在未来，自然的原野地需要更多有创造性的、恰当的场地操控技术。甚至在荒原地中，如果监控技术是唯一避免相同的或者更多的严重的非自然资源损坏的途径，管理者也不应该就场地操控的问题而不知所措。许多荒原地的管理者对设计良好的游径几乎不存在质疑的问题，但是他们却抵触在营地、牲畜使用的场地和原野地河流的入口使用类似的工程技术水平。原野地游憩区域需要尽可能的保护，使之如同天然一样。在未来，场地的操作处理必然扮演着更大的角色，它们需要保持受大量冲击的场地尽可能的自然化。

5. 荒原地的游憩使用管理是特别困难的。在其他的原野地区域，自然保护目标不是如此的严格；而且使用的集中、设备的发展和场地的监控都提供了控制冲击的有效手段。在荒原地中，这样的策略减少了孤独的感觉，从而导致了冲击至不可接受的程度，而且经常被认为是不适当的，分散则可能导致冲击的激增。荒原地的冲击管理是极其复杂的，无数的管理方案供选择使用，而且大部分的技术可以用来平衡、避免过度的资源损害和维持荒原地体验的敏感度的问题。在原野地游憩区域，使用与保育之间的平衡问题很重要，同时也是在荒原地中特别难以处理的问题。